全国"十四五"规划精品教材

现代交际礼仪

主　编　赵　霞

副主编　郭　婕　方玲梅　雷　萍
　　　　郑苏丹　杨　颖　陈丽荣

XIANDAI
JIAOJILIYI

企业管理出版社
EMPH　ENTERPRISE MANAGEMENT PUBLISHING HOUSE

图书在版编目（CIP）数据

现代交际礼仪/赵霞主编. —北京：企业管理出版社，2016.6
ISBN 978-7-5164-1214-5

Ⅰ. ①现…　Ⅱ. ①赵…　Ⅲ. ①人际关系-礼仪　Ⅳ. ①C912.1

中国版本图书馆 CIP 数据核字（2016）第 020796 号

书　　　名：现代交际礼仪
主　　　编：赵　霞
责任编辑：周灵均
书　　　号：ISBN 978-7-5164-1214-5
出版发行：企业管理出版社
地　　　址：北京市海淀区紫竹院南路 17 号　　　邮编：100048
网　　　址：http：//www. emph. cn
电　　　话：总编室（010）68701719　发行部（010）68701816　编辑部（010）68701638
电子信箱：80147@sina. com
印　　　刷：北京市通县华龙印刷厂
经　　　销：新华书店
规　　　格：185 毫米×260 毫米　16 开本　17.25 印张　486 千字
版　　　次：2024 年 6 月第 2 版　2024 年 6 月第 1 次印刷
定　　　价：49.80 元

前　言

礼仪是人类文明的一个重要组成部分，也是世界进步的标志。随着社会交往的日益扩大，真诚、文明、富有魅力的交往礼仪已成为扩大交流、增进友谊、加强合作、促进发展的重要手段，可以说礼仪是无处不在的。

礼仪是中华民族的传统美德，从古至今，源远流长。我国具有五千年文明史，素有"礼仪之邦"的美称，礼仪作为中华文化的精髓，在中华民族的传统中占有重要的地位，自古以来就是衡量个人品德的重要标尺。孔子曰"不学礼，无以立。"一个人如果不学习礼仪，不懂得礼仪，就很难在社会上占有一席之地，更谈不上获得成功了。一个获得成功的人，除了具备敏锐的头脑、睿智的眼光、渊博的知识、高深的文化修养外，还应该懂得人际交往中的各种礼仪规范。了解并遵守这些礼仪，不仅有助于良好职业形象的树立，同时还能赢得对方的尊重与信任。

本书根据编者多年的教学经验，遵循理论性与实践性相结合的原则，并结合学校的培养目标及学生的认知特点来进行大纲的设计与编排。本书共分九章，分别从礼仪的基本知识、个人礼仪、语言礼仪、接待礼仪、餐饮礼仪、通讯礼仪等方面详细阐述了人际交往中的各种礼仪规范，集理论性、实践性、知识性于一体，是一本应用性很强的现代交际礼仪指南。同时，为了便于教学、帮助学生理解，我们还设计了教学重点、基本概念、背景知识、导入案例、应用案例、课后阅读、练习与思考等相关知识，希望学生通过学习与掌握各种礼仪常识，做到约束自己，尊重他人，提高自身素质和修养，树立良好的个人形象。

本书在编写过程中，借鉴和参阅了许多教材、著作、网站资料，在此一并表示感谢！虽然编者本着严谨、热情的工作态度编写此书，但由于学识和水平有限，书中难免存在不足之处，恳请诸位专家学者和广大读者不吝赐教，以便我们组织修订，提高教材质量。

赵　霞

目　　录

第一章　礼仪概述

知识要点	掌握程度	相关知识
礼仪的概念与特征	掌握	了解礼仪的概念；掌握礼仪的特征
礼仪的起源与发展	了解	了解礼仪的起源；理解礼仪的发展
礼仪的功能、作用和基本原则	理解并掌握	掌握礼仪的功能、作用和基本原则并在实践中运用
中国礼仪的种类	了解	了解日常、婚庆、丧葬、餐饮、服饰、少数民族的礼仪

基本概念
JIBENGAINIAN

礼貌：是人类为维系社会正常生活而要求人们共同遵守的最起码的道德规范，它是人们在长期共同生活和相互交往中逐渐形成，并且以风俗、习惯和传统等方式固定下来。

礼节：是指人们在日常生活中，特别是在交际场合中，相互表示问候、致意、祝愿、慰问以及给予必要的协助与照料的惯用形式。

礼仪：礼仪是在人际交往中，以一定的、约定俗成的程序方式来表现的律己敬人的手段和过程。涉及仪容、仪表、穿着、言谈、交往、沟通、情商等内容。

背景知识
BEIJINGZHISHI

我国是历史悠久的文明古国，几千年来创造了灿烂的文化，形成了高尚的道德准则、完整的礼仪规范，被世人称为"文明古国，礼仪之邦"。"礼"是中国文化的根本特征和标志，是中国古代文化的核心。中国传统文化的核心人物，孔子曰："不学礼，无以立。"就是说，不学会礼仪礼貌，就难以有立身之处。荀子云："人无礼则不生，事无礼则不成，国无礼则不宁"。就是说，人不守礼就没法生存，做事没有礼就不能成功，国家没有礼则不安宁。对于个人来说，礼仪是一个人的思想道德水平、文化修养和交际能力的外在表现；对于社会来说，礼仪是一个国家社会文明程度、道德风尚和生活习惯的反映。今天，礼仪在人们的生活和工作中的作用同样重大，礼仪可以使人与人相互尊重、沟通感情、以礼相待、调节关系、加深友谊、促进文明。

第一节　礼仪的概念与特征

导入案例 DAORUANLI

修养是第一课

有一批应届毕业生22人，实习时被导师带到北京的国家某部委实验室里参观，全体学生坐在会议室里等待部长的到来，这时有秘书给大家倒水，同学们表情木然地看着她忙活，其中一个还问了句："有绿茶吗？天太热了。"秘书回答说："抱歉，刚刚用完了。"林然看着有点别扭，心里嘀咕："人家给你水还挑三拣四。"轮到他时，他轻声说："谢谢，大热天的，辛苦了。"秘书抬头看了他一眼，满含着惊奇，显然这是很普通的客气话，却是她今天唯一听到的一句。

门开了，部长走进来和大家打招呼，不知怎么回事，静悄悄的，没有一个人回应。林然左右看了看，犹犹豫豫地鼓了几下掌，同学们这在稀稀落落地跟着拍手，由于不齐，越发显得零乱起来。部长挥了挥手："欢迎同学们到这里来参观，平时这些事一般都是由办公室负责接待，因为我和你们的导师是老同学，非常要好，所以这次我亲自来给大家讲一些有关情况。我看同学们好像都没有带笔记本，这样吧，王秘书，请你去拿一些我们部里印的纪念手册，送给同学们作纪念。"接下来，更尴尬的事情发生了，大家都坐在那里，很随意地用一只手接过部长双手递过来的手册，部长脸色越来越难看，来到林然面前时，已经快要没有耐心了，就在这时，林然礼貌地站起来，身体微倾，双手握住手册，恭敬地说了一声："谢谢您！"部长闻听此言，不觉眼前一亮，伸手拍了拍林然的肩膀："你叫什么名字？"林然照实作答，部长微笑点头，回到自己的座位上，早已汗颜的导师看到此景，才微微松了一口气。

两个月后，同学们各奔东西，林然的去向栏里赫然写着国家某部委实验室。有几位颇感不满的同学找到导师："林然的学习成绩最多算是中等，凭什么推荐他而没有推荐我们？"导师看了看这几张尚属稚嫩的脸，笑道："是人家点名来要的，其实你们机会是完全一样的，你们的成绩甚至比林然还要好，但是除了学习之外，你们需要学的东西太多了，修养是第一课。"

（资料来源：http://wenku.baidu.com/view/43a6d4c55fbfc77da269b14f.html）

请根据以上信息，完成以下任务：

1. 讨论上述案例中林然的成绩并不是名列前茅，为什么能到国家某部委实验室里上班？

2. 讨论在日常生活中如何避免出现上述案例中的不礼貌行为，应该怎样做？

知识分析
ZHISHIFENXI

礼仪文明作为中国传统文化的一个重要组成部分，对中国社会历史发展起了广泛深远的影响，其内容十分丰富。礼仪所涉及的范围十分广泛，几乎渗透于古代社会的各个方面。中国古代的"礼"和"仪"，实际是两个不同的概念。"礼"是制度、规则和一种社会意识观念；"仪"是"礼"的具体表现形式，它是依据"礼"的规定和内容形成的一套系统而完整的程序。在中国古代，礼仪是为了适应当时社会需要，从宗族制度、贵贱等级关系中衍生出来，因而带有产生它的那个时代的特点及局限性。时至今日，现代的礼仪与古代的礼仪已有很大差别，我们必须舍弃那些为剥削阶级服务的礼仪规范，着重选取对今天仍有积极、普遍意义的传统文明礼仪，如尊老敬贤、仪尚适宜、礼貌待人等，加以改造与传承。这对于修养良好个人素质，协调和谐人际关系，塑造文明的社会风气，进行社会主义精神文明建设，具有现代价值。

▶▶ 一、礼貌、礼节、礼仪的概念

语言是最灵活、最富有创造性和生命力的表达工具，用以表达思想、交流感情、沟通信息。语言的使用能够体现出一个人的思想内涵和聪明智慧。语言礼仪的有效使用依赖于语言表达建立起的感情纽带，体现在交际活动的始终，在一定程度上充分展示人与人之间的语言心理。交际双方融合还是神离，成功还是不欢而散，在很大程度上决定于语言艺术的正确使用。具体来说，语言礼仪就是运用语言进行交际交流时应具有的礼仪规范，是一个人文明的标志，也是一个人文化、学识、修养、道德、情操、能力、才华等各方面素质的综合体现。

（一）礼貌的概念

礼貌，是人类为维系社会正常生活而要求人们共同遵守的最起码的道德规范，它是人们在长期共同生活和相互交往中逐渐形成，并且以风俗、习惯和传统等方式固定下来。对一个人来说，礼貌是一个人的思想道德水平、文化修养、交际能力的外在表现。

（二）礼节的概念

礼节，是指人们在日常生活中，特别是在交际场合中，相互表示问候、致意、祝愿、慰问以及给予必要的协助与照料的惯用形式。礼节是不妨碍他人的美德，也是自己行万事的通行证，礼节是人对人表示尊重的各种形式，包括动作形式和语言形式。如握手，鞠躬，磕头等是动作形式，而问候、道谢等是语言形式。

（三）礼仪的概念

礼仪是在人际交往中，以一定的、约定俗成的程序方式来表现的律己敬人的手段和过程。涉及仪容、仪表、穿着、言谈、交往、沟通、情商等内容。从个人修养的角度来看，礼仪可以说是一个人内在修养和素质的外在表现。从交际的角度来看，礼仪可以说是人际交往中适用的一种艺术、一种交际方式或交际方法，是人际交往中约定俗成的示人以尊重、友好的习惯做法。从传播的角度来看，礼仪可以说是在人际交往中进行相互沟通的技巧。可以大致分为国务礼仪、政务礼仪、商务礼仪、服务礼仪、社交礼仪、销售礼仪、涉外礼仪等几大分支。

（四）礼貌、礼节、礼仪的关系

礼貌是表示尊重的言行规范，礼节是表示尊重的惯用形式和具体要求，礼仪是由一系列具体表示礼貌的理解所构成的完整过程。礼貌、礼节、礼仪三者尽管名称不同，但都是人们在相互交往中表示尊敬、友好的行为，其本质都是尊重人、关心人，三者相辅相成，密不可分。有礼貌而不懂礼节，往往容易失礼；谙熟礼节却流于形式，充其量只是客套。礼貌是礼仪的基础，礼节是礼仪的基本组成部分。礼是仪的本质，而仪则是礼的外在表现。礼仪在层次上要高于礼貌和礼节，其内涵更深、更广，是由一系列具体的礼貌和礼节构成的；礼节只是一种具体的做法，而礼仪则是一个表示礼貌的系统、完整的过程。

▶▶ 二、礼仪的特征

（一）普遍性

古今中外，从个人到国家，礼仪无时不在，无处不在。凡是有人类生活的地方，就存在着各种各样的礼仪规范。远古时候，人类为了求生存要祭神以求保护，这种礼仪形式至今在一些偏僻地区依然存在，如在春节时，家家户户要摆起烛台祭祖宗，祭天神、地神和灶神，以求来年风调雨顺，阖家幸福。这是人类一种美好愿望的寄托。尽管有封建迷信的色彩，但仍旧作为一种礼仪而存在。现代社交礼仪的内容已渗透到社会的方方面面，从政治、经济、文化领域，到人们的日常生活方面，礼仪活动普遍存在。比如，大到一个国家的国庆庆典，小到一个企业公司的开张志喜，再到人们日常生活中的接待、见面谈话、宴请等，均需要讲究礼仪规范，遵守一定礼仪行为准则。

礼仪是人类在社会生活的基础上产生的行为规范，全体社会的成员均离不开一定的礼仪规范的制约。在生活中，许多礼仪是不随人的意志为转移的，它的存在本身具有很强的普遍性，无时无刻不约束着人们的行为规范，反映着人们对真善美的追求愿望。比如最简单的问候语："你好"、"再见"等，这几乎是全世界通用的一种问候礼节，具有绝对的普遍性。

（二）继承性

具有"礼仪之邦"的泱泱大国，人类的礼仪文化自然也源远流长。在礼仪发展的源流中，礼仪文化的发展是一个扬弃的过程，一个剔除糟粕、继承精华的过程。那些反映劳动人民的精神风貌、代表劳动人民道德水平和气质修养的健康高尚的礼仪得到了肯定和发扬，而那些代表剥削阶级帝王将相封建迷信的繁文缛节得以根除。比如古代的磕头跪拜风早已被现代的握手敬礼所替代，至于古代朝见天子所需的三跪九叩，早已被抛进历史的垃圾堆。而那些"温良恭俭让"、"尊老爱幼"的行为规范则得到了弘扬。以往老人生日寿辰时，晚辈得行祝寿礼仪，置办寿辰酒宴以祝老人福寿无疆，万事如意，而如今的年轻人除了摆寿酒外，还在电台点歌、电视台点节目以祝老人生日快乐，寿长福远。这种变迁不仅反映了人类礼仪的一脉相承，也反映了礼仪在继承过程中得到了丰富发展，更突出了人类对那些代表礼仪本质东西的倾心向往。可见，礼仪变化的继承性必将随着人类历史的不断进步而发展。

（三）差异性

人说"百里不同风，千里不同俗"，不同的文化背景，产生不同的礼仪文化，不同的地域文化决定着礼仪的内容和形式。我国疆土辽阔，是一个多民族大家庭，不同的民族，其风俗习惯、礼仪文化各有千秋。就说见面问候致意的形式就大不一样，有脱帽点头致意的，有拥抱的，有双手合十的，有手抚胸口的，有口碰脸颊的，更多的还是握手致意。这些礼仪形式的差异均是由不同地方风俗文化决定的，具有约定俗成的影响力。

礼仪的差异性除了地域性的差异外，还表现在礼仪的等级差别上，对不同身份地位的对象施以不同的礼仪。同样是宴会就会因招待对象的身份地位高低的差别而有所不同，身份和地位高的，可能就会受到更高级的款待，身份低的相对就低一等。

（四）时代性

礼仪作为一种文化范畴，必然具有浓厚的时代特色。任何时代的礼仪由于其时代的特性和内容，往往就决定了它的表现。比如，礼仪本起源于原始的祭神，因而人类最初的礼仪是从祭神开始的，例如古代把裸体怀孕的妇女陶塑像作为生育女神来祭拜，这正是基于人类在蒙昧时期无法更好地保护自己而产生的强烈的对生殖崇拜的一种礼仪表现。

时代的特色对文化冲击的烙印是巨大的，可以说，每个时代的文化正是时代变迁的缩影，而礼仪文化也如此。如辛亥革命的暴发，猛烈地撞击了封建社会的上层建筑及其意识形态，也影响到了人们日常生活的方方面面，于是就造就了一代新风尚。据1912年3月5日时报记载："清朝灭，总统成，皇帝灭……新礼服兴，翎顶补服灭，剪发兴，辫子灭，爱国帽兴，瓜皮帽灭，放足鞋兴，菱鞋灭，鞠躬礼兴，跪拜礼灭，卡片兴，大名刺灭……"。

可见礼仪文化总是一个时代的写照。文革时期，清一色的服饰文化正是当时人们思想行为统一到一个文化模式中的反映。而现在丰富多彩的服饰文化也正是现代人丰富的内心世界的反映，也是社会改革开放的投影。

（五）发展性

我们说，时代总在不断的前进。礼仪文化也不是一成不变的，而是随着社会的进步而不断发展。一方面，礼仪文化随时代的不断进步而时刻地发生着变化。如：现代人通过 QQ、微信、手机短信发送贺词、祝福、拜年等礼仪形式就是时代进步而产生的新生事物。另一方面，随着国家对外交往的不断扩大，各国的政治、经济、思想、文化等诸种因素的互相渗透，我国的传统礼仪自然也被赋予了许多新鲜的内容。礼仪规范更加国际化，礼仪变革向符合国际惯例的方面发展。如何形成一整套既富有我们国家自己的传统特色、同时又符合国际惯例的礼仪规范已成为必需。这种礼仪文化的培养和形成有助于我们的国家走向世界，更好地与国际接轨，成为地球村上一个真正的礼仪之邦。

礼仪规范的这种发展性总是与时代精神密切地结合在一起。礼仪文化的发展总是受时代发展变化的推动的，时代不前进，礼仪文化的内容自然也不会得到很好的发展。时代性与发展性和继承性都是相辅相成的。总而言之，随着时代的不断进步，人类的礼仪规范必将更为文明、优雅、实用。

应用案例 1-1

修于内　形于外：从《礼》看现代礼仪修养

礼，又是君子与小人的区别。比如"关关雎鸠，在河之洲，窈窕淑女，君子好逑"，青年男女渴望爱恋是何等炽热，小伙子对心上人的思慕妄想，会彻夜难眠、辗转反侧。但是不管多么渴望，表现出来的求爱行为，仍然是"琴瑟有之"的斯文，乃至男女恋爱成婚，仍然要"钟鼓乐之"的规范，就是必须用礼乐的方式、文明的方式去追求爱情。同时，礼又是一种形式，它背后蕴含着深厚的文化积淀、无声地表达着文明的意义。比如参加晚宴时，同事朋友之间相互敬酒，那些修养深厚、平静谦和的人，往往会把酒杯端得比对方低些，为什么？其实这种现代礼仪，正是传承了《礼记》中说的"夫礼者，自卑而尊人"的思想。通过谦恭地降低自己，以尊高对方。虽然身体不能低，但可以用酒杯代表自己比对方低一些，用来表示对方的恭敬、尊重。

（资料来源：http://www.wenming.cn/jwmsxf_294/hsly/201210/t20121029_907853.shtml）

第二节　礼仪的起源与发展

导入案例
DAORUANLI

敬老怜弱之典范尧帝

尧帝，姓姬，尹祁氏，号放勋。因封于唐，故称"唐尧"。尧帝严肃恭谨，上下分明，能团结族人，使邦族之间团结如一家，和睦相处。尧帝为人简朴，吃粗米饭，喝野菜汤。尧是讲究礼仪的典范。传说尧年轻的时候十分敬重老年人，同辈之间也讲究礼让。每次打回来猎物，尧都会把猎物平分给众人，自己拿最少的一份。有时还要把自己那最少的一份再分给年迈体弱的老人。正因为他的德行受到众人的称颂，大家才推选他为部落首领。

（资料来源：丛书编委会编撰．中国礼仪文化［M］．北京：外文出版社 2010：5）

请根据以上信息，完成以下任务：

1. 讨论大家为什么推选尧帝为部落首领？
2. 请列举我国古代中关于礼仪方面的典故。

知识分析
ZHISHIFENXI

中华民族是人类文明的发祥地之一，有着悠久的历史和文化。礼仪作为中华民族文化的基础，也有着悠久的历史。探究礼仪的起源和发展可以使华夏子孙更深地认识礼仪。

▶▶ 一、礼仪的起源

礼仪作为人际交往的重要的行为规范，它不是随意凭空臆造的，也不是可有可无的。了解礼仪的起源，有利于认识礼仪的本质，自觉地按照礼仪规范的要求进行社交活动。对于礼仪的起源，研究者们有各种的观点，可大致归纳为以下几种。

有一种观点认为，礼仪起源于祭祀。东汉许慎的《说文解字》对"礼"字的解释是这样的："履也，所以事神致福也从示从豊亦声"。意思是实践约定的事情，用来给神灵看，以求得赐福。"礼"字是会意字，"示"指神从中可以分析出，"礼"字与古代祭祀神灵的仪式有关。古时祭祀活动不是随意地进行的，它是严格地按照一定的程序，一定的方式进行的。郭沫若在《十批判书》中指出："礼之起，起于祀神，其后扩展而为人，更其后而为吉、凶、军、宾、嘉等多种仪制。"这里讲到了礼仪的起源，以及礼仪的发展过程。

有一种观点认为，礼仪起源于法庭的规定。在西方，"礼仪"一词源于法语的"Etiquette"原意是"法庭上的通行证"。古代法国为了保证法庭中活动的秩序，将印有法庭纪律的通告证发给进入法庭的每个人，作为遵守的规矩和行为准则。后来"Etiquette"一词进入英文，演变为"礼仪"的含义，成为人们交往中应遵循的规矩和准则。

另外还有一种观点认为，礼仪起源于风俗习惯。人是不能离开社会和群体的，人与人在长期的交往活动中，渐渐地产生了一些约定俗成的习惯，久而久之这些习惯成为了人与人交际的规范，当这些交往习惯以文字的形式被记录并同时被人们自觉地遵守后，就逐渐成为了人们交际交往固定的礼仪。遵守礼仪，不仅使人们的社会交往活动变得有序，有章可循，同时也能使人与人在交往中更具有亲和力。1922 年《西方礼仪集萃》一书问世，开篇中这样写道："表面上礼仪有无数的清规戒律，但其根本目的在于使世界成为一个充满生活乐趣的地方，使人变得平易近人。"

从礼仪的起源可以看出，礼仪是在人们的社会活动中，为了维护一种稳定的秩序，为了保持一种交际的和谐而应运产生的。一直到今天，礼仪依然体现着这种本质特点与独特的功能。

▶▶ 二、礼仪的发展

礼仪在其传承沿袭的过程中不断发生着变革。从历史发展的角度来看，其演变过程可以分几个阶段。

（一）礼仪的起源时期：夏朝以前（公元前 21 世纪前）

礼仪起源于原始社会，在原始社会中、晚期（约旧石器时代）出现了早期礼仪的萌芽。整个原始社会是礼仪的萌芽时期，礼仪较为简单和虔诚，还不具有阶级性。内容包括：制定了明确血缘关系的婚嫁礼仪；区别部族内部尊卑等级的礼制；为祭天敬神而确定的一些祭典仪式；制定一些在人们的相互交往中表示礼节和表示恭敬的动作。例如：在旧石器时代人们尊崇男女有别的思想；在炎黄、尧舜禹的时代中，人们逐渐推出"三纲五常"的理论。

（二）礼仪的形成时期：夏、商、西周三代（公元前 21 世纪～前 771 年）

人类进入奴隶社会，统治阶级为了巩固自己的统治地位把原始的宗教礼仪发展成符合奴隶社会政治需要的礼制，礼被打上了阶级的烙印。在这个阶段，中国第一次形成了比较完整的国家礼仪与制度。如"五礼"就是一整套涉及社会生活各方面的礼仪规范和行为标准。古代的礼制典籍亦多撰修于这一时期，如周代的《周礼》《仪礼》《礼记》就是我国最早的礼仪学专著。在汉以后 2000 多年的历史中，它们一直是国家制定礼仪制度的经典著作，被称为礼经。

（三）礼仪的变革时期：春秋战国时期（公元前 771～前 221 年）

这一时期，学术界形成了百家争鸣的局面，以孔子、孟子、荀子为代表的诸子百家对礼教给予了研究和发展，对礼仪的起源、本质和功能进行了系统阐述，第一次在理论上全面而深刻地论述了社会等级秩序划分及其意义。孔子非常重视礼仪，把"礼"看成是治国、安邦、平定天下的基础。也是在春秋战国时期，儒家学派的代表人孔子提出的"仁"的概念。他认为"不学礼，无以立""质胜文则野，文胜质则史。文质彬彬，然后君子"。他要求人们用礼的规范来约束自己的行为，要做到"非礼勿视，非礼勿听，非礼勿言，非礼勿动"。倡导"仁者爱人"，强调人与人之间要有同情心，要相互关心，彼此尊重。孟子把礼解释为对尊长和宾客严肃而有礼貌，即"恭敬之心，礼也"，并把"礼"看做是人的善性的发端之一。荀子把"礼"作为人生哲学思想的核心，把"礼"看做是做人的根本目的和最高理想，"礼者，人道之极也"。他认为"礼"既是目标、理想，又是行为过程。"人无礼则不生，事无礼则不成，国无礼则不宁"。管仲认为礼关系到国家的生死存亡，把"礼"看做是人生的指导思想和维持国家的第一支柱。

（四）强化时期：秦汉到清末（公元前 221～公元 1911 年）

在我国长达 2000 多年的封建社会里，尽管在不同的朝代礼仪文化具有不同的社会政治、经济、文化特征，但却有一个共同点，就是一直为统治阶级所利用，礼仪是维护封建社会的等级秩序的工具。这一时期的礼仪的重要特点是尊君抑臣、尊夫抑妇、尊父抑子、尊神抑人。在漫长的历史演变过程中，它逐渐变成为妨碍人类个性自由发展、阻挠人类平等交往，窒息思想自由的精神枷锁。纵观封建社会的礼仪，内容大致有涉及国家政治的礼制和家庭伦理两类。这一时期的礼仪构成中华传统礼仪的主体。

（五）近代礼仪的发展

中国进入半殖民地、半封建的社会时期，中国出现"大杂烩"式的礼仪思想，关于礼仪的标准、价值观念得到推广和传播。正在此时，西方与中国推崇的思想截然不同，西方推行自由、平等、解放的思想。相对于中国的思想而言，西方更显得开放和自由，中国的思想略为保守。

（六）现代礼仪的发展

辛亥革命以后，受西方资产阶级"自由、平等、民主、博爱"等思想的影响，中国的传统礼仪规范、制度，受到强烈冲击。五四新文化运动对腐朽、落后的礼教进行了清算，符合时代要求的礼仪被继承、完善、流传，那些繁文缛节逐渐被抛弃，同时接受了一些国际上通用的礼仪形式。新中国成立后，逐渐确立以平等相处、友好往来、相互帮助、团结友爱为主要原则的具有中国特色的新型社会关系和人际关系。改革开放以来，随着中国与世界的交往日趋频繁，西方一些先进的礼仪、礼节陆续传入我国，同我国的传统礼仪一道融入社会生活的各个方面，构成了社会主义礼仪的基本框架。许多礼仪从内容到形式都在不断变革，现代礼仪的发展进入了全新的发展时期。各行各业的礼仪规范纷纷出台，礼仪讲座、礼仪培训日趋红火。人们学习礼仪知识的热情空前高涨。今后，随着社会的进步、科技的发展和国际交往的增多，礼仪必将得到新的完善和发展。

在中国古代，礼仪文明作为中国传统文化的一个重要组成部分，对中国社会历史发展起了广泛深远的影响，其内容十分丰富。礼仪所涉及的范围十分广泛，几乎渗透于古代社会的各个方面。近代以后，礼仪的范畴逐渐缩小，礼仪与政治体制、法律典章、行政区划、伦理道德等基本分离，现代礼仪一般只有仪式和礼节的意思，去掉了繁文缛节、复杂琐碎的内容，吸收了许多反映时代风貌、适应现代生活节奏的新形式。现代礼仪简明、实用、新颖、灵活，体现了高效率、快节奏的时代旋律。

应用案例 1-2

张良拜师

张良是西汉高祖刘邦的军师，他的祖先是韩国人。在秦灭韩后，张良立志为韩国报仇。有一次，因刺杀秦始皇未遂，受到追捕而避居到下邳。

张良在下邳闲暇无事。有一天他到下邳桥上散步，碰到一个老人，穿着粗布短衣，走到张良旁边，故意把他的鞋子掉到桥下。然后回过头来冲着张良说："孩子！

下桥去给我把鞋子拾上来!"张良听了一愣,很想打他一下,但一看他是个老人,就强忍着怒气,到桥下把鞋拾了上来。那老人竟又命令说:"把鞋子给我穿上!"张良一想,既然已经给他拾来了鞋子,不如就给他穿上吧,于是就跪在地上给他穿鞋。那老人把脚伸着,让张良给他穿好后,就笑嘻嘻地走了。张良一直用惊奇的目光注视着他的去向。那老人走了里把路,又折回身来,对张良说:"你这个孩子是能培养成才的。5天以后的早上,天一亮,就到这里来同我会面!"张良跪下来说:"是。"第五天天刚亮,张良到了下邳桥上。不料那老人已经等在那里了,见了张良就生气地说:"和老人约会,怎么迟到了?以后的第五天早上再来相会!"说完就离去了。到第五天早上,鸡一叫,张良就赶去,可是那老人又等在那里了,见了张良又生气地说:"怎么又掉在我后面了?过了五天再早点来!"说完又走了。到第五天,张良没到半夜就赶到桥上,等了好久,那老人也来了,他高兴地说:"这样才好。"然后他拿出一本书来,指着说道:"认真研读这本书,就能做帝王的老师了!过十年,天下形势有变,你就会发迹了。以后13年,你就会在济北郡谷城山下看到我,那儿有块黄石就是我了。"老人说完就走了。

早上天亮时,张良拿出那本书来一看,原来是《太公兵法》(辅佐周武王伐纣的姜太公的兵书)!张良十分珍爱它,经常熟读,反复地学习、研究。

10年过去了,陈胜等人起兵反秦,张良也聚集了100多人响应。沛公刘邦率领了几千人马,在下邳的西面攻占了一些地方,张良就归附于他,成为他的部属。从此张良根据《太公兵法》经常向沛公献计献策,沛公认为很好,常常采用他的计谋,后来成了刘邦运筹帷幄,决胜千里的军师。刘邦称帝后,封他为留侯。张良始终不忘那个给他《太公兵法》的老人。13年后,他随从刘邦经过济北时,果然在谷城山下看见有块黄石,并把它取回,称之为"黄石公",作为珍宝供奉起来,按时祭祀。张良死后,家属把这块黄石和他葬在一起。

(资料来源:http://zt.bjwmb.gov.cn/gmddxcr2012/wmly/t20120918_458306.html)

第三节　礼仪的功能、作用和基本原则

导入案例
DAORUANLI

铃声终于激怒了老总

"开会了,开会了!"大家都来到了会议室。总经理召集各部门经理开会,布置下一个季度的营销任务。老总刚清了清嗓子准备说话,一阵刺耳的电话铃声响了起来。李经理赶忙站起来跑出去接电话。老总脸上显出了不悦。会议继续进行,可是不是会议室里有人在低头小声接电话,一会突然传出音乐铃声。老总突然一拍桌子,把大家吓得一哆嗦,"把手机关了,我不相信关一会儿手机会死人!"

(资料来源:http://wenku.baidu.com/view/43a6d4c55fbfc77da269b14f.html)

请根据以上信息，完成以下任务：

1. 讨论李经理的做法是否妥当？如果不妥的话，应该怎样做？
2. 老总为什么拍桌子？

知识分析
ZHISHIFENXI

礼仪在我们的日常生活与工作中，起着沟通人与人之间的感情，协调人与人之间的关系，促进文明社会的形成与发展的作用，因而其功能和作用也被越来越多的人们所重视。

>> 一、礼仪的功能

（一）维护功能

没有礼仪的社会是一盘散沙，乱哄哄地经常争斗，无法建立正常的社会秩序，群体随时随地都可能崩溃。而当群体认同了一定的行为规范——礼仪之后，社会生活就会逐渐走入有序的轨道，人与人之间有了正常的交往和协作，也就有可能使得群体产生向心力和凝聚力，从而进一步保证社会的稳定和健康发展，礼仪的维护功能也就发挥了出来。礼仪的许多规范，都是教人怎样处理夫妻关系、父子关系、兄弟关系，其目的是维系家庭的稳定、和睦。维护家庭的稳定是维系社会稳定的前提，《礼记·大传》云："圣人南面而治天下，必自人道始矣。"这就是说君主治理国家，首先是治人，要摆正人与人之间的各种关系。所以，要构建和谐的社会，首先必须构建和谐的人际关系。

（二）沟通功能

人除了睡觉以外，大部分时间都在与他人进行沟通。人们沟通的方式是多种多样的，如语言、文字、图像、声音等等。礼仪具有沟通的功能，通过礼仪，人与人之间获得了友好与尊敬，人与人的感情得到了进一步的沟通，彼此建立起好感和信任，促成了交际的成功和范围的扩大。

（三）协调功能

人们在交往中，会产生错综复杂的人际关系；同时由于每个人的文化程度，成长环境以及性别、性格、职业、年龄等方面的差异，会导致人们在交往中有不同的角色取向。人们为了维护自己的利益，在行为方式上往往带有不同程度的"排他倾向"，这样势必会产生矛盾和冲突。而礼仪规范提醒人们要尊敬他人，在交往中体现真诚与平等。因此在礼仪的作用下，人与人的关系会得到缓冲。礼仪在人们交往中起着十分重要的"润滑剂"的作用。

（四）教化功能

礼仪作为一种社会规范，会潜移默化地影响和教育人们按照礼仪要求去做，同时通过社会舆论会纠正人们不良的行为习惯和失礼行为。人们对礼仪的追求，会使社会形成良好的文明风气，而良好的文明风气进而会倡导人们尊礼行礼。生活中的礼仪之士更在客观上起着榜样的作用，无形中也会使礼仪之花处处盛开。

▶▶ 二、礼仪的作用

马克思主义认为："读书是学习，使用也是学习，而且是更重要的学习"，学习的目的全在于运用。当前，礼仪之所以被提倡，之所以受到社会各界的普遍重视，主要是因为它具有多重重要的作用，既有助于个人，又有助于社会。

（一）有助于提高人们的自身修养

在人际交往中，礼仪往往是衡量一个人文明程度的准绳。它不仅反映着一个人的交际技巧与应变能力，而且还反映着一个人的气质风度、阅历见识、道德情操、精神风貌。因此，在这个意义上，完全可以说礼仪即教养，而有道德才能高尚，有教养才能文明。这也就是说，通过一个人对礼仪运用的程度，可以察知其教养的高低、文明的程度和道德的水准。由此可见，学习礼仪，运用礼仪，有助于提高个人的修养，有助于"用高尚的精神塑造人"，真正提高个人的文明程度。

（二）有助于人们美化自身，美化生活

个人形象，是一个人仪容、表情、举止、服饰、谈吐、教养的集合，而礼仪在上述诸方面都有自己详尽的规范，因此学习礼仪，运用礼仪，无疑将有益于人们更好地、更规范地设计个人形象、维护个人形象，更好地、更充分地展示个人的良好教养与优雅的风度，这种礼仪美化自身的功能，任何人都难以否定。当个人重视了美化自身，大家个个以礼待人时，人际关系将会更和睦，生活将变得更加温馨，这时，美化自身便会发展为美化生活。这也是礼仪的运用所发挥的作用。

（三）有助于促进人们的社会交往，改善人们的人际关系

古人认为："世事洞明皆学问，人情练达即文章"。这句话，讲的其实就是交际的重要性。一个人只要同其他人打交道，就不能不讲礼仪。运用礼仪，除了可以使个人在交际活动中充满自信，胸有成竹，处变不惊之外，还能够帮助人们规范彼此的交际活动，更好地向交往对象表达自己的尊重、敬佩、友好与善意，增进大家彼此之间的了解与信任。假如人皆如此，长此以往，必将促进社会交往的进一步发展，帮助人们更好地取得交际成功，进而造就和谐、完美的人际关系，取得事业的成功。

（四）有助于净化社会风气，推进社会主义精神文明建设

一般而言，人们的教养反映其素质，而素质又体现于细节。反映个人教养的礼仪，是人类文明的标志之一。一个人、一个单位、一个国家的礼仪水准如何，往往反映着这个人、这个单位、这个国家的文明水平，整体素质，整体教养。古人曾经指出："礼仪廉耻，国之四维，国维不张，国将不国"，将礼仪列为立国的精神要素之本。而在日

常交往之中，诚如英国大哲学家约翰·洛克所言："没有良好的礼仪，其余的一切成就都会被人看成骄傲、自负、无用和愚蠢"。荀子也曾说过："人无礼则不立，事无礼则不成，国无礼则不宁"。反过来说，遵守礼仪，应用礼仪，将有助于净化社会的空气，提升个人乃至全社会的精神品味。当前，我国正在大力推进社会主义精神文明建设。其中的一项重要内容，就是要求全体社会成员讲文明、讲礼貌、讲卫生、讲秩序、讲道德、心灵美、语言美、行为美、环境美。这些内容，与礼仪完全吻合。因此，完全可以说，提倡礼仪的学习、运用，与推进社会主义精神文明建设是殊途同归、相互配合、相互促进的。这种社会主义的礼治，对于我国的现代化建设是不可或缺的。

▶▶ 三、礼仪的基本原则

（一）尊重原则

孔子曰："礼者，敬人也。"尊重，是现代礼仪应遵守的首要原则。尊重包括自尊和尊重交往对象两个层面。在人际交往中，以双方相互尊重为前提，要真诚平等地对待交往中的对象，同时也要自尊，做到彬彬有礼，不卑不亢。

在人际交往中，要实现对交往对象的尊重，首先应该对交往对象有所了解。由于交往对象来自不同国家、不同的民族、不同的地区、省份等，生活环境、成长背景、受教育程度、人生阅历等多方面的影响，表现出不同的思维方式和行为特点，为了有一个良好的交流，应当充分了解交往对象的世界观、人生观、价值观，了解其性格和行为习惯，这样才能更好地与对方相处。其次，要学会换位思考，站在对方的角度来思考问题，要选择对方易于理解和乐于接受的方式进行沟通。人们总习惯按照自己的思维方式来评价和衡量交往对象的行为。由于人的思维习惯差异，也就增加了沟通的难度。交往双方沟通失败的主要原因是没有站在同一个立场上思考问题，缺乏认同感，没有感受到被对方尊重。如果双方都能够换位思考，从对方的角度出发，设身处地得为对方着想，拥有同理心，对对方的思维方式和行为习惯为出发点，那么沟通就没有那么困难了，也更容易感觉到对方的尊重。要知道，沟通应是投其所好，而非满足我要。

俗话说："十里不同风，百里不同俗"。由于国情、民族、文化背景不同，在人际交往中，对这一客观事实要有正确的认识，坚持入国问禁，入乡随俗，入门问讳，与绝大多数人的习惯做法保持一致，切勿目中无人，自以为是，指手画脚，随意批评，否定其他人的习惯性做法。

（二）遵时守信原则

在人际交往中，双方约定见面，办事情等约好的时间，双方都要去遵守，不能违时，更不能失约。约好的聚会或社交活动应按照规定的时间稍微提前或按时抵达。守信就是要讲信用。人际交往中，要慎于承诺，要准确判断他人托付事情的难易程度，结合个人的实际能力，选择是否作出承诺；一旦答应对方的事，千万不可言而无信。如果自己尽力也无法完成，要提前给对方解释说明原因，请求对方谅解。

（三）自律原则

礼仪不是法律，不是由司法机关强制执行的。礼仪是待人处世的规范，是社会群体日常生活与交往过程中形成的合乎道德及规范的一些行为准则。这些行为准则并不是某一个人或某一个团体所规定的，而是由社会大众一致认可并约定俗成的。因此礼仪是靠人的自觉来维系，靠社会舆论来监督的。从总体上来看，礼仪规范由对待个人的要求和对待他人的做法两大部分组成。对待个人的要求，是礼仪的基础和出发点。人际交往中，要做到自我约束，自我对照，自我反省，自我检点，即要求对方尊重自己、遵守礼仪之前，首先应当检查自己的行为是否符合礼仪的规范要求。古语云："己所不欲，勿施于人。"如果没有对自己的首先要求，人与人后不一样，只求律人，不求律己，不讲慎独与克己，遵守礼仪也就无从谈起。做到严于律己、宽以待人，这样才能赢得别人的尊重和好感。

（四）平等原则

在实际交往中，要根据不同的交往对象，采取不同的方法。但是，礼仪的核心是尊重交往对象，要以礼相待，对任何交往对象都要一视同仁，给予同等程度的礼遇。不允许因交往对象彼此之间在年龄、性别、种族、文化、职业、身份、地位、财富以及与自己关系亲疏远近等方面有所不同，而厚此薄彼，区别对待，给予不同待遇。这便是现代社交礼仪中平等原则的基本要求。

（五）真诚原则

真诚是人与人相处的基础，是打开社会交往之门的金钥匙。礼仪上所讲的真诚的原则，就是要求在人际交往运用礼仪时，务必待人以诚，诚实无欺，言行一致，表里如一。只有如此，自己在运用礼仪时所表达的对交往对象的尊敬和友好，才会更好地被对方所理解、所接受。与此相反，倘若仅把运用礼仪作为一种道具和伪装，在具体操作礼仪规范时口是心非，言行不一，弄虚作假，投机取巧，或是当时一个样，事后另一个样，有求于人时一个样，被人所求时另一个样，则是有悖礼仪的基本宗旨的。

（六）适度原则

俗话说："礼多人不怪。"人们讲究礼仪时基于对对方的尊重，这是无可厚非的。但是，凡事过犹不及，人际交往要因人而异，要考虑时间、地点、环境等限定条件。适度原则，是要求在应用礼仪时，为了保证取得成效，必须注意技巧，合乎规范，特别要注意做到把握分寸、认真得体。在一般交往中，既要彬彬有礼，又不能低三下四；既要热情大方，又不能轻浮谄谀。这样才能真正赢得对方的尊重，达到沟通的目的。运用礼仪时，假如做得不到位，或是做得过了头，都不能正确表达自律、敬人之意，反而都成为失礼的表现。如见面时握手时间太长、太用力，或是见谁都主动握手，不讲究主次、长幼、性别；告别时一次次地握手，或是不停地感谢，都会让人觉得厌烦。

礼仪的施行只是内心情感的表露，只要内心情感表达出来，就完成了礼仪的使命。

应用案例 1-3

古代先贤与人相处之道的六条"公约"

1. 己与人——"己所不欲，勿施于人"是与人相处的底线

"温良恭俭让"，这是子贡对老师孔子个性气质的描述，后来成为整个中华民族的基本民族性格和气质。这种整体气质，体现出一个有着悠久历史、深厚文化积淀的古老民族的文明和教养，也体现出一个民族深沉的内涵和深藏的力量。这种力量，淡定、含蓄、强大而不张扬，坚韧而不尖锐，恒久而不保守，稳定而不顽固。中华民族几千年的文化熏陶出这样一种伟大的民族气质，实在珍贵，我们不能只用几十年的时间，通过对自身文化的放弃，毁掉这样的气质。今天网络和现实中到处可见的暴戾之气、泼妇街骂、流氓街斗、泼皮腔调，实在是一个有着几千年文明史的古老民族的文化耻辱。无论是国与国之间的争端，还是人与人之间的争论，野蛮不是力量，文明才是力量；暴力不是力量，正义才是力量。

2. 耻与勇——缺少羞耻感的社会也一定是缺少正义感的社会

孔子和孟子都特别强调人的"耻感"，都特别斥责"无耻"。孟子说："无耻之耻，无耻矣。"（《孟子·尽心上》）就是说，一个人一旦无耻——简直没有比它更可耻了！孟子接着说："耻之于人大矣……不耻不若人，何若人有？"耻感对于人来说，太重要了！不以不如别人为耻，他怎么会奋起直追，赶上别人呢？可见，无耻之人，就会失去道德上的自我反省，从而永远甘居下流而不以为耻。这就是"知耻"和"勇敢"的内在逻辑联系。

3. 尊重与自重——尊重他人并努力赢得他人的尊重

不少网络媒体发表的文章，不讲逻辑，不讲道理，只有情绪的宣泄和对对方的毫无学理意义的冷嘲热讽。但可悲的是，这类文章却最为受众叫好，因为有一部分受众，只需要情绪的宣泄。这是一个宣泄的时代。但是，一个大国，非理性的作者和非理性的受众甚嚣尘上，是危险的。因为，大国力量的最终体现，乃是国民的强大，而国民强大的最终体现，不是国民的暴力，而是国民的思想能力。

4. 争与让——分清君子之争与小人之争

君子之争有两个内涵：（1）君子所争之物：是非；（2）君子之争的手段：规则。在今日市场经济时代，争正当的利，就是君子，争不正当的利，就是小人；用正当的手段争，就是君子，用不正当的手段争，就是小人。所以，君子争是非，并不是说君子不争利，利与是非不是同一逻辑层面的东西，不是非此即彼的矛盾关系，而是互相包含的关系，君子争利，就是争利中的是非。比如，国家人民之利，就为"是"，贪官污吏奸商之利，就是"非"。有人说，儒家文化不适应竞争年代，这是误解，儒家是为竞争制定规则。

5. 怨与责——违背公德要最大苛责，私人领域要最大宽容

要分清公德和私德，要分清公共生活和私人生活，要分清知识问题还是价值问题。就是说，公德问题、价值问题，不能含糊，公共生活领域，不能含糊，对违背公德的行为，对在公共生活领域损害公共利益的人和事，对缺少良知、唐突价值的人，必须严肃以待。但是，在私人生活领域，对一个人的私德，对于一个人知识上的不足或认知能力上的缺陷，则应该予以最大程度的宽容。

6. 德与怨——"以直报怨"才能促进道德风气

孔子提出了"以直报怨"的观点，就是用公正来对待仇怨。即使是坏人，他也应该得到公正的对待，既不特别宽恕他，更不过分报复他，让他得到他该得到的。孔子不遗余力地提倡道德，但又不是道德极端主义者。可以说，因为极端道德而惹出的世界灾难，往往反而大于不仁的人给世界带来的灾难。一个人做了坏事理当受惩罚，付出代价，这样才能让人不敢做坏事；一个人做了好事理当有好报，这样才会鼓励人们做好事。社会就应当形成这样的风气和大环境。

（资料来源：http://www.wenming.cn/jwmsxf_294/hsly/201210/t20121029_907853.shtml）

第四节　中国礼仪的种类

导入案例
DAORUANLI

孟子休妻

战国时期的思想家、政治家和教育家孟子，是继孔子之后儒家学派的主要代表人物，被后世尊奉为仅次于孔子的"亚圣"。

孟子一生的成就，与他的母亲从小对他的教育是分不开的。孟母是一位集慈爱、严格、智慧于一身的伟大母亲。早在孟子幼年时候，便为后人留下了"孟母三迁"、"孟母断织"等富有深刻教育意义的故事。孟子成年娶妻后，孟母仍不断利用处理家庭生活的琐事等去启发、教育他，帮助他从各方面进一步完善人格。

有一次，孟子的妻子在房间里休息，因为是独自一个人，便无所顾忌地将两条腿叉开坐着。这时，孟子推门进来，一看见妻子这样坐着，非常生气。原来，古人称这种双腿向前叉开坐为箕踞，箕踞向人是非常不礼貌的。孟子一声不吭就走出去，看到孟母，便说："我要把妻子休回娘家去。"孟母问他："这是为什么？"孟子说："她既不懂礼貌，又没有仪态。"孟母又问："因为什么而认为她没礼貌呢？"，"她双腿叉开坐着，箕踞向人，"孟子回答："所以要休她。""那你又是如何知道是呢？"孟母问。孟子便把刚才的一幕说给孟母听，孟母听完后说："那么没礼貌的人应该是你，而不是你妻子。难道你忘了《礼记》上是怎么教人的？进屋前，要先问一下里面是谁；上厅堂时，要高声说话；为避免看见别人的隐私，进房后，眼睛应向下看。你想想，卧室是休息

的地方，你不出声、不低头就闯了进去，已经先失了礼，怎么能责备别人没礼貌呢？没礼貌的人是你自己呀！"

一席话说得孟子心服口服，再也没提什么休妻子回娘家的话了。

（资料来源：http://wenku.baidu.com/view/43a6d4c55fbfc77da269b14f.html）

请根据以上信息，完成以下任务：

1. 讨论上述案例中孟子和妻子分别违反了哪些些礼仪准则？
2. 讨论在人际交往中正确的坐姿应该是怎样的？

知识分析
ZHISHIFENXI

▶▶ 一、日常礼仪

日常生活中各个方面，都必须严格遵守有关的礼仪规范。日常生活中的表现与作为，往往能够更加客观、更加准确地反映出每个人的品德与修养，最迫切需要了解和掌握的日常礼仪主要集中在衣、食、住、行、访等几个万古不变的人类日常生活的关节点上。日常常用的礼节例如学校上课，教师走进教室，学生应全体起立并向老师行注目礼，其他如升国旗、受检阅、受接见等场合，均应行注目礼；在路上、车上或其他公共场合遇到熟人，应当主动向对方打个招呼，也叫致意；握手礼用来表示欢迎、欢送、见面、相会、告辞、表示祝贺、感谢、慰问，表示和好、合作时使用的礼节；鞠躬礼是比较隆重的礼节，可以说是最重的礼节之一，主要用于喜庆、哀悼的仪式中，在正式社交场合也有使用，如在追悼会上，向遗体告别要行三鞠躬，一鞠躬常用于晚辈见长辈、学生见教师、演讲者对听众、表演者对观众等情况；鼓掌礼是在公众场合常用的一种较热烈的礼节，欢迎客人时，上级来临时，对演出表示欢迎、祝贺时、对演讲、发言者表示赞同、致意时都常用鼓掌礼；在国际交往中，对比较熟的朋友可以施拥抱礼，我国领导人在接待外宾时，应待外宾主动要行拥抱礼时，才响应对方行拥抱礼，一般不采取主动。在公共场合的礼仪例如在行走时要遵守交通规则、保持道路卫生，礼貌待人等，在乘车时，要排队依次上车，要主动为需要帮助的人让座等等。

应用案例 1-4

王先生遇见一位他很敬重的学者，这位学者正和其他的人谈话。王先生想，在这么多人面前，应该更加表示对学者的尊敬。于是在握手时，他用左手盖在对方的手背上，以示亲密，并长时间地握住学者的手不放，并寒暄了几分钟。

王先生行为是不合乎礼仪。将左手盖在对方手背上，属于"拥抱式握手"，主要用于特别亲密的老朋友之间，这位学者作为王先生很尊敬的人或长者，这样握手过于亲热；握手的时间一般以二至三秒为宜，过长也不适宜，特别是这位学者还在和其他人谈话，王先生行礼更不该用较长的时间。

（资料来源：http://3y.uu456.com/bp-c9ds9d0fs81b6bd97f19ea43-1.html）

二、婚庆礼仪

举行婚礼是人的一生中最重要的时刻，美好而且富有意义，向来都是青年男女的大事。无论怎样，婚礼应该办得喜庆吉祥，尽善尽美。在世界各地，结婚仪式是五花八门、异彩纷呈的。同样，我国的结婚仪式也有着地区、民族和时代的差别。一般分为传统婚礼、旅游婚礼、集体婚礼、广告婚礼、西式婚礼等。传统婚礼在我国特别是农村是相当普遍的，通常是，新郎由傧相和其他随从人员陪同，一起乘车去新娘家里迎接新娘。新娘接回男家时，鞭炮齐鸣。之后再鞭炮声中送新郎新娘入洞房，稍事休息后即开始举行仪式。结婚仪式的场所，有的在家里，有的在饭店举行，在城市里大多要用婚庆公司布置场地、营造氛围。基本仪式后，便是司仪或家长领新郎新娘向众位宾客敬酒、敬烟、众人欢宴。旅游结婚是近些年来为广大青年所喜爱的比较盛行的新式婚礼，无论是继传统婚礼之后的蜜月旅行，还是纯粹的结婚旅游，对新婚的青年来说，旅游结婚是比较适宜的。新婚的男女最希望拥有一个独立自在的两人世界。旅游正提供了这样的条件，新人不仅可以相依相偎，又能游览观光，增长知识，陶冶情操。集体婚礼是我国近些年来提倡婚事新办而产生的新的结婚仪式，也为青年男女所钟爱。这种婚礼不铺张浪费而华贵气派，程式较少而具有纪念意义。现在流行的集体婚礼有自发组织的，但更多是单位、团体等出面组织的。

三、丧葬礼仪

丧葬习俗流传至今，已经有几千年历史。世界各个民族都有自己的丧葬习俗。虽然丧葬品准备及丧葬程序不断减化，但是主要内容并没有太大变化，并且流传至今，家家躲不开，离不了。丧葬的方式有土葬、火葬、水葬、塔葬、悬棺葬、树葬、天葬、崖葬等。解放以后，国家为了节约土地，杜绝疾病蔓延，规定除部分少数民族外，其余一律采用火葬。人死后，被送往殡仪馆停放，尸体赤裸冰冻存放。为了延长保存时间，殡葬人员会在死者脚板底扎一个洞使死者的血全部放走。尸体送到殡仪馆后，一般三天内举殡，举殡分遗体告别仪式和追悼会两部分。遗体告别仪式时设置"灵堂"，灵堂四周排满花圈，花圈上挂满亲朋戚友的挽联。告别仪式开始先播放一段哀乐，悼念者默哀三分钟，之后向死者三鞠躬，最后绕遗体一周，瞻仰死者遗容。长子手捧死者遗照领悼念者去小礼堂开追悼会。追悼会主要是表彰死者生前功绩，因过于形式及劳民伤财，现已基本取消。遗照一般不用彩色，且用"炭烧瓷相"，以示永久存。举殡后"灵车"——现称"专用车"把遗体送到火葬场——俗称"大烟囱"，经大火焚烧后尸体化为灰。亲人可根据情况把骨灰放入骨灰盒保留，也可把骨灰撒入大海、植树等。在丧葬仪式中，为了体现自己对死者的尊重和对丧家的同情，最好穿着黑色或其他深色、素色服装，内着白色或暗色衬衣，切忌大红大绿，五彩缤纷；在进行追悼仪式时，要脱帽致哀，不用花手帕，不抹口红，也不要戴饰品。

四、餐饮礼仪

餐会或酒会是非常具有潜力的交际方式，也是现代商务人士用以款待同业、政界要人及重要客户的一种方法。在宴请或参加宴会时，要恰如其分的运用礼仪，将使你处处受欢迎，受尊敬。目前国内外餐饮业的经营方式主要包括自助餐、快餐店、大排档、高档酒楼、酒吧、风味餐馆等。按照菜式风格划分，餐饮有中餐和西餐之别。中餐的特点是餐厅提供中式菜点，采用中式家具、餐具、茶具和提供中国式服务，客人以中国人的方式进餐。例如：入座的礼仪，进餐时先请客人中长者动筷子，如果要给客人或长辈布菜，最好用公筷，吃到鱼头、鱼刺、骨头等物时，不要往外面吐，也不要往地上扔，要慢慢用手拿到自己的碟子里，或放在紧靠自己餐桌边或放在事先准备好的纸上等等。西餐是欧美各国菜肴的总称。西餐的特点是提供西式菜点，采用西式家具、餐具和提供西式服务，用西方人习惯的方式进餐。例如：要准时赴宴、男女主人在门口恭迎、女士优先等等，客人在进餐过程中，和中国礼节一样，女主人要一直陪着吃得最慢的客人。

五、服饰礼仪

服饰是对人们衣着及其所用的装饰品的一种统称。它是人类为了保护身体、御寒保暖，满足工作、劳动、休息、卫生等用途，或者是为参加婚礼、葬礼及各种仪式的需要而制作的。比如我们到达医院，看到白色大褂表示大夫，护士服有时是粉色的等等，不同的工种有不同的制服，它既是职业责任的要求，也是对病人表示尊重的需要。服饰是人的形体外延，对形体美起着修饰作用，满足人们的审美要求。服饰也反映着人们的社会生活、文化水平和道德修养。一个人的穿着要与他的年龄、体形、职业和所处的场合吻合，表现出和谐，给人以美感，着装应遵循 TPO 原则。TPO 是 Time（时间）、Place（地点）、Objective（目的）三个英文单词的缩写。这个原则的基本涵义是要求人们在服装穿着、饰品佩戴和配件使用等方面，不但要与自己的个性、风格、生理条件相适宜，而且还必须适应具体的时间、地点和目的的要求。例如：求职者去应聘时女性以深色制服、套裙、套装、连衣裙较合适；男士应选择西装革履，并配以与其它色调相协调的衬衣、领带；在一些庄重严肃的场合，如上班、洽谈、参加大型会议等，女士的着装不能"薄、透、露"。在服饰的构成中，饰品作为服装的辅助用品而出现，同时它又区别于衣服而相对独立地存在。装饰用品包括帽子、发夹、头饰、围巾、腰带、胸针、挂饰、领带、提包、胸花、鞋子、眼镜、手套、耳环、戒指、手镯、项链、手表等等。人们所处的生活环境、工作岗位不同，其身份、年龄、外貌、体形、经济状况及活动范围各异，所以对于饰品的选择与佩戴也应有所不同。

六、中国少数民族礼仪

（一）壮族

壮族是我国少数民族中人口最多的民族，是中国岭南的土著民族，有着悠久的历史。壮族是个好客的民族，过去到壮族村寨任何一家做客的客人都被认为是全寨的客人，往往几家轮流请吃饭，有时一餐饭吃五、六家。平时即有相互做客的习惯，比如一家杀猪，必定请全村各户每家来一人，共吃一餐。招待客人的餐桌上务必备酒，方显隆重，敬酒的习俗为"喝交杯"，其实不用杯，而是用白瓷汤匙。客人到家，必在力所能及的情况下给客人以最好的食宿，对客人中的长者和新客尤其热情。用餐时须等最年长的老人入席后才能开饭；长辈未动的菜，晚辈不得先吃；给长辈和客人端菜、盛饭，必须用双手捧给，而且不能从客人面前递，也不能从背后递给长辈；先吃完的要逐个对长辈，客人说"慢吃"再离席，晚辈不能落在全桌人之后吃饭。

尊老爱幼是壮族的传统美德。路遇老人要主动打招呼，让路，在老人面前不跷二郎腿，不说污言秽语，不从老人面前跨来跨去。杀鸡时，鸡头，鸡翅必须敬给老人，路遇老人，男的要称"公公"，女的则称"阿婆"或"婆婆"，遇客人或负重者，要主动让路，若遇负重的长者同行，要主动帮助并送到分手处。

（二）蒙古族

蒙古族是一个历史悠久而又富于传奇色彩的民族。千百年来，蒙古族过着"逐水草而迁徙"的游牧生活，因而被誉为"草原骄子"、"马背民族"。

蒙古族人民在迎接客人、敬神祭祖、拜见尊长、婚嫁节庆、祝贺生日、远行送别、盛大庆典等重要场合，通过献哈达来表示自己的欢迎、尊敬、真诚、爱戴和祝愿，向尊者、长者献哈达时，要毕恭毕敬，弯腰前倾，双手捧哈达举过头顶，以表敬重。对平辈，则双手平举，将哈达送到对方的手中或腕上即可，对晚辈，将哈达直接搭在对方的脖子上，表示祝福。献哈达者表情庄重、大方、真诚，有的时候献哈达者还要吟诵吉祥的祝赞词，以渲染敬重的气氛，接收哈达者要站立起身微向前躬身接收哈达。如果有祝赞词和敬酒的话，应集中精力听完祝赞词并接收敬酒。接受哈达者如果是长辈，则可以就坐受礼，其他人则一定要站起身受礼。

客人敬茶是蒙古族传统礼仪。到牧民家做客，主人首先会给宾客敬上一碗奶茶。宾客要微欠起身用双手或右手去接，忌用左手接，否则认为是不懂礼节。主人斟茶时，宾客若不想要茶，请用碗边轻轻碰一下壶嘴或勺子，主人便即刻会明白宾客的用意。

斟酒敬客是蒙古族传统的待客方式。草原人民认为酒是食品之精华，五谷之结晶，拿出最珍贵的食品敬献，是表达草原牧人对客人的敬重和爱戴。通常主人把酒斟在银碗或牛角杯中，托在长长的哈达之上，唱起动人的蒙古族传统的敬酒歌，客人若是推让不喝酒，就会被认为是对主人瞧不起，不以诚相待。宾客应随即用左手接过酒，用右手无名指蘸酒向天、地、火炉方向弹三下，以示敬天、敬地、敬火神。不能喝酒也不要勉强，可蘸唇事宜，表示接受了主人的盛情。

（三）维吾尔族

维吾尔族人性格豪爽、能歌善舞、开朗活泼，接人待物很讲礼貌，对长者非常尊敬。路遇长者或宾朋，手按胸部中心，身体向前倾斜30度，并连说"亚克西姆斯孜（您好）"；当行路人无处进餐或住宿时，只要说明来意，虽不相识，主人也会热情接待；走路让长者走在前面，谈话让长者先谈，入座让长者坐上座，吃饭先端给长者；小辈在长者面前不喝酒、不吸烟；亲友相见必须握手问候，互相致礼和问好，然后右臂抚胸，躬身后退步，再问对方家属平安；妇女在问候之后双手扶膝，躬身道别。在屋内做下时，要求跪坐，禁忌双腿直伸，脚底朝人。接收物品或给客人上茶时要双手，单手接收物品被视为缺乏礼貌的举动。老人骑马出门，年轻人要为老人备鞍，扶老人上马，而且卸鞍、饮马、喂马的事都由年轻人去做；若家中来客，则全家出迎，并请客人坐在上席，摆上馕、各种糕点、冰糖等，夏天还要摆上一些瓜果，先给客人倒茶水或奶茶，待饭做好后再端上来请客人用餐，吃完后，由长者领作"都瓦"（一种双手摸脸的祝福）。维吾尔族还很好客，喜欢送食品给人，如果拒绝，他们会感到不高兴。男女青年结婚时，由阿訇或伊玛目诵经，将两块干馕沾上盐水，让新郎、新娘当场吃下，表示从此就像馕和盐水一样，同甘共苦，白头到老。婚宴要在地毯上铺上洁白的饭单，最先摆上馕、喜糖、葡萄干、枣、糕点、油炸馓子等，然后再上手抓羊肉、抓饭。

维吾尔族的礼节与宗教也有着极为紧密的关系。人民之间的礼节表现了平等、友爱、敬老、爱幼的精神，劳动人民相见总是相互亲切地握手、问候、对老人十分尊敬，妇女中还有长者亲吻晚辈的礼节。近几十年来随着经济文化的发展，一些带有等级性的、封建的礼节逐渐消失了，体现着平等友爱、互敬互爱的礼节继续保存下来，并且增加了新的意义。

（四）彝族

彝族人重礼仪，是十分讲究礼仪的民族。长幼之间，谁长谁幼，谁大谁小，不仅论年龄，还依据父家谱蝶或母系谱蝶的长晚来定，不许喊错。在特殊的公共场合里，就坐排位要以辈数大小排列，长辈在场时发言不准抢先。彝族有"客人长主三百岁"之俗话，凡有客人来，必须让位于最上方，至少也要烟茶相待。

彝族习俗中素有"打羊"、"打牛"迎宾待客之习。凡有客至，必杀牲待客，并根据来客的身份、亲疏程度分别以牛、羊、猪、鸡等相待。在杀牲之前，要把活牲牵到客前，请客人过目后宰杀，以表示对客人的敬重。酒是敬客的见面礼，待客的饭菜以猪膘肥厚大为体面，吃饭中间，主妇要时刻关注客人碗里的饭，未待客人吃光就要随时加添，以表示待客的至诚。吃饭时，长辈坐上方，晚辈依次围坐在两旁和下方，并为长辈添饭、夹菜、泡汤。在一些地方的彝族还有一种很特殊的传统习俗，即抹黑脸。每逢节日或婚、丧活动中，属姑舅表关系的青年男女，双手抹沾着锅底的黑烟，各向对方的脸上涂抹，表示祝福、友谊和吉祥。

（五）傣族

傣族是具有悠久历史的民族之一，自古以来就是讲究礼仪的民族。待客人到了傣家，主人会主动打招呼，端茶倒水，款待饭菜。无论男女老少，对客人总是面带微笑，说话轻声细语，从不大喊大叫，不骂人，不讲脏话。

妇女从客人面前走过，要拢裙躬腰轻走；客人在楼下，不从客人所在位置的楼上走过。每户人家都备有几套干净被褥，供待客之用。有的傣族村寨，还在大路旁建有专用于接待客人的"萨拉房"。

到傣家做客人，还会受到主人"泼水"和"栓线"的礼遇。傣族的禁忌主要有忌外人骑马、赶牛、挑担和蓬乱着头发进寨子，祭寨时忌外人进寨，忌移动或触弄"神树"下送鬼的祭品；进入傣家竹楼，要把鞋脱在门外，而且在屋内走路要轻；不能坐在火塘上方或跨过火塘，客人不能移动火塘上的三脚架，也不能用脚塌火；不能坐门槛；睡觉时不能头朝向主人家内室，不准用衣服当枕头或坐枕头；忌客人在家中吹口哨、剪指甲；忌女招待男客、男招待女客；进佛寺要脱鞋，忌讳摸小和尚的头、佛像、戈矛、旗幡等一系列佛家圣物。

课后阅读

三纲五常

董仲舒在先秦儒家"五伦"观念的基础上提出了一套维护封建等级制度的三纲五常论。三纲、五常这两个词，来源于西汉董仲舒的《春秋繁露》一书。但作为一种道德原则、规范的内容，它渊源于先秦时代的孔子。孔子曾提出了君君臣臣、父父子子和仁义礼智等伦理道德观念。孟子进而提出"父子有亲，君臣有义，夫妇有别，长幼有序，朋友有信"的"五伦"道德规范。董仲舒按照他的大道"贵阳而贱阴"的阳尊阴卑理论，对五伦观念作了进一步的发挥，提出了三纲原理和五常之道。董仲舒认为，在人伦关系中，君臣、父子、夫妻三种关系是最主要的，而这三种关系存在着天定的、永恒不变的主从关系：君为主，臣为从；父为主，子为从；夫为主，妻为从。亦即所谓的"君为臣纲，父为子纲，夫为妻纲"这三纲。三纲皆取于阴阳之道。具体地说，君、父、夫体现了天的"阳"面，臣、子、妻体现了天的"阴"面；阳永远处于主宰、尊贵的地位，阴永远处于服从、卑贱的地位。董仲舒以此确立了君权、父权、夫权的统治地位，把封建等级制度、政治秩序神圣化为宇宙的根本法则。

"五常之道"实际上是"三纲"的具体化。董仲舒又认为，仁、义、礼、智、信五常之道则是处理君臣、父子、夫妻、上下尊卑关系的基本法则，治国者应该给予足够的重视。在他看来，人不同于其他生物的一个重要特点，在于人类具有与生俱来的五常之道。坚持五常之道，就能维持社会的稳定和人际关系的和谐。

"三纲"是指"君为臣纲，父为子纲，夫为妻纲"，要求为臣、为子、为妻的必须绝对服从于君、父、夫，同时也要求君、父、夫为臣、子、妻作出表率。它反映了封建社会中君臣、父子、夫妇之间的一种特殊的道德关系。

"五常"即仁、义、礼、智、信，是用以调整、规范君臣、父子、兄弟、夫妇、朋友等人伦关系的行为准则。

三从四德

三从四德，三从是未嫁从父、既嫁从夫、夫死从子。意思是说女孩子在未出嫁之前要听从家长的教诲，不要胡乱地反驳长辈的训导，因为长辈们的社会见识丰富，有根本性的指导意义；出嫁之后要礼从夫君，与丈夫一同持家执业、孝敬长辈、教育幼小；如果夫君不幸先己而去，就要坚持好自己的本份，想办法扶养小孩长大成人，并尊重自己子女的生活理念。这里的"从"并不是表面上的"跟从"之意，而是有工作性质的"从事"之本质。——出自《仪礼·丧服·子夏传》："妇人有三从之义，无专用之道。故未嫁从父，既嫁从夫，夫死从子。"

四德是妇德、妇言、妇容、妇功。所谓的"四德"是指：德、容、言、工。就是说做女子的，第一要紧是品德，能正身立本；然后是容貌，指出入要端庄稳重持礼，不要轻浮随便。言语，指与人交谈要会随意附义，能理解别人所言，并知道自己该言与不该言的语句。工，治家之道，治家之道包括相夫教子、尊老爱幼、勤俭节约等生活方面的细节。《周礼·天官·九嫔》："九嫔掌妇学之法，以九教御：妇德、妇言、妇容、妇功。"

（资料来源：http：//baike.haosou.com/doc/5351783.html）

练习与思考

一、名词解释

礼节

礼貌

礼仪

二、简答题

1. 简述礼仪的特征。

2. 如何理解礼仪的起源与发展？

3. 礼仪的功能和作用有哪些？

4. 简述中国礼仪的种类。

三、论述题

以自己的亲身经历谈谈礼仪在生活中的作用，并有意识地培养自己的礼仪素养。

本章参考文献

1. 金丽娟．旅游礼仪［M］．天津：天津大学出版社，2010：1—17

2. 李欣．旅游礼仪教程（修订版）［M］．上海交通大学出版社，2010，1—7

3. 孙三宝．社交礼仪恰到好处［M］．北京：当代世界出版社，2005：2—18

4. 王水华．公关与商务礼仪［M］．东南大学出版社，2001，1—10

5. 姜红、候新冬．商务礼仪［M］．上海：复旦大学出版社，2009：46—52

6. 金正昆．商务礼仪教程（第三版）［M］．北京：中国人民大学出版社，2009：1—20

7. 舒静庐．商务礼仪［M］．上海：上海三联书店，2014：2—10

8. 丛书编委会编撰．中国礼仪文化［M］．北京：外文出版社，2010：1—30

9. 李成．酒店职业礼仪［M］．北京：清华大学出版社，2017：8—11

第二章　个人礼仪

教学重点
JIAOXUEZHONGDIAN

知识要点	掌握程度	相关知识
仪容礼仪的原则与内容	理解并运用	理解仪容礼仪的原则；了解并运用仪容修饰的方法
仪表礼仪的原则与要求	理解并运用	了解着装的原则；理解并运用着装礼仪的规范要求
仪态礼仪的基本内容	理解并掌握	掌握并运用姿态的基本礼仪规范；掌握面部表情运用的技巧方法

基本概念
JIBENGAINIAN

个人礼仪：个人礼仪是社会交往活动中个人行为的具体规范，一般包括仪容仪表、服饰穿戴、仪态举止等方面的内容。个人礼仪，不仅体现着个人的精神面貌，反映出个人的道德修养、文化素质和审美情趣，更重要的是，在社会交往中它还在某种程度上代表着组织形象甚至国家形象。

仪容：仪容即人的容貌，是指一个人的外在相貌。主要指面部、头部、手部和颈部等未被服饰遮掩的肌肤。仪容传达出最直接、最生动的第一信息，反映出个人的精神面貌。

仪表：仪表是指人的外表，是首先映入眼帘的风度。它能反映出一个人的社会地位、文化修养、审美情趣，也能表现出一个人对自己、对他人以至于对生活的态度。服饰是人的仪表的重要组成部分。

仪态：又称"体态"，是指人的身体姿态和风度。姿态是指人的身体表现出来的姿势，如站姿、走姿、坐姿、蹲姿、手姿等；风度则是一个人个人素质修养的外在表现。人的一举手、一投足、一弯腰乃至一颦一笑，并非偶然的、随意的，这些行为举止自成体系，像有声语言那样具有一定的规律，并具有传情达意的功能。人们可以通过自己的仪态向他人传递个人的学识与修养，并能够以其交流思想、表达感情。

背景知识
BEIJINGZHISHI

心理学家认为，一个人对交往对象的印象和评价大体是在见面之初的那一刹那间形成的，在见面后很短的时间里就有了对对方的独特看法，并且这种瞬间形成的看法不但在此后难以改变，而且左右着双方交往的密切程度，这在心理学上叫做"首因效应"。根据首因效应，讲究个人礼仪，注意维护个人形象，是保证社会交往正常进行的基础。

个人礼仪是社会交往活动中个人行为的具体规范，一般包括仪容仪表、服饰穿戴、仪态举止等方面的内容。个人礼仪，不仅体现着个人的精神面貌，反映出个人的道德修养、文化素质和审美情趣，更重要的是，在社会交往中它还在某种程度上代表着组织形象甚至国家形象。

第一节 仪容礼仪

导入案例
DAORUANLI

在公司招聘秘书的考试中，小李以笔试第一名的成绩顺利进入面试。面试那天，小李一早起来便开始打扮。桌上堆满了瓶瓶罐罐，花了足足一个小时来化妆。小李化完了妆，穿上最有气质的套装，来到公司面试。主考人愣了一分钟，随便问了几个问题，就说面试结束了，叫小李回家等通知。小李有一种不祥的预感。果然，最终小李未被录取。不久之后，小李从那个公司里认识的人那得知了自己落榜的原因——浓妆艳抹。小李想到自己经常参加学校大型演出，自认为妆化得不错，却不曾想过把舞台妆当成了生活妆，影响了自己的前程。

（资料来源：余玫主编．现代礼仪实训［M］．成都：四川大学出版社，2011：90）

请根据以上信息，完成以下任务：

1. 舞台妆和生活妆有哪些不同之处？
2. 结合案例，分析在面试中个人应注意哪些方面的仪容礼仪？

知识分析
ZHISHIFENXI

仪容即人的容貌，是指一个人的外在相貌。主要指面部、头部、手部和颈部等未被服饰遮掩的肌肤。仪容传达出最直接、最生动的第一信息，反映出个人的精神面貌。虽然我们不能以貌取人，但是修饰得当、美好的容貌会给人留下深刻、甚至是难忘的印象。反之，不修边幅、无精打采、萎靡不振的人，不仅不能给他人留下好印象，也可能会导致人际交往的失败。因此，仪容是个人仪表的重要组成部分，在人的形象美中占有举足轻重的地位，修饰仪容也就成为个人礼仪的核心内容，是个人礼仪的基础规范。

▶▶ 一、仪容礼仪的原则

仪容礼仪的原则，主要包括整洁、自然、协调、礼貌、健康等五项基本内容，它既是指导人们如何在礼仪实践活动中正确修饰容貌的关键，也是衡量一个人是否具备良好的文化水平、生活情趣以及审美意识等综合修养的尺度。因此，每一个注重礼貌修养的人在不断完善自身容貌之时，都应注意以下基本原则，以争取达到礼敬于人、交际成功的目的。

（一）整洁原则

整洁是指在外貌上给人整齐、干净的形象。外表的美貌不单纯依赖化妆，也需要通过良好的卫生习惯加以配合。坚持这一原则必须注意以下礼节：

第一，头发要勤于梳洗。俗话说："远看头，近看脚。"在人际往来中，首先映入交往对象眼帘的就是头发，所以人的头发应该保证没有头皮屑、不粘连、无异味，保持头发柔顺、整洁。

第二，面部要注意清洁与适当的修饰。男士要剃净胡须、刮齐鬓角、剪短鼻毛，不留小胡子和大鬓角。女士可适当化妆，但以浅妆、淡妆为宜，不可浓妆艳抹，并避免使用气味浓烈的化妆品。在参加活动过程中，应该及时用面巾纸等清洁面部的油脂，做到无泪痕、无汗渍、无灰尘等。另外，还应注意及时清理眼角、鼻孔、耳朵、口角等细微的残留物。

第三，做到勤洗澡、勤换衣袜、勤漱口。在参加重大的社会活动之前，洗澡是一项必须做的准备工作。洗澡一方面是为了保持干净，另一方面还可以使人清爽、精神焕发，不仅可以给交往对象留下良好的印象，还能使自己充满信心。除早晚刷牙以外，在参加正式的交际场合之前也应该刷牙，至少要咀嚼口香糖，并尽量避免吃一些带有刺激性气味的食物，如葱、蒜、韭菜等。

第四，保持手部卫生。手是与外界进行直接接触最多的一个部位，它最容易沾染脏东西，所以必须勤洗手。在出席重大场合之前应做到手上无汗渍、无异味、无异物。此外，不能留长指甲，指甲的长度与指尖齐平为最佳，并保证指甲内部无污垢，指甲两侧无死皮。

第五，鞋袜干净清洁。鞋袜搭配得当，一般的原则是深色鞋子搭配深色袜子，浅色鞋或运动鞋搭配浅色袜子。鞋面洁净亮泽，无污物，不钉鞋掌，鞋跟不宜过高过厚或怪异。袜子干净无异味，不露出腿毛。

（二）自然原则

仪容礼仪的自然原则，即是要求容貌修饰不仅要美丽、生动、具有生命力，更要真实、和谐、自然、天衣无缝，不矫揉造作。仪容自然，并非排斥美观，而是在对面部进行修饰的时候适度美化、扬长避短，使妆容自然符合自身的性格和身份。失去自然的效果，那就是假，假的东西就没有生命力和美感了。一位化妆师说过："最高明的化妆术，是经过非常考究的化妆，让人家看起来好像没有化过妆一样，并且化出来的妆与主人的身份匹配，能自然表现那个人的个性与气质。次级的化妆是把人突显出来，让她醒目，引起众人的注意。拙劣的化妆是一站出来别人就发现她化了很浓的妆，而这层妆是为了掩盖自己的缺点或年龄的。最坏的一种化妆，是化妆后扭曲了自己的个性，又失去了五官的协调，例如，小眼睛的人竟化了浓眉，大脸蛋的人竟化了白脸，阔嘴的人竟化了红唇……"可见化妆的最高境界是无妆，是自然。因此，美好的仪容，要依赖正确的技巧、合适的化妆品，要一丝不苟、井井有条，要讲究过渡、体现层次，要点面到位、浓淡相宜。这样才能使人感到自然、真实的美。

（三）协调原则

协调原则强调容貌的设计与修饰要力求达到面部协调、全身协调、身份协调、场合协调、年龄协调的整体效果，给人以整体的美感。具体而言就是要做到：面部协调，即化妆部位色彩搭配、浓淡协调，所化的妆针对脸部个性特点，整体设计协调；全身协调，即脸部化妆还必须注意与发型、发色、服装、饰物协调，力求取得完美的整体效果；身份协调，即化妆后要适合自己所从事的职业。正如一位理发师曾对"日本松下电器产业株式会社"创始人松下幸之助进行批评时所说："你毫不重视自己的容貌修饰，就好像把产品弄脏一样。你作为公司代表都如此，产品还会有销路吗？"当然，松下幸之助是好样的，他接受了理发师的建议，从此十分注意自己的容貌修饰，并且由于他的长期垂范，为员工们树立了榜样，使企业效益蒸蒸日上；场合协调，即化妆要与所去的场合气氛要求相一致。例如，日常工作，略施淡妆，化浓妆在自然光下会显得很不自然，仿佛是在进行排练、演出；而出入晚宴，则可施浓妆，浓妆会使你在灯光下显得格外生动、迷人；年龄协调，即化妆要适合自己的年龄特点，年轻人可以突出自己的朝气蓬勃，年纪大的人则需突出成熟、稳重，而不是一昧地追求年轻而造成"装嫩"，或为了显得成熟而"扮老"。

（四）礼貌原则

礼貌原则，即要求容貌修饰应相互愉悦、礼敬于人。这也是容貌修饰最主要的目的和最基本的原则，坚持这一原则必须注意以下礼节：

第一，不要在他人面前修饰容貌。因为在众目睽睽之下修指甲、剔牙齿、挖耳朵、搓污垢、抠眼垢、剜鼻孔、拔鼻毛等，把既不文雅又不卫生的修饰过程暴露在外，不仅是对他人的妨碍，也是对自己的不尊重，是极为失礼的；如果在工作时当众修饰，还会让人感到你不务正业。因此，倘若在公众场合真需要修饰容貌的话，应该到洗手间去完成。

第二，不要借用他人的私人物品，如化妆品、剃须刀。在现代社会，隐私不仅包括私人信息，也包括私人物品，如化妆品、剃须刀等。在生活和工作中，无论是对谁，无论是否需要，都不要去借用他人的私人物品，因为这样做不仅不卫生，也不礼貌。

第三，不要非议他人的容貌修饰。因为民族和文化传统的不同，肤色以及个人审美的差异，每个人在容貌修饰上的品位也就不同，修饰的效果也就不可能都是一样的。所以，千万不可对他人的容貌修饰品头论足，否则不仅严重失礼，还会深深地伤害他人。

（五）健康原则

健康原则要求人们在完善自身容貌修饰时要做到内外兼备，力争达到世界卫生组织定出的以下健康标准：

第一，保持标准体重，身材匀称；站立时，头、肩、臂位置协调。

第二，眼睛明亮，反应敏捷，眼睑不易发炎。

第三，牙齿完整、整洁，无龋齿，不疼痛，牙龈颜色正常，无出血现象。

第四，头发有光泽，无头皮屑。

第五，肌肉丰满，皮肤有弹性。

同时，一定要保持良好的心态，善待自己及周围的一切；保证充足的睡眠，适当地参加体育锻炼；注意合理饮食，坚持科学的养护方法。只有这样，才能脸色红润、身体健康、心理平衡。反之，即使有了娇好的容貌，也会因身心憔悴而扭曲。

应用案例 2-1

1960 年，美国历史上的首次总统大选电视辩论在肯尼迪和尼克松的对峙中拉开帷幕。尼克松当时是美国副总统，肯尼迪不过是马萨诸塞州一名资历尚浅的参议员，此前许多人认为这将是一场一边倒的竞赛，经验老到的尼克松肯定会胜出。但电视屏幕改变了一切，当时尼克松刚动过膝盖手术，脸色苍白，身体消瘦，还发着烧；而肯尼迪则刚刚参加完加州竞选活动，肤色黝黑，活力四射。上台前两人都没有请专业化妆师化妆，但肯尼迪的助手帮他简单地"润了润色"，尼克松则随便抹了点男用粉底霜，结果在电视上显得脸色更加苍白。因此，电视观众们看到的情景是：一脸憔悴的尼克松 PK 阳光活力的肯尼迪。对比如此鲜明，最终肯尼迪以绝对优势战胜了尼克松，成功当选为美国第三十五任总统。

(资料来源：陈姮主编．旅游服务礼仪［M］．大连：大连理工大学出版社，2015：12)

▶▶ 二、仪容修饰

（一）头发的修饰

一位资深的形象设计专家曾经指出："在一个人身上，正常情况下最引人注意的地方，往往首先是对自己头发所进行的修饰。"头发是容貌清洁修护的重中之重，蓬头垢面在社交场合是极为失礼的。而光亮、柔顺的秀发，再配以端庄、美观的发型，不仅可以为自己的容貌增辉，还会受到人们的尊重和欢迎。头发的科学护理主要分护发和美发两个步骤。护发是美发的基础，需及时按摩清洗，适时营养调理。美发是护发的目的，需精心设计发型，认真修剪美化。任何一名成功人士如果不打算使自己"头上失礼"，对护发礼仪与美发礼仪均应认真地学习和遵守。

1. 护发

头发必须时常保持健康、秀美、干净、清爽、卫生、整齐的状态。要真正达到以上要求，就必须在头发的清洗、梳理、养护等几个方面多加注意。

（1）清洗头发

头发应当适时清洗。洗发可以去除落在头发上的灰尘和头皮的分泌物，有助于头发的生长和健康，尤其是油性头发，更应勤洗。一般一周至少清洗两到三次，如果条件允许，最好是每天清洗一次。虽然那种认为大部分洗发用品均有化学成分，经常洗头会使发质受到损害，越洗越糟的想法可能不无一定道理。但是，如果不经常清洗头发，一个直接的后果是头上可能会产生很多头皮屑，而头皮屑的脱落很不雅观；另一个后果是头皮分泌出的汗水和油脂可能造成头发异味和头发的蓬乱。因此，头发还是应该经常清洗的。只是在清洗的过程中，应根据自己的发质选择不同的洗发、护发用品。洗发时，要用指腹轻柔发根，从周边到头顶中心，再从头顶到周边反复按摩、抓洗，洗净后涂上护发素轻揉、按摩片刻，清水冲头的时候或从前往后，或从后往前把水捋净。洗完后最好自然风干。

（2）梳理头发

梳理头发不仅能使头发整齐美观，而且也是一种健美运动，可以促进头部的血液循环，使头发根部的营养输送到发茎、发梢部分，可以保持头发的光泽和柔软。坚持每日梳头 50 次—100 次，持之以恒，会对头发大有益处。梳理头发时，要轻重适度，防止损伤头皮。出门前、上班前、换装上岗前、摘下帽子时、下班回家时及其他必要情况时，都应该对着镜子认真梳理头发。只是要注意当众梳理头发、用手直接梳发、乱扔脱落的头发等都是不妥当、不礼貌的行为。

（3）按摩头部

按摩头部是增进头发健康的重要手段。按摩的正确方法是，将十指分开，从前向后做环状揉动，反复多次。按摩后会产生头皮发热和紧缩的感觉，有利于促进头部的血液循环，促进头发生长，防止头发脱落。

（4）季节护理

春天是头发生长最快的季节，但因新陈代谢旺盛，头发中的水分易蒸发，应注意护理头发，适当增强营养。夏天出汗多，应勤洗头，外出时应在头发上涂抹防晒的护发素、橄榄油或戴遮阳帽，以防止强光损伤头发。秋季气候干燥已转凉，头皮屑多、易脱发，因此，要多使用护发品加强护发。冬季气温低，头发新陈代谢也会减弱，应减少洗头的次数，给头发补充营养，并适当按摩头发。

（5）体内调养

头发养护除了外部焗油，还需做到心情愉快，营养平衡，睡眠充分。应学会从人体内部吸收调理，通常含有叶酸、泛酸、维生素 A、B、E 等成分的物质，能促进头发的生长。因此，平时应多吃一些富含蛋白质、铁、钙、锌、和镁的食物，如鱼类、贝类、橄榄油和坚果类，都有改善头发组织、增加头发弹性和光泽的功能。

2. 美发

美发的设计强调发型自然美和修饰美的有机结合。发型设计的基本要求是美观、大方、整洁、实用。发型设计的要领是：根据不同的脸形、发质、体型、年龄、职业、季节等因素设计出与之相应的个性化发型，就可以扬长避短，和谐统一，增加人体的整体美。

（1）应当定期理发

根据头发生长的一般规律，头发会不断地进行新陈代谢，常人在每 3—4 周左右理一次头发是最为恰当的。如有重要的交际应酬，如庆典、宴会时，为显示自己郑重其事，应于事前再进行一次洗发、理发、梳发，不必拘泥于以上时限。

（2）发型与脸型相协调

发型对人的容貌有很强的修饰作用，甚至可以"改变"人的容貌。每一种脸型都有其独特的发型要求，应当根据自己的脸型选择合适的发型，这是发型修饰的关键。

椭圆脸型：任何发式都与它配合，能达到美容效果。但若采用中分头式，左右均衡、顶部略蓬松的发式，会更贴切，以显示脸型之美。

圆脸型：接近于孩童脸，双颊较宽，因此，应选择头前部或顶部略半隆的发式，两侧则要略向后梳，将两颊及两耳稍微留出，这样，既可以在视觉上冲淡脸圆的感觉，又显得端庄大方。圆脸型的人尤其适合梳纵向线条的垂直向下的发型或是盘发，使人显得挺拔而秀气。

长脸型：端庄凝重，但给人一种老成感。因此，应选择优雅可爱的发式来冲淡这种感觉，顶发不宜太丰隆，前额部的头发可适当下倾，两颊部位的头发适当蓬松些，可以留长发，也可以齐耳，发尾要松散流畅，以发型的宽度来缩短脸的视觉长度。若将头发做成自然成型的柔曲状，会更理想。

方脸型：前额较宽，两腮突出，显得脸型短阔。适宜选择自然的大波纹状发式，使整个头发柔和地将脸孔包起来，两颊头发略显蓬松遮住脸的宽部，使人的视觉由线条的圆润冲淡脸部方正直线条的印象。

菱形脸：两颊颧骨较高，上下脸部较窄。此脸形和长脸型有些相似，在设计发型的时候，可将额上部的头发拉宽，额下部头发逐渐紧缩，靠近颧骨处可设计弯形卷曲或波浪式的发束，以遮掩其突出的缺点。

"由"字形脸：应选择宜表现额角宽度的发型，中长发型较好。可使顶部的头发梳得松软蓬松些，两颊侧的头发宜向外蓬出以遮住腮，在人的视觉上减弱腮部的宽阔感。

"甲"字形脸：宜选择能遮盖宽前额的发型，一般说两颊及后发应蓬松而饱满，额部稍垂"刘海"，顶部头发不宜丰隆，以遮住过宽的额头。此脸型人适宜将发烫成波浪式的长发。

（3）发型与发质相协调

直而黑的头发，宜梳直发，显得朴素、清纯。柔软的头发，适宜剪成活泼俏丽的短发，将"刘海儿"斜放在额前，耳朵露在外边。自然卷发，宜顺其自然地梳出各种漂亮的发型，特别是留长发时显得华丽、高贵。粗硬的头发很难定型，应尽量避免复杂的发型。稀少的头发，比较伏贴，女士适合于留中长发，或梳成发髻。而头发稀少或者秃顶的男士，则不宜留长发，因为头发稀少又不规则，像杂草丛生，不但不美观，反而给人以病态之感；应选择清爽整齐的短发型。

（4）发型与体型相协调

身材有高、矮、胖、瘦之别。身材不同的人，在选择发型时，应该有不同的考虑。一般说来，身材高大者，在发型方面可以有比较多的选择。他们可以去做直短发，也可以长发披肩，或是做成"波浪式"，甚至可以理寸头。身材矮小者，在选择发型时往往会受到一定的限制。聪明一些的话，最好是为自己选择短发型，以便利用他人的视觉偏差使自己"显高",千万不要去做长发型,尤其是女士们不要去做长过腰部的披肩发,否则只会令自己显得更加矮小。身材高而瘦者,适合留长发型,并且适当增加些发型的装饰性。如卷曲的波浪式发型,会对高瘦身材起到一定的协调作用。但高瘦身材者不宜盘高发髻或将头发削剪得太短,以免给人一种更加瘦长的感觉。身材矮而胖者,一般不宜留长发,更不应该将头发做得蓬松丰厚。有可能的话,应做短发型,并且最好露出自己的双耳来。那样一来,非但可使自己看上去更高一些,而且也可以使自己的胖不过分突出。

(5) 发型与年龄相协调

在为自己选择发型时,必须客观地正视自己年龄的实际状况。青少年时期,应保持活泼开朗的性格,发型不宜太复杂,线条要简洁、流畅、明快、粗放、自然;通常年龄在 20 岁—35 岁的青年人,比较注意整洁和美观,因此,各种新颖、别致、健康、大方的发型都相适宜。中老年时期,应考虑性格、爱好、身材、服饰以及职业、季节等因素;特别是年龄在 50 岁左右时,发型一般要求简朴、端庄、稳重。

(6) 发型与职业相协调

选择职业发型时要符合自然、大方、整洁、美观的原则,不仅要跟自己的年龄、身材、体型、脸形以及职业身份相符合,而且要保持相对的稳定性,一旦选择了理想的发型,就不要轻易改变。例如:文职人员发型应端庄、文雅,不可选择过于"前卫"的发式,女士不宜使用抢眼的色彩染发,更不应在头发上滥加饰品。男士鬓发不应盖过耳部,头发不能触及后衣领,也不要烫发;尤其是穿西装时,发型应吹风定型,以显得风度翩翩。礼仪小姐发型应新颖、大方,可选择多种发式,以烘托服饰及环境。参加晚宴或舞会,发型需加以修饰,应选择高雅、华丽的发式。从事旅游、涉外接待工作的女士发型基调是:活泼开朗、朝气蓬勃、干净利落、稳重端庄。要求做到:不梳披肩长发、发不遮脸,刘海儿不过低,也不可将头发染成红色或黄色,一般以齐耳的直发或微长稍曲的发型为宜,还要避免使用色泽鲜艳的发饰。商务人员的发型应美观大方,染发时,不宜染非常扎眼和鲜亮的颜色。服务行业人员发型应符合工作要求,长短适当、简约明快、风格端庄,不过分时髦,尤其不能为了标新立异而选择极端前卫的发型。

(7) 发型与季节相协调

夏天气候炎热,为了凉快、舒畅,一般以短发、梳辫或盘发为宜。春秋气候宜人,温暖舒适,发型选择往往较为随意,长短皆宜。冬天气候寒冷,衣服穿得较厚,衣领也较高,通常留长发显得既适宜又美观。

(8) 发色自然协调

中国人历来以黑发为美。如果是因为自己的头发颜色不够黑亮,或有"少白头",或头发色杂,染成黑发是必要的。但在现代社会,人们常通过各种染发剂来改变自己的发色,以彰显个性。在日常交际中,发色为深棕、黑色或其他暗色,都是符合礼仪标准的。但是如果有意将头发染成浅色、亮色甚至五彩斑斓,都是不适合的。

(二) 面容的修饰

面容是人的仪表之首,是人体暴露在外时间最长的部位,也是人际交往中为他人所注意的焦点。在公众场合，往往会起到"首因"效应。

1. 面部的清洁

首先，美化面容必须保持面部的清洁卫生。要勤洗脸，如外出归来、午休完毕、流汗流泪、接触灰尘后，都要及时洗脸。同时，还要洗得完全彻底、面面俱到，不让面部留存汗渍、泪痕以及不洁之物。若面部生有痤疮、疱疹、疖子，应及时治疗，不要盲目自行处理，导致面部疙疙瘩瘩，影响美观。面部有伤，或在涂药、包扎之后，应避免出席重大社交活动，免得有碍观瞻。

其次，要修剪、遮掩不雅观的体毛。在社会交往活动中经常要近距离地面对他人，若有鼻毛从鼻孔里伸展出来，或有耳毛突出于耳眼之外，都会令人厌恶，应当定期检查，及时去除。虽然社交礼节上并无禁止男士蓄须的明文规定，但除了宗教信仰与民族习惯的特殊情况之外，男士最好不要蓄须，并且要养成每天修面剃须的良好习惯，否则胡子拉碴、蓬头垢面，既有失体统，也是对交往对象的极不尊重。女士如因内分泌等原因造成唇周汗毛浓重时，应及时去除。

再次，要注意眉毛和眼部的保养和修饰。第一，做好眼部保洁，及时清除眼角的分泌物。第二，若眼部患有沙眼、"红眼病"等传染性疾病，应自觉避免在公共场所露面，免得让交往对象陷入进退两难的尴尬处境。第三，不要戴太阳镜参加社会交往活动。进入室内或与人交谈时应摘下太阳镜，否则给人以缺乏坦诚、难以捉摸的感觉。第四，戴眼镜的人要保持眼镜清洁，对镜架、镜片都要经常擦拭、清洗，清除污垢、积尘或油渍。第五，眉毛要及时修剪梳理，令其整洁有序，避免眉毛参差不齐，或眉部出现灰尘、死皮或掉下的眉毛。

最后，要保持口部清洁。一要保持双唇干净卫生，不积存异物或白沫，避免开裂或生疮。二要清洁牙齿，仔细刷牙，节制饮食，定期洗牙，保持牙齿洁白。三要清除口腔异味，除运用正确的刷牙方法、坚持餐后刷牙外，还要注意少吃或不吃葱、蒜、韭菜、虾酱之类有异味的食物。若餐后一时没有刷牙机会，也要使用爽口液处理口腔卫生，最好不要当众咀嚼口香糖，一是它并不十分管用，二是这种处理口腔卫生的举动很不雅观。

2. 化妆

化妆，是一种通过对美容用品的使用来修饰自己的仪容、美化自我形象的行为。简单地说，化妆就是有意识、有步骤地来为自己美容。化妆的目的，说得透彻一些无外乎两点：一是将自己的五官特质最美地呈现给对方；再就是修饰不足之处，突显自己的优势，弱化自己的缺点，给人清新自然之感。经过化妆之后，人们大都可以拥有良好的自我感觉，身心愉快、精神振奋，缓解来自外界的种种压力，而且可以在人际交往中表现得更自尊自信，更潇洒自如。"三分模样，七分打扮"，说的就是化妆的作用。

（1）妆前准备

束发。用发带将头发束起来或包起来，使化妆时脸部轮廓更加清晰，避免化妆时散发妨碍化妆。

洁肤。用洗面乳等清洁面部的污垢或油脂。正确的洗脸方法是，先将洗面乳放在手上搓起泡后轻轻地拍打在脸部，然后用中指和无名指的指腹轻轻由脸的中部向外侧的斜上方，以转小圈的手法滑动清洗。如果使用洁面仪来清洁，则需要先将洗面乳打出泡沫，再用洁面仪从中部向外侧清洗。切忌用手在脸上用力的来回揉搓，这不但不能洗掉眼窝、鼻翼等处的脏物，而且还会给皮肤带来损伤。

护肤。彻底清洁面部后要马上补充水分及营养，使肌肤回到原来的状态。滋润皮肤一般的顺序是紧肤水——精华液——眼霜——乳液——面霜——隔离霜——防晒霜。涂抹时要打圈按摩，一可润泽皮肤，二可起隔离作用，防止带颜色的化妆品直接进入毛孔，形成色素沉淀。

（2）施妆过程

抹粉底。选择粉底时，不应选用与皮肤颜色差异较大的粉底，以免产生假面感，选用与肤色较为接近的粉底，用海绵扑或手指从鼻子处向外均匀涂抹，尤其不要忽视细小的部位，在头与脖子衔接处要逐渐淡下去。粉底千万不要太厚，以免像戴了一个面具。粉底抹完后要达到调整肤色、掩盖瑕疵、使皮肤细腻光洁的目的。

画眉毛。用镊子拔去多余的眉毛，然后用棕色或深灰色的眉笔，顺着眉毛的方向轻轻的描出自己的眉毛。眉毛颜色从眉头起先浅后深，眉峰处应为眉毛颜色最深的地方。标准的眉形是在眉毛的2/3处有转折。眉毛不要太浓太黑太夸张，切忌一笔画出一条直线，要顺着眉毛的生长方向，从眉根开始一笔一笔的画，这样会显的非常自然。眉毛画完后，用眉刷随着眉毛生长的方向轻轻梳理，使眉毛保持自然位置。此外，还要定期修整眉毛的长度。

画眼影。眼影用什么颜色、用多少种颜色、如何上色，是因人、因事而异的。一般深色眼影刷在最贴近上睫毛处，中间色刷在稍高处向眼尾处晕染，浅色刷在眉骨下。

画眼线。眼线要贴着睫毛根画，浓妆时可稍粗一点，淡妆时应稍细一些。上眼线内眼角方向要淡而细，外眼角方向则可加重，至外眼角时要向上挑一点，把眼角向上提，显得眼角上翘。除了舞台妆，生活妆容一般不画下眼线。

刷睫毛。先将睫毛用睫毛夹子夹得由内向外翻卷。然后用睫毛刷用"Z"字形的手法从睫毛根到睫毛尖刷上睫毛液。为了使睫毛显得长而浓，可在睫毛液干后再刷第二遍。最后再用眉刷上的小梳子将粘在一起的睫毛梳开，使睫毛根根分明，避免出现蟑螂脚、结块等现象。

涂腮红。腮红可以矫正脸型，会使人显得精神焕发，脸色红润，给人健康的印象。具体注意事项：一是涂腮红时，应以颧骨部位为中心向四周扫匀匀，越来越淡，直到与底色自然相接。二是涂腮红可以用来矫正脸形。圆脸形的人，腮红的状应是长条型的，刷子竖扫，以减弱胖的感觉；长脸形的人应涂得宽些，刷子横扫，以增加胖的感觉。三是腮红的颜色。白皮肤的人，可选用淡一些、明快一些的颜色，如浅桃红；皮肤较黑的人，腮红可以深一些、暗一些。

涂口红。首先用唇线笔勾出理想的唇廓线。从嘴角两边向中央描，先画好上唇的唇山、唇谷，再描下唇唇廓，然后用口红填涂。口红的颜色应与服装及妆面相协调。为了使口红色彩持久，可用纸巾轻抿一下口红，同时也避免了唇膏染到餐具与杯子上。

以上的彩妆可以根据不同场合做不同的处理。例如：在日常工作中可以淡妆为主，要显得自然、健康，有朝气。如果是参加晚会、宴会，则可以画得稍浓一些。但是不论怎么画彩妆，一定要同自己的穿着打扮风格一致，二者相互辉映，才能达到最佳效果。

应用案例 2-2

张女士是一个小服装厂的老板，年近 50 岁，特别喜欢跟着潮流走。她使用的化妆品无一不是名牌，但化妆的技巧却很糟糕，脸上永远被肉红色粉底覆盖着厚厚的一层。她的眉毛，是青绿色浓浓的两条，一双眼睛，睫毛上涂着广告上宣称"超炫旋翘"的炭黑色睫毛膏，上下两条明显的青绿色眼线将双眼画成一对熊猫眼。张女士的嘴唇永远涂着鲜艳的色彩，有时是粉红，有时是玫瑰紫，有时是珠光闪闪的酒红。服装厂的员工私下里都叫她"超龄摩登少女"。一个大公司准备定做一批员工制服，考察市场后，发现张女士的服装厂设计和制作都不错，于是约张女士商谈。公司负责人见到张女士后，对面前这个浓妆艳抹的张女士深感失望，他难以相信这么一个不懂化妆的老板能领导出一个以"创造美丽"为天职的服装厂，于是见了一面后就没有继续洽谈。张女士的服装厂就此错过一次很好的销售机会，而她却不知道自己错过机会的真正原因。

（资料来源：逸影主编. 百分礼仪从零学 [M]. 北京：中央民族大学出版社，2012：191）

（3）香水的使用

人们除了面部化妆之外，还常常使用香水来点缀容貌修饰。因为与其他动物一样，人的身上也存在着体味。这种体味由于每个人新陈代谢功能的强弱、饮食习惯、身体条件等的差异而各有不同，通常不良的体味在很大程度上会影响人与人之间的交往。因此，了解香水的构成与类型，在适当的时间，通过恰当的手法，使用合适的香水，是一个人应具备的礼仪修养，也是拉近人与人交往距离的重要技巧。

香水属芳香型化妆品，具有溢香去臭、芬芳宜人的功效。香水种类繁多，根据其自身的香型，可分为五大系列：植物香型气味爽朗、清新、自然，适合早晨使用；花香型气味浓郁、温馨、甜美，适合白天使用；西普莱香型气味优雅、甜蜜、幽深，女性气息十足，适合成年女性在正式场合使用；东方香型气味馥郁独特，香气经久不散，适用于社交场合；合成香型气味浪漫、温柔、迷人，适合女性在晚上使用。

若根据其中香精的含量与香气持续的时间来划分，可把香水分为四个类型：一是浓香型香水，又称香精，香精含量达 15％ 到 25％，香气可持续 5 到 7 小时，适合出席宴会、舞会时使用；二是清香型香水，香精含量约为 10％ 到 15％，香气可持续 5 小时左右，适用于晚间社交应酬；三是淡香型香水，香精含量约为 5％ 到 10％，香气可持续 3 到 4 小时，适合日常上班时使用；四是微香型香水，香精含量仅为 3％ 到 5％，香气持续时间约 1 到 2 小时，主要用于浴后或健身运动之时。

使用香水时，一要根据不同的场合要求选择不同类型的香水，不能乱用；二要适量，以自己身上的香气在 1 米以内能被闻到为最佳。若过量使用，会显得过于招摇，还会刺激别人的嗅觉，引来不快，并可能会引起别人的误解，认为你是在利用香水来扬长避短，想用浓郁的香气来遮掩自己身体不雅的气味；三要注意喷洒的部位，可以直接喷洒在脉搏浅藏的皮肤上，如手腕、耳根、颈侧、踝部等处，也可以喷洒到既无损面料、又容易扩散的衣服的某些部位，如衣领、口袋、裙摆内侧等，不宜喷洒在身体腋窝、脊背、膝弯等容易出汗的地方，避免香味、汗味相混合，产生一种难闻的气味；不宜喷洒在易被太阳晒到的暴露部位，以免香水中的挥发油与太阳光线相结合，出现光化学反应，导致皮肤炎症和点状黑斑；四要注意不可两种香水混用，因为混合后的香水不仅会失去原来的纯味，还会产生异味，闻起来会给人一种极不舒服的感觉。

（三）手部的修饰

手是人体与外界进行直接接触最多的一个部位，也是动作最多的一个部位，如：握手、拥抱、致意、敬礼、拿物品、进食等。人们通过手传递多种信息进行非语言沟通，所以，手又被称为人的"第二张脸"。因此，适时适度地保养和美化双手是十分必要的，不容忽视。干净清洁、保养良好的双手，会给人以美感并能博得交往对象的好感，而肮脏不堪的双手则会令人心中不快，甚至会影响到交往对象对你的总体评价。

1. 手部的清洁

要养成勤洗双手的好习惯。与洗脸相比，双手应该洗得更勤一些，因为在人体的各个部位中，双手接触的物品最多，也最容易受到污染。一般来说，至少在以下情况下必须洗手：用餐之前、"方便"之后、取用过不洁之物以后、接触精密物品或入口食物前，都要及时洗净双手。

洗手有"六步法"。第一步：双手相合对搓，约一分钟左右；第二步：指缝交叉搓洗，约一分钟左右；第三步：握洗拇指，约一分钟左右；第四步：搓洗手背，约一分钟左右；第五步：五指并拢，在另一只手的手掌心中搓洗指甲缝；第六步，洗手腕，两手互相用手掌搓洗手腕。

2. 指甲的修剪

指甲是双手最精彩的部分。疏忽了这细节之美，足以让漂亮打折。手上的指甲应定期修剪，大体上应每周修剪一次。修剪指甲时，应注意手指甲的长度通常以不超过手指尖为宜。

修剪指甲以何种形状为好要根据个人手指的粗细、肥瘦来决定。选定后先用剪刀剪出初胚，再用指甲挫细心修挫，使指甲尖平滑成型。伤过指甲的人可能知道，指甲和胶合板一样，是由好几层构成的。所以，如果挫时上下来回挫，指甲则容易劈裂，而最好由外向里、由两边向中间挫。

一般来说，较粗的手指宜选择方型、圆型指甲，而较瘦的手指宜选择椭圆型及尖型指甲为好。

椭圆型：对比较传统的女性来说，椭圆形的指甲是比较适合的选择。

方型：性格活泼的女性，使用指甲尖端频率较多的，如秘书及打字员等较适合这一类型。方型指甲最为坚固，也最为耐久，由于它的受力部位比较均匀，不易断裂，也就不会妨碍工作。

圆方型：对于经常展示自己手指的女性，如接待员或推销员，应选择圆方形的指甲外形较为适合。这种外形最为时髦也比较耐久。

3. 手部的养护

手的养护应注意以下要求：

一是常备润手霜。手背上皮脂腺很少，肌肤易变得干燥粗糙，每次洗手后及时涂上润手霜，可以补充水分及养分。特别注意在用清洁剂做完家务后，需用柠檬水或食醋水把残留在手上的清洁剂里的碱性物质洗净，再抹润手霜。另外，选择润手霜时还应注意：如果手背肌肤有紧绷的感觉及少许细纹，宜选用一些性质较温和、含甘油的润手霜；如果肌肤出现瘙痒、脱屑等敏感干性的症状，宜选含有薄荷、黄春菊等舒缓成分及矿脂、甘油等滋润剂的润手霜。

二是选定几副专用的手套。提过重的东西或搬运粗糙物品时，应戴上厚实耐磨的劳动手套；接触刺激性液体，如洗洁精、洗衣粉之类，应戴橡胶手套；寒冷天气外出时，应戴上质地柔软的保暖手套；烈日炎炎时，外出应戴好防晒手套。

三是闲暇时不妨做一些简单的手指操，比如模仿弹钢琴的动作，让手指一屈一张地反复活动；也可使手攥紧然后张开，如此一张一合快速进行数次，可以锻炼手部关节，健美手型；或两手五指张开，以鼓掌的手势对击，以增加手指的协调性。

四是调理好日常饮食。平日应充分摄取富含维生素 A、E 及锌、硒的食物，如绿色菜、瓜果、鸡蛋、牛奶、海产品、杏仁、胡萝卜等，以避免肌肤干燥。除此，还应注意钙、铜等营养素的摄入，因为身体一旦缺钙、缺铜，就会引起指甲无华、脆弱易折断而影响双手健美。钙含量高的食品有：奶类、豆类制品、海产品等；富含铜的食品有：动物肝脏、贝类、硬果类、豆类制品及深色蔬果。

五是定时按摩双手，以促进血液循环，防止手部浮肿。按摩时最好涂上按摩膏或橄榄油，方法为：以一手拇指和食指抓住另一手的手指两则，轻轻从指根拉到指尖。每根手指各做 2 次—3 次，左右手交替进行。

六是慎重美甲。在现代社会中，不论男女，对手部的美化主要侧重于指甲的美化，而涂抹指甲油又是其中最主要、最常见的方法。虽然指甲油的色彩应有尽有，但在选择使用时一定要慎重，最好选择无色透明或自然肉色的指甲油，能增加指甲的光洁度和色泽感，充分体现你认真细致的生活态度。涂抹过于鲜亮或过于凝重的指甲油则有损形象，有失身份，在社会交往场合应避免使用。

第二节　仪表礼仪

导入案例
DAORUANLI

著名表演家艺术程冰如曾经在香港遭遇着装带给他的窘境。那次境遇让程冰如改变了一成不变的老观念：穿衣服确实不能忽视场合。当时，正在香港的某影星获悉程冰如也到了香港，邀请他出席胞兄的画展。程冰如到展厅的时间不早不晚，展厅里的人熙熙攘攘，程冰如深深的感到人们的装束无不得体异常，而自己的一身打扮实在有失体面。程冰如加快起当时的情景还感慨不已："我身边的几位老总穿得都很到位：精制西装，风度翩翩，头发抹的光亮整齐，整齐得能看出柱子在头发上划过的一绺绺痕迹。那们明星一头短发，上衣的两个大尖领，像两把刀一样伸向两肩，腴白的脖子上是金光闪闪的小珠子项链。胡慧中身穿明艳的晚礼服，黑色套头衫，显得那么帅气，那么干练。我呢，尽管西服料子不错，也合体，只是在香港穿了一个星期没离身，裤线早没了，上衣的兜盖不知怎么的反了向了，兜口老是张着，领带呢，恰巧又忘了戴。"程冰如说最发怵的头和脚。头发乱，因为他从不来抹油，习惯于早上起床后用梳子随便扒两下就算完事。"当时，头发都各自为政地在头上横躺竖卧尤其是脑后'旋儿'旁边的那一绺，高高地竖着，不照镜子都能心知肚明。脚下一双皮鞋更显得寒酸，因为我穿着它已经走了整整一个星期。不亮不说，整个都走了形，像两个大鲶鱼头套在脚上。"程冰如说他感到了一种不自在，一种被环境隔离开来的不自在。更不自大自在的是很多人都认识他，知道他是内地著名的相声艺术家，这个握手，那个交谈，问这问那，他则答非所问，因为脑子里老想着头上'旋儿'边的那一绺站立着的头发……从那以后，程冰如非常注意在不同时间、不同场合、不同环境的服饰穿着和饰物的搭配，使自己的形象更完美。

（资料来源：http://www.renrendoc.com/p—12818310.html）

请根据以上信息，完成以下任务：

1. 让程冰如先生感觉不自在的原因是什么？
2. 在正式场合中，个人的仪表礼仪有哪些规范？

知识分析
ZHISHIFENXI

仪表是指人的外表，是首先映入眼帘的风度。它能反映出一个人的社会地位、文化修养、审美情趣，也能表现出一个人对自己、对他人以至于对生活的态度。服饰是人的仪表的重要组成部分。俗话说，"人靠衣装，马靠鞍装"，得体和谐的服饰有一种无形的魅力，它可以使一个人平添光彩。服饰是服装和饰品的统称，具体包括帽子、领带、腰带、鞋、袜子、手套、围巾、纽扣、拎包以及其他饰品等。服饰只有与穿着者的体形、气质、个性、身份、年龄、职业以及穿戴的环境、时间协调一致时，才能真正达到美的境界。

一、着装的原则

（一）TPO原则

所谓TPO，就是英文中时间（time）、地点（place）、场合（occasion）三个单词的缩写，TPO原则是日本男装协会1963年提出的着装原则，是世界通行的着装打扮的最基本原则。

着装的TPO原则要求人们在着装时要以时间、地点、场合三项因素为依据，不同的环境需要有与之相协调的服饰。具体是指人们在穿衣时首先要和时间吻合，是春夏秋冬的哪一季，是上班时间还是休息日，是白天还是夜晚。其次着装要和地点相吻合，是热带还是寒带，是发达地区还是贫困地区，是去学校、公司、酒店、会场、剧场还是去海边或去登山。再次着装要和场合吻合，是去出席会议、晚宴、结婚典礼、葬礼还是音乐会、毕业典礼、生日宴会等。

（二）整洁的原则

着装整洁是普遍性的原则。在外出着装时不必单纯追求服装的华丽或贵重，即使是普通的服装，只要干净整齐也能显示出个人的魅力。再华贵的衣服如果有了污渍、褶皱或者有缺扣子、开线的地方，穿出去也会给人邋遢的印象。

（三）和谐的原则

选择服装时不仅要与自身体型相协调，还要与着装者的年龄、肤色相配。服饰本是一种艺术，能掩盖体型的某些不足。借助服饰能创造出一种美妙身材的错觉。不论是高矮胖瘦，年轻的还是年长的，只要根据自己的特点，用心地去选择适合自己的服饰，总能创造出服饰的神韵。正确的着装，应当基于统筹的考虑和精心的搭配。其各个部分不仅要"自成一体"，而且要相互呼应、配合，在整体上尽可能地显得完美、和谐。若是着装的各个部分之间缺乏联系，"各自为政"，哪怕再完美也毫无意义。因此服装各个部分应相互适应，局部服从于整体，力求展现着装的整体之美、全局之美。

（四）三色原则

三色原则，是选择正装色彩的基本原则。它的含义，是要求全身正装的色彩在总体上应当以少为宜，最好将其控制在三种色彩之内，而且以一种颜色为主色调，颜色太多则显得乱而无序、不协调。这样做，有助于保持正装庄重、保守的总体风格，并使正装在色彩上显得规范、简洁、和谐。正装的色彩若超出三种色彩，一般都会给人以繁杂、低俗之感。灰、黑、白三种颜色在服装配色中占有重要位置，几乎可以和任何颜色相配并且都很合适。

▶▶ 二、着装礼仪

（一）服装的种类

1. 正式服装

正式服装用于参加婚葬仪式、会客、拜访、社交场合。这类服装式样，一般是根据穿用的目的、时间、地点而定的。现在的正式服装正在简化，但是，仍需要保持着它的美感和庄重感。在穿着正式服装时，要注意与自身条件相协调，并慎重选择款式和面料，才能给人以雅致的印象。

晚礼服：用于晚间宴会或外交场合，有正式和半正式之分，在款式上没有固定的格式，但都有高格调和正统感。欧洲女士晚礼服的特点是露出肩、胸，有无袖，也有紧领、长袖的式样，长至脚边。多选用丝绸、软缎、织锦缎、麻丝等面料加工制作。

如果装饰物合理，会显得格外漂亮雅致。晚礼服只能在特定的时间、场合穿。

午后礼服：这是在下午比较正式的拜访，宴会场合穿用的礼服。有正式和非正式之分。正式的用于参加婚礼、宴会等场合，非正式可用于外出或拜访。裙长一般较长，款式不固定，格调高雅、华贵。典型的午后礼服要配戴帽子、提包，还要佩戴项链。

正式服装中还有晚会服、酒会服、婚礼服等。参加结婚仪式的宾客应穿正式的酒会礼服，气氛轻松，穿丝绸类套装、连衣裙等以示对主人的尊重，其次表明结婚仪式的庄重，但应注意不要色彩过于抢眼，以免喧宾夺主。

2. 便装

便装是指平常穿的服装，使用范围广泛，根据不同的用途和环境，便装又分很多种。街市服比礼服随便得多，例如，上街购物、看影剧、会见朋友等可以穿着。它很大程度上受流行趋势影响，是时装的重要组成部分。每个人可根据自己的爱好及自身的客观条件选择各式各样的街市服，但穿着时一定要注意到它是否符合将要去的环境与气氛。面料可用毛、丝绸、化纤等，并可根据季节的变化而变换。

旅游服、运动服等依据具体情况做准备，重要的是舒适、实用、便于行动。

家庭装与家庭的气氛相称。在家里要做家务，还要休息，以便养精蓄锐，所以，家庭装应随便、舒适、格调轻松活泼。早晚穿着的有晨衣、睡衣等，但不能穿这类服装会客。

3. 补正装

补正装是指贴身服装，可以起到保温、吸汗、防污垢、保持身体清洁的作用，还能成为外衣的配衬，使外衣显得更美。补正装包括胸衣、围腰、衬裙、马甲等，其主要作用是调整或保护体型，使得外衣的形状更加完美。这种服装，应选伸缩性能好，有弹性的面料，法国服装设计大师费里，因有着肥胖厚实、强壮的身躯，一件小马甲对于他几乎成了一种规范："我的背部太厚，而且突起呈圆弧状，背后的衣服总容易弄皱，加上一件紧身背心，不仅遮住了背后皱巴的衬衫，上衣也有了架子。"一件小小的马甲，也有很多的讲究。现代生活更要注意补正装的效果。

4. 职业装

职业装即工作服装，适合各自职业的性质，工作环境，实用又便于活动，给人整齐划一，美观整洁之感，能振奋人心，增强职业自豪感。职业装中男士多为西服套装，女士为西服裙套装或裤套装。如果是接待人员的工作服，应便于人体的各部分活动，自然得体大方；而作为教师，其职业服装应显出端庄、严谨并富有亲和力的特征。

5. 制服

制服是工作人员在工作时的统一着装，不仅标志醒目，还能够最大限度地体现本行业和岗位的职业特征。如医务人员的白大褂、护士服；邮政人员的墨绿色制服；警务人员的制服等。制服代表着岗位形象，所以在穿着时要求制作精良、外观整洁、穿着得当。

（二）着装的色彩选择

色彩，是服装留给人们记忆最深的印象之一，而且在很大程度上也是服装穿着成败的关键所在。色彩对他人的刺激最快速、最强烈、最深刻，所以被称为"服装之第一可视物"。

对一般人而言，在服装的色彩上要想获得成功，最重要的是掌握色彩的特性，色彩的搭配，以及正装色彩的选择三个方面。

1. 色彩的特性

色彩具有冷暖、轻重、缩扩等特性。

色彩的冷暖。使人产生温暖、热烈、兴奋之感的色彩为暖色，如红色、黄色；使人有寒冷、抑制、平静之感的色彩叫冷色，如蓝色、黑色、绿色。

色彩的轻重。色彩明暗变化程度，被称为明度。不同明度的色彩往往给人以轻重不同的感觉。色彩越浅，明度越强，它使人有上升之感、轻感。色彩越深，明度越弱，它使人有下垂之感、重感。人们平日的着装，通常讲究上浅下深。

色彩的缩扩。色彩的波长不同给人收缩或扩张的感觉有所不同。一般来讲，冷色、深色属收缩色，暖色、浅色则为扩张色。运用到服装上，前者使人苗条，后者使人丰满，二者皆可使人在形体方面避短扬长，运用不当则会在形体上出丑露怯。

2. 色彩的搭配

对比法。即在配色时运用冷色，深色，明暗两种特性相反的色彩进行组合的方法。它可以使着装在色彩上反差强烈，静中求动，突出个性。但有一点要注意，运用对比法时忌讳上下 1/2 对比，否则给人以拦腰一刀的感觉，要找到黄金分割点即身高的 1/3 点上（即穿衬衣从上往下第四、第五个扣子之间），这样才有美感。

统一法。即配色时尽量采用同一色系中之各种明度不同的色彩，按照深浅不同的程度搭配，以便创造出和谐感。例如，穿西服按照统一法可以选择这样搭配，如果采用灰色色系，可以由外向内逐渐变浅，深灰色西服——浅灰底花纹的领带——白色衬衫。这种方法适用于工作场合或庄重的社交场合的着装配色。

呼应法。在配色时，在某些相关部位刻意采用同一色彩，以便使其遥相呼应，产生美感。如在社交场合穿西服的男士讲究的"三一律"（即公文包、腰带、皮鞋的色彩相同），就是这种方法的运用。

相似法。把暖色中的红、橙、黄以及冷色中的绿、天蓝、蓝、蓝紫这些在色环上大约 90°以内的邻近色称为相似色。相似色搭配难度较大，不仅要注意色与色之间的明度差异，还需同时掌握色的纯度和色相的变化。如蓝和绿、橙和黄搭配时，两个色的明度、纯度必须错开，用深一点的蓝和浅一点的绿搭配在一起，就很协调、美观。

3. 正装的色彩

非正式场合所穿的便装，色彩上要求不高，往往可以听任自便，而正式场合穿的服装，其色彩却要多加注意。总体上要求正装色彩应当以少为宜，最好将其控制在三种色彩之内。这样有助于保持正装保守的总体风格，显得简洁、和谐。正装若超过三种色彩则给人以繁杂，低俗之感。正装色彩，一般应为单色、深色并且无图案。最标准的正装色彩是蓝色、灰色、棕色、黑色。衬衣的色彩最佳为白色，皮鞋、袜子、公文包的色彩宜为深色（黑色最为常见）。

应用案例 2-3

不同体型的人衣着选色艺术：

1. 体型矮小者：

(1) 选择膨胀颜色的服装，如：灰褐，浅灰色等，会引人注意，看上去比实际稍高些。

(2) 衣服无需上下一色，但上下色对比不要太大，看上去分为两截，这样会更显矮小。

2. 体型肥胖者：

(1) 不穿纤细，半身，轮廓鲜明，贴着臀部及腿的服装。

(2) 颜色宜选深藏青，图案选择竖条纹，这样具有收缩感。

3. 体型消瘦者：

(1) 不宜着深色，应选择明快，如：浅灰色等；图案选择横条纹，显得丰满。

(2) 讲究艺术搭配。瘦姑娘，穿银灰色衣服，大红围巾，会显得高贵漂亮；瘦小伙，着白衬衣，黑裤子，玫瑰领带，从素雅中显得优雅，潇洒。

4. 体型高大者：

(1) 色彩不宜醒目，不要选择颜色对比强烈的服装，不宜穿垂直条纹的衣裤。

(2) 勿穿高更鞋，不理高卷发型，不戴高帽子。男士以茄克，中度浅灰西服，两件头套装为主；女士穿黑裙，艳色茄克，无纽上衣为主。

(资料来源：http://sh.qihoo.com/pc/97cadf298efdd9915)

（三）女士着装

1. 职业套装

职业套装是指女性在工作场所的着装。西服套裙或长裤配西装上衣的组合是女性标准的职业装，可以使穿着者显得干练，很受白领女性的欢迎。

(1) 西装穿着效果

经典的西装，即最普通的西装。它的穿着效果是肩要平直，对称，驳头是直线"V"字形，高低适中，胸围和腰身都不要有紧绷感。前门襟不翘，后身不撅，能看到漂亮的腰线。选择职业装时，一般不选择流行的色彩，黑、蓝、灰等是永不过时的颜色。特别是年青人穿上深色系的服装会显得更稳重、干练。

(2) 西装套裙的注意事项

第一，要合身可体。西装套裙的上衣最短可以齐腰，裙子最长可至小腿中部，上衣不能再短，裙子不能再长，否则就很不协调。同时，西装套裙不能过于肥大，会显得邋遢散漫；也不宜过于紧身，显得轻浮庸俗。穿着西装套裙，绝不允许露臂、露肩、露腰、露腹，这一点女士应当谨记。

第二，系好纽扣。西服套裙的单排扣上衣可以不系扣，双排扣的则一定系上（包括内侧的纽扣）。但在正式场合，无论什么样式的上衣都必须系好纽扣，并且不能当众脱去上衣。

第三，要配穿衬裙。穿西装套裙，特别是丝、麻、棉等面料较薄或颜色较浅的裙子时，一定要内穿衬裙，以免走光。衬裙的裙腰不要高过套裙，以免外露。

第四，避免内衣外现。穿着西装套裙，须内穿款式适宜的衬衫。衬衣不宜透明，避免显现内衣；更不能让内衣露出领口，那会有失身份。

第五，不能随意搭配。西装套裙就是西装上衣与半截裙的固定搭配，不能随意乱穿。西装上衣是无法和牛仔裤、裙裤、健美裤搭配的；黑色皮裙也不能当做正装来穿。

第六，不要乱配鞋袜。穿西装套裙，应配穿黑色或白色高跟、半高跟皮鞋，不能穿布鞋、拖鞋、凉鞋、旅游鞋，颜色应与衣服下摆一致或再深一点。女士穿裙子应当配穿长筒丝袜或连裤袜，不能穿半截的袜子，弄出"三截腿"（专业术语叫"恶意分割"）。长袜颜色以肉色、黑色最为常用，不要穿色彩艳丽、图案繁杂或有网眼的袜子。女士在平时可以随身携带一双备用的袜子，以防袜子拉丝或跳丝。

2. 女士连衣裙

连衣裙是上衣和裙子的结合体，它不但能尽显女士特有的恬静和妩媚，而且穿着便捷、舒适。连衣裙也可与西装外套等组合搭配，提高服装的使用率。连衣裙的造型丰富多彩，有前开襟、后开襟、全开襟和半开襟的；有紧身的、宽松的、喇叭形、三角形、倒三角形的；有无领的、有领的；有方领的、尖领的、圆领的；有超短的、过膝的、拖地的等各种连衣裙，它们为各种身材的女士在不同场合提供了大量的选材。

穿着连衣裙时应以个人爱好、流行时尚而定，但在社交场合时连衣裙还应以大方典雅为宜。单色连衣裙在大多数场合效果都很好，点、条、格等面料的连衣裙图案也要力求简洁。穿连衣裙要注意避免：一是受时髦潮流的影响，太流行或趋于怪异，变得俗不可耐或荒诞不经。二是不顾及环境，而穿着过低的领口，过紧的衣裙，过透的面料，使人感到极不雅观。三是裙长过短，给人以轻浮的感觉。

（四）男士着装

西装是男士最常见的办公服，也是现代交际中男子最得体的着装。国外很多机构，包括一些大企业，规定工作人员不能穿西装短裤、运动服上班，要求男士必须穿西服打领带。一些剧院也规定了观看者必须西装革履。为了塑造良好的个人形象，男士必须学会穿西装。

1. 男士西装的选择

（1）面料

西装的面料要挺括一些。高雅、严肃的场合穿着西装力求高档，以不易起皱的全毛或含毛料较高的混纺面料为好，一般要配套穿着。皮革、真丝、人造丝、粗斜纹和有条纹的厚面料做成的休闲西装适合在较随便的场合穿，一般最好不要配套穿。当然面料也不必过分讲究，但必须熨烫挺括。如果穿着皱巴巴的西装，是会损坏自己的社交形象的。

（2）颜色

正式场合穿的西装可采用黑色、深蓝、深灰等颜色的面料，日常穿的休闲西装颜色可以有所变化。根据西装—衬衫—领带这三者的顺序，可排列出下列几种配色方法供参考。深一淡一深：如西装深蓝、衬衫为淡蓝、领带又为深蓝色，这是普遍搭配法；淡一中一淡：如西装驼色、衬衫为棕色、领带为驼色，这种搭配法让人产生舒适明快的感觉；深一中一淡：如西装黑色、衬衫深灰色、领带浅灰色，这种搭配给人留下优雅美观的印象。

（3）造型

男士西装的款式主要有欧式、英式、美式、日式等四种主要的造型。

欧式西装的主要特征是：上衣呈倒梯形，多为双排两粒扣式或双排六粒扣式，而且钮扣的位置较低。其衣领较宽，强调肩部与后摆，不甚重视腰部，垫肩与袖笼较高，腰身中等，后摆无开衩。

英式西装的主要特征是：不刻意强调肩宽，而讲究穿在身上自然、贴身。它多为单排扣式，衣领是"V"型，并且较窄；腰部略收，垫肩较薄，后摆两侧开衩。

美式西装的主要特征是：外观上方方正正，宽松舒适，较欧式西装稍短一些。肩部不加衬垫，因而被称为"肩部自然"式西装。其领型为宽度适中的"V"型，腰部宽大，后摆中间开衩，多为单排扣式。

日式西装的主要特征是：上衣的外形呈现为"H"型，即不过分强调肩部与腰部。垫肩不高，领子较短、较窄，不过分地收腰，后摆也不开衩，多为单排扣式。

上述四种造型的西装各有自己的特点：欧式西装洒脱大气；英式西装剪裁得体；美式西装宽大飘逸；日式西装则贴身凝重。商界男士可以根据爱好选择。不过一般说，欧式西服要求穿着者高大魁梧，美式西装穿起来稍显散漫，中国人在选择时宜三思而后行。比较而言，英式西装与日式西装似乎更适合中国人穿着。但在选择西装时更应考虑自己的体型。

（4）做工

西装七分在做，三分在穿。挑选西装时，检查其做工的优劣需注意以下六点：①看其衬里是否外露；②看其衣袋是否对称；③看其纽扣是否缝牢；④看其表面是否起泡；⑤看其针脚是否均匀；⑥看其外观是否平整。

2. 男士西装的穿着

（1）关于衬衣

穿西装必须要穿长袖衬衣，颜色应与西服颜色协调，不能是同一色。白色衬衣配各种颜色的西服效果都不错。正式场合男士不宜穿色彩鲜艳的格子或花色衬衣。衬衣袖口应长出西服袖口 1—2 厘米。衬衫的下摆必须扎进西裤里面。不打领带时不要扣衬衫的第一粒纽扣，否则会给人以忘了打领带的感觉。长袖衬衫不与西装上衣合穿时，袖口可挽两次，但绝对不能挽过肘部；要打领带则不能挽衣袖，袖口也应扣好。

（2）关于纽扣

男士西装扣的扣法很有讲究，穿双排扣西装，扣子要全部扣上；单排两粒扣西装，只扣第一粒，也可以全不扣；单排三粒扣西装，可扣中间一粒或上面两粒，或全不扣；单排一粒扣西装，扣与不扣均可；如果穿三件套西装，则应扣好马甲上所有的扣子，外套的扣子不扣。

（3）关于衣袋

西装衣袋的用处是特定的，不能随便使用。左胸内侧衣袋可装名片；右胸内侧衣袋装打火机、香烟；上装左外侧衣袋插放叠成花形的手帕；上装左右外侧下衣袋则为装饰，一般不放任何物品，以免影响西装的造型；裤兜不装东西，后兜可装少量零钞或手帕。

（4）关于领带

在比较正式的社交场合，穿西装应系领带。领带有简易打法和复杂打法之分。领带的长度要适当，以达到皮带扣处为宜。如果穿毛衣或毛背心，应将领带下部放在毛衣领口内。系领带时，衬衣的第一个纽扣要扣好，如果佩带领带夹，应选择简洁大方的款式，位置在衬衣的第四、第五个纽扣之间。

（5）关于鞋袜

穿西装一定要穿皮鞋，而不能穿布鞋或旅游鞋。身着笔挺西装的男士，只有配上一双美观、大方的深色系带皮鞋，才能更显绅士风度。皮鞋的颜色要与西装相配套。皮鞋还应擦亮，不要蒙满灰尘。穿皮鞋还要配上合适的袜子，袜子的颜色要比西装稍深一些，使它在皮鞋与西装之间显示一种过渡。袜筒应稍长，以坐下之后不露出脚踝皮肤为标准，穿着西装时应避免穿运动袜、船袜。

应用案例 2-4

17世纪中叶，法国有一位大臣上朝，在脖领上系了一条白色围巾，还在前面打了一个漂亮的领结，路易十四国王见了大加赞赏，当众宣布以领结为高贵的标志，并下令上流人士都要如此打扮，由此可见，领带起源于欧洲。领带作为一种古老的传统产品，一直是作为尊贵地位的注解。一条做工精美手感柔和的领带是每一位男士的经典装饰。

在当今社会环境下，男士的形象是走向成功的第一步。文雅、沉稳、温情是文明社会对男士的形象要求。领带作为男士服饰的一部分，充分体现了领带作为服装饰品的丰富内涵，为男士独特而深沉的内心世界做了最好的形象注解。因此，领带在经历了服饰潮流的漫长考验的今天，随着人类文明的迅猛发展和审美时尚的不断更新，以它独有的灵魂和个性愈来愈受男士的青睐和推崇。

领带与西服常见的搭配：

1. 黑色西服，采用银灰色、蓝色调或红白相间的斜条领带，显得庄重大方，沉着稳健；

2. 暗蓝色西服，采用蓝色、深玫瑰色、橙黄色或褐色的领带，显得纯朴大方，素静高雅；

3. 中灰色西服，采用砖红色、绿色或黄色的领带，另有一番情趣；

4. 乳白色西服，采用红色或褐色的领带，显得十分文雅，光彩夺目；

5. 米色西服，采用海蓝色或褐色的领带，更能显得风采动人，风度翩翩。

（资料来源：http://www.welcome.org.cn/fushiyirong/2008－8－21/tie.html）

（五）配饰的选择

配饰，也叫饰物，指人们在着装的同时所选用、佩戴的装饰性物品。配饰的实用价值不是很强，有些配饰甚至毫无实用价值。从总体上讲，它对于人们的穿着打扮，尤其是对于服装而言，只起着辅助、烘托、陪衬、美化的作用。与必须穿着的服装不同的是，配饰可以使用，也可以不使用。

从审美的角度来看，它与服装、化妆一道被列为人们用以装饰、美化自身的三大方法之一。较之于服装，它更具有装饰、美化人体的功能。所以有人不仅将配饰视为服装的一个有机组成部分，而且还将它当作服饰之中集聚他人视觉的焦点，认为它能发挥画龙点睛的作用。

在社交场合，配饰尤为引人注目，并发挥着一定的交际功能。这主要体现在两个方面：第一，它是一种无声的语言，可借以表达使用者的知识、阅历、教养和审美品位。第二，它是一种有意的暗示，可借以了解使用者的地位、身份、财富和婚恋现状。这两种功能，特别是第二种功能，是普通服装所难以替代的。

1. 帽子

帽子是一种既有实用功能又有审美装饰功能的服饰，同时还能作为一种礼仪的象征。在欧洲，女士戴帽子不仅是礼节上的要求，也是身份的象征。例如，英国查尔斯王子举行结婚典礼时，在圣保罗大教堂内成千客人，男宾个个免冠，女客则无一不戴帽子，而且这种帽子不像男帽一样千篇一律，而是配合五光十色的衣服，变换着花样。它们用毛皮、绒缎、皮革等制成，有的上饰羽毛、花朵、珍珠等，争奇斗艳。

在许多西方国家，参加正式仪式一般都戴帽子：穿礼服须戴黑色帽子，穿毛料西装应戴礼帽或前进帽。但参加正式宴会穿晚礼服时，却绝对不能戴帽子。在社交场合，男士用脱帽向对方致意，并辅以微微的点头；在庄重严肃的场合，一般都要脱帽，以示礼貌和敬意。女士参加正式场合，也要戴上与自己服饰相配的帽子。帽子既可以正戴，也可以略向一侧倾斜，不同的戴法会产生不同的视觉效果和礼仪效应——正戴显得庄重、严肃，略斜一些则显得活泼、俏丽。

帽子的选择应根据戴帽人的性别、年龄、职业、爱好和流行趋势，特别要同脸形相配。瘦长脸戴鸭舌帽会显得脸部上大下小；胖圆脸戴鸭舌帽就比较合适；矮个子女性不要戴形状复杂的帽子，应戴小运动帽或帽檐后卷的帽子；年纪大的女性适合戴深色帽子或帽檐向下的帽子，以显出稳重、大方。

帽子既有装饰性又有实用性，但在佩戴帽子时，也要注意以下几点：一是注意场合，并不是所有的场合都适合戴帽子，例如在课堂上、在葬礼上，都应该脱帽以示敬意；二是注意风格，帽子与服装风格应一致，不宜混搭。

2. 项链

佩带项链可以使脸部显得明亮、华丽，更能增添着装者的魅力。选择项链一定要根据自己的下颚形状、颈部的长短粗细等体型因素，同时还要考虑所穿着的服装种类，衣领形状，以及使用目的和用途等。项链要和服装的整体感觉一致。

一般来说，体型丰满颈部较粗的人，应选择偏细、偏长的项链。让项链在前胸形成一个"V"字型，使颈根部显得利落，有拉长颈部的作用。体型偏瘦颈部又细又长的人，什么样的项链都适合。但把项链用在颈部比较高的位置后，有提高身高的作用。尖脸型的女性，可选用细幅的项链，项链不宜过长，否则会显得脸型更长；方脸型或圆脸型的人，体态大多比较丰腴，可选用较长些的项链，以达到调和脸型的作用。

3. 戒指

戒指是一种服饰品，又是吉祥物和生活变迁的标记。戒指的种类繁多，常见的有线戒、嵌宝戒、钻戒、方板戒、板戒等。诸多戒指各具特色，因此在选择戒指时，要考虑适合自己的特点，尤其应与手指的形状相符。例如，手指较短小或骨节突出的女性，应戴比较细小的戒指，款式最好是非对称式的，以便分散别人对手指形状的注意力；手指修长纤细的女性，应选择粗线条的款式，如方戒、钻戒，这样可使手指显得更加秀气。

此外，佩戴戒指还有约定俗成的礼仪讲究，国际上较为通行的佩戴规范是，戒指戴在左手上，拇指不戴戒指。作为特定的传递物，戒指的戴法不同，表示不同的含义：戴在食指上，表示无人求爱；戴在中指上，表示处在热恋中；戴在无名指上，表示已经订婚或结婚；戴在小指上，表示奉行独身主义。因此，在社会交往中应注意准确传递这些特定的信息，以免造成误会。

4. 胸针

胸针是别在胸前的饰品，多为女生所用。胸针的图案以花为主，所以它又被人叫做胸花。胸针能提升着装效果，给服装起到锦上添花的效果。胸针的位置比较讲究，也比较严格，一定要按规矩来，否则就会闹笑话。穿西装时，应别在左侧领上；穿无领上衣时，则应别在左侧胸前；发型偏左时，胸针应当居右；发型偏右时，胸针应当偏左。其具体高度，应在从上往下数的第一粒、第二粒纽扣之间的平行位置上。

5. 手表

在正规的社交场合，手表往往被视同首饰，对于平时只有戒指一种首饰可戴的男士来说，手表更是备受重视。在西方国家，手表与钢笔、打火机曾一度被称为成年男子的"三件宝"，是每个男人随身佩戴的物品。

在正式场合所戴的手表，在造型方面应当庄重、保守，避免怪异、新潮。男士，尤其是位尊者、年长者更要注意。在风格方面，正式场合佩戴的手表应简约大气，避免佩戴运动款手表或过于闪亮的手表。一般而言，正圆形、椭圆形、正方形、长方形以及菱形表，因其造型庄重、保守，适用范围极广，特别适合在正式场合佩戴。

选择在正式场合所戴的手表，一般宜选择单色手表、双色手表，不应选择三色或三种颜色以上的手表。不论是单色手表还是双色手表，其色彩都要清晰、高贵、典雅。

6. 眼镜

眼镜有普通眼镜和太阳眼镜之分。普通眼镜有近视镜、远视镜、偏光镜等，多为无色透明的，主要是为了纠正眼睛视力而佩戴。太阳镜主要是为了抵抗强烈的光线，色彩多样。所以有色的太阳镜一般在外出时佩戴，在室内戴太阳镜是不符合礼仪规范的。且如果在室外的礼仪性场合，也不适宜戴太阳镜。

眼部有疾病的人，临时佩戴有色眼镜，应向交际对象说明，在握手、说话时需将眼镜摘下，告别时再戴上。

第三节　仪态礼仪

导入案例
DAORUANLI

美国著名的老资格政治公关专家—罗杰·艾尔斯，为美国总统竞选人效力了二十多个春秋，美国人称之为"利用媒介塑造形象的奇才"。

1968年，当尼克松总统同约翰逊竞争白宫宝座时，艾尔斯精心指导尼克松在一次电视竞选演讲中克服自卑心理，在赢得竞选方面取得了连尼克松也想不到的奇效。

1984年，里根参加总统的竞选。起初公众对他的印象不佳，觉得他年龄大，又当过演员，有轻浮、年迈无边之感。但他在艾尔斯的协助下，在竞选讲演时，注意配合适当的服饰、发型与姿势，表现得庄重、经验丰富，样子看上去也非常健康，结果取得了成功。

1988年竞选，在8月份以前，美国民主党总统候选人杜卡基斯猛烈攻击布什是里根的影子，嘲笑他没有独立的政见与主张。当时布什的形象是灰溜溜的，全美的舆论都称赞杜卡基斯，在民意测验中，布什落后杜卡基斯十多个百分点。于是布什请来了艾尔斯。艾尔斯从公共关系的角度指出了布什的两个毛病：一是讲演不能引人入胜，比较呆板；二是姿态动作不美，风格不佳，缺乏独立和新颖的魅力。这些缺点导致公众觉得他摆脱不了里根的影子的印象。艾尔斯帮助布什着重纠正尖细的声音、生硬的手势和不够灵活的手臂摆的动作，并让布什讲话时要果断、自信，体现出强烈的自我表现意识，这样言谈举止才能成为千万人瞩目的中心。在1988年8月举行的共和党新奥尔良代表大会上，布什做了生动的有吸引力的接受提名讲演，这几乎成了同杜卡基斯较量的转折点。经过以后一系列的争夺，布什获得了胜利。

（资料来源：国英主编. 公共关系与现代礼仪案例［M］. 机械工业出版社，2004）

请根据以上信息，完成以下任务：

1. 请分析布什在竞选初期给选民形象不佳的原因。
2. 在人际交往过程中个人应注意哪些方面的仪态？

知识分析
ZHISHIFENXI

仪态，又称"体态"，是指人的身体姿态和风度。姿态是指人的身体表现出来的姿势，如站姿、走姿、坐姿、蹲姿、手姿等；风度则是一个人个人素质修养的外在表现。美国心理学家梅拉·比安曾经提出过一个非常著名的公式：人类全部的信息表达＝7％语言＋38％声音＋55％体态。证明通过人的一举手、一投足、一弯腰乃至一颦一笑，都具有传情达意的功能。人们可以通过自己的仪态向他人传递个人的学识与修养，并能够以其交流思想、表达感情。正如艺术家达芬奇所说："从仪态了解人的内心世界、把握人的本来面目，往往具有相当的准确性和可靠性。"优雅得体的仪态礼仪往往比语言更让人感到真实、生动，英国著名科学家培根说过："相貌的美胜于色泽的美，而秀雅合度的动作之美又胜于相貌的美，这是美的精华。"所以，在人际交往中必须讲究仪态美。

▶▶ 一、姿态礼仪

姿态是无声的、广义的语言，能够表达有声语言所不能表达的真情，并且比有声语言更加简洁生动、真实形象。有声语言经过处理加工后往往把所要表达的大部分、甚至绝大部分意思隐藏起来，而体态语言主要受潜意识支配，是不由自主的，它要比有声语言真实得多、可靠得多。正因如此，体态语言具有非常重要的礼仪功能，在人际交往活动中应得到高度重视。

（一）站姿

站姿是静态的造型动作，是人的最基本姿势。它是人体姿态美的起点和基础。正确优雅的站姿会给人挺拔笔直、舒展俊美、精力充沛、充满自信的感觉，正所谓"站有站相"，那是一种静态之美。它是培养优美典雅仪态的起点。古人主张"站如松"，说明良好的站立姿势能给人一种挺、直、高的感觉。

1. 标准的站姿

标准的站姿，从正面看，全身笔直，精神饱满，两眼正视（而不是斜视），两肩平齐，两臂自然下垂，两脚跟并拢，两脚尖张开 60 度，身体重心落于两腿正中；从侧面看，两眼平视，下颌微收，挺胸收腹，腰背挺直，手中指贴裤，整个身体庄重挺拔。采取这种站姿时，可以让人看起来稳重、大方、挺拔，还可以在一定程度上减缓身体的疲劳。

站姿的要领是：一要平，即头平正、双肩平、两眼平视；二是直，即腰直、腿直，后脑勺、背、臀、脚后跟成一条直线；三是高，即重心上拔，看起来显得高。

在升国旗、奏国歌、接受奖品、接受接见、致悼词等庄严的仪式场合，应采取严格的标准站姿，而且神情要严肃。

2. 站姿的基本步位

（1）"V"字步站姿

站立时双脚呈"V"字型，双膝靠紧，两个脚后跟靠紧，脚尖分开 30 度—60 度。

（2）"丁"字步站姿

站立时左脚跟在右脚脚弓处，两者垂直，间有少许空间，身体重心在右脚。这样的站姿看起来利落，"O"型腿的人也不必担心自己的腿形。照相或在公众场合登台时，可采用此种站立方法。

（3）平行式站姿

男子站立时，可并拢，也可双脚叉开，叉开时，脚尖朝前，双脚与肩同宽或略窄于肩宽。

3. 站姿中手的摆放

（1）垂手式

在基本站姿的基础上，双臂自然下垂，双手放在身体两侧，双脚呈"V"字型，身体重心落在两脚中间。一般用于较为正式的场合，如参加企业的重要庆典、聆听贵宾的讲话、商务谈判后的合影等。

（2）握手式

握手式主要用于女士。在基本站姿的基础上，左手握住右手，放在小腹处。双脚也可以前后略分开，一只脚略前，一只脚略后，前脚的脚跟稍稍向后脚的脚弓处靠拢。男士有时也可以采用这种姿态，但两脚要略微分开，左手在腹前握住右手手腕，或右手握住左手手腕。这种站姿可用于礼仪迎客，也可用于前台的站立服务。

（3）背手式

背手式主要用于男士。要求在基本站姿的基础上，两腿分开，两脚平行，两脚一拳距离，双手在背后腰际相握，左手握住右手手腕或右手握住左手手腕。

4. 站姿的禁忌

站立时两腿交叉或两脚间距过大，会给人极不严肃的感觉。

站立时双手或单手叉腰，往往含有进犯、挑逗之意，在异性面前尤其不可取。

站立时双臂交叉抱于胸前，会有消极、防御、抗议之嫌。

站立时双手插入衣袋或裤袋中，下意识的做小动作，如摆弄衣角、咬手指甲等，会给人以拘谨小气，缺乏自信、缺乏经验的感觉。

站立时身体晃动，耸肩驼背，脚打拍子，会给人以漫不经心或没有教养的感觉。

站立时弯腰或东倒西歪地靠着柱子、餐桌、柜台、墙壁，会给人精神不爽，萎靡不振的感觉。

站立时伏趴倚靠或半坐半立，在站立时应当"站有站相"，不可自由散漫、过于随便。

（二）走姿

走姿是人们在行进时的体态，是最引人注目的体态语言，也最能显示出一个人的精神面貌和气质风度。优雅轻盈的走姿往往能表现出人体的流动美和韵律美。

1. 规范的走姿

两眼平视前方；抬头含颌；上体正直，收腹、挺胸、直腰；身体重心落于足的中央，不可偏斜。迈步前进时，重心应从足中移到足的前部；腰部以上至肩部应尽量减少动作，保持平稳；双臂靠近身体随步伐前后自然摆动，前后摆动幅度为 30 度—50 度为宜；前摆 35 度，后摆 15 度。手指自然弯曲朝向身体。行走路线尽可能保持平直，步幅适中。一般行走的速度标准是：男士每分钟 108—110 步；女士每分钟 118—120 步。步幅根据每个人的身高和腿长而定。一般情况下，男士每步 40cm 左右，女士每步 30cm 左右。

两脚交替前进时，男士走出的轨迹应在不超过肩宽的两条平行线上，以显得成熟、自信；女士应走"柳叶步"（又称"一字步"），即两脚落地时尽量保持脚跟与脚尖交落在一条直线上，恰似一片柳叶，以显示舒缓、秀丽。

着装不同，步幅也不同，如女士穿裙装（特别是旗袍、西服裙或礼服）和穿高跟鞋时，步幅应小些；跨出的步子应是脚跟先着地，膝盖不能弯曲，脚腕和膝盖要灵活，富于弹性；穿裤装或休闲装时，步幅可大一些；走路时应有一定的节奏感，走出步韵。

2. 走姿的禁忌

低头弯腰，畏手畏脚，让人感觉小气猥琐。

走路时眼神不定、左右乱瞟，给人以贼眉鼠眼的感觉。

摇着八字脚（内八字和外八字），晃着"鸭子"步的步态让人感觉十分难看。

双臂大甩手、摇头晃肩、扭腰摆臀、左顾右盼、上颠下跛的行姿，会给人轻薄的印象。

双手插入裤袋或倒背双手而行，让人觉得拘谨、小气或傲慢、呆板。

步幅太大或太小，会给人不雅观或不大方的感觉。

脚蹭地面，低头后仰，步履蹒跚，上下楼梯时弯腰驼背、手撑大腿或一步踏两三级楼梯，给人以压抑疲倦、精神不振或浮躁不安的感觉。

正式场合狂奔猛跑、连蹦带跳、横冲直撞、与人抢道等，会给人蛮横无理的感觉。

走路时落脚过分用力，或鞋不跟脚，发出"噔噔噔"的噪音。

（三）坐姿

坐姿是人们就座后的体态，是一种静态造型。端庄优美的坐姿，给人以文雅、稳重、自然、大方的美感。显现"坐如钟"的体态美。

1. 入座姿态

入座时侧身从左侧走到座位前，首先站好，全身保持站立的标准姿态，右腿后撤半步，用小腿确定椅子的位置，用小腿落座，声音要轻，动作要缓，轻稳地坐下。落座过程中，腰、腿肌肉要稍有紧张感。女子就座时，应从后相牵双手将裙稍稍拢一下，不可落座后整理衣裙；男子则应将西服扣解开。

2. 坐定后姿态

坐在椅子上时，上体保持站姿的基本姿势，头正目平，嘴微闭，面带微笑，双膝并拢，两脚平行，鞋尖方向一致，做到两腿自然弯曲，小腿与地面基本垂直。双脚可正放或侧放，并拢或交叠。女士的双膝必须并拢，右手搭在左手上，放于腹前，或大腿二分之一处；男士膝盖可以自然分开，但不可超过肩宽。男士双手掌心向下，自然放在膝盖或大腿上。如坐在有扶手的沙发时，男士可将双手分别搭在扶手上；而女士最好只搭一边，倚在扶手上，以显示高雅。坐在椅子上时，一般只坐满椅子的2/3，不要靠背，仅在休息时才可轻轻靠背。女士要注意使膝盖与脚尖的距离尽量拉远，以使小腿部分看起来显得修长些。只有脚背用力挺直时，脚尖与膝盖的距离才最远，在视觉上才会产生延伸的效果，使小腿部分看起来修长，腿部线条优美。如与交谈对象相向而坐，则要避免使脚尖对着对方，以示礼貌。

3.离座姿态

离座时，要先以语言或动作向周围的人示意，方可站起；突然一跃而起会使周围的人受到惊扰。如与他人同时离座，则视对方身份地位高低决定起座次序，在自身地位较低时，应先等对方离座后再离座，在自身地位较高时，可以首先离座。起立时，右腿向回收半步，用小腿的力量，身体支起，并保持上身的直立状态。同落座时一样，起身时不要弄出响声（特别是可以活动的折叠式座位），站好后才可以离开，同样从左侧离座。

4.坐姿的主要形式

（1）双腿垂直式

它又称基本坐姿，使用于严肃正规的场合。后背与腰部垂直，收腹，提气，双腿双脚并拢，上身与腿部要形成直角，小腿垂直于地面。此种坐法男女都适用。

（2）双腿斜放式

双腿并拢后，膝部向右或向左倾斜，腿部倾斜的角度与地面成45度角，双手相握放在大腿上。小腿要充分伸直，尽量显示小腿长度。这是一种造型优美的坐姿，适应于女士在正式场合中的使用。

（3）双脚交叉式

首先是双膝并拢，双脚在踝部交叉，这种坐法比较放松，适用任何场合。男士采用此坐姿时，双膝可以稍稍分开一些。

（4）双腿叠放式

这种坐姿一般应用于非正式场合。双腿的大腿部分叠放在一起。叠放后位于下方的那条腿的小腿要垂直与地面，位于上方那条腿的小腿要尽量向内收。此坐姿适用于男士。要注意上边的的腿向里收，贴住另一腿，脚尖向下。

（5）前伸后曲式

先将大腿并拢，然后向前伸出一条腿，同时把另一条腿后曲。两脚的位置要保持在一条直线上，脚掌着地，脚尖不要跷起。此种方式适合女士所用。

5.坐姿的禁忌

双腿叉开过大，不仅不礼貌，女士采用此坐姿时，还可能会引起"走光"。

猛起猛坐，弄得座椅乱响，会给人粗鲁、野蛮的印象。

上体不直，左右晃动；两腿交叠时，悬空的脚尖上翘直指对方或不停地晃动。这些会显得没有教养。

"4"字型叠腿，并用双手扣腿，晃脚尖；或把腿脚架在椅子或沙发扶手上。这些都会显得傲慢无礼、目中无人。

两膝分开，脚尖朝内，脚跟朝外，分开呈"八"字形；两大腿分开，伸得很远；大腿并拢，小腿分开，形成"人"字形。这些都会显得十分不雅观。

弯腰弓背，手托下巴，把脚藏在座椅下或钩住椅腿，这会显得小气，欠大方。

前俯后仰、躺靠椅背、抖动腿脚、掀露大腿，这会显得粗俗、轻浮。

应用案例 2-5

《韩诗外传》记载：有一次，孟子的妻子独自在房间里休息时，无所顾忌地将两腿叉开坐着，箕踞向人。孟子推门进来，看见妻子仪态不雅，非常生气，于是告诉母亲打算休妻。孟母知情后却教导孟子说："失礼的人是你，而不是你妻子。难道你忘了《礼记》上是怎么教人的吗？进屋前，要先问一下里面是谁；上厅堂时，要高声说话；为避免看见别人的隐私，进房后，眼睛应向下看。卧室是休息的地方，你不出声、不低头就闯了进去，看到她两腿伸开坐着，失礼的人是你自己而不是你的妻子！"孟子甚是惭愧，再也不提休妻之事。

中国古代非常讲究礼仪。坐有坐相，站有站相。古人唯一正规的坐姿是跪坐，臀部搁在脚跟上，跪坐是对对方表示尊重的坐姿，也叫正坐。姿势就是席地而坐，臀部放于脚踝，上身挺直，双手规矩的放于膝上，身体气质端庄，目不斜视。有时为了表达说话的郑重，臀部离开脚跟，叫长跪，也叫起，乐羊子妻劝丈夫拾金不昧时，就用这个姿势说话。孟子欲休妻之由是妻子"箕踞而坐"，依据是《礼记·曲礼》之"坐毋箕"；孟母驳斥孟子之依据亦出自《礼记·曲礼》："将适舍，求毋固。将上堂，声必扬。户外有二屦，言闻则入，言不闻则不入。将入户，视必下。"

(资料来源：吴蕴慧主编. 现代礼仪实训 [M]. 镇江：江苏大学出版社，2013：46)

(四) 蹲姿

在正式场合，蹲姿通常是在取放物件、拣拾落地物品或合影置于前排时不得已而为之的动作，做得不好就非常难看，或者出现很尴尬的场面，因此，必须按要求去做。

1. 蹲姿的形式

(1) 半蹲式蹲姿

这种姿态一般是行进之中临时采用，下蹲时，上身稍许弯下，但不宜与下肢构成直角或锐角，臀部应向下而不是撅起，物品在右侧，则重心放在右腿上；反之亦然。

(2) 高低式蹲姿

下蹲时，双脚不在一条直线上，且一只脚在前，一只脚在后，在前的脚全着地，小腿基本上垂直于地面，在后的脚脚掌着地，脚跟提起。后膝应低于前膝，头和腰应保持一条直线。女士两腿应靠近。

(3) 交叉式蹲姿

这种姿势适用于穿短裙的女士。其要求是：下蹲时，一只脚在前，一只脚在后，在前的脚全脚着地，在后的脚脚掌着地，脚跟提起，前腿在上，后腿在下，双腿交叉重叠。

(4) 半跪式蹲姿

又叫单跪式蹲姿。它是一种非正式蹲姿，多用于下蹲时间较长，或为了用力方便时采用。在下蹲后，一腿膝部点地，臀部坐在点地腿的脚上，点地腿用脚尖着地。另一条腿应全脚掌着地，小腿垂直于地面。双腿应尽力靠拢，形成一腿蹲一腿跪。

2. 蹲姿的注意事项

在下蹲时应上身挺直，立腰而不弯腰，使重心下移；

在行进中需要下蹲时，速度不宜过快，不要突然下蹲；

在下蹲时不能撅臀，这是很不礼貌的，也是很不文雅的，一定要保持臀部向下；

女士在他人身边下蹲时，应选好下蹲的位置，如果距离很近时最好侧身拾物，因为正面对他人或者背对他人下蹲，都是不礼貌的，还容易造成尴尬；

女士着裙装下蹲前应拢好裙摆后再下蹲，起立后应整理好裙摆，如果不注意很容易露出里面的内衣，这是非常不雅观的行为；

女士无论是采用哪种蹲姿，都要切记将双腿靠紧，绝对不可以双腿敞开而蹲。

女士着 V 领或低领上衣时下蹲，应以一手抚领，避免衣领不整而不雅。

（五）手姿

手姿是体语中最丰富、最具有表现力的传播媒介。人们利用手来表示各种含义时所使用的各种姿势，是人们交际时不可缺少的体态语言。适当地运用手势可以增加感情的表达。手势美是动态美，若能够恰当地运用手势来表达真情实意，就会在交际中表现出良好的形象。

1. 规范的手姿

手掌自然伸直，掌心向内向上，手指并拢，手腕伸直，使手与小臂成一直线，肘关节自然弯曲，大小臂的弯曲以 130 度或 140 度为宜。掌心向斜上方，手掌与地面形成 45 度。手心不要内凹。

要正确地表达自己的意图，在使用手势时有三条原则：要掌握规范化的手势；注意国别和地区的差异；手势的使用宜少不宜多。尤其是一种手势反复的使用，容易让人产生厌烦心理。手势的幅度过大，也会给人虚张声势的印象。

2. 常用的规范性手姿

（1）直臂式手姿

这种手姿用来引领较远方向。五指并拢，曲肘从身前抬起，抬到与肩同高时，再向要指示的方向伸出前臂。手臂的高度与肩同高，肘关节伸直，身体侧向宾客，同时加上礼貌用语，如"请跟我来"、"里边请"、"这边请"等。

（2）横摆式手姿

这种手姿用来指引较近的方向。大臂自然垂直，以臂肘为轴，小臂轻缓地向一旁摆出，微弯曲，与腰间呈现 45 度左右，另一手下垂或背在体后，面带微笑，同时加上礼貌用语，如"请""请进"等。

（3）双臂横摆式手姿

这种手姿用于业务繁忙或较多宾客时。两手从身体两侧经过腹前抬起，双手掌心向上，双手重叠，两肘微曲，向两侧摆出，上身稍前倾，微笑施礼，加上礼貌用语，如"女士们、先生们，里面请"等。如果是站在客人的侧面，也可将两只手臂摆向一侧。

（4）斜摆式手姿

这种手姿又称为手斜式，一般用于引领宾客坐在座位上。先用双手将椅子拉开，（以右手为例）右手手臂由前抬起，再以肘关节为轴，前臂由上向下摆，使手臂向下成一斜线，脚站成右丁字步，左手后背，身体微微前倾，面带微笑说"请坐"。

（5）双臂竖摆式手姿

这是一种信息提示手姿。当面对众多宾客，而场面比较隆重，需向全场来宾发出某个信息时，可采用这一姿势，这样才能使全场来宾都能看见。做法是：双手手指相对，由腹前抬至头的高度，或向上超过头的高度，再向两侧分开下划到腹部。

3. 几种常见手势的含义

（1）伸大拇指手势

大拇指向上，在说英语的国家多表示"OK"之意或是搭车之意；若用力挺直，则含有骂人之意；若大拇指向下，多表示坏、下等人之意。在我国，伸出大拇指这一动作基本上是向上伸表示赞同、好等，向下伸表示蔑视、不好等之意。

（2）"OK"的手势

拇指和食指合成一个圆圈，其余三指自然伸张。这种手势在西方某些国家比较常见，但应注意在不同国家其语义有所不同。比如，美国表示"赞扬"、"允许"、"了不起"、"顺利"、"好"；在法国表示"零"或"无"；在印度表示"正确"；在中国表示"零"或"三"两个数字；在日本、缅甸、韩国则表示"金钱"；在巴西则是"引诱女人"或"侮辱男人"之意；在地中海的一些国家则是"孔"或"洞"的意思，常用此来暗示、影射同性恋。

（3）"V"字形手势

伸出食指或中指，掌心向外，其语义主要表示胜利（英文 Victory 的第一个字母），掌心向内，在西欧表示侮辱、下贱之意。这种手势还时常表示"二"这个数字。

（4）伸出食指手势

在我国及亚洲一些国家表示"一"、"一个"、"一次"等；在法国、缅甸等国家则表示"请求"、"拜托"之意。在使用这一手势时，一定要注意不要用手指指人，更不能在面对面时用手指着对方的面部和鼻子，这是一种不礼貌的动作，容易激怒对方。

4. 避免的手姿

手势不要太多，动作不宜太大。

不可用拇指指自己的鼻尖，或用手指指点他人。用手指指人含有教训别人的意思，是不礼貌的行为。

在岗位工作中，应尽量避免与手势有关的不雅行为习惯，如挖鼻孔、剔牙、抓耳、摸头挠痒、摆弄小物件等。

运用手势时，要考虑地域差别，同一种手势在不同国家、不同地区有不同含义，切忌乱用，以防造成不良后果。

▶▶ 二、面部表情

面部表情是指一个人面部形态变化中表达出来的思想感情。是眼睛、眉毛、鼻子、嘴唇、面部肌肉以及们的综合运动所反映出的心理活动和情感信息。据专家统计，人的面部可以做出 25 万种不同的表情，在这些千变万化的表情中目光和微笑最具礼仪功能，因此，学会正确地运用目光和微笑，是现代礼仪演练的重要环节和内容。

（一）目光

眼睛是最为传神的部分，被称为"心灵的窗户"，是一个人内心活动最自然和真实的流露。通过一个人的目光和眼神，能看到他的喜怒哀乐，如"眉开眼笑"、"目光炯炯"、"怒目而视"等都是对目光的传神描写。一个与人为善的人，眼神中流动着的鼓励和肯定，像一股股暖流，温暖滋润着我们的心灵，鼓舞着我们的斗志；一个充满爱心的人，眼神也一定充满爱意，严肃中透露着慈祥，平静中透露着期盼，就像一条汩汩流淌的河流，不断地荡涤着我们的心灵。目光所传达的信息，最为丰富，最为复杂，也最为微妙。

1. 目光运用的基本要求

树立一个人良好的交际形象，目光应始终保持坦然、友善、谦逊、自信，既不回避正常的目光交流，也不盯视对方，以免造成对方的不适和难堪。

2. 目光注视的区域

要根据与交流对象关系的亲疏、距离的远近来选择目光停留或注视的区域。目光注视要遵循"三角定律"：关系一般、初次见面或距离较远时，目光要注视对方额头至肩膀的大三角区域；关系较熟、距离较近的，目光停留在对方额头到下巴的三角区域；关系亲昵、距离很近的，则注视对方额头到鼻子这个三角区域。要分清对象、对号入座，不要把目光盯在对方面部的某个部位或身体的其他位置，特别是面对初次相识的人和一般关系的异性时，更应当注意目光的注视区域问题。

3. 目光交流的时间

一般交往中目光交流的时间，每次不超过 3 秒钟，目光交流的总时间大体为交谈时间的 30% 到 60%。但这方面要受到多种因素的影响：一是文化的影响，如美国人在谈话时每次目视对方的时间不会超过 1 秒，而瑞典人觉得要长久地看着对方的眼睛才不失礼貌。二是性格影响，性格外向的人比内向的人目光接触要多，持续时间也长。三是性别影响，女士谈话时目视对方的时候要比男士多些。四是综合背景条件的影响，人们在感到舒适或感兴趣或高兴时，目视对方的时间和次数会增加；感到羞愧、内疚、悲伤时，目视对方的时间和次数会减少；要说服对方时，目视对方的时间也要多些。超时型注视和低时型注视，即注视对方的时间超过交谈时间的 60% 或注视对方的时间少于交谈时间的 30%，在一般情况下都是失礼的。

4. 注视的角度

注视别人时，目光的角度，即目光从眼睛里发出的方向，表示交往对象的亲疏远近。注视别人的常规角度有以下几种。

（1）平视

也叫正视，即视线呈水平状态。常用于在普通场合与身份、地位平等的人进行交往时,以表示客观、平等、理智之意。

（2）侧视

它是一种平视的特殊情况,即坐在交往对角一侧,面向对方,平视着对方。它的关键在于面向对方,否则即为斜视对方,那是很失礼的。

（3）仰视

即主动居于低处,抬眼向上注视他人。它表示尊重、敬畏之意,适用于面对尊长之时。

（4）俯视

即抬眼向下注视他人,一般用于身居高处之时。它既可表示长辈对晚辈的宽容、怜爱,也可表示对他人的轻视。

另外,不同的民族由于文化背景不同,对目光的要求也不一致。瑞典人在见面时喜欢相互对视;阿拉伯人甚至认为只有对讲话人凝眸而视才符合礼仪要求,而英国人则不喜欢这样的目光;日本人在见面时通常是看着对方的脖子,而不是面部。

（二）微笑

微笑是交往活动中最富有吸引力、最有价值的面部表情,它是自信的象征、修养的展现、和睦相处的反映和心理健康的标志。微笑能有效地缩短交往双方的距离,给对方留下美好的心理感受,从而形成融洽的交往氛围,体现自己良好的修养和至诚的待人态度。

除了在极少数悲伤或肃穆的场合外,微笑是交际时的一种最适宜的表情。与人初次见面,面露微笑,会让人顿生好感;老友相见,点头微笑,会让人感到友谊的温暖。微笑能表现自己的友善、谦恭、渴望友谊的美好情感,是向别人传达的理解、宽容、信任的信号;微笑是人际交往重要的润滑剂,是广交朋友、化解矛盾的有效手段。有人把微笑称作是一种有效的"世界交际语",一点也不为过。

微笑的功能是巨大的,但要笑得恰到好处。微笑要发自内心,自然大方,亲切热情,要由眼睛、眉毛、嘴唇、表情等方面协调完成,防止生硬、虚伪的假笑和笑不由衷。

世界著名的希尔顿饭店的总经理希尔顿,每当遇到员工时,都要询问这样一句话:"你今天对顾客微笑了没有?"他指出:"饭店里第一流的设备重要,而第一流服务员的微笑更重要,如果缺少服务员的美好微笑,好比花园里失去了春日的太阳和春风。假如我是顾客,我宁愿住进虽然只有破旧地毯,却处处可见到微笑的饭店,而不愿走进只有一流设备而不见微笑的地方。"正是因为希尔顿深谙微笑的魅力,才使希尔顿饭店誉满全球。

1. 微笑技巧的训练方法

微笑的基本要求是发自内心、自然大方、亲切热情。训练时要达到这些礼仪要求并不是轻而易举的事情,非下苦功不可。例如,现今日本航空公司招募的空姐接受的主要礼仪训练就是微笑。学员们必须在教官的严格指导下进行长达六个月左右的微笑训练,训练在各种乘客面前、各种飞行条件下应当保持的微笑。

微笑技巧的训练方法可以概括为以下四种。

（1）对镜练习法

即进行微笑训练可以自己对着镜子练习，一方面观察自己笑的表现形式，更要注意进行心理调整，想象对方是自己的兄弟姐妹，是自己多年不见的朋友。还可以在多人中间讲一段话，讲话时自己注意显现出笑容，并请同伴给以评议，帮助矫正。

（2）情绪记忆法

即将自己在生活中遇到最高兴的事时，所流露出的愉快情绪存放在记忆中，当需要微笑时，可以想起那些最使你兴奋的事件，脸上就会流露出会心的微笑。

（3）口中念"一"法

即练习微笑时，使双颊肌肉用力向上抬，嘴里念"一"音，用力抬高口角两端，注意下唇不要过分用力。对着镜子做最使自己满意的表情，到离开镜子时也不要改变它。

（4）心情放松法

当一个人独处时，深呼吸、唱歌或听愉快的歌曲，忘掉自我和一切的烦恼，让心中充满爱意，微笑自然流露。

2. 微笑的"三结合"

（1）和眼睛结合

眼神是面部表情的核心，是心灵的窗口。当微笑的时候，眼睛也要"微笑"，否则给人的感觉只能是糟糕的"皮笑肉不笑"。

（2）和语言结合

语言和微笑都是传播信息的重要符号，只有注意微笑与美好语言相结合，声情并茂，相得益彰，微笑服务方能发挥出它应有的特殊功能。微笑着说"您好"等礼貌用语，会让你更有亲和力。

（3）和仪态结合

微笑要与正确的身体语言相结合，才会相得益彰，你绝不能在应该微笑的时候还表现出一种消极的身体语言。以笑助姿、以笑促姿，形成完整、统一、和谐的美。

应用案例 2-6

早年希尔顿把父亲留给他的 1.2 万美元连同自己挣来的几千美元投资出去，开始了他雄心勃勃的经营旅馆生涯。当他的资产从 1.5 万美元奇迹般地增值到几千万美元的时候，他欣喜自豪的把这一成就告诉母亲，母亲却淡然地说："依我看，你跟以前根本没有什么两样。事实上你必须把握比 5100 万美元更值钱的东西：除了对顾客忠诚之外，还要想办法使希尔顿旅馆的人住过了还想再来住，你要想出这样的简单、容易、不花本钱而行之久远的办法来吸引顾客。这样你的旅馆才有前途。"母亲的忠告使希尔顿陷入迷惘：究竟什么办法才具备母亲指出的这四大条件呢？他冥思苦想不得其解。于是他多方考察，以自己作为一个顾客的亲身感受，得出了"微笑服务"准确的答案。它同时具备了母亲提出的四大条件。从此，希尔顿实行了微笑服务这一独创的经营策略。每天他对服务员说的第一句话是你对顾客微笑了没有？他要求每个员工不论如何辛苦，都要对顾客投以微笑。

1930年西方国家普遍爆发经济危机，也是美国经济萧条严重的一年，全美旅馆倒闭了80%，希尔顿的旅馆也一家接一家地亏损不堪，曾一度负债50亿美元。但希尔顿并不灰心，面是充满信心地对旅馆员工说："目前正值旅馆亏空，靠借债度日的时期，我决定强渡难关，请名位记住，千万不可把愁云挂在脸上，无论旅馆本身遭遇的困难如何，希尔顿旅馆的微笑永远是属于顾客的阳光。"因此，经济萧条刚过，充满微笑的希尔顿旅馆便率先进入了繁荣时期，跨入了黄金时代。

（资料来源：陈姮主编.旅游服务礼仪［M］.大连：大连理工大学出版社，2015：3）

▶▶ 三、风度

风度是社交活动中给人印象深刻的内在潜质的综合反应，风度不但是人的一种性格特征的表现，还是一种内在涵养的表现。风度是一个人的姿态举止、言谈、作风等表现出来的美。这种美既是一种外在美，又是一个人内心美的自然流露，也就是内在美和外在美的和谐统一。

我们敬爱的周恩来总理以其卓越才智和个人魅力，得到不同国度、不同民族甚至不同信仰的人的认同和赞美。他的风采、他的气质、他的落落大方、不卑不亢的外交才干令所有人都为之惊叹、为之折服，令西方国家对新中国的总理刮目相看。在一次东南亚之行中，在告别前举行的记者招待会上，周恩来彬彬有礼地回答每一位记者的提问。会场上，所有记者即使不能得到满意的答复，也无法挑剔周恩来的风度。在记者招待会即将结束前，一个外国姑娘向周总理问道："周恩来先生，能不能问您一个私人问题？"周恩来很坦诚地点头，微笑着说："可以。""您已经60多岁了，为什么仍然神采奕奕，记忆非凡，显得这样年轻、英俊？"场内顿时响起友善的笑声和议论声，当这位素有"东方第一美男子"之称的周恩来总理，声音洪亮地回答道："因为我是按照东方人的生活习惯生活，所以我至今很健康"时，场内顿时掌声如潮！多少年来，东方人从来都是贫穷、落后、愚昧、病夫的代名词。而如今，有了受人尊敬的周恩来成为东方人的代表，顷刻间，不分国家、不分政见、不分肤色，只要是东方人都感到了荣幸与骄傲！

因此，我们既要重视化妆、服饰与姿态的美，更要看重内在的修养，何况外在仪表本身就渗透着个人内涵。要想在社交场合风度翩翩，应从根本做起。

（一）风度是人内在气质的展现

气质不佳者，难有好的风度。内在气质的优化是靠平时修养、陶冶而成。因而它会不经意地显露出风度。《世说新语》记载：曹操个子较矮，一次匈奴来使，应由曹操接见，可是，曹操怕使者见自己矮而看不起，于是请大臣崔琰冒充自己，曹操则持刀扮成卫士站在崔琰的旁边观察使者。崔琰"眉目疏朗，须长四尺，甚有威重"。接见后，曹操派人去探听使者的反应，使者说："魏王雅望非常，然床头提刀者，此乃英雄也。"曹操具有高度的政治、军事、文化素养，养成了封建时代政治家特有的气质，因此，他的风度并不因他身材矮小而受到影响，也不因他扮成地位低下的卫士而被掩盖。

（二）风度源于对自己的自信

风度翩翩的人，能带给人一种从容、淡定、气定神闲的感觉。这种从容与淡定源于对自己内涵的自信，一种坦荡和轻松的风度。孔子说，"君子坦荡荡，小人长戚戚"，即做"君子"的心地平坦宽广，而做"小人"的则经常局促忧愁。毫无疑问，自信也是孔子之"君子"的基本条件，他们在日常生活中会表现得轻松自如，而不是终日陷入沉重抑郁之中。这样才会给人带来气定神闲、一切尽在掌握的风度。

（三）风度的培养离不开良好的德、才、学、识

良好的文化素养，脱俗的思想境界，渊博的学识，精深独到的思辨能力，是构成风度美的重要内在因素。宽宏的气度与气量是自古以来的君子之风，知识丰富且善于辞令，时而妙语连珠，时而幽默风趣，这些风度也可通过语言举止、服饰和作风等转换为外在的形式。如毛泽东有运筹帷幄的政治家风度；周恩来有才思敏捷、风姿潇洒的外交家风度；鲁迅有"横眉冷对"的铮铮铁骨；宋庆龄则留下端庄自然的慈母风度等等，高尚的道德修养与高超的学识造就了卓然的风度。

（四）风度的培养应注意经常的训练

培养风度要先对自己的气质、性格、经历、知识和文化程度，乃至身材、面容等条件有个自知之明。既不能听之任之，对自己毫无要求，以"本色"、"自然"自夸；也不能乞求过高，操之过急，以致矫揉造作，生硬别扭，或东施效颦，欲美反丑。而审度自己，科学地进行自我设计，持久地实践、训练，自然能水到渠成。例如，根据自身特点坚持训练站姿、坐姿、走姿、言谈举止的技术，在各种场合、环境下都能运用自如，心理从容自信，风度也随之而来。正如一位艺术家所言："只有你自己才能识别自己的长处和魅力。它们也许是你的低回浅笑，也许是你的开怀畅谈，也许是你的亲切和蔼。它可能是你对生活乐趣的领悟，也可能是你的沉静安详。不管你那特有的吸引力是什么，它都会因为魅力的技术因素而得到加强。"

课后阅读

四季色彩理论

"四季色彩理论"是当今国际时尚界十分热门的话题，它由色彩第一夫人美国的卡洛尔·杰克逊女士发明，并迅速风靡欧美，后由佐藤泰子女士引入日本，并研制成适合亚洲人的颜色体系。1998年，该体系由色彩顾问于西蔓女士引入中国，并针对中国人色特征进行了相应的改造。"四季色彩理论"给世界各国女性的着装带来巨大的影响，同时也引发了各行各业在色彩应用技术方面的巨大进步。

"四季色彩理论"的重要内容就是把生活中的常用色按照基调的不同，进行冷暖划分和明度、纯度划分，进而形成四大组和谐关系的色彩群。由于每一组色群的颜色刚好与大自然的四季的色彩特征相吻合，因此，就把这四组色群分别命名为"春"、"秋"

（暖色系）和"夏"、"冬"（冷色系）。

自我诊断色彩季型

A. 春季型

肤色特征：浅象牙色，暖米色，细腻而有透明感。

眼睛特征：像玻璃球一样熠熠发光，眼珠为亮茶色、黄玉色，眼白感觉有湖蓝色。

发色特征：明亮如绢的茶色，柔和的棕黄色、栗色，发质柔软。

春季型人的色彩搭配原则——春季型人选择最适合自己颜色的要点是：颜色不能太旧、太暗。春季型人的服饰基调属于暖色系中的明亮色调，在色彩搭配上应鲜明、对比地突出自己的俏丽。春季型人使用范围最广的颜色是黄色，选择红色时，以橙红、橘红为主。

特别提示：对春季型人来说，黑色是最不适合的颜色，过深过重的颜色会与春季型人白色的肌肤、飘逸的黄发出现不和谐音，会使春季型人看上去显得暗淡。春季型人的特点是明亮、鲜艳。属于春季型的人用明亮、鲜艳的颜色打扮自己，会比实际年龄显得年轻。

B. 夏季型

肤色特征：粉白、乳白色皮肤，带蓝色调的褐色皮肤、小麦色友肤。

眼睛特征：目光柔和，整体感觉温柔，眼珠呈焦茶色、深棕色。

发色特征：轻柔的黑色、灰黑色，柔和的棕色或深棕色。

夏季型人的色彩搭配原则——夏季型人拥有健康的肤色，水粉色的红晕，浅玫瑰色的嘴唇，柔软的黑发，给人以非常柔和优雅的整体印象。夏季型人适合以蓝色为底调的柔和淡雅的颜色，这样才能衬托出她们温柔、恬静的个性。夏季型人适合穿深浅不同的各种粉色、蓝色和紫色，以及有朦胧感的色调，在色彩搭配上，最好避免反差大的色调，适合在同一色相里进行浓淡搭配。

特别提示：夏季型人选择适合自己的颜色的要点是：颜色一定要柔和、淡雅。夏季型人不适合穿黑色，过深的颜色会破坏夏季型人的柔美，可用一些浅浅的灰蓝色、蓝灰色、紫色来代替黑色。夏季型人穿灰色会非常高雅，但注意选择浅至中度的灰，但注意夏季型人不太适合藏蓝色。

C. 秋季型

肤色特征：瓷器般的象牙白色、深橘色、暗驼色或黄橙色。

眼睛特征：深棕色、焦茶色，眼白为象牙色或略带绿的白色。

发色特征：褐色、棕色或者铜色、巧克力色。

秋季型人的色彩搭配原则——秋季型人是四季色中最成熟而华贵的代表，最适合的颜色是金色、苔绿色、橙色等深而华丽的颜色。选择红色时，一定要选选择砖红色和与暗橘红相近的颜色。秋季型人的服饰基调是暖色系中的沉稳色调。浓郁而华丽的颜色可衬托出秋季型人成熟高贵的气质，越浑厚的颜色也越能衬托秋季型人陶瓷般的皮肤。

特别提示：秋季型人选择适合自己的颜色的要点是：颜色要温暖、浓郁。秋季型人穿黑色会显得皮肤发黄，可用深棕色来代替。

D. 冬季型

肤色特征：青白或略带橄榄色，带青色的黄褐色。冷调的看不到红晕的肤色。

眼睛特征：眼睛黑白分明，目光锐利，眼珠为深黑色、焦茶色。

发色特征：乌黑发亮，黑褐色，银灰、深酒红色。

冬季型人的色彩搭配原则——冬季型人最适合纯色，在各国国旗上使用的颜色都是冬季型人最适合的色彩。选择红色时，可选正红、酒红和纯正的玫瑰红。在四季颜色中，只有冬季型人最适合使用黑、纯白、灰这三种颜色，藏蓝色也是冬季型人的专利色。但在选择深重颜色的时候一定要有对比色出现。

特别提示：冬季型人选择适合自己的颜色的要点是：颜色要鲜明，光泽度高。冬季型人着装一定要注意色彩的对比，只有对比搭配才能显得惊艳、脱俗。

（资料来源：http：//blog. renren. com/share/221669581/7493627631）

练习与思考

一、名词解释

个人礼仪

TPO 原则

仪容

仪态

二、简答题

1. 简述仪容礼仪的原则。

2. 简述着装时色彩搭配的方法。

3. 女士穿着西装套裙的注意事项有哪些？

4. 简述站姿的基本步位。

5. 简述在人际交往中应避免的手姿有哪些？

三、论述题

根据所学知识，结合实际，谈谈在人际交往中如何正确运用面部表情。

本章参考文献

1. 张岩松. 现代交际礼仪（第三版）［M］. 北京：中国社会科学出版社，2006：65－66

2. 郭学贤. 现代礼仪［M］. 北京：北京大学出版社，2013：32－37

3. 吴蕴慧. 现代礼仪实训［M］. 镇江：江苏大学出版社，2013：37－41

4. 周国宝、王环、张慎霞. 现代国际礼仪［M］. 广州：华南理工大学出版社，2006：55－57

5. 余玫. 现代礼仪实训［M］. 成都：四川大学出版社，2011：98－99

6. 朱燕. 现代礼仪学概论［M］. 北京：清华大学出版社，2006：51－84

7. 胡碧芳、姜倩．旅游服务礼仪［M］．北京：中国林业出版社，2008：50—55

8. 宋莉萍．礼仪与沟通教程［M］．上海：上海财经大学出版社，2006：70—71

9. 曾曼琼、刘家芬．现代礼仪及实训教程［M］．北京：化学工业出版社，2014：30—32

10. 陈蕾、朱庆宝、吴伟英．现代礼仪［M］．昆明：云南科技出版社，2013：51—55

11. 周国宝、王环、张慎霞．现代国际礼仪（第2版）［M］．北京：北京师范大学出版社，2012：39—41

12. 广宇．现代礼仪全集［M］．北京：地震出版社，2007：4—7

13. 夏志强．不可不知的礼仪［M］．北京：中国书店，2007：140—141

14. 陈姮．旅游服务礼仪［M］．大连：大连理工大学出版社，2015：9—46

15. 金正昆．服务礼仪教程［M］．北京：中国人民大学出版社，2018：17—102

第三章　语言礼仪

知识要点	掌握程度	相关知识
语言礼仪的概念与特点	掌握	了解语言礼仪的概念；掌握语言礼仪的特点
语言礼仪的原则与要求	了解	了解语言礼仪的原则；理解语言礼仪的要求
礼貌用语的运用	理解并掌握	掌握礼貌用语的基本形式并在实践中运用；掌握良好礼貌用语习惯的培养途径
交谈礼仪	理解并掌握	掌握并运用交谈的基本礼仪规范；掌握并运用交谈的基本技巧礼仪

基本概念
JIBENGAINIAN

语言礼仪：就是运用语言进行交际交流时应具有的礼仪规范，是一个人文明的标志，也是一个人文化、学识、修养、道德、情操、能力、才华等各方面素质的综合体现。

礼貌用语：礼貌、礼仪是人们在频繁的交往中彼此表示尊重与友好的行为规范。而礼貌用语则是尊重他人的具体表现，是友好关系的敲门砖。礼貌用语的运用，不仅表现一个人的语言修养、文化程度、思想品德，而且还反映整个社会的文化程度。

交谈礼仪：是指人们在交谈时所应遵守的各种礼仪规范和惯例，主要涉及交谈的态度、交谈的语言、交谈的内容、交谈的方式等几个方面。

背景知识
BEIJINGZHISHI

在现代社会中，随着社交活动的日益频繁，人们之间的社会交往也日益密切。在交际活动中，语言是传达感情的工具，也是沟通思想的桥梁。有的人善于用语言来表达情意，一席话就能使人心情舒畅，有的人则不善于以语言来表达，一讲话就使人误解。语言的表达作用，集中体现在语言活动的整个过程中。从某种意义上讲，交际过程，实际上就是人们的心理活动过程。一个具有良好修养的人往往会显得文质彬彬、风度翩翩，成为社交活动中备受欢迎的人；而人们判断一个人的内在修养，一般是通过对其外显言行的观察得出的。因此，具备良好的语言习惯、正确使用语言礼仪是人际交往过程中成功的前提和基础；同时，恰当地运用语言艺术，对于树立良好的个人形象，具有重要意义。

第一节　语言礼仪的概念与特点

导入案例
DAORUANLI

语言能力即交际能力

在某宾馆多功能餐厅，众多宾客正在向来中国投资的华侨吴老先生敬酒，吴老先生神采飞扬，高兴地与大家互相祝贺。宾主频频碰杯，服务员忙进忙出。

不料，一位服务员不慎将吴老先生的筷子拂落在地。"对不起"！服务员连忙道歉，并从邻桌拿来一双筷子，搁在吴老先生的台上。

吴老先生的脸色顿时多云转阴，手中举起的酒杯停留在胸前。众人见状，纷纷指责服务员。吴老先生从牙缝里挤出了话："晦气！你怎么这么不当心？你知道这筷子落地意味着什么？落地即落第，考试落第，名落孙山。倒霉呀，我第一次来中国投资，就这么不吉利。"

服务员一听，更慌了，手足无措中，又不慎将桌上的小碗打碎在地。就在众人大惊失色、服务员尴尬万分之时……

就在这时，一位女领班及时赶到。她拿起桌上的筷子，双手递上去，笑着对吴老先生说："吴老先生，筷子落地哪有倒霉之理。筷子落地，筷落，就是快乐，就是快快乐乐。

至于这碗么，碎了，也是好事成双。中国不是有句老话吗？岁岁平安，这是吉祥的兆头，应该恭喜您才是呢。您老这次来中国投资，一定快乐，一定平安！"

吴老先生听到这话，顿时转怒为喜，马上向女领班敬了一杯酒："你说得真好！借你的吉言和口彩，我们大家快乐平安，为我们的投资成功，干一杯！"

（资料来源：姜红、候新冬主编．商务礼仪［M］．上海：复旦大学出版社，2009：67）

请根据以上信息，完成以下任务：

1. 从上述案例中，你得到什么启发？

2. 谈谈你对"语言能力即交际能力"这句话的理解与认识。

知识分析
ZHISHIFENXI

语言礼仪是当今社会人人都应该掌握的一项基本技能。在社会交往活动中，一个合适的问候，一个亲切的微笑，一段热情洋溢的话语，都会使人心里暖融融的。说和写，听和看，既是语言沟通情境的行为，又是人们相互间心理活动的反映，这是由于人的情绪和情感体验是借助于面部表情、动作姿态、语言和语调的参与交际和沟通来实现的。因此，在交际过程中，要重视语言艺术的有效性及正确性。交际过程中的心理活动，既然是通过言语活动过程反映出来的，那么，言语对于展现交际心理过程就至关重要了。

▶▶ 一、语言礼仪的概念

语言是最灵活、最富有创造性和生命力的表达工具，用以表达思想、交流感情、沟通信息。语言的使用能够体现出一个人的思想内涵和聪明智慧。语言礼仪的有效使用依赖于语言表达建立起的感情纽带，体现在交际活动的始终，在一定程度上充分展示人与人之间的语言心理。交际双方融合还是神离，成功还是不欢而散，在很大程度上决定于语言艺术的正确使用。具体来说，语言礼仪就是运用语言进行交际交流时应具有的礼仪规范，是一个人文明的标志，也是一个人文化、学识、修养、道德、情操、能力、才华等各方面素质的综合体现。

▶▶ 二、语言礼仪的特点

（一）注入情感

人际交往中通过语言的交流建立起情感纽带，在使用轻松、诙谐、明快、委婉、庄严、赞美的语言中营造自然、愉悦、兴奋、亲切、可敬和舒畅的氛围，加强人与人之间的感情交流，并增进彼此间的理解与信任。在人际交往中注入情感因素是语言礼仪应用的核心元素，而语言礼仪的使用则是情感因素外显的重要形式。人际交往中语言礼仪的情感性主要体现在以下方面。

1. 语言用词有情

语言用词有情主要是指在人际交往中要正确使用语言，尽量使用引起对方愉悦性的互动，营建一种良好的情感交际氛围。"良言一句三冬暖，恶语伤人六月寒"，因此在词语的选择上尽量多使用鼓励、支持、愉悦对方等富有正能量褒义感情色彩的词语，使人积极向上、乐观并给人以尊重、友好、信任和力量等，如早上与人第一次见面时要多问声"早安"、晚上多问声"晚安"，在对方感到不方便或不满意时要多说声"对不起"、感到疲劳时多说声"辛苦了"、感到身体不舒服时多问声"好一点吗，要不要看医生"等注入感情元素的词语；经常使用"请"、"您好"、"非常感谢"、"很抱歉"、"对不起"以及常见的具有礼貌性、情感性的"礼貌用语"等；少用中性感情色彩的词语；不使用或避免使用贬义感情色彩的词语。在人际交往中正确把握并在实践中运用词语的情感性可进一步缩短人与人之间的心理距离，增进感情，提高交流效果。

2. 语音语调应用动情

在人际交往中，还应注重语音语调的有效使用。语言是以声传意、以声传情的。语调的高低、语速的快慢、语音的轻重、音量的大小等变化，均能够传达出说话人丰富多变的感情。语音语调应用动情主要体现在能善于运用富有感染力的语言；在与人交流时语速适中、语音语调应用自如；能随对方及交流环境的变化而变化，尽快适应角色、及时进入交流的最佳状态；始终保持积极的交流兴趣；在对方碰到困难或需要鼓励的时候，要献出自己的真情、换位思考，真正做到以情动人、以情感人、以情助人，给人以希望、力量。

3. 态势语言流露真情

态势语言是指以姿态、表情、手势、动作等传递信息时所使用的无声的语言。态势语言在人际交往中正确、有效地使用，特别是微笑语言的使用是人们自然感情的流露，给人传递一种友善、亲近、美好的感受，有利于进一步表达双方的感情，增进彼此间相互了解，对愉悦沟通环境的形成起着非常重要的作用。

应用案例 3-1

意大利著名悲剧家罗西有一次应邀为外宾表演，他在台上用意大利语念起一段台词，尽管外宾听不懂他念的是什么内容，但却为他那满脸辛酸、凄凉、悲怆的语音、语调、表情所感染，大家禁不住泪如泉涌。当罗西表演结束后，翻译解释说，刚才罗西念的根本不是什么台词，而是大家面前桌子上的菜单。

（资料来源：吕艳芝、朱玉华主编.饭店服务礼仪标准培训［M］.北京：中国纺织出版社，2014：99）

（二）依赖语境

语境是指人们在交际活动中的各种语言环境。语言脱离语境就失去了确切含义，因此语言必须依存于语境。关于语境的定义多种多样，概括起来说这些定义可以分为两大类。一类语境是语言的环境，具体地说是一个语言单位，如一个词、一句话、一段话语的环境；另一类语境是语言应用的环境，具体地说指一句话是由谁在何种情况下对谁说的。语境包括时代、社会、地域、文化及交流双方的地位、处境等，其制约着人们对语言形式的选择、意义的表达与理解，如：根据对方的社会背景、文化传统以及个人经历和性格等语境因素，区分说话对象，选择说话内容，采取适当的形式，注意禁忌和避讳等。人际交往中的语境可进一步细分为情景语境、文化语境等。

语言交际的过程是实际上是话语的理解过程，同样也是一个语境的选择过程。人际交往中的语言礼仪涉及到语言表达双方，其处于一种交互状态，形成相互影响、相互制约的关系，这种情景在语言交际之中体现非常明显；而双方的这种交互状态决定了人际交往中对于语言表达时所处具体环境的依赖性很强。因此，在社会交往中，充分认识语境对语言交际的制约规则，有助于交际者在有限的时间内选择最适当的语境要素组成合理的语言环境，从而准确地理解话语意义、有效地进行交际；将语言礼仪置于动态发展的语境中，有助于交际者之间形成正确的理解。所以说语境离不开言语交际，而人际交往中语言礼仪的应用更离不开语境。

（三）繁简适当

繁简适当是指词语的繁简和表达的详略，要根据不同的语境、目的和对方的不同需要而定，当简则简，该复杂时就复杂。如：对方兴奋、高兴时，可适当多言；客人疲惫、厌倦时，则尽量少说为妙。另外，现代人讲究效率，一般情况下，语言要尽可能地简洁明了。

（四）换位思考

换位思考也就意味着为他人着想，能够体谅、理解他人，这样的人在人际交往中能照顾他人的利益，注意人际间的互惠关系。比如，在交流过程中即使不同意对方的观点或意见，但也表达出你对他们的理解，并照顾他们的利益。因此，在沟通中应注意语言的艺术性，要多体谅他人、学会含蓄、懂得委婉，能让原本可能困难的沟通变得顺畅起来，让听者在比较舒适的氛围中领悟到本意、感受到善意。

应用案例 3-2

含蓄、委婉是技巧

月光族小李来到同事小孙家里借钱买辆二手车。他诉说上班之苦，一会儿说早上坐公交车太挤，还绕路，如果有一辆车就好了，哪怕二手车也行；一会儿又说自己手头太紧。小孙听后马上说："是啊，我也有这个体会。你比我还算好点儿，就一个人。而我上有老、下有小的，每个月的工资都恨不得掰开花，我老爸老妈还时不时支援我们点儿。如果我有经济能力，真想帮帮你。"小李听后识趣地走了。

（资料来源：靳斓著. 风度何来 [M]. 北京：中国经济出版社，2011：128）

第二节 语言礼仪的基本原则与要求

导入案例
DAORUANLI

日本 7—11 便利店的礼貌用语

日本便利店的巨头伊藤洋华堂旗下的 7—11 日本株式会社，其先进的便利店员工管理经验值得我们借鉴。

对顾客的寒暄用语是 7—11 员工管理的重要内容。7—11 规定的店员用的寒暄用语一般有 5 种标准形式："欢迎您"，"非常感谢"，"是，知道了"，"请稍稍等一会儿"，"非常抱歉"。除这 5 句标准寒暄用语外，7—11 在工作台里还列有其他 7 句，只是到目前为止，尚未广泛使用。7—11 将对顾客的标准寒暄用语贴在墙上，以督促员工规范自己的行为和言语，无论店主、店员还是临时店员都必须如此。

7—11 发现，如果是老顾客，仅这 5 句用语显得单薄，缺乏人情味。为此又制定了针对老顾客的用语，包括"早上好"、"中午好"、"晚上好"、"请慢走"、"您辛苦了"、"您劳累了"、"请多休息"，此外还有"真热呀"、"春天来了"、"天气转凉了"等与节气有关的用语。店员在使用这些寒暄语时，必须面带笑容，真正让顾客体会到 7—11 的温暖和热情。

7—11 的工作内容非常细。例如：结算时的待客行为规定，顾客结算时，必须高喊"欢迎您"；面对顾客时，同事之间不能窃窃私语；面对认识的顾客不能随意聊天；要清楚地高诵每件商品的名称、价格，同时结账；确认顾客预交款，在未算完账前，不能把预交款放进收款机；在顾客购买食品时，要问一句"需要加热吗"；顾客等待时，一定要说"让您久等了"；加热后的商品必须手持交给顾客，以保证商品是温的。

在 7—11 的员工管理中，还有一项特殊的经营理念，这就是人心增值论。该理念认为，东西用得时间越长，价值就越小，对人力资源的运用也是如此；惟有一种不因时间流逝而减少，反而能增值的，这就是"人心"。所以，7—11 有一套培养、维系顾客人心的经营体系。据说，在东京一家 7—11 店铺中有一个锦囊，当对顾客的提问不知如何回答时，会说"请稍稍等一会儿"，然后，请教其他同事，如果仍不知道如何回答时，就得请教这个锦囊。让我们看看锦囊里说的是什么：不准向顾客说"我不知道"，而应该回答"您稍微等一会儿，我去查一查"；如果当时顾客急着走，应当说"明天路过本店时，我们将查到的结果告诉您"；或者说"我们马上去查，请将您的联系方法告诉我们行吗"。在接受顾客留下的联系方法时，锦囊里还说如果是年轻女性必须是男性店员去接，如此等等。显然，只要店员完全按照这个锦囊去做，就会"得到"无数颗诚挚的心。7—11 的人心增值论里还规定，如果碰到行人问路，店员绝对不能说"不知道"，而应该手持地图亲自到店外，为行人指明道路。此外，碰到老年人进店，要帮助老人拿东西；下雪天，进来小孩，要高喊"小心摔倒"，这些都是 7—11 人心增值论的重要内容。

（资料来源：http://news.winshang.com/news—17528.html）

请根据以上信息，完成以下任务：

1. 如何理解便利店礼貌用语的正确运用？
2. 结合案例，谈谈你对"人心增值论"的理解与认识。

知识分析 ZHISHIFENXI

语言礼仪是人际交往中每个人都应该具备的一项基本技能，同时也是在人类实践中产生、发展的，它存在于整个社会之中，并被每个社会成员所运用。了解语言礼仪的基本原则及要求对于交谈双方来说是非常重要的。

▶▶ 一、语言礼仪的基本原则

语言礼仪的基本原则是指人们在交往中进行语言表达时应共同遵守的基本准则。在现实生活中具有普遍指导意义。

（一）规范性原则

所谓规范，就是指标准和范式。我国的书面语主要是"以典范的现代白话文著作为语法规范"，而汉语口语交际则是以普通话为标准。语言的规范性就是指要符合普通话的标准与范式，有利于沟通与交流。语言的规范性必须注意以下几点。

1．准确、清楚

语音是语言的物质外壳，是语言信息传递的外部载体，也是语言表达的基本形式，没有语音，就没有语言可言。因此，读音准确、吐字清楚是对人们使用规范用语的最基本的要求。

2．语气得当

语气是语言表达的重要方面，是语言面貌的重要特点。在人际交往中使用语气得当，会加深人与人之间的感情，彼此间感到很亲切。如果表达不当会使对方受到伤害。

3．通俗易懂

通俗易懂就是指人与人在交谈时不要咬文嚼字，一味追求文饰，以对方容易听懂为宜。因此，在人际交往中，语言交流必须做到通俗易懂，同时注意避免以下几个方面。

（1）忌用方言俚语

中国的方言有数千种。从语言学的角度，这些方言都是我国民族语言的瑰宝，但方言毕竟是地域文化的载体，具有强烈的地域性，可流通性差。因此，在人际交往中，不仅不能使用方言进行沟通，而且还应尽量避免夹带方言，以免对方听不懂而造成不必要的尴尬。

（2）忌用行话和专业术语

行业用语是指行业内部的用语。在现代社会中，社会分工越来越细，一些新兴行业如雨后春笋，行业用语和专业术语也越来越多，如果使用不当会引起不必要的误会。

（3）忌无条理性

条理清楚，表达亲切、自然、准确。在语言表达中，无论是书面语言，还是交际中使用的口头语言，共同的要求就是表达要条理清楚，即中心突出，主次明确，逻辑性强。

（二）礼貌性原则

礼貌是人类文明的象征，是人们在社会交往中相互尊重、相互理解、相互体谅的具体表现。礼貌体现在仪容、举止、谈吐等方面。礼貌语言是人类礼貌表达的一种重要方式，是任何一个社会的言行准则和道德规范的组成部分。人际交往中语言礼仪的礼貌性原则要求人们在语言运用中使用敬语和谦语，态度谦恭而真诚，表情温和而显耐心，语意体贴而周到，语调柔和而轻快。

应用案例 3-3

谦恭：是人际交往的最起码礼数

李嘉诚到他投资建设的汕头大学考察。来到至诚学院考察时，学院在教学楼天井里举行了欢迎仪式，院长发表欢迎词后，向李嘉诚赠送了学生们汇集成册的一本《感言集》。李嘉诚微微欠身，伸出双手后非常恭敬地接过《感言集》高高举过头顶，微笑着连声对大家说："谢谢！谢谢你们！"向自己对面的师生表达完谢意后，又连续向站在天井其他三面的师生一一致谢。即兴演讲时，刚刚和学院领导说湖汕话的他，一开口竟说起了带有乡音的普通话，语速也放缓许多，使来自全国各地的师生都能听懂他的演讲。

许多师生都被李嘉诚的谦恭所感动，第二天当院长把大家的感受转达给李嘉诚时，他微微一笑说："这都是应该的，谦恭是待人起码的礼数！"

（资料来源：靳斓著．风度何来［M］．北京：中国经济出版社，2011：133）

（三）诚实性原则

诚实是金，诚实是人与人之间交流与沟通的前提和基础。以诚相见、真诚待人，是中华民族人际交往的传统美德。"与朋友交，言而有信"，"口言不忘信"，"海内存知己，天涯若比邻"等体现了古人历来主张交往要诚实，同时也展现了诚实与守信在人际交往的重要性。具体来说语言礼仪的诚实性原则体现在真诚与热诚等方面。真诚即真实可信，也即是传递的语言信息要"真"和"实"，要说真话和实话，只有真诚的语言才能取得宾客的信任与好感。热诚，就是热心诚恳，即与人交流时要恳切礼貌，说话要注意换位思考，多从对方的角度进行表述，从而赢得对方的尊重。

（四）灵活性原则

语言交际的过程实际上是话语的理解过程，同样也是一个语境的选择过程。语言的交流通常会有特定的语言环境，易受外界环境的影响，涉及到时间时令、空间区域、情绪氛围等具体因素。因此，灵活性原则就是指人际交往中语言的运用要注意因时因地而变、因人因情而异，察言观色、随机应变，灵活运用语言，以达到最佳的交流效果。

（五）平等原则

平等原则是指人与人是平等的社会地位，享有相同的权利，受到同样的尊重；语言礼仪的平等原则就是要求人们在语言表达时一定要尊重他人的自尊心和感情，不干涉他人私生活，不践踏他人的人身权利，相互之间人格是独立的，没有依附关系。

▶▶ 二、语言礼仪的要求

在运用语言进行交流时，除要遵循上述的基本原则之外，还应尽量充分认识到交际双方的特点，同时还要遵循以下要求，以进行积极有效地沟通。

（一）有诚意

在语言交际中，要充分表现出诚意。诚意是现代人际交往的基础，没有诚意的语言交流就像建在沙滩上的楼房，不用多久就会倒塌。无论是需要向对方表示感谢，还是歉意必须诚心诚意，并让对方充分感受到，才能达到良好的效果。

（二）有礼节

在人际交往中，要使用常见的礼节语言来表达人际中的问候、致谢、歉意、告别、回敬等礼貌。例如："您好"、"再见"、"谢谢"、"对不起"、"没关系"、"不要紧"、"不碍事"等。

（三）有教养

说话有分寸、讲礼节，内容富于学识、词语雅致，是言语有教养的表现。尊重和谅解别人，是有教养的人的重要表现。尊重别人符合道德和法规的私生活、衣着、摆设、爱好，在别人的确有了缺点时委婉而善意的指出，在别人不讲礼貌时视情况加以适当处理。

（四）有学识

在高度文明的社会里，富有学识的人将会收到社会和他人的尊重，而无知无识、不学无术之人将会受到社会和他人的鄙视。

应用案例 3-4

从事商务活动的黄金规则

英国学者大卫．罗宾逊曾概括出从事商务活动的黄金规则，具体表述可用"IM-PACT"一词来概括，即：Integrity（正直），Manner（礼貌），Personality（个性），Appearance（仪表），Consideration（善解人意）和 Tact（机智）。

正直：指通过言行表现出诚实、可靠、值得信赖的品质。当个人或公司被迫或受到诱惑，想要做到不够诚实的事实，这就是对正直的考验的时候。良好的商务举止的一条黄金规则就是：你的正直应是勿庸置疑的——不正直是多少谎言也掩饰不了的。

礼貌：指人的举止模式。当与他人进行商务交往时，风度都可以向对方表明自己是否可靠，行事是否正确、公正。粗鲁、自私、散漫是不可能让双方的交往继续发展的。

个性：是指在商务活动中表现出来的独到之处。例如，你可以对商务活动充满激情，但不能感情用事；你可以不恭敬，但不能不忠诚；你可以逗人发笑，但不能轻率轻浮；你可以才华横溢，但不能惹人厌烦。

仪表：是指要做到衣着整洁得体，举止落落大方，这些都是给商务伙伴保留好印象的至关重要的因素。

善解人意：这是良好的商务风度中最基本的一条原则。成功的谈判者往往在会面前扮演一下对手的角色。人们如果事先就想象出来即将与之交谈、写信或打电话联系的对方可能有的反应，就能更谨慎、更敏锐地与对方打交道。

机智：商场中每个人都极有可能对某些挑衅立即做出反应，或者利用某些显而易见的优势；如果我们一时冲动，则会悔之不已。不过本条黄金规则更深的内涵是：有疑虑时，保持沉默。

（资料来源：舒静庐主编．商务礼仪［M］．上海：上海三联书店，2014：9-10）

第三节　礼貌用语的运用

导入案例
DAORUANLI

古时候，有个青年人骑马赶路，眼看天近黄昏，前不着村，后不着店，心里很是着急，正好，有个老汉路过，青年人扬声喊："老头儿，这儿离客店还有多远啊？"老汉回答："五里。"青年人跑了十几里路都没有见到客店的影子，他在暗暗骂着那老汉时，却突然省悟：哪是"五里"呀，分明是"无礼"！老汉在责怪他不讲礼貌！于是马上掉头往回赶，见着那老汉就翻身下马，叫了一声"大爷"，没等他说完，老汉就说："客店早已过了，你要不嫌弃的话，就到我家住一宿吧。"

由此可见，故事中的青年人问路，开口不逊，老人很反感，让他白跑了十几里路，而当他醒悟有"礼"时，老人不等他再说，就留他住宿，解他一时之困。

（资料来源：http://wenku.baidu.com/view/785a29c80c22590102029d63.html）

请根据以上信息，完成以下任务：

1. 老汉开始怎么对待年轻人，后来为什么要留年青人住一宿？

2. 根据案例中的信息，谈谈在人际交往中如何称呼对方才得体呢？

知识分析
ZHISHIFENXI

中国曾有"君子不失色于人，不失口于人"的古训，意思是说，有道德的人待人应该彬彬有礼，不能态度粗暴，也不能出言不逊。礼貌待人，使用礼貌语言，是我们中华民族的优良传统。礼貌、礼仪是人们在频繁的交往中彼此表示尊重与友好的行为规范。而礼貌用语则是尊重他人的具体表现，是友好关系的敲门砖。和别人打交道时，有品位的礼貌用语可使对方感到亲切，交往便有了基础。没礼貌、讲话不得体，往往会引起对方的不快甚至愠怒，使双方陷入尴尬的境地，致使交往梗阻甚至中断。所以我们在日常生活中，尤其在社交场合中，会使用礼貌用语十分重要。

▶▶ 一、礼貌用语的基本形式

礼貌用语的运用，不仅表现一个人的语言修养、文化程度、思想品德，而且还反映整个社会的文化程度。多用礼貌用语，不仅有利于双方气氛融洽，而且有益于交际。交谈时，在不同时间、不同场合针对不同的对象所用的礼貌用语主要表现在敬语、谦语、雅语等的使用中。

（一）敬语

敬语是表示尊敬和礼貌的基本方式。指对听话人表示尊敬的语言手段，表示尊敬、恭敬的习惯用语。使用敬语的最大特点是彬彬有礼，热情而庄重。敬语是构成文雅谈吐的重要组成部分，是展示谈话人风度与魅力必不可少的基本要素之一。

1. 敬语的使用场所

敬语中常用频率最高、效果最明显的是"请"，很多话中都有一个"请"字，给听者感觉完全不一样。比如"请问"、"请留步"、"请指教"、"请稍候"、"请关照"等等。尤其在指令性的话中，马上就能变得委婉而有修养。在人际交往中敬语主要运用于以下场所：比较正规的社交场合；与师长或身份、地位较高的人的交谈；与人初次打交道或会见不太熟悉的人；各种公共集会方面，例如参加庆典、举行宴会、会（接）见外宾、出席会议等。

2. 常用敬语

（1）称呼语

称呼语是人们在日常交往中彼此之间用来称呼的语言。在人际交往中，选择正确的、适当的称呼，反映了自身的教养及对对方尊敬的程度，甚至还体现着双方关系发展所达到的程度和社会的风尚。称呼语比较复杂、数量众多、形式各样，因此对它不能忽视大意、随便乱用，要做到庄重、正式、规范等。通用的主要称呼方式如下：

①我国的称呼习惯

我国的称呼习惯有一般称呼，这是最简单、最普通，特别是面对陌生公众最常用的称呼，如"先生"、"小姐"、"夫人"、"太太"、"女士"、"同志"等。除此之外还有按职务称呼、按职称称呼、按职业称呼、按亲属称呼、按姓名称呼等。详见第四章接待礼仪。

②国际的称呼惯例

在对外交往中，应该严格遵循国际上通行的称呼习惯，不得有丝毫大意，否则会造成交往中的障碍。

按照国际惯例，一般称呼男子为"先生"，称未婚女子为"小姐"，已婚女子为"夫人"，如不能断定女子的婚姻状况应称之为"女士"。这些称呼均可以冠以姓名、头衔等。

对地位高的官方人士，一般为部长以上的高级官员，按国家情况称"阁下"或"先生"。如"部长阁下"、"总统阁下"、"主席先生阁下"、"总理阁下"、"总理先生阁下"、"大使先生阁下"等。但美国、墨西哥、德国等国没有称"阁下"的习惯，因此在这些国家可称先生。对有地位的女士可称夫人，对高级官衔的妇女，也可称"阁下"。

君主制国家，按习惯称国王、皇后为"陛下"，称王子、公主、亲王等为"殿下"。对有公、侯、伯、子、男等爵位的人士既可称爵位，也可称阁下，一般也称先生。

对医生、教授、法官、律师以及有博士等学位的人士，均可单独称"医生"、"教授"、"法官"、"律师"、"博士"等。同时可以加上姓氏，也可加先生。如"卡特教授"、"法官先生"、"律师先生"、"博士先生"、"马丁博士先生"等。

对军人一般称军衔，或军衔加先生，知道姓名的可冠以姓与名。如"上校先生"、"莫利少校"、"维尔斯中尉先生"等。有的国家对将军、元帅等高级军官称阁下。

对服务人员一般可称服务员，如知道姓名的可单独称名字。但现在很多国家越来越多地称服务员为"先生"、"夫人"、"小姐"。

对教会中的神职人员，一般可称教会的职称，或姓名加职称，或职称加先生。如"福特神父"、"传教士先生"、"牧师先生"等。有时主教以上的神职人员也可称"阁下"。

（2）问候语

问候语，又称见面语、招呼语，它短小简单，是人们生活中最常用的重要交际口语。是指在接待宾客时根据不同的对象、时间、地点所使用的规范化问候用语。

代表性用语是"您好"、根据问候时间不同还可以使用"您早！"、"早上好"、"下午好"、"晚上好"等。无论是接待来宾、路遇他人，还是接听电话，都应该主动问候他人，否则便会显得傲慢无礼、目中无人。

（3）请求语

请求语是求助于他人时使用的语言，代表性用语是"请"、"劳驾"、"麻烦"、"拜托"、"打扰"、"帮帮忙"等。缺少了它，给人以命令之感，使人难以接受。

（4）祝福语

遇到节日、对方生日或重大比赛时，应多说喜庆、吉祥、祝福的话语。如"新年好"、"节日好"、"祝您生日快乐"、"祝您高寿"、"恭喜恭喜"、"祝您在比赛中获胜"、"祝您一切顺利"、"祝您心想事成"等。

（5）致谢语

致谢语是表达谢意、感激的用语。当得到他人支持和帮助、赢得他人的理解或赞美、感受到他人的善意或者婉言谢绝他人时，需要用致谢语。致谢语的恰当运用能够更好地传达出自己的心意，融洽双方关系。代表性用语是"谢谢"、"谢谢您"、"谢谢诸位"、"多谢"、"非常感谢"、"给您添麻烦了"、"这次让您费心了"、"我们的事儿有劳您了"等。

（6）道歉语

道歉语适用于在工作中，由于某种原因而带给他人不便，或妨碍、打扰对方，以及未能够充分满足对方的需求时，向对方表示自己由衷的歉意，以求得到对方的谅解。代表性用语是"抱歉"、"对不起"等。

（7）道别语

道别语是指送别、与他人告别时使用的语言。代表性用语是"再见"、"晚安"、"一路平安"等。这既是一种交际惯例，同时也是对对方尊重与惜别之意的一种常规性表示。

常见敬辞：

"令"字	①令堂：尊称对方的母亲　②令尊：尊称对方的父亲
	③令媛：尊称对方的女儿　④令郎：尊称对方的儿子
	⑤令兄：尊称对方的兄长　⑥令阃：尊称对方的妻子
"奉"字	①奉告：告诉对方　②奉还：归还对方的物品
	③奉送：赠送对方礼物　④奉劝：劝告对方

（续表）

"惠"字	①惠存：多用于送对方相片、书籍等纪念品 ②惠赠：指对方赠予（财物） ③惠顾：商家称顾客到来　④惠临：指对方到自己这里来
"贵"字	①贵姓：询问对方的姓　②贵庚：询问对方的年龄 ③贵恙：称对方的病　④贵干：询问对方干什么 ⑤贵子（含祝福子意）：称对方的儿子
"高"字	①高就：询问对方在哪里工作　②高龄、高寿：指老人家年龄 ③高见：指对方的见解　④高攀：和他人交朋友或结成亲戚 ⑤高堂：称对方父母　⑥高足：称对方的学生或徒弟
"光"字	①光临：称对方到来　②光顾：商家多用以欢迎顾客

（二）谦语

谦语也称"谦辞"、它是与"敬语"相对，是向人表示谦恭和自谦的一种词语。在使用敬语的同时，在自我称呼、自我判断、自我评价、自我要求时，适用于用谦语表达。如卑人，在下，贱内，犬子，寒舍等一类谦词。谦虚的言语行为表明一个人具有谦虚的美德，这种美德是人类社会的一项普遍遵奉的规范，所以在一般的人际交往中，它在制造和谐气氛和建立友情方面总会起到积极的作用。

常见谦辞：

"鄙"字	①鄙人：称自己 ②鄙意：自己的意见　③鄙见：自己的见解
"舍"字	①舍侄：称自己的侄子　②舍弟：称自己的弟弟 ③舍亲：称自己的亲人　④舍间：称自己的家，也称"舍下"
"家"字	①家父、家严：称自己的父亲 ②家慈：称自己的母亲　③家兄：称自己的兄长
"愚"字	①愚兄：向比自己年轻的人称自己　②愚见：自己的见解
"小"字	①小人：地位低的人自称　②小店：谦称自己的商店
"久"字	①久违：好久没见　②久仰：仰慕已久（初次见面时说）
"寒"字	①寒门：称自己贫寒的家庭　②寒舍：谦辞，称自己的家

（三）雅语

雅语又称为婉辞或委婉语，是敬语的一种，是指一些比较文雅的词语，是一种比较含蓄、委婉的表达方式。雅语常常在一些正规的场合，以及一些有长辈和女性在场的情况下，被用来替代那些比较随便，甚至粗俗的话语。多用雅语，能体现出一个人的文化素养，以及尊重他人的个人素质。

常见雅语：

生活雅语（一）	①包涵：请人原谅　②劳驾：求人帮忙 ③请教：向人提问　④借光：得人惠顾 ⑤失陪：无暇陪同　⑥奉还：归还物品
生活雅语（二）	①留步：请人勿送　②光临：对方到场 ③失迎：未及迎接　④笑纳：请人接受 ⑤保重：祝人健康　⑥领情：接受好意
"别"之雅语（一）	①告别：分手辞别　②握别：握手告辞 ③揖别：拱手辞别　④挥别：挥手告辞 ⑤吻别：亲吻离去　⑥拜别：叩拜辞行 ⑦饯别：设宴送行　⑧谢别：致谢告辞
"别"之雅语（二）	①赠别：临别赠礼　②留别：离别留言 ③送别：前往送行　④抛别：丢开离去 ⑤惜别、恋别：不愿分别　⑥阔别、长别：长久分别 ⑦永别、诀别：永久分别

▶▶ 二、良好礼貌用语习惯的培养

习惯是看似小事的大事。它能在很大程度上决定一个人事业的成败，成就的大小，身体的好坏，生命的长短。好的习惯对于一个人来说是命运的主宰，是成功的轨道，是终生的财富，是人生的格调。没有人天生就拥有超人的智慧，成功的捷径恰恰在于貌似不起眼的良好习惯。了解了一个人的习惯，也就在一定程度上知道了一个人的现在和未来。可见，习惯对一个人是非常重要的。创建和谐的人际交往关系，除了注意语言的艺术性之外，还应注意沟通时礼貌用语的得体使用。因此培养自己时时处处讲究礼貌，养成良好礼貌用语运用的习惯是非常重要的。

（一）树立良好的意识

意识决定行动，只有交往中的个体意识到良好礼貌用语的运用在人际交往中的重要性，那么其才有可能在实践中去应用。中国素有"文明古国，礼仪之邦"之称，中国人民热情奔放，文明礼貌，中华民族历史悠久，崇尚礼仪。在与人交谈时，不仅能达到目的，而且也使自己在别人的心中留下深刻的印象以及得到别人的认可和尊敬，应该多注意使用礼貌用语，而且要面带笑容等。让我们所说的每一个文字都能充分发挥它的作用，每一句话都能充分地表达出自己的思想，每一次交谈都能展示自己的魅力、睿智和能力。

▲ 应用案例 3-5

良好礼貌用语的运用在人际交往中的重要性

小青就职于一家广告公司，负责创意方面的一些工作。最近，公司的创意小组组长即将晋升为创意部的部长，这个创意组长的位置就将空了下来。为此，这些部下们纷纷走动起来了，希望他能提携一下。小青自然也不会落后，她认为自己在公司是年轻的新一代，曾经策划的几个创意都被公司高层表扬过，老组长不知道为什么，居然推荐比自己实力稍逊一筹的另外一位同事担任创意组组长。

这天，小青正准备向老组长问清原因，当她准备敲门进去的时候，听到老组长和公司的王主任对话："我觉得刘小青的工作能力挺好的，你怎么没推荐她呢？"王主任问。

"她的工作能力的确是可以肯定，但你发现没，她在公司的人际关系并不怎么样，这主要在于她太自高自大了，打个比方，平时见到我，她都像没看到似的，从不打招呼。你再看看小张，他不管对谁都客客气气的，公司谁都喜欢和他交往，这个创意组组长，必须得服众啊，不然以后怎么带领大家工作啊。"

"这倒也是，现在的年轻女孩，很多都和刘小青一样，很不懂礼貌啊。"站在门外的小青听完后，懊悔地低下了头。

（资料来源：若水著. 20 几岁不能不懂的社交礼仪常识［M］. 北京：中国电影出版社，2018：291－292）

（二）阅读大量书籍

良好礼貌用语习惯的养成还依赖于丰富的交流内容。在人际交往中，如果做到侃侃而谈、语言生动、妙语连珠，必须要有丰富而广博的知识积累。大体上说，日常的交流内容主要涉及到文化科学知识、社会知识、文学知识等，可以从这几个方面扩大自己的知识面，拓展自己的视野，以进一步丰富交流内容。

（三）积极的生活态度

一个富有生活朝气、对生活充满热情和进取精神的人，始终拥有一个积极健康、乐观的生活态度，同时也会将自己积极地融于社会、融于生活。生活热情的人会主动乐于与人沟通，同时也具备强烈的人际沟通意识。反之，如果对待生活非常消极，一个情感非常冷漠的人，往往将自己封闭起来，拒绝接触社会，逃避人际间的沟通与交流，更谈不上以良好的礼貌用语意识将自己融于社会中，所以往往导致其在人际交往中语言表达上的呆板、木讷、沉默寡言，缺乏相融性。

（四）积极的语言实践锻炼

强烈的礼貌用语意识只是一种潜能，要想使自己成为一个有礼貌的人，还必须借助语言这一外在形式表达出来。而语言表达是一种能力，能力的获得离不开实践的锻炼。语言的实践，很重要的一点就是要勤讲多练。语言实践锻炼还应做到持之以恒。良好的语言表达能力，不可能在短时间内达到理想的境界。要想成功，就要有毅力，持之以恒。此外，它还要求练习者严肃认真地对待每一次待人接物与交流沟通，充分利用这些机会来锻炼提高自己的被赋予了礼貌用语意识的语言表达能力。

应用案例 3-6

怎么说，比说什么更重要

人们得出最终结论，有55％是根据说话者的举止做出判断，即说话者看起来想要表达什么意思，也就是通过视觉判断；另外的38％来自对说话人的语气、语调、音量等的判断；只有7％的信息来自说话人的词句和讲话内容。也就是说，倾听者得出的结论，其中有93％来自说话者怎么说，而不是说什么。

如果你的说服对象坐着而你站着，你也应该坐下来。如果他们站着而你坐着，你要么选择站起来，要么给他们提供椅子。如果他们交叉双腿而你抱着胳膊，你就是在传递一个接近他们的信号。

如果你的说服对象是一个活跃的交流者，那么在和他沟通的过程中，你至少得表现出一定的活跃性。如果对方并未特别活跃而你却是，那你就需要控制自己的行为。毕竟，对那些不活跃的交流者，当他们把注意力集中在观察对方的手、胳膊和面部表情时，就很难听清楚对方在说什么。

当你向一个人微笑，而对方并没有用微笑回应你的时候，你很可能会觉得有一些不愉快，并决定再也不向他们微笑了。

如果你的一天过得很不轻松，而你的说服对象并非这样，那么你至少要解释一下你的行为，这样对方就不会认为你是在针对他了。你可以说：抱歉，我今天过得糟糕透了。这样，你严肃凝重的表情不会影响其他人听你说话，因为他们理解你的难处。

聆听者得出结论的38％来自语速和音量。有些人讲话快，有些人讲话则慢腾腾的。你不得不重复几次，这样对方才能听懂你说的是什么，如果你有这样的情况，那说明你讲得快了，应该降低语速。当你说话的时候，人们开始嘀咕，或者悄悄离开房间，说明你说得太久了。注意对方说话的语速，然后调整自己的，以便让两者尽量接近，这很重要。你不必像其他人一样讲得那么快或那么慢，但应该尽量减少这种差别，并传递表示亲近的信号。

有没有遇到过这种情况：环境嘈杂，而你正费劲地从别人的低声细语中听取信息，却仍然听不真切。这时，你需要协调。你可以用喃喃细语回话，他们会问你："什么？我听不清。"这样他们就会完全了解自己的问题，并主动开始提高声音，以便你能听清楚。

这就是协调的力量。所有需要你做的，只是重视与你交流的那个人，并向他们传递一些表达亲近意思的信号。

（资料来源：http://www.360doc.com/content/15/0424/09/9807_465611211.shtml）

第四节　交谈礼仪

在某地一家饭店餐厅，一个旅游团正在用餐。服务员发现一位70多岁的老人面前只有一个空饭碗，就好心地问他："请问老先生，您还要饭吗？"那位先生听了，脸色微微一变，很不高兴地摇了摇头，但没有说什么。等所有菜都上好后，服务员又柔声问道："那先生您完了吗？"那位老先生冷冷一笑，说："我今年70多岁了，自食其力，绝不会沦落到要饭吃的地步，怎么会要饭呢？再说我的身体也很硬朗，绝不会一下子就完的！"

（资料来源：吕艳芝、朱玉华主编.饭店服务礼仪标准培训［M］.北京：中国纺织出版社，2014：97）

请根据以上信息，完成以下任务：

1. 请分析这位服务员的做法，如果你是该服务员，面对此种情景该如何做？
2. 根据案例中的信息，谈谈如何正确使用交谈礼仪？

在交际活动中，语言作为一种最基本的媒体形式，在很大程度上关系到交际行为的成败。大到"一言兴邦，一言丧邦"，小到"好言一语三冬暖，恶语伤人六月寒"，都说明了特定语言的意义和作用。说话交谈是一门艺术，所谓"酒逢知己千杯少，话不投机半句多"，正说明了交谈的水平直接决定着说话交谈的效果。交谈作为人与人之间进行沟通的最为常规的方式，是指交际双方采用面对面或非面对面的方式，用语言作为主要手段相互交流的过程；是人们传递信息和情感，沟通工作、建立良好关系的重要手段；在人际交往中，交谈就是与人沟通的桥梁，如果不注意交谈的礼仪规范，或者选错话题等都会影响人际关系。因此，要提高说话交谈的质量，在交谈中必须遵从一定的礼仪规范，表达得体，说话得当，才能达到双方交流信息、沟通思想的目的。

人际交往中的交谈礼仪，是指人们在交谈时所应遵守的各种礼仪规范和惯例，主要涉及交谈的态度、交谈的语言、交谈的内容、交谈的方式等几个方面。

▶▶ 一、交谈的基本礼仪规范

（一）交谈的态度

态度是人内心世界的真实反映。交谈时的态度会影响交谈的效果。要以真诚友善的态度让交谈的双方感到亲切、自然，以健康、平等、宽容的态度对待谈话对方，取得对方的信任和好感，构建和谐融洽的交谈气氛，使谈话能够在轻松愉快的氛围中进行，从而获得真实而丰富的信息。切不可自吹自擂、油腔滑调、逢场作戏、敷衍了事、虚情假意、言而无信、傲慢冷漠、恶语伤人。交谈是以口头语言表达为主，态势语言为辅，两者结合运用才能达到非常好的效果，因此，真诚的态度除了体现在上述表达形式方面之外，还体现在态势语言的有效运用方面。

1. 体现在面部表情上

面部表情（facial expression）是指通过眼部肌肉、颜面肌肉和口部肌肉的变化来表现各种情绪状态。比如眼睛不但可以传情还可以交流思想，面部表情是一种十分重要的非语言交往手段，能表现出人们内心的情绪和情感，展现人物的精神风貌。面部表情作为一种无声的语言，它就像文字一样，可以将我们的内心世界表达出来，对人的语言起着解释、澄清、纠正和强化的作用，是测量人的情绪的主要指标。

传播学认为，人与人之间交往的效果，45％来自有声的语言，55％来自无声的语言；在后者中，视觉印象占75％，包括表情、态度，特别是微笑；谈吐印象占16％；味觉印象占3％；嗅觉印象占3％；触觉印象占3％。健康的面部表情在人际交往中给人的印象是极为深刻的。

人的面部表情主要表现为眼、眉、嘴、鼻、面部肌肉的变化，表情里边最主要的是眼神和微笑。

（1）目光语的正确运用

眼睛是心灵的窗户，能够最直接、最完整、最深刻、最丰富地表现人的精神状态和内心活动，它能够自由地沟通彼此的心灵。眼睛通常是情感的第一个自发表达者，透过眼睛可以看出一个人是欢乐还是忧伤，是烦恼还是悠闲，是厌恶还是喜欢。从眼神中有时可以判断一个人的心是坦然还是心虚，是诚恳还是伪善。正眼视人，显得坦诚；躲避视线，显得心虚。眼睛的瞳孔可以反映人的心理变化：当人看到有趣的或者心中喜爱的东西时，瞳孔就会扩大；而看到不喜欢的或者厌恶的东西，瞳孔就会缩小。目光可以委婉、含蓄、丰富地表达爱抚或推却、允诺或拒绝、央求或强制、讯问或回答、谴责或赞许、讥讽或同情、企盼或焦虑、厌恶或亲昵等复杂的思想和愿望。眼泪能够恰当地表达人的许多情感，如悲痛、欢乐、委屈、思念、温柔、依赖等。

交谈时目光专注，与对方应有眼神交流。切忌目光呆滞或直视对方，更不要目光游离、东张西望、漫无边际等。如果与多人交谈，就应该做到平视与环视相结合，以示平等与尊重。

（2）微笑语的正确运用

微笑发自内心，不卑不亢，既不是对弱者的愚弄，也不是对强者的奉承；微笑没有目的，对待任何人，那笑容都是一样；微笑是对他人的尊重，同时也是对生活的尊重。微笑是有"回报"的，人际关系就像物理学上所说的力的平衡，你怎样对别人，别人就会怎样对你，你对别人的微笑越多，别人对你的微笑也会越多；微笑是人生最好的名片，能给自己一种信心，也能给别人一种信心，从而更好地激发潜能。微笑同时又是朋友间最好的语言，一个自然流露的微笑，胜过千言万语，无论是初次谋面也好，相识已久也好，微笑能拉近人与人之间的距离，令彼此之间倍感温暖。

微笑的实质是亲切、是真诚、是鼓励、是温馨。真正懂得微笑的人，总是容易获得比别人更多的机会，总是容易取得成功。因此在与人交流时应正确使用微笑语，尽量微笑，使面部表情舒展、开朗，以表达对对方的尊重、肯定、鼓励及欣赏的态度。

（3）其他面部表情的运用

眉：眉间的肌肉皱纹能够表达人的情感变化。柳眉倒竖表示愤怒，横眉冷对表示敌意，挤眉弄眼表示戏谑，低眉顺眼表示顺从，扬眉吐气表示畅快，眉头舒展表示宽慰，喜上眉梢表示愉悦。

嘴：嘴部表情主要体现在口形变化上。伤心时嘴角下撇，欢快时嘴角提升，委屈时撅起嘴巴，惊讶时张口结舌，忿恨时咬牙切齿，忍耐痛苦时咬住下唇。

鼻：厌恶时耸起鼻子，轻蔑时嗤之以鼻，愤怒时鼻孔张大，紧张时鼻腔收缩，屏息敛气。

脸：面部肌肉松弛表明心情愉快、轻松、舒畅，肌肉紧张表明痛苦、严峻、严肃。

一般来说，面部各个器官是一个有机整体，协调一致地表达出同一种情感。当人感到尴尬、有难言之隐或想有所掩饰时，其五官将出现复杂而不和谐的表情。因此，在人际交往中应正确、综合运用面部表情在形式上的变化，以进一步体现自己的交谈诚意和热情。

2. 体现在其他态势语言上

态势语言是以人的表情、目光、姿态和动作等来表示一定语义、进行信息传递的一种伴随性无声语言。又称为体态语言或人体语言。态势语言能有效地配合有声语言传递信息，能起到补充和强化有声语言的作用，运用得好不仅可以提高有声语言表达效果，甚至有时还能起到口头语言不能起到的作用。从美国心理学家艾伯特·梅拉比安的一个公式：信息的总效果＝7％的有声语言＋38％的语音＋55％态势语言的，也充分表明态势语言对于人与人交流的重要性。

在与人交谈时，有时还伴随着身体其他的一些动作、举止来进一步体现所要表达内容的意思。这些态势语言是人际交际中一种传情达意的方式，有一定规律可循的；通常是自身对谈话内容和谈话对象的真实态度的反映。了解这一点，不仅有助于理解别人的意图，而且能够使自己的表达方式更加丰富，表达效果更加直接，进而使人与人之间更和谐。在人际交往中，态势语言的设计旨在协助有声语言更好地表达自己的思想感情。因此，与人交流时，要注意这些肢体语言的正确运用。

（1）自然

自然是对态势语言的第一位要求。动作要自然，自然见真诚。有的人说话时，动作生硬、刻板如木偶；有的人则刻意表演，动作和姿态总是那样做作，像在"背台词"。这都使人觉得别扭、不真实、缺乏诚意。

（2）大方得体

动作要大方得体，举手投足要符合一般生活习惯，简洁明了，易于被人们看懂和接受。不要搞得繁琐复杂，拖泥带水，不要龇牙咧嘴、手舞足蹈地像在表演戏剧。否则，不仅会喧宾夺主，妨碍有声语言的正常表达，也叫听的人眼花缭乱，不知所以。要注意克服不良的习惯动作，无意义的多余的手势务必去掉。

另外，在交谈时也不可有不文明的动作，不要在谈话时左顾右盼，或者双手置于脑后，或是高架"二郎腿"，甚至剪指甲、挖耳朵、以手指指人等。交谈时应尽量避免打哈欠、打喷嚏、咳嗽等，如果实在忍不住，也应侧头掩口，并向他人致歉。

（3）适度适宜

适当的动作是必要的，即可表达敬人之意，又有利于双方的沟通和交流。所谓适度，即要求动作以不影响听者对你说话的注意力为度，不要用得过多。有的人做的动作比说的话还多，那不是口才，而是表演。所谓适宜，即要求动作必须与说话的内容、情绪、气氛协调一致，不要故作姿态、故弄玄虚甚至手口不一。如：说者可用适当的手势来补充说明其所阐述的具体事由，听者则可以点头、微笑来反馈"我正在注意听"、"我很感兴趣"等内容。

（二）交谈的口头语言礼仪

有声的口头语言是交谈的载体，在交谈时如果词不达意、前言不搭后语，很容易被人误解，达不到交际的目的。俗话说"一句话使人笑，一句话使人跳"。同样的话，不同的表达方式、不同的语气语调，不同的表达时机，给人的印象、达到的效果，却完全不一样。因此，在交谈过程中还应注意口头语言的有效运用。

1. 通俗易懂

口头语言一般以短小、灵活的口语词汇和句式为主；不同于书面交流，言语以简单易懂，交流方便为标准，忌讳冗杂，罗嗦的表达。在人际交往中，同时还应考虑对方的职业、受教育程度等因素，通俗与典雅、浅易与凝练，可适当配合精练、典雅的书面语，即明白晓畅，又含蓄生动，切忌矫揉造作，以利于更好地沟通与交流。

2. 语言准确

在交谈时语言必须准确，避免模棱两可、产生歧义，否则不利于各方之间的沟通。应发音标准，吐字清晰，避免产生听觉错误，尽量使用普通话交流，忌用方言；交谈双方所说话语含义明确，让对方准确无误地听懂自己的发音。因此，在交谈中需要注意的问题主要有：

（1）发音准确

交谈之中，要求发音准确，其含义有三：一是发音要标准。不能读错音、念错字，让人见笑或误会。二是发音要清晰。要令人听得一清二楚，而不是口齿不清、含含糊糊。三是音量要适中。音量过大令人震耳欲聋，过小则让人听起来费劲，都不大合适。

（2）语速适度

语速，即讲话的速度。在讲话时，对其应加以控制，使之保持匀速，快慢适中。交谈过程中，语速过快、过慢或忽快忽慢，都会影响效果。

（3）口气谦和

在交谈中，讲话的口气一定要亲切谦和、平等待人。不要端架子、摆派头，不要以上压下、以大欺小、官气十足、倚老卖老、盛气凌人，不要随便教训、指责别人。

（4）内容简明

与人交谈时，还应力求简单明了，言简意赅地表达自己的观点和看法，少讲废话。

切忌没话找话、短话长说，喋喋不休、啰啰嗦嗦。"繁言无要，要言不繁"，是交谈中不应忘记的重要一点。

（5）少用土语

交谈对象若非家人、乡亲，则最好在交谈之中不采用对方有可能听不懂的方言、土语。那样做，就是对对方不尊重。在多方交谈中，即便只有一个人听不懂，也不要采用方言、土语交谈，以免使这一人产生被排挤、冷落之感。

（6）慎用外语

在国内普通性质的交谈中，应当讲中文，并且要讲普通话。若无外宾在场，则最好慎用外语。与国人交谈时使用外语，并不能证明自己水平高，反而有自我卖弄之嫌。

3．注意语言方式

讲究语言艺术、注意语言方式，首先要求在交谈开场前有个适当的寒暄过程，不宜太过直接地插入主题，否则容易给人太较真的印象。

（1）说话和蔼亲切

说话和蔼、可亲、中听，就显得热情、诚恳、尊重人、关心人，这样容易与他人疏通思想感情，达到共鸣。同样一句话，不同的语气产生不同的效果，稍不注意就会引起歧义或误会。为了使自己的谈话既有吸引力又显得谈吐得体，一定要在声音大小、轻重粗细、高低快慢上有所注意，做到和蔼可亲，同时避免说脏话、粗话和别扭话。

（2）措辞委婉贴切

在交谈时，注意措辞委婉、贴切、得体，尽可能把"硬邦邦"的话，说得得体、中听。在建议、要求或者有求于人时，应该多用祈使的语气，让对方从感情上、心理上觉得他是重要的。如："材料明天下午发给你"和"材料最迟明天下午就发给您，好吗？"这两句话基本意思一样，但从感情色彩、心理接受程度上却完全不一样。

在交谈中，我们要善于把握机会，抓紧时机，学会给对方"留面子"，加深我们在对方心中的印象；同时也让对方对我们产生好感，使沟通顺利进行。

应用案例 3-7

给人"留面子"，避免冲突

"树活一层皮，人活一张脸"，人人都是爱"面子"的，每个人都有自尊心，都不愿在别人面前"丢面子"，所以我们想要说服别人，就要把握好尺度，避免与对方发生直接冲突，让对方感觉"没面子"；要给说服留余地，不要把话说绝。

小周是一家酒店的前台服务人员。一天晚上，一位客人来到总台，在办理入住手续时向服务员进出房价 7 折的要求。但是，按酒店规定，只向住房 6 次以上的常住客提供 7 折优惠。这位客人声称自己也曾多次住店，服务员马上在电脑上查找核对，结果没有发现这位先生的名字，他心里很生气，但又一想，如果把调查结果当众道出时，这位先生肯定恼怒起来，此时正值总台入住登记高峰期，如果由于他的恼怒、叫喊，肯定会引来了许多不明事由的好奇目光，会给酒店造成非常恶劣的影响。

于是，他非常机敏地对那位客人说道："不好意思，先生，我们的电脑刚巧今天出了点问题，无法查到之前的入住记录。请您先到那边的茶座上耐心等待一会儿，我马上去找维修人员。

客人听后也找不到其他的理由，只好坐到一旁等待。

客人转身离开后，小周立刻将情况汇报给部门经理，不一会儿，经理就朝那位客人走了过去。经理表达了对这位客人的理解，并很友好地暗示对方这个请求是毫无理由的，同时表示将在店规允许的范围内，对这位客人给予适当的照顾和帮助。

（资料来源：若水著.20几岁不能不懂的社交礼仪常识［M］.北京：中国电影出版社，2018：191－193）

（3）用词谦虚

有人一开口就是"我"、"我怎么样"、"我如何"、"我"这个、"我"那个等。主观意识表现太强，一种高高在上的感觉，一切以"我"为中心的气势，根本无视他人的存在。这样的谈吐无异于自我放纵，会引起对方的反感。建议如果有这样习惯的人，谈话中多用"我们"，可以缩短你和大家的心理距离，促进彼此之间的感情交流，以示对对方的尊重。因此，会说话的人，在语言交流中，总会尽量避开"我"字，而用"我们"开头。为此，提出以下几点建议：第一，尽量用"我们"代替"我"。大多数情况下，最好用"我们"一词代替"我"，如此一来，可以大大缩短和大家的心理距离，以促进彼此之间的情感交流。如："我建议，今天下午……"可以改作："今天下午，我们……好吗？"第二，必须用"我"字时，以平缓的语调讲。一定要讲到"我"时，最好做到语气平淡，既不将"我"读成重音，也没有必要把语音拉长。同时，目光不可逼人，表情也不可眉飞色舞，神态切忌得意扬扬，要把表达的重心放在事件的客观叙述，不要突出做事的"我"，以免让听的人感觉你自认为高人一等，认为你在吹嘘自己。

在人际交往中，"我"字讲得多并过分强调的人，会给人一种突出自我、标榜自我的印象，这会在对方和你之间筑起一道沟通的防线，这种情况下，想让别人认同你很难。

（4）去掉口头禅

口头禅是指在交谈时那些没有意义的、在语句中反复出现的虚词或赘语，如"嗯"、"啊"、"我说"、"就是"、"这个"、"那个"等。还有一些让人感觉不礼貌的口头禅，如"你懂吗"、"你知道吗"。这些口头禅或者让人感觉你不认真、思路不清晰，或者认为你太自我，不懂得尊重别人。因此，在交谈时必须去掉口头禅。

另外，在交谈时，不说半截话，说话不吞吞吐吐。即使事实上没有什么，但如果表现得吞吞吐吐或者话说了半截就咽回去，给人的感觉只能是有什么隐情，显得你不够真诚。

4. 语言文明

文明的语言是优雅谈吐的基本要求，也是对他人的尊重，同时又是一种自我谦让，没有什么比优雅的谈吐更能打动人了。可是，生硬的措辞、粗鲁的语言却适得其反。优雅的用语是一个人的知识、修养、文明程度的体现，是一个人是否赢得人脉的关键。尤其是竞争日益激烈、视形象为无价之宝的今天，语言的文明具有神奇的魅力。

作为有文化、有知识、有教养的现代人，在交谈中一定要使用文明而优雅的语言。

换言之，不文明、不优雅的话则不能去说。下属语言绝对不宜在交谈之中采用。

（1）粗话

有人为了显示自己为人粗犷，出言必粗。把爹妈叫"老头儿"、"老太太"，把女孩子叫"小妞"，把名人叫"大腕"，把吃饭叫"撮一顿"。讲此类粗话，是很失身份的。

（2）脏话

讲脏话，即口带脏字，讲起话来骂骂咧咧。讲脏话有自豪感的人，非但不文明，而且属于自我贬低，十分低级无聊。

（3）黑话

所谓黑话，即流行于黑社会的行话。讲黑话的人，往往自以为见过世面，可以此唬人，实际上却显得匪气十足，令人反感厌恶，难以与他人进行真正意义上的沟通和交流。

（4）荤话

所谓荤话，即说话者时刻把绯闻、色情、男女关系之事挂在口头，爱说荤话者，不仅证明自己品味不高，而且对交谈对象缺乏应有的尊重。

（5）怪话

有些人说起话来怪里怪气，或讥讽嘲弄，或怨天尤人，或黑白颠倒，或耸人听闻，成心要以自己谈吐之"怪"而令人刮目相看，一鸣惊人。这就是所谓说怪话，爱讲怪话的人，往往难以令人产生好感。

（6）气话

所谓气话，即说话时闹意气、泄私愤、图报复，或滥发牢骚、指桑骂槐。在交谈中常说气话，不仅无助于沟通，而且还容易伤害人、得罪人。

5．耐心倾听

在社交活动中，谈话是人与人最基本的沟通形式。很多人之所以总是和他人交谈不畅，往往都有一个问题即不能够用耐心、关心的态度听对方所说的话，别人一开口或者刚说了一半就认为明白对方要表达的意思。从而产生了插话、打断他人说话的不礼貌行为，不能完整地理解甚至曲解了对方的意思，这样交谈的结果往往是在心中产生了隔阂，甚至不欢而散。每个人其实都有表达的欲望、被人尊重的心理。所以，即使你真的明白他的话，本着基本的礼貌，也必须耐心地听他把话说完，这是对他人最起码的尊重。

应用案例 3-8

同别人谈话时，善于倾听的重要性

熟悉田大中的人都知道，他并不是一个善于辞令的人，可什么人都和他谈得来，而且大家都喜欢他。如果深究起来，田大中的所长就是他在同别人谈话时，非常善于倾听。他总是面含微笑，神情专注地聆听着他人的一言一语，时不时只说一两句话，就能使对方在他的面前"感触颇多"，知无不言，言无不尽。

田大中的好朋友孟伟的口才要好得多，但是不论是老朋友还是一面之交的人都与孟伟"话不投机半句多"。这是因为孟伟跟别人谈话时爱用一句"口头禅"："真的？我怎么没有听说过？"正是这短短的一句话大大地伤害了他人的自尊心，遂使没有多少熟人爱同孟伟在一块儿聊天。

（资料来源：金正昆著. 社交与礼仪［M］. 北京：北京联合出版公司出版，2019：91）

上面案例中两位先生的一长一短，从正反两个方面告诉我们，在人际交往中，同别人谈话时，善于倾听的重要性。人们常说："言为心声"。在人际交往中，谈话既是人与人之间交流感情、增进了解的最重要的手段，又是讲究"听其言、观其行"的国人考察他人人品的标准之一。

（三）交谈的内容选择

人们常说"酒逢知己千杯少，话不投机半句多"。站在交谈与闲聊的角度来看，无论是"酒逢知己"也好，还是"话不投机"也罢，都与人们在交谈时所选择的具体"题材"或话题有关。具体来说，交谈中的话题是指交谈的中心内容；也就是说人们为了引起对方的兴趣或配合而有目地选择的主题。话题选择的好，可以使对方找到共同的语言，促进谈话的成功。在人际交往中，学会选择话题，就能使谈话有个良好的开始。

1. 既定的话题

既定的主题，即交谈双方也已约定，或者其中某一方先期准备好的主题。例如：求人帮助、征求意见、传递信息、讨论问题、研究工作等一类的交流，往往都属于主题既定的交谈。选择这类主题，最好双方商定，至少也要得到对方的认可，多适用于正式交谈。

2. 高雅的话题

高雅的主题，即内容文明、优雅，格调高尚、脱俗的话题。例如，文学、艺术、哲学、历史、考古、地理、建筑等，都属于高雅的主题。它适用于各类交谈，忌讳不懂装懂或班门弄斧。

3. 令人轻松愉快的话题

每一个人都应该清楚地认识到，在人际交往过程中，应当把快乐拿出来和他人一起分享，不应该到处诉说自己苦恼。因此，主动谈论一些轻松愉快的话题，不需要过多的专业知识，不伤神、不费劲，同时也利于活跃现场的气氛，增进双方的感情。此类话题主要包括：文艺演出、体育活动、旅游休闲、天气状况、名人轶事、烹饪小吃、生活习俗、流行时尚等。它适用于非正式交谈，并允许各抒己见、任意发挥。

4. 对方感兴趣的话题

在人际交往中，选择话题时，不能够自以为是，而应当优先考虑那些令交谈对象感兴趣的话题，这样会使双方消除紧张、感觉亲近，在一定程度上使交谈顺利并友好地进行下去。而不同年龄、性别、职业的人所感兴趣的话题是不一样的；青年人对于购物、电影电视的话题比较关注；老年人对于健身运动、饮食文化等较感兴趣；年轻的妈妈们对育儿知识比较感兴趣；公务员对于时事政治、国家大事比较关注；普通市民对家庭生活、个人收入等较关注；男性关注事业、女性关注家庭等等。

应用案例 3-9

对方感兴趣的话题

一位企业家,有一次想找一个不求上进的青年职员谈谈心。刚一开始,双方分别显得严肃与紧张。这是企业家突然想起这个职员和自己是同乡,并且刚从家乡探亲归来,于是便热情询问对方家乡的情况。一时间,便很轻松地聊起来了,两人之间的话也自然就好讲多了。

因此,在交谈过程中,一定要记住一个道理:只有交流使交谈对象感兴趣的话题,才能使交谈得以顺利进行。即交谈的最佳话题,不仅是"共鸣式"的,而且首先应当是交谈对象所感兴趣的。

(资料来源:金正昆著.商务礼仪教程(第三版)[M].北京:中国人民大学出版社,2009:197)

5. 对方擅长的话题

闻道有先后,术业有专攻。在交谈中,向对方请教他所擅长的话题,就会在交谈中给对方留下好的印象,还可以显示你的修养及对对方的尊重。同时,选择对方所擅长的内容,能有效地调动对方交谈的积极性,也向对方表达出自己的谦恭之意,还可学习他人的长处,增长自己的见识。

6. 忌谈的话题

成功的交谈是建立良好人际关系的重要保证。在交谈过程中注意语言礼仪、交谈艺术的运用,首先就要做到不能误入交谈"雷区"。有教养的人士在交谈过程中会避免不宜涉及的一些问题。如:个人的隐私、对方的禁忌、商业性机密等话题。否则,会引起他人的反感、排斥,不利于人际交往。交谈过程中要注意以下问题。

(1)个人隐私

个人隐私是指不愿被他人干扰的私人生活。在人际交往中,它属于每个人都有权不对外开放的一块私人领地,对此予以尊重是人与人之间沟通与交流的前提,同时也是对对方的一种尊重。主要包括年龄、收入、婚恋、健康、个人经历、家庭住址、工作状况、人际关系、政治见解等。在交谈中应避免涉及此类问题,以免出现不愉快的气氛,给人留下不好的印象。

因此,在人际交往中,与人第一次见面,最好谈一些大家都能接受的话题。千万不要问别人的隐私,比如结婚了吗?家住哪里?以免招致对方反感,以为你是另有所图。

(2)低俗的问题

所谓低俗的问题,是指格调不高的问题,具体来说是指那些有关他人的是非、家里长短、人际纠纷、绯闻与丑闻以及死亡、惨案、小道消息等。言为心声,做人讲究"听其言,观其行"。如果一个人每天从早到晚都在谈论那些低俗的话题,其内心世界也是非常空虚、无聊的;同时也会被人认为心里不健康、缺乏教养。所以在交谈中,应该主动对这些话题回避,而且在别人涉及此类问题时也绝对不要随声附和。

（3）捉弄对方

在交谈中，切不可对交谈对象尖酸刻薄、油腔滑调、乱开玩笑、口出无忌，要么挖苦对方所短，要么调侃取笑对方，成心要让对方出丑或是下不了台。俗话说："伤人之言，重于刀枪剑戟。"以此类捉弄人的主题为中心展开交谈，定将损害双方关系。

（4）非议旁人

有人极其喜欢在交谈之中传播闲言碎语、制造是非、无中生有、造谣生事，非议其他不在场的人士。其实，人们都知道"来说是非者，必是是非人"。非议旁人，并不证明自己待人诚恳，反倒证明自己缺乏教养，是拨弄是非之人。

（5）商业机密

在人际交往中，我们每个人都有维护国家安全和国家利益的义务。在任何情况下，对于自己所掌握的国家机密都必须守口如瓶，不得随意进行泄露；同保护国家机密一样，对商业机密要进行保护，不得随意进行泄露；否则，不仅属于严重的失职行为，而且也是一种犯罪。与此同时，也不要向对方打听国家机密、商业机密等。

应用案例 3-10

说好开场白，一开口让人喜欢你

当我们与陌生人接触时，首先是仪表给人留下的第一印象，接着就是你开口说出的话。虽只是寥寥数语，却可能决定着对方是否愿意与你继续交谈下去。因此，如何说好开场白，至关重要。

著名口才大师卡耐基说："即使你喜欢吃香蕉、三明治，但是你不能用这些东西去钓鱼，因为鱼并不喜欢它们。你想钓到鱼，必须下鱼饵才行。"

每个人都有自己的兴趣爱好，别人与我们交谈时如果说的是我们感兴趣的话题，那么，我们就会很高兴，觉得对方是一个善解人意的人，因此，我们会很乐意与对方继续交谈下去。

所以，我们在与陌生人交谈时，先摸清对方对什么东西感兴趣，然后我们再跟对方多说一些这方面的事情。

聪明的人在结交陌生人的时候，懂得迎合对方的喜好，这样能让对方感觉到受重视、受尊重。当然，这个"迎"，一定要迎合得巧妙，不能让对方看出任何破绽。

所有交谈的一个基本而浅显的原则，是我们应该谈一些听着有兴趣而且乐意听的事。因此，不要将他们自己的不幸、疾病和其他不愉快的事，作为谈话的主题。不要夸张你自己的问题，因为，你的听众也有他们自己的问题，不会以听你的问题为乐事。只有你最亲密的人，才关心你在手术室里躺过多少次，受了多少罪。

机智非凡的人，常常容易树敌。敏锐的机智虽然能使人兴奋，但也会给人一种不可靠的感觉，再者，偶尔一句俏皮话也可以给在座的朋友带来乐趣，但切勿太多，以免造成华而不实之感。

如果实在没有话题，"宁可让你的嘴巴闭着，而被人认为是一个傻瓜，也不要开口而让人看出你的全部底细"。你不知道的事一定不要装内行，比你内行的人很多。

最重要的是不要滔滔不绝口若悬河，适当地停下来想一想你说的话，这是最重要的规则。如果你停下来了，便不会不停地乱说；如果你想一想，你会发现一个话题，和一个表达话题的方法，这会使你邻近的人感到兴奋，而非厌倦。

记住几项原则：

1. 不要因说话太多而失之轻率。谈话，正如大多数的事情一样，"中庸之道"是最好的办法。你既不要太沉默，也不要太口齿伶俐。要知道何时听别人的讲话，也要知道何时是你接下去讲话的时候。

2. 不要重复你说过的话。很多事情在简述及初次说时，听来趣味盎然，可是说得太久，便没有什么令人感兴趣的地方了。

3. 当有人跟你讲话时，千万不要问"你刚才说些什么"。这是很不为人着想的行为。记住，有人聆听是人生的至乐。满脸兴奋，全神贯注地看着你，好像渴望听你告诉他新闻或沉醉于你的谈话的人，无疑是最深谙交谈艺术的人。

（资料来源：端木自在著. 社交与礼仪［M］. 南昌：江西美术出版社，2018：6—8）

▶▶ 二、交谈的基本技巧礼仪

进行交谈，还有必要注意交谈的具体方式的选择。在此，是有一些交谈技巧可以运用的。

（一）双向共感

交谈，究其实质乃是一种合作。因此在交谈中，切不可一味宣泄个人的情感，而不去考虑交谈对象的反应。交际礼仪规定，在交谈中应遵循"双向共感"的规则，这一规则具有两重含义：第一，双向。它要求人们在交谈中，一定要双向交流，并且在可能的前提下，要尽量使交谈围绕交谈对象进行，无论如何都不要妄自尊大，忽略对方的存在。第二，共感。它要求在交谈中所谈论的中心内容，应使参与交谈者共同感兴趣，并能够愉快地接受、积极地参与，不能只顾自己，而不看对方的反应。遵守这条规则，是使交谈取得成功的关键。

（二）表达意思要委婉

在交谈中，不应直接陈述令对方不快、反感之事，更不能因此伤害其自尊心。必要时，在具体说法上应当力求含蓄、婉转、动听，并留有余地，善解人意，这就是所谓措辞委婉。避免使用主观武断的词语，如"只有"、"一定"、"唯一"、"就要"等不带余地的词语，要尽量采用与人商量的口气。在指出对方错误的时候，要先肯定后否定，学会使用"是的……但是……"这个句式。把批评的话语放在表扬之后，就显得委婉一些。提醒他人的错误或拒绝他人也要根据场合，尽量使用间接的方式，避免使对方感到尴尬和难堪。

例如，在用餐时要去洗手间，不宜直接说"我去方便一下"，而应说"我需要出去一下"，"出去有点事"，或者"出去打个电话"。若来访者停留时间过长而影响主人，欲请其离开，不宜直接说"你该走了"，"你待得太久了"，而应当说"我不再占用你的宝贵时间了"，等等。

在交谈中，运用委婉语可采用以下具体方式：第一，旁敲侧击。第二，比喻暗示。第三，间接提示。第四，先肯定，再否定。第五，多用设问句，不随便使用祈使句。第六，表达留有余地。

（三）要多聆听

人在社会交往中，不仅要学会交谈，还要学会聆听。聆听是一门艺术，是尊重别人的表现，是搞好人际关系的需要。外国有句谚语："用十秒钟的时间讲，用十分钟的时间听。"善于倾听，是说话成功的一个要诀。据学者研究，成年人在一天时间里，有7％用于交流思想。在这7％的时间里，有30％用于讲，高达45％的时间用于听。这说明听在人们的交往中居于非常重要的地位。因此，应了解聆听时的注意事项。

（1）专注有礼

当别人对你谈话时，要目视对方、全神贯注、聚精会神；万万不要用心不专，显得明显走神。应该正视对方以示专注聆听，听者可以通过直视的两眼、赞许的点头或手势，表示在认真的聆听，从而鼓励谈话者说下去。

（2）有所反应

听话者并不是完全被动地、静止地听，而是要不时地通过表情、手势、点头，向对方表示你在认真地倾听。

当对方观点高人一筹，为自己所接受，或与自己不谋而合时，应以微笑、点头等动作表示支持、肯定，或暗示自己与之"心有灵犀一点通"。

在对方说的过程中，不妨以"嗯"声或"是"字，表示自己在认真倾听。在对方需要理解、支持时，应以"对"、"没错"、"真是这么一回事"、"我有同感"等加以呼应。必要时，还应在自己讲话时，适当引述对方刚刚所发表的见解，或者直接向对方请教高见。

（3）有所收获

聆听是捕捉信息、处理信息、反馈信息的需要。一般来说，谈话是在传递信息，听别人谈话是接受信息。一个好的聆听者应当善于通过交谈捕捉信息。听比说快，听者在聆听的空隙时间里，应思索、回味、分析对方的话，从中得到有效的信息。

（4）察言观色

在人际交往中，很多人口中所说并非肺腑之言，他们的真实想法往往隐藏起来，所以我们在听话时就需要注意琢磨对方话中的微妙感情，细细咀嚼品味，以便弄清其真正意图。

（四）要善于提问

双方交谈时，不仅要善于聆听，还要善于提问。恰当、有效的提问能引导交谈的方向，能获得自己想了解的内容，甚至打破冷场，避免尴尬局面。提问时，应当用尊敬的语气正面提问，根据对方的身份地位及文化程度的不同，提问的内容要恰当，问题尽量不要超过对方认识水平和学识水平，避免提问令对方伤心的事情和个人隐私的事情。

（五）要适时赞美

美国心理学之父、美国本土第一位哲学家和心理学家威廉·詹姆斯认为：人类本性上最深的企图之一是期望被赞美、钦佩、尊重。赞美是一门艺术，也是一门学问。恰当地送上赞美、戴上一顶"高帽子"，能有效地缩短双方心理和情感上的距离感，从而获得好人缘。这是正确处理人际关系的一条重要而实用的法则。适时赞美，达到良好的效果。然而，赞美也不是轻而易举的事情，了解赞美时应注意的细节非常重要。

（1）赞美应有依据

不实的赞美等于用伪币行贿，而真诚的赞美才是无本的投资。如果无根无据、虚情假意地赞美，不仅让人觉得莫名其妙，更会觉得你油嘴滑舌、虚伪等。

（2）赞美因人而异

对于自我意识强、警觉性高的人，可以投其所好地赞美，让给对方觉得你是由衷地称赞他，称赞时眼睛注视对方，流露出一种专心聆听对方讲话的表情，让对方意识到自己的重要，这样能达到一种无声胜有声的效果。

（3）赞美要有独到之处

赞美是人们经常使用的，针对某个特定的人，可能有一些赞美是他经常听到。这些赞美往往是针对他最突出、最明显的特点，这些赞美，对他而言可能已经习以为常了，再听到同样的赞美，效果自认会一般。如果想把赞美的效果推向极致，就应尽可能使赞美新颖些，和对方经常听到的有所不同。如赞美对方的容貌，就不如赞美对方的能力和品质更显得有吸引力、更有深度。

（4）赞美次数不要太多

一段时间内，对同一个人的赞美次数越多，其效果也逐渐递减。如果不停赞美，只会让人觉得肉麻、虚假，难免会被误解为献媚，从而对你反感。也就是说，要注意慎重赞美，注意频率。当对方显示出冷淡甚至不耐烦时，必须立即停止。

（5）最好间接赞美

间接赞美也就是在背后称赞人，通过其他人不经意地传过去。在各种赞美方法中，这最能使人由衷高兴，也是最具有效果的了，这种赞美让人觉得很真诚、真实。

（6）不可夸大其词

赞美别人不可夸大其词，那样会让人觉得你太虚伪。最好是赞美得当，在让人心情愉悦的同时，又从内心产生对你的好感。

应用案例 3-11

会赞美，把随声附和变高明

真诚的、发自内心的赞美可以让我们很快获得陌生人的好感，化解对方的疑虑、尴尬等。每个人都有自己的优点和成绩，都希望获得别人的肯定和赞美。有些优点和长处是与生俱来的，比如某人长得漂亮、智商很高等，因此对于别人优点和长处的肯定不仅不会贬低自己的位置，而且可以使旁人从中认识到我们所具备的优良品质，从而获得他人的赞许。

赞美别人，不单单就是花言巧语、甜言蜜语，重要的是根据对方的文化修养、个性性格、心理需求、所处背景、角色关系、语言习惯乃至职业特点、性别年龄、个人经历等不同因素，恰如其分地表扬或称赞对方。

比如，要表述对社会嫉贤妒能现象的认识，对方是知识分子，可说："木秀于林，风必摧之；堆高于岸，流必湍之；行高于众，人必非之。"但这话就不能再照搬讲给文化水平不高的听众，对他们可以说"枪打出头鸟""出头的椽子先烂"这样的俗语，对方会更容易接受，讲话才会有效果。讲激励人的话也是这个道理。

如果对方性格外向，透明度高，可以多赞美他，他会很自然地接受；如果对方比较内向、敏感、严肃，你过多地赞美他，会使其认为我们很轻浮、浅薄。因此，在赞扬对方时要注意这一点。

再有，每个人的需求不同，要迎合对方来讲赞美的话。一个不喜欢淑女型、个性鲜明、男孩子气十足的女子，我们如果夸她长发披肩、长裙摇曳，定会婀娜多姿、美丽迷人，她也许不会感激你，还有可能认为你多管闲事。如果了解她的心理，夸她的短发看起来既精神又有活力，她一定会开心。

与不同性别的人讲话，应选择不同的方式。对体胖的女子，说她又矮又胖，一定会令她反感；但如果我们夸她一点不胖，只是丰满，她会得到几分心理安慰，不会因为自己胖而自卑。而对同样体型的男子，说他矮胖子，他也许只是置之一笑。

另外要注意对方的年龄特征。若想打听对方的年龄，对不同年龄层的人要采取不同问法。对老人则要说："今年高寿？"对年龄相近的异性不可直接问，要试探着说"你好像没我大？"对年纪稍大的女性，年龄更是个"雷区"，问得不好就会讨人厌。一个40岁的中年女子，开口道："快50了吧？"对方一定气愤不已，如果我们小心地问"30出头了吧？"她一定会心花怒放，笑逐颜开。

特别说明：入门休问枯荣事，观看容颜便得知。在赞美别人时，要学会察言观色，一个为事业废寝忘食的年轻人，便可以称他"以事业为重，有上进心"；一个为了债务焦头烂额，心绪不宁的企业家，你夸他"事业有成，春风得意"，对方也许会认为你是在讲"风凉话"，这种话便会起到适得其反的效果。

除了以上因素，还要考虑不同职业、不同宗教信仰等因素。列宁说："对马车夫讲话应该不同于水手，对水手讲话应该不同于对排字工讲话。"陈毅某次出访东南亚，一位宗教界人士送他一尊菩萨，他见机谢道："有了菩萨保佑，我更不怕帝国主义了。"这里陈毅借用宗教术语，不但显示了对宗教的尊重，也表达出了对宗教界人士的谢意，有深意而不乏风趣幽默。

（资料来源：端木自在著．社交与礼仪［M］．南昌：江西美术出版社，2018：28—30）

（六）要适度幽默

幽默一直被称为"只有聪明人才能驾驭的语言艺术"，总是于诙谐、乐观健康、情调高雅的言语中蕴含着真理，体现着一种真善美。幽默本质上就是一种自信和尊重，它如同微笑一样，是人际交往中的润滑剂，更是一种智慧的表现、心态的放松、健康的品质。一个有风度的男士，通常是掌握了幽默的方法，以让自己更有深度，在尴尬中显得镇静，欢乐时显得含蓄，讽刺时不失礼数。在人际交往中，要正确运用幽默艺术。

（1）内容要高雅

幽默的内容取决于幽默者的思想情趣和文化修养。幽默内容粗俗或不雅，可能也会博人一笑，但过后就容易让人感到乏味无聊只有内容健康、格调高雅的幽默，才能给人以启迪和精神享受，而且也是对自己美好形象的成功塑造。

（2）态度要友善

幽默的过程是情感互相交流传递的过程。如果借幽默来达到对他人冷嘲热讽、发泄内心厌恶和不满情感的目的，那么这种玩笑就不能称为幽默。幽默要从友善的角度出发，即达到了调节气氛的目的，又适当体现出自己的风度和善意。

（3）注意场合

在非常庄重、严肃的场合，幽默一定要注意分寸，否则会引起他人的反感甚至招来麻烦。有些人因身份、性格和心情的不同，对幽默的承受能力也有差异。同样一个幽默的内容，不同的两个人可能会有两种截然不同的反应。一般来说，晚辈对长辈、下级对上级、男士对女士，要慎重使用幽默。即使同辈之间，如果对方性格内向，喜欢琢磨言外之意，幽默也要慎重。或者即使平时性格开朗，但恰好碰上不愉快的事，也不能随便与之幽默。

（4）要把握"度"

选取幽默素材的时候，一定要恰当，分清楚场合和对象，千万不能用低俗的笑料、恶意的模仿、负面的角度来表达你的幽默感。在人际交往中，一定要避免有关女性、宗教、种族、政治及对方所在行业不光明的前景及其他可能会引起他人不快的素材。

（七）注意交谈禁忌

（1）恶语伤人

俗话说"良言一句三冬暖，恶语伤人六月寒"。在人际交往中，一定要避免说气话、过激话、脏话等，否则，前期做得再好，也会让人觉得你充满恶意，缺乏修养，没有继续往来的必要。

（2）小道消息

在人际交往中，他人的私生活、没有正式披露的消息，都不应主观臆断，妄下结论，当作交谈的话题。

（3）高高在上

不管你身份有多高、背景有多硬、资历有多深，在人际交往中，交谈时都应放下架子，平等地与人交谈，切不可给人高高在上、目中无人的感觉，更不能以指导、训斥的口吻说话。

（4）卖弄自己

夸口、说大话的人，常常是外强中干的，而且他们目的只不过是为了获得关注以满足虚荣心。在人际交往中，贵在讲诚信，自己能力之外的事情，胡乱吹嘘，只能给人以华而不实、外强中空的不良印象。

（5）心神不宁

在与别人交谈时，不要左顾右盼、心不在焉，或者面带倦容、哈欠连天。否则，就显得对对方不尊重，甚至会让对方觉得他的内容无吸引力，你对这次谈话不感兴趣等。

（6）打断对方

如果双方交谈的问题比较复杂，往往各自都会有一定的想法。此时一定要把对方的话听完，听一听他们的意见，千万不要只听开头就以自己的思路、见解轻易下结论。即使你对这一问题非常了解，出于一种礼貌，同时也是对对方的一种尊重，也一定要让对方把话讲完，尽量不要在中途予以打断。否则，不仅干扰了对方的思绪，破坏了交谈的效果，而且还会给人以自以为是、喧宾夺主之感。确需发表个人意见或进行补充时，应待对方把话讲完，或是在对方同意后再讲；不过，插话次数不宜多，时间不宜长。

（7）始终独白

既然交谈讲究双向沟通，那么在交谈中就要目中有人、礼让他人，要多给其他人发言的机会，让大家都有交流的机会。不要一人独白、侃侃而谈、"独霸天下"，不能只管自己尽兴，而始终不给他人张嘴的机会。

（8）不良仪态

在交谈过程中，很多不良的仪态会给人留下不好的印象。这些仪态有：挠头、抖腿、挖鼻孔、挖耳朵、揉鼻子、剔牙齿、用手指之人、打哈欠、伸懒腰、手插口袋里、目光游离、边说话边干其他事情等等。在人际交往中，这些不良的现象要尽量避免。

课后阅读

中外礼俗：七不同

《礼记·曲礼上》说："入境而问禁，入国而问俗，入门而问讳"。随着国际交往的频繁和普遍，这就要求商务人士了解并得体运用国际商务礼仪，才能友好、真诚地进行交流、沟通和合作。

我国和西方国家商务交往最多。由于文化背景的不同，导致在具体礼仪上有很多截然不同的地方。具体来说有七个方面，必须首先有所了解。

1. 对待赞美

我们和西方人在对待赞美的态度上大不相同。别人赞美的时候，尽管内心十分喜悦，但表面上总是表现得不敢苟同，对别人的赞美予以礼貌的否定，以示谦虚："还不行!"、"马马虎虎吧!"、"那能与你相比啊!"、"过奖了!"等。而西方人对待赞美的态度可谓是"喜形于色"，总是用"Thank you"来应对别人的赞美。

2. 待客和做客

我们和人相处的时候，总是习惯从自己的角度去为别人着想。这表现在待客和做客上，尽责的客人总是尽量不去麻烦主人，不让主人破费，因而对于主人的招待总是要礼貌地加以谢绝。比如，主人问客人想喝点什么，客人一般会说"我不渴"或"不用麻烦了"；主人在餐桌上为客人斟酒，客人总要加以推辞，说"够了，够了"，而事实上，客人并不一定是不想喝，往往只是客气而已。所以，称职的主人不会直接问客人想要什么，而是主动揣摩客人的需求，并积极地给予满足。在餐桌上，殷勤好客的主人总是不停地给客人劝酒劝菜。所以，中国人的待客和做客场面往往气氛热烈：一方不停地劝，另一方则不停地推辞。

而外国人特别是西方人，无论是主人还是客人，大家都非常直率，无需客套。当客人上门了，主人会直截了当地问对方"想喝点什么"；如果客人想喝点什么，可以直接反问对方"你有什么饮料"，并选择一种自己喜欢的饮料；如果客人确实不想喝，客人会说"谢谢！我不想喝"。在餐桌上，主人会问客人还要不要再来点，如果客人说够了，主人一般不会再向客人劝吃请喝。

3. 谦虚和自我肯定

我们一直视谦虚为美德。不论是对于自己的能力还是成绩，总是喜欢自谦。如果不这样可能会被指责为"不谦虚"、"狂妄自大"。比如，中国学者在作演讲前，通常会说："我学问不深，准备也不充分，请各位多指教"；在宴会上，好客的主人面对满桌子的菜却说："没有什么菜，请随便吃"；当上司委以重任，通常会谦虚地说："我恐怕难以胜任。"

而外国人特别是西方人没有自谦的习惯。他们认为，一个人要得到别人的承认，首先必须自我肯定。所以，他们对于自己的能力和成绩总是实事求是地加以评价。宴请的时候，主人会详尽地向客人介绍所点菜的特色，并希望客人喜欢；而被上司委以重任的时候，他们会感谢上司，并表示自己肯定能干好。

4. 劝告和建议

无论是中国人，还是西方人，都喜欢向自己的亲朋好友提一些友好的建议和劝告，以示关心和爱护。但中西方人在提劝告和建议的方式上却有很大区别。

中国人向朋友提建议和劝告的时候，往往都非常直接，常用"应该"、"不应该"、"要"、"不要"这些带有命令口气的词。比如，"天气很冷，要多穿点衣服，别感冒了！"、"路上很滑，走路要小心！"、"你要多注意身体！"、"你该刮胡子了！"、"你该去上班了！"等。

西方人在向亲朋好友提劝告和建议的时候，措词非常婉转，比如，"今天天气很冷，我要是你的话，我会加件毛衣"、"你最好还是把胡子刮了吧。"一般来说，双方关系越接近，说话的语气越直接。但即使是最亲密的人之间，也不会使用像我们那样的命令语气。否则，会被认为不够尊重自己独立的人格。

5. 个人隐私权

西方人非常注重个人隐私权。在日常交谈中，大家一般不会涉及对方的"私人问题"。这些私人问题包括：年龄、婚姻状况、收入、工作、住所、经历、宗教信仰、选举等。同时，人们还特别注重个人的私人生活空间。别人房间里的壁橱、桌子、抽屉，以及桌子上的信件、文件和其他文稿都不应随便乱动、乱翻（如果需要借用别人物品，必须得到对方的许可）。假如别人在阅读或写作，也不能从背后去看对方阅读和写作的内容，即使对方只是在阅读报纸或杂志。空间距离上也很在意。即使在公共场所，大家都十分自觉地为对方留出一定私人空间。比如，排队的时候他们总是习惯和别人保持1米以上的距离。

我们的个人隐私观念比较淡薄。特别是在亲朋好友之间，大家喜欢不分你我，共同分享对方的私人生活。另外，长者往往可以随意问及晚辈的私人生活，以显示关心。

6. 时间安排

西方人大多时间观念很强，日程安排很紧凑。如果要拜会或是宴请西方人，一定要提前预约，预约时间通常在一周以上。如果你没有预约而突然拜访或是临时约请对方，对方一般会拒绝你。而且，对于工作时间和个人时间有严格的区分。如果是工作交往，应选择在对方的工作时间里进行；如果是私人交往，就要选择在对方下班的时间里进行。另外，时间上，忌讳日期13和星期五。特别既是13号又是星期五的日子，往往不安排任何外出事宜。

而我们很多人的时间观念不是太强。没有预约的突然造访和临时约请都相当普遍，即使提前预约也往往在一周以内。另外，职业人在时间分配上往往公私不分，下班以后谈公事或是上班时间谈私事都是寻常之事。

7. 礼尚往来

西方人（除拉美人）不是很重视礼尚往来，尽管他们也常常在节日、生日和拜访时向亲朋好友赠送礼物。他们一般不看重礼品的价值（因而喜欢赠送一些小礼物），认为向朋友赠送礼物不是为了满足朋友的某种需求，而只是为了表达感情。而中国人大多比较看重礼品的价值，礼品的价值一定程度上代表了送礼人的情意。

另外，在送礼的方式上，东西方也存在明显的差异。西方人在收到礼物的时候，一般要当着送礼人的面打开礼物包装，并对礼物表示赞赏。如果不当面打开礼物包装，送礼人会以为对方不喜欢他（她）送的礼物。而我们大多不会当着送礼人的面打开礼物包装，除非送礼人要求对方这么做。这么做的目的是为了表示自己看重的是相互间的情谊，而不是物质利益，如果当着送礼人的面打开礼物包装，就有重利轻义的嫌疑。

（资料来源：http://www.douban.com/note/31589785/）

练习与思考

一、名词解释

语言礼仪

礼貌用语

交谈礼仪

二、简答题

1. 简述语言礼仪的特点。

2. 如何理解语言礼仪的规范性原则？

3. 良好礼貌用语习惯的培养途径有哪些？

4. 简述礼貌用语的基本形式。

三、论述题

根据所学知识，结合实际，谈谈在人际交往中如何正确使用交谈礼仪。

本章参考文献

1. 艾建玲. 旅游礼仪教程［M］. 长沙：湖南大学出版社，2006：85－91

2. 王晓斓. 情景语境在言语交际中的作用［J］. 辽宁教育行政学院学报，2007，24（3）：75－76

3. 徐兆寿. 旅游服务礼仪教程［M］. 北京：北京大学出版社，2013：66－70

4. 马丽丹. 语言交际中的语境与意义［J］. 安徽文学，2009，2（1）：307－308

5. 姜红、候新冬. 商务礼仪［M］. 上海：复旦大学出版社，2009：46－52

6. 王淑杰. 言语交际中语境作用分析［J］. 齐齐哈尔师范高等专科学校学报，2009，108（2）：61－63

7. 金正昆. 商务礼仪教程（第三版）［M］. 北京：中国人民大学出版社，2009：191－200

8. 靳斓. 风度何来［M］. 北京：中国经济出版社，2011：76－80

9. 唐由庆编. 旅游服务语言艺术［M］. 太原：山西教育出版社，2003：104－136

10. 吕艳芝、朱玉华. 饭店服务礼仪标准培训［M］. 北京：中国纺织出版社，2014：99

11. 舒静庐. 商务礼仪［M］. 上海：上海三联书店，2014：9－10

12. 端木自在著. 社交与礼仪［M］. 南昌：江西美术出版社，2018：6－8，25－30

13. 若水著. 20 几岁不能不懂的社交礼仪常识［M］. 北京：中国电影出版社，2018：191－193，288－289

14. 金正昆. 交际礼仪（第二版）［M］. 北京：中国人民大学出版社，2017：45－56

第四章　接待礼仪

教学重点
JIAOXUEZHONGDIAN

知识要点	掌握程度	相关知识
见面礼仪的规则与内容	理解并掌握	掌握介绍礼仪、握手礼仪、名片礼仪的规范要求
拜访礼仪的类型与内容	理解并运用	了解拜访的类型；理解并运用拜访的规范礼仪
迎送礼仪的基本规范	理解并掌握	掌握并运用迎送的基本礼仪规范； 掌握礼品馈赠的礼仪规范

基本概念
JIBENGAINIAN

见面礼仪：是日常社交礼仪中最常用、最基础的礼仪。一个人生活在社会上，不可避免地要与人打交道，而要与人交往愉快，见面礼仪是必不可少的润滑剂与纽带。因此，要熟知并遵守相关的见面礼仪，比如介绍、握手、交换名片等礼节。

介绍：就是向谈话对象说明自己或第三方人士的有关情况，使双方相互认识。在人际交往（特别是初次交往）中，介绍是一种最基本、最常规的沟通方式，是人与人相互沟通的出发点。

拜访：又叫拜会，是指前往他人的工作单位或住所去会晤、探望对方，进行接触与沟通。在拜访过程中可以增进人们之间的情感交流，稳定人际关系。拜访同其他社交活动一样，也有一系列的礼仪规范和要求。

迎送礼仪：迎来送往，是社会交往接待活动中最重要的环节，是表达主人情谊、体现礼貌素养的重要方面。热情友好地欢迎来客，可以给客人留下良好的第一印象。周到、礼貌地送别宾朋，可以给客人留下美好的回忆，为以后的往来奠定基础。

馈赠：指人们为了向他人表达自己的情意，将某种物品不求报偿、毫无代价地送给对方。在当今的人际交往中成为常见礼节之一。它是人与人之间相互尊重、相互祝贺或表示友好的一种形式。

背景知识
BEIJINGZHISHI

孔子曰："有朋自远方来，不亦乐乎？"自古以来，中国人民就以热情好客而闻名于世。礼待宾客，在中国向来被视为为人处世的基本礼仪之一。接待本质上是一种礼宾活动，表现为一定的接待仪式、礼节、规格和标准，它体现组织的交际姿态和形象，是客人感受和体验人和人际关系之美的对象。

接待礼仪是接待艺术的重要内容，是指接待人员在接待全过程中应具备的基本素质和应遵守的行为规范，包括个人见面常用礼仪规范、迎送礼仪规范等。学习和践行接待礼仪，就是要塑造完美的接待礼仪，在接待过程中以最恰当的方式待人接物，对做好接待工作具有极其重要的意义。

第一节　见面礼仪

导入案例
DAORUANLI

张强刚走上工作岗位不久，就接到了一份大订单，这份订单如果能够拿下，他就可以完成当年销售额度的60%，张强为此作了很多工作。

今天是对方约张强到单位商谈所定货物清单的日子，张强作了精心准备，服装整洁，材料放在公文包中，一切准备妥当，他准时到达对方单位，拜见了对方供应科科长，张强与供应科李科长是首次见面，张强一见李科长马上上前握手，他热情有力地摇晃着李科长的手说"见到您太高兴了，请多关照。"入座后，张强马上拿出自己的名片，李科长与之交换了名片，张强接过李科长的名片，仔细看了看后，放在桌上，双方就订单的具体事宜又再次进行了沟通，兴奋不已的张强在商谈结束后，把材料放回公文包，与对方告别后，兴冲冲地赶回公司向总经理汇报，李科长的名片仍然在桌上。不料，张强回到公司向总经理汇报时，总经理很生气地告诉他，这份订单交给他们部门经理去做了，张强不明白这是为什么？

（资料来源：http://www.docin.com/p-1683049804.html）

请根据以上信息，完成以下任务：

1. 请分析为什么总经理让部门经理替代张强去洽谈订单？
2. 在人际交往过程中个人应注意哪些方面的见面礼仪？

知识分析
ZHISHIFENXI

见面礼仪是日常社交礼仪中最常用、最基础的礼仪。一个人生活在社会上，不可避免地要与人打交道。亚里士多德曾说过："一个人不跟别人打交道，他不是一个神就是一个兽。"而要与人交往愉快，见面礼仪是必不可少的润滑剂与纽带。因此，要熟知并遵守相关的见面礼仪，比如介绍、握手、交换名片等礼节。

▶▶ 一、称呼礼仪

称呼，是指人与人彼此之间的称谓语。在人际交往中，称呼的准确、适当与否，不但能反映出自身的教养以及对对方的尊敬程度，甚至还能体现双方关系发展的程度和社会风尚。因此，不能随便乱用称呼。

（一）称呼的原则

1. 礼貌原则

礼是温文尔雅的体现，貌是和蔼谦虚的表情，礼貌是人际交往的基本原则之一。每个人都希望被他人尊重，称呼时的礼貌，正是表达对他人尊重和表现自己有修养的一种方式。

2. 尊崇原则

交际时，称呼对方要用尊称。如"您"—您好，请您；"贵"—贵姓、贵公司、贵方、贵校；"大"—尊姓大名、大作（文章、著作）；"老"—张老、郭老、您老辛苦了；"高"—高寿、高见；"芳"—芳名、芳龄等。又如，中国人有崇大、崇老、崇高的心态。对同龄人，可称呼对方为哥、姐；对既可称"叔叔"又可称"伯伯"的长者，以称"伯伯"为宜；对副科长、副处长、副厂长等，也可在姓后直接以正职相称。

3. 恰当原则

称呼对方要视交际对象、场合、双方关系等的不同选择恰当的称呼。如非正式场合称呼要亲切、自然、信任；正式场合要求庄重、规范、正式，一般以交往对象职务、职称相称。又如不同职业的人，应该有不同的称呼。对农民，称"大爷"、"大娘"、"老乡"；对国家公职人员、解放军和警察，最好称"同志"；对刚从海外归来的港澳台同胞、外籍华人，若用"同志"称呼，有可能使他们感到不习惯，而用"先生"、"太太"称呼倒会使他们感到自然亲切。

4. 区分原则

在称呼对方时，要注意对方的宗教信仰、民族、社会地位等差异，还要注意称呼的场合、时机，在称呼时要有所区分、因人而异。例如在称呼佛教人员时，应称呼法号，不能称呼其尊姓大名；正式场合使用尊称，非正式场合可使用昵称等。

（二）常用的称呼方法

1. 姓名称呼

姓名即一个人的姓氏和名字。姓名是使用比较普遍的一种称呼形式。各国人民的姓名有很大的不同，除文字的区别外，在姓名的构成、排列的顺序、名字的意义等方面都不一样。用法大致有以下几种情况。

（1）姓名称呼

即直呼其姓和名，例如："陈淑月"、"李梦涵"等。全姓名称谓有一种庄严感、严肃感，一般用于学校、部队或其他等郑重场合。一般情况，在人们的日常交往中，指名道姓地称呼对方是不礼貌的，甚至是粗鲁的。但是长辈对晚辈可以这么做，晚辈对长辈却不能直呼姓名。

（2）名字称呼

即省去姓氏只呼其名字，例如"淑月"、"梦涵"等，这样称呼显得既礼貌又亲切，主要运用场合于家庭成员之间或者关系极为密切的朋友、同学、同事之间。对于一般的异性朋友，不适用只呼其名字。

（3）姓氏加修饰称呼

第一种情况是在姓之前加一修饰字。例如"老王"、"小李"、"大张"等，这种称呼亲切、真挚。一般用于在一起工作、劳动和生活中相互比较熟悉的同事之间。

第二种情况是在姓之后加"老"字。主要是对德高望重的老人、学者、革命家等的称呼，表达对被称呼人的特别尊敬的感情，例如大家都把钱学森称为钱老等。

（4）名字加修饰称呼

即在名字的某一个字前加"阿"字，如阿秀、阿珍等，这种称谓方法是上级对下级、长辈对晚辈或同事同学之间的亲昵称谓，常见于浙、闽和两广地区。

2. 亲属称呼

（1）传统称呼方式

我国在亲属称呼上尤为讲究，传统家庭人口较多，所以在称呼也比较复杂。亲属称谓中的敬谦称是汉语称谓中最具民族特色的一部分。面对外人，对亲属可根据不同情况采取谦称或敬称。称辈分或年龄高于自己的亲属时，前面加"家"，例如"家父""家母""家兄"；称辈分或年龄低于自己的亲属，可在其称呼前加"舍"字，如"舍弟"、"舍侄"等。称自己的子女，则可在其称呼前加"小"，如"小儿"、"小女"、"小婿"。在别人面前称呼自己的亲属家人时，一般使用谦称，如"贱内"、"犬子"等。

称别人的亲属时，应采用敬称。对其长辈，宜在称呼前加"尊"字，如"尊母"、"尊兄"。对其平辈或晚辈，宜在称呼之前加"贤"字，如"贤妹"、"贤侄"。若在称呼前加"令"字，一般可不分辈分与长幼，如"令堂"、"令爱"、"令郎"等；

现代汉语敬谦称主要源于古汉语，所以这些亲属称谓中的敬谦称一般不用于口语，而更多地使用在书面语，尤其是雅体书信、文人书札中。因此，我们在使用这些敬谦称时，要注意一定的选择性，要特别注意使这些敬谦称与随意的口语保持协调。

（2）现代称呼方式

随着社会的进步，人与人的关系发生了巨大变化，原有的亲属、家庭观念也发生了很大的改变。在亲属称呼上已没有那么多讲究，只是书面语言上偶然使用。日常生活中，使用亲属称呼时，一般都是称自己与亲属的关系，十分简洁明了，例如爸爸、妈妈、哥哥、弟弟、姐姐、妹妹等。有姻缘关系的，在当面称呼时为表示亲切，也有了改变。例如称岳父为爸爸，称岳母为妈妈，称姻兄为哥哥，称姻妹为妹妹等。不过在书面语言上，文化修养高的人还是比较讲究的，不少仍沿袭传统的称呼方法，显得高雅、礼貌。

3. 职务职衔称呼

（1）职务性称呼

在职场中彼此进行交往时以职务进行称呼，可以表明身份区别，既得体又可以显示出敬意。职务性的称呼大体有三种情况：一是仅称呼其职务，如"局长""处长""经理"等。二是在职务前加上其姓氏，如"李局长""王处长""张经理"等。三是称呼前加上其姓名。这一般只适用于正式场合。如"李明局长""王刚处长""张三立经理"等。四是在称呼前仅加上名字。如"达康书记""学功主任"等，这种称呼方法一般用于上级对下级或同级之间。

（2）职称性称呼

对具有职称，特别是中、高级职称者，可在职场中直接以其职称相称。一般来说也有三种称呼方式：一是仅用职称称呼，如"教授""工程师""研究员"等。二是在职称前加上其姓氏，如"孙教授""王工程师""李研究员"等。而这种称呼又常常为了简单而采用约定俗成的简称法来称呼，如将"王工程师"简称为"王工"等。但是要注意的是，在使用简称法时，要以不发生误会或歧义为原则。三是在其职称前加上其姓名的称呼。这一般是在比较正规的场合才使用的称呼方式，如"孙国志教授""王雪主任编辑"等。

（3）学衔性称呼

在工作中，对有学衔，特别是有较高学衔者，以学衔进行称呼，往往会增加现场的学术气氛，提高被称呼者的学术权威性。具体有四种方式：一是仅称学衔，如"博士"。二是在学衔前加上其姓氏，如"李博士"。三是在学衔前加上其姓名，如"李想博士"。四是根据社交场合的具体需要，可将学衔具体化进行称呼，如"法学博士李想"。这种称呼是最为正式的。

（4）职业性称呼

在比较正式的场合，往往习惯于职业性的称呼，这带有尊重对方职业和劳动的意思，同时也暗示了谈话与职业有关。通常也有两种称呼方式：一是用其职业来称呼，如"师傅""医生""老师""警官"等。二是在其职业前冠之以姓，如"王师傅""何医生""刘老师""马警官"等。

4. 一般称呼

这是最简单、最普遍，特别是面对陌生公众时最常用的称呼方式，如"小姐""先生""夫人""同志"等。其中，目前世界上使用的称呼方式中，频率最高的是"小姐"和"先生"，未婚女子统称为"小姐"，已婚女子统称为"夫人"或"太太"，如果搞不清被称呼女子的婚姻状况，可统称"小姐"。对职业女性可统称"女士"。特别值得注意的是，当面对一位虽然年龄较大，但却并未结婚的女士时，绝对不能仅凭直觉或猜测将她称呼为"太太"。"同志"一词主要在社会主义国家使用，在西方国家，同志是指同性恋者，因此，使用这个称呼时要注意场合和对象。

（三）交往中称呼应注意的事项

1. 避免使用错误称呼

在称呼他人时，要避免将对方的姓名念错，对于把握不准的字，要事先请教，不要凭自己的主观想象，贸然称呼对方。如将"查""盖"等这些姓氏望字猜音，发生错误。对于交往对象的年龄、辈分、婚否、职务等情况拿不准时，千万不要想当然地去称呼，而要摸准情况，再选择合适的称呼。

2. 称呼要与时俱进

称呼有一定的历史时代性，有些称呼会随时代的变化而被淘汰，也有些称呼会随时代变化应运而生。因此，称呼一定要合乎时宜，否则会闹出笑话。如现在再称呼领导为"长官""大人"，一定会贻笑大方的。

3. 避免使用低级庸俗的称呼

在职场交往的场合中，不要将私下个人之间交往的称呼搬出来。诸如"哥们儿""兄弟""姐们儿""死党"之类的称呼，虽然听起来亲切，但是不适宜用于正式社交场合的。

4. 避免容易误会的称呼

一些国内常用的称呼，一旦到了国际交往场合便会变味。例如，"同志"可能被理解为"同性恋者"；"爱人"可能被理解为"婚外恋者"；"小鬼"可能被理解为"鬼怪"。对此类称呼，在国际交往活动中一般也不宜采用。

5. 避免替代性称呼或无称呼

不要以"喂""哎""那边的""那个端盘子的""卖菜的""老头"等这样的方式去称呼对方，更不能不称呼对方直接进入谈话，这样显得很不礼貌。

6. 避免不雅的称呼

不雅的称呼常常含有歧视甚至人身侮辱之意，例如"土豪"、"四眼儿"、"胖子"等，在人际交往中应当避免。

》 二、介绍礼仪

介绍就是向谈话对象说明自己或第三方人士的有关情况，使双方相互认识。在人际交往（特别是初次交往）中，介绍是一种最基本、最常规的沟通方式，是人与人相互沟通的出发点。正确的介绍，可以使不相识的人相互认识，同时，落落大方的介绍和自我介绍，也能够展示出良好的交际风度。

（一）介绍的基本规则

介绍是人际交往活动中的基本礼节之一，主要分为自我介绍和他人介绍。在人们的日常交往中，介绍和被介绍是经常遇到的事情，其中介绍的次序非常重要，这是介绍礼仪的基本规则。介绍次序的基本原则只有一个，就是尊者居后，因为尊者享有优先知情权。需要注意的是在不同场合如何正确地运用这一原则。

1. 将男士介绍给女士

在社交场合中，介绍的先后次序是以性别为基本的判断标准。一般需要先将男士介绍给女士，以表示对女士的尊重。例如，介绍刘先生与田小姐认识，介绍人应当引导刘先生到田小姐面前，然后说："田小姐，我来给您介绍一下，这位是刘先生。"注意在介绍的过程中，被介绍者的名字总是后提。

2. 将年轻者介绍给年长者

把年轻者引见给年长者，是表示对前辈、长者的尊敬。例如："马教授，让我来介绍一下，这位是我的同事李霞。""王叔叔，这位是我的表妹李雪。""苏阿姨，我请您认识一下我的同学赵强。"在介绍时，对长者要使用尊称。

3. 先将未婚者介绍给已婚者

当双方性别相同，年龄相仿，地位相当时，应将未婚者介绍给已婚者。例如："王太太，让我来介绍一下，这位是李小姐。"当被介绍者无法辨别对方是已婚还是未婚时，则不存在先介绍谁的问题。但是，当未婚女子要比已婚的女子大很多的时候，则应该将已婚女子介绍给未婚女子。

4. 先将职位低者介绍给职位高者

在公务场合，介绍的先后次序是以职务的高低为基本的判断标准，一般需要将职务低的介绍给职务高的。例如："李总，这位是金龙公司的总经理助理刘女士。"这里我们先提到的是李总，这是因为李总的职位要比刘女士高，尽管李总是一位男士，但是还是先介绍刘女士。这点与日常交往中的介绍次序正好相反，所以一定要把握好介绍的次序。

5. 先把家庭成员介绍给对方

在有家庭成员参加的聚会的时候，要先把家庭成员介绍给对方，以表示对客人的尊重。在向别人介绍自己的家庭成员时，应谦虚地说出家人的名字。这不仅是出于礼貌，而且对介绍自己的家庭成员也比较方便。例如："刘先生，我想请你认识一下我的女儿晓雪。""刘先生，请允许我介绍一下我的妻子王红。"

（二）介绍的方法

1. 自我介绍

自我介绍，是指把自己介绍给对方。自我介绍的内容要根据交往的具体场合、目的、对象的特点等实际情况，不可盲目地一概而论。

（1）自我介绍的方式和内容

①应酬式

应酬式自我介绍适合于一些公共场合和一般性的社交场合，如旅途中、宴会厅里、舞场、通电话时。这种介绍方式的内容应该简单为好，往往只介绍自己的姓名即可，如："你好！我的名字叫王薇薇。"

②工作式

工作式自我介绍有时也叫公务式的自我介绍，适用于工作之中。它是以工作为中心的自我介绍。为此，这种介绍的内容应包括三方面，即姓名、单位和部门、职务或具体工作。介绍时应报全称，如："你好！我是李海林，是××公司的销售部经理。"

③交流式

这是在社交场合以与对方进行沟通、交流为目的的自我介绍。这种介绍可以包括以下内容，姓名、工作、籍贯、学历、兴趣及与交往对象的某些熟人关系等，如："我叫王芳，现在××大学从事教学工作。我是××大学旅游管理系99级的，我想我们是校友，对吗？"

④礼仪式

这是一种表示对于交往对象友好、敬意的自我介绍，适用于讲座、报告会、庆典等正规而又隆重的场合。这种自我介绍除了姓名、单位、职务外，还应该加入一些适宜的谦辞和敬语，以表示自己的礼待。如："尊敬的各位来宾，大家下午好！欢迎大家光临本次大会。我是××公司的总经理宋智利。现在，由我代表本公司宣布开业仪式正式开始！"

⑤应聘式

这种自我介绍主要适用于应试、应聘和公务交往。这种介绍形式的内容主要有姓名、单位、专业、学历、职务、职称、年龄、政治面貌、籍贯、教育背景、工作经历、专长、成绩或业绩、兴趣等。这些内容是介绍的重点，同时，还要根据现场的情况，见机行事地介绍一些问题。

⑥问答式

这种自我介绍针对于对方提出的问题，做出自己的回答。可适用于应试、应聘和公务交往。举例来说，对方发问："这位先生贵姓？在哪里高就？"回答："免贵姓陈，耳东陈。我在金龙公司工作。"

（2）自我介绍的注意事项

①掌握时间

在进行自我介绍时要掌握时间，在此包括两方面内容：其一，要求自我介绍一定要力求简洁，尽可能地节省时间，以半分钟左右为宜。如无特殊情况，最好不要长于1分钟。为了节省时间，在做自我介绍时，还可利用名片、介绍信加以辅助。若使用了名片介绍，则其上所列的内容应尽量不予重复。其二，要求自我介绍应在适当的时间进行，而不应在不适当的时间进行。进行自我介绍的适当时间，在此所指的是：一是对方有兴趣时；二是对方有空闲时；三是对方情绪好时；四是对方干扰少时；五是对方有要求时。进行自我介绍的不适当时间，则是指对方无兴趣、无要求、工作忙、干扰大、心情坏、休息用餐或正忙于私人交往之时。

②讲究态度

进行自我介绍，态度务必要自然、友善、亲切、随和。既不要小里小气、畏首畏尾，又不要虚张声势、轻浮夸张、矫揉造作。在做自我介绍时，要充满信心和勇气，要敢于正视对方的双眼，显得胸有成竹、不慌不忙。这样做，将有助于自我放松，并使对方对自己产生好感。在自我介绍的具体过程中，语气要自然、语速要正常、语音要清晰，这对自我介绍的成功将大有好处。一定要明白语气生硬冷漠、语速过快或过慢、语音含混不清，其实都是缺少经验、缺乏自信的表现。

③力求真实

进行自我介绍时所表述的各项内容，一定要实事求是、真实可信。没有必要过分谦虚，一味贬低自己去讨好别人，但也不可自吹自擂、弄虚作假、夸大其词。切勿在自我介绍时大掺水分，否则定会得不偿失。

④有所侧重

在自我介绍时，要根据双方的谈话内容、对方的兴趣点，来确定自我介绍的重点。如在面试时的自我介绍，应重点介绍自己的学习和工作经历、专长、对雇主的价值等；

在交友等场合自我介绍时，则应侧重于对自己的生活习惯、爱好、兴趣等的介绍。

应用案例 4-1

王芳作为万乘国际酒店的代表，在本地区一年一度的酒店服务业内的经验交流会上发言。轮到王芳时，她站起来，微笑着向全体环视一周，先面向大家鞠了一躬，然后用甜美悦耳的声音说："尊敬的各位来宾，大家好！我叫王芳，是万乘国际酒店的大堂经理，今天想简单谈谈我对服务行业的一点认识，有不当之处还望大家给予指正，谢谢！"王芳是众所周知的业内精英，曾多次被邀请担任各大酒店的培训师，然而她的自我介绍却如此谦虚平和，大家对此由衷地感到敬佩，一起报以热烈的掌声。王芳的发言取得了良好的反响，为酒店做了一次极佳的形象广告。

（资料来源：逸影编著. 百分礼仪从零学 [M]. 北京：中央民族大学出版社，2012：17）

2. 介绍他人

介绍他人，又称第三者介绍，是经第三者为彼此不相识的双方引荐、介绍的一种介绍方式。介绍他人，通常都是双向的，即将被介绍者双方各自均做一番介绍。有时，也可以进行单向的他人介绍，即只将被介绍者中的某一方介绍给另一方。

（1）确定介绍人

介绍他人时，介绍人的身份很有讲究。在一般性的国际交往活动中，介绍人应由东道主一方的礼宾人员、公关人员、文秘人员以及其他专门负责接待工作的人员担任。而在重要的场合，介绍人则往往由主方或宾主双方在场人员之中的身份最高者担任。在普通的社交场合，主人义不容辞地应当做介绍人；在非正式场合，与被介绍人双方都相识的人则应当担任介绍人。

（2）注意介绍的礼仪

为他人作介绍时，态度要热情友好，不要厚此薄彼。不可以详细介绍一方，粗略介绍另一方。介绍前，应先向双方打招呼，使其具有思想准备。介绍时，语言应清晰、准确，还应注意自己的体姿，不能背对任何一位，并应面带微笑，目视对方。作为被介绍者，在被介绍给他人时，一般都应面向对方，并做出礼貌反应。例如，可以说"幸会""久仰大名""认识您非常高兴"等。不要在此时此刻有意拿腔拿调、硬端架子，显得瞧不起对方，或是心不在焉、疲于应付；也不要奴颜婢膝、阿谀奉承，成心讨好对方，表现得有失人格。

（3）介绍他人的顺序

在为他人作介绍时，必须遵守"尊者优先了解情况的原则"。也就是说，在为他人作介绍前，先要确定双方地位的"尊卑"，然后先介绍位卑者，后介绍位尊者。这样做，可以使位尊者优先了解位卑者的情况，以便见机行事，在交际应酬中掌握主动权。这一原则，有时又被称为"后来者居上原则"。它所指的是后被介绍者，应较之先被介绍者地位为上。二者从不同角度，阐明了同一问题。所以，在介绍的顺序上应该先介绍晚辈后介绍长辈；先介绍下级，后介绍上级；先介绍学生，后介绍老师；先介绍未婚者，后介绍已婚者；先介绍男士，后介绍女士；介绍主人和来宾时，务必记住要先介绍主人，后介绍来宾。

（4）介绍他人的内容

在他人介绍时，介绍的内容不能一概而论，应该根据不同场合而定。介绍者对介绍的内容应当字斟句酌，慎之又慎。倘若对此掉以轻心，词不达意，敷衍了事，很容易给被介绍者留下不良印象。通常分为以下几种形式：

①标准式

它适用于正式场合，其内容以双方的姓名、单位、职务等为主。

②礼仪式

它适用于正式场合，是一种最为正规的他人介绍。其内容略同于标准式，但语气、表达、称呼上都更为礼貌、谦恭。

③推荐式

它适用于比较正规的场合，多是介绍者有备而来，有意要将某人举荐给某人，因此在内容方面，通常会对前者的优点加以重点介绍。

④简洁式

它适用一般的社交场合，其内容往往只有双方姓名一项，甚至可以只提到双方姓氏为止。接下来，则是由被介绍者见机行事。

⑤引见式

它适用于普通的社交场合。做这种介绍时，介绍者所要做的，就是将被介绍者双方引导到一起，而不需要表达任何具有实质性的内容。

（5）介绍完成之后

在为双方相互介绍之后，介绍者应稍做停留，引导双方交谈后方可离开。

3. 集体介绍

集体介绍，是他人介绍的一种特殊形式。它是指介绍者在为他人介绍时，被介绍者其中一方或者双方不止一人，甚至是许多人。具体来说，集体介绍可分为两种基本形式。

（1）单向式

当需要被介绍的双方一方是一个人，另外一方则为一个由多人所组成的集体时，通常只需要把个人介绍给集体，而不再需要把集体再介绍给个人。它亦称"少数服从多数"，这就是所谓介绍集体的单向式。

（2）双向式

所谓介绍集体的双向式，一般是指被介绍的双方均为一个由多人所组成的集体。进行双向式集体介绍时，双方全体人员均应被一一介绍。其常规做法是，先由主方负责人出面，依照主方在场者具体地位、身份的高低，自高而低地依次对其进行介绍，然后再由客方负责人出面，依照客方在场者具体地位、身份的高低，自高而低地依次对其进行介绍。

▶ 三、握手礼仪

相传在刀耕火种的年代，人们经常持有石头或棍棒等武器，陌生者相遇，双方为了表示没有敌意，便放下手中的武器，并伸出手掌，让对方抚摩掌心。久而久之，这种习惯便逐渐演变为今日的握手礼节。握手礼是在人们日常生活中和社交活动中使用频率最高、适用范围最普遍的一种礼仪，握手礼具有最广泛的社会基础。

（一）握手的基本规则

1. 握手的姿态

握手要注意姿势，一般在距离对方约一米左右的地方站立，上身略微前倾，自然伸出右手，四指并拢，拇指张开，掌心向上或略微偏向左，手掌稍稍用力握住对方的手掌，握力适度，上下稍许晃动几下后松开。握手时要注视对方，面露笑容，以示真诚和热情，同时讲问候语或敬语。

2. 握手的顺序

握手时伸手的先后顺序遵循"尊者决定"的原则，由尊者先行伸手，对方予以响应。在公务场合，先后顺序主要取决于职位、身份，社交场合和休闲场合主要取决于年龄、性别和婚否。一般来说，握手的基本顺序是：主人与客人之间，客人抵达时主人应先伸手，客人告辞时由客人先伸手；年长者与年轻者之间，年长者应先伸手；身份、地位不同者之间，应由身份和地位高者先伸手；女士和男士之间，应由女士先伸手。

3. 握手的时间

在普通情况下，与他人握手的时间不宜过短或过长。大体来讲，握手的全部时间应控制在3秒钟之内，即握上一两下即可。当然，若是老友重逢，握手的时间则可以相应适当延长。握手时两手稍触即分，时间过短，好似在走过场，又像是对对方怀有戒意。而与他人握手时间过久，尤其是拉住异性或初次见面者的手长久不放，则是失礼的表现。

（二）握手的方式

1. 平等式握手

手握住对方的右手，手掌均呈垂直状态，拇指张开，手臂微屈抬至腰中部，上身微前倾，目视对方。这是礼节性的握手方式，一般适用于初次见面或交往不深的人。

2. 手扣手式握手

右手握住对方的右手，左手握住对方右手的手背。手扣手式握手可以让对方感到他的热情真挚、诚实可靠。但是，如果与初次见面的人这样相握，可能导致相反的效果。

3. 拍肩式握手

右手与对方的右手相握，左手轻拍对方的肩或肘部。这种握手方式只有在情投意合和感情极为密切的人之间才适用。

4. 捏指式握手

握手时只握住对方的几个手指或手指尖部。这种握手方式主要用于异性之间的握手，以表示稳重与矜持。若是在同性之间握手时，对方连手指也没有弯曲一下，碰一下就松开了，则说明对方是敷衍了事而已，毫无感情而言。

（三）握手的禁忌

第一，不要用左手与他人握手，尤其是在与少数民族人士或外国友人打交道时，更要牢记此点，因为在他们看来左手往往是不洁的。

第二，握手时不应争先恐后；而应当遵守秩序，依次而行。

第三，在握手时不要戴着墨镜，只有患有眼疾或眼部有缺陷者方可例外。

第四，不要在握手时戴着手套或将另外一只手插在衣袋里，也不能握手时另外一只手依旧拿着东西而不肯放下，例如，仍然拿着香烟、报刊、公文包、行李等。但有一种情况可以例外，即当女士穿着礼服，戴有装饰性的手套时，可以不必摘下手套握手，因为装饰性的手套是礼服的一部分。

第五，不要以肮脏不洁或患有传染性疾病的手与他人相握。更不能在与人握手之后，立即揩拭自己的手掌，好像与对方握手就会使自己受到"污染"似的。

第六，不要在握手时仅仅握住对方的手指尖，好像有意与对方保持距离；也不要在握手时只递给对方一截冷冰冰的手指尖，像是迫于无奈似的。正确的做法，是要握住对方的整个手掌。即使对异性，也要这么做。

第七，在握手时不要面无表情、不置一词，好像根本无视对方的存在，似乎纯粹为了应付。

第八，在握手时不要长篇大论、点头哈腰、热情过度，显得过分客套。过分客套不会令对方受宠若惊，只会让对方感到不自在、不舒服。

第九，不要拒绝与他人握手。在任何情况下，都不能这么做。

第十，当多人握手时，不要交叉握手。当自己伸手时发现别人已经伸手，应主动收回，并说声"对不起"，待别人握完手后再伸手相握，交叉握手是一种很失礼的行为。

应用案例4-2

玖琳凯是一名推销员，她在一次会议结束后，想和经理握手，但由于和经理寒暄的人太多，因此她排队等了三个小时。后来，终于轮到她了，可经理握手时却瞧都不瞧她一眼，只是用眼去瞅她身后的队伍还有多长。善良的玖琳凯很伤心，她觉得经理一定很累，可自己也等了三个小时，同样很累呀！她的自尊心受到了伤害。于是玖琳凯暗下决心：如果有那么一天，有人排队等着同自己握手，自己一定要将把注意力全都集中在对方身上——不管自己有多累！

后来，玖琳凯自己创办了一家公司，曾多次站在队伍的尽头同数百人握手，每次都要持续好长时间。可是无论多累，她总是牢记当年自己握手时受到的冷遇，握手时总设法同对方说点话——哪怕只有一句，如"我喜欢你的发型"或"你穿的衣服很好看"。她在同每一个人握手时，总是全神贯注，不允许任何事情分散自己的注意力。玖琳凯使与她握手的人都觉得自己是世界上最重要的。于是，玖琳凯的公司很快就发展壮大，成了世界上著名的公司——玖琳凯化妆品公司。

（资料来源：韩强编著．公务礼仪大全［M］．厦门：鹭江出版社，2012：168）

▶▶ 四、名片礼仪

名片是现代社会中必不可少的社交工具。两人初次见面，先互通姓名，再奉上名片，单位、姓名、职务、电话等历历在目，既回答了一些对方心中想问而有时又不便贸然出口的问题，又使相互之间的距离一下子接近了许多。在交往中，熟悉和掌握名片的有关礼仪是十分重要的。

在现代交往中，名片已不仅仅用于拜访，在交往中，人们不仅可以用它做自我介绍，介绍友人相识或托人取物，也可以作为简单的礼节性通信往来，表示祝贺、感谢、劝慰、吊唁等等。随着社会文明的发展，小小的名片在人们之间的信息传递中，扮演了一个不可缺少的角色。正如一位名人所说："在现代生活中，一个没有个人名片，或是不会正确地使用个人名片的人，就是一个缺乏现代意识的人。"

（一）名片的用途

1. 介绍自己

初次与交往对象见面时，如果想进一步交往，除了必要的口头自我介绍外，还可以递上一张名片作为辅助的介绍工具。这样做，不仅能向对方明确身份，而且还可以节省时间，强化效果。

2. 结交他人

在社会交往中，接待人员如果想要结识某人，往往可以主动递交名片。这不但意味着友好，而且还含有"可以交个朋友吗"这句潜台词。从礼仪上讲，对方一般会互换名片，从而也就完成了双方结识的第一步。

3. 拜会他人

接待人员在初次前往他人工作单位或私人居所进行正式拜访时，可先把本人名片交于对方门卫、秘书或家人，然后由其交给拜访之人，意为"我是某某某，我可以拜访您吗"。待对方确认了拜访者的实际身份后，再决定双方是否见面。

4. 替代礼单

给朋友寄送或托送礼物、鲜花时，可随礼物或鲜花附上一张名片，并写上祝贺短语。在收到朋友的礼物或鲜花时，也可回一张名片表示感谢。

5. 业务宣传

在业务往来中，名片具有类似广告的作用，可使对方了解你的业务范围。

6. 通知变更

在自己调任、迁居或联系方式变动的时候，给朋友送上一张注明相关变动内容的名片，是一种及时而又有礼貌的通知方式。

7. 方便联系

名片上一般都写有自己的联系方式，交换名片的同时，也交换了联系方式，可以为将来的联络提供方便。

8. 替代便函

在社交场合，尤其是国际社交性的场合，名片不仅仅是相互联系的工具，它还可以代替一封简洁的信函，用来表示祝贺、感谢、介绍、辞行、慰问、馈赠等。具体做法是：在名片的左下角写上一行字或一句短语，然后装入信封送交他人。如果是本人亲自递交或托人带给他人，要用铅笔书写；如果采用邮寄方式，则应用钢笔书写。书写时多采用法文缩略语。

较常见的法文缩略语：

p. f. 意为"祝贺"，庆祝节日时用；

p. r. 意为"感谢"，接受礼物、款待之后，或者收到别人庆祝、吊唁之类的名片后使用；

p. p. 意为"介绍"，向对方介绍某人时用；

p. m. 意为"备忘"，提请对方注意某事时使用；

p. p. c. 意为"辞行"，在调离和离任时，向同事告别时使用；

p. p. n. 意为"慰问"，问候病人时用；

p. e. 意为"谨唁"，凭吊、追悼时用；

p. p. n. a. （可以大写）意为"恭贺新年"。

（二）名片的制作

1. 名片的规格、材质与色彩

国际上较为流行的名片规格则为长 10 厘米，宽 6 厘米。我国通行的名片规格略小，长 9 厘米，宽 5.4 厘米。值得说明的是，如无特殊需要，不应将名片制作得过大，甚至有意搞折叠式，免得给人以标新立异、虚张声势之感。

印制名片多采用纸质，最好选用好纸张，并以耐折、耐磨、美观、大方的白卡纸、再生纸、合成纸、布纹纸、麻点纸、香片纸为佳。至于高贵典雅、纸质挺括的钢骨纸、皮纹纸，则可量力而行，酌情选用。必要时，还可覆膜。

印制名片的纸张，宜选庄重朴素的白色、米色、淡蓝色、淡黄色、淡灰色，并且以一张名片一色为好。

2. 名片的版式

名片一般分为横式和竖式两种版式。在现代的礼仪交往中，中文名片往往采用横式版本的名片。

（1）横式

横式版式是采用行序由上到下，字序由左到右的书写方式。主要分三个部分：第一部分为名片持有者的工作单位，一般在第一行的顶格位置书写。有的名片则将本公司的标志放在第一行的顶格后面再接单位名称。第二部分为持片人的姓名，用较大的字号书写在名片中部较为显眼的位置，有职务、职称的通常用小字标在名字后面。第三部分为持片人的详细地址和电话、传真、邮编等。

（2）竖式

竖式版式是采用行序由右到左，字序由上到下的书写方式。主要分三个部分：第一部分为名片持有者的工作单位，一般在右侧第一行的顶格位置书写。有的名片则将本公司的标志放在第一行的顶格后面再接单位名称。第二部分为持片人的姓名，用较大的字号书写在名片正中，有职务、职称的通常用小字标在名字下面。第三部分持片人的详细地址、电话、传真和邮编等，在名片的右侧位置。

（三）名片的交换

名片礼仪的核心内容，是名片的交换。接待人员如何交换名片不但是其个人修养的一种反映，而且也是对交往对象尊重与否的直接体现。

1. 携带名片

（1）足量适用

接待人员携带的名片一定要数量充足，确保够用。所带名片要分门别类地放置，以便根据不同交往对象使用不同名片。

（2）放置到位

名片应统一置于名片夹、公文包或上衣口袋之内，在办公室时还可以放于名片架或办公桌内，切不可将其随便放在钱包、裤袋等处。

（3）完好无损

平时，名片一定要保持干净整洁，切不可出现折皱、破烂、肮脏、涂改等情况。

2. 递送名片

（1）观察意愿

除非自己想主动与人结识，否则名片务必要在交往双方均有结识对方的意愿并希望建立联系的前提下发送。这种愿望往往会通过"幸会""认识你很高兴"等一类谦逊语以及表情、体姿等非语言符号体现出来。如果双方或一方并没有这种愿望，则无须发送名片，否则会有故意炫耀、强加于人之嫌。

（2）把握时机

发送名片要掌握适宜时机，只有在确有必要时发送名片，才会令名片发挥功效。发送名片一般应选择初识之际或分别之时，不宜过早或过迟。不要在用餐、戏剧、跳舞之时发送名片，也不要在大庭广众之下向多位陌生人发送名片，因为这时候只适合从事社交而非商业性的活动。

（3）讲究顺序

递送名片，有比较明确的礼仪规范，通常应主动先向对方递送名片，以示尊重。在一般情况下，讲究由地位、身份较低的一方首先把本人名片递给地位、身份较高的一方，男士先向女士递送名片。有时出于公务或商务需要，女士也可以主动向男士递送名片。如果对方不止一人，应先将名片递送给职务较高或年龄较长的人；若分不清对方职务高低和年龄大小时，则可依照座次一一给对方所有的人递上名片，不能厚此薄彼。

（4）礼貌递送

递送名片时，应走近并正视对方，面带微笑，双手拇指和食指分别捏着名片的上端两角、名片正面面对对方，送到对方胸前，同时可以报上自己的姓名，以加深对对自己的印象，说些"请多关照"之类的客气话。如果自己一方的人员也比较多，那就应该让地位较高或年龄较长者先向对方递送名片。

3. 接受名片

（1）态度谦和

当他人主动将名片递给自己时，一定要表现出自己的恭敬、重视之意。接受他人名片时，不论有多忙，都要暂停手中一切事情，并起身站立相迎，面含微笑，双手接过名片。至少也要用右手，而不得使用左手。

（2）认真阅读

将对方的名片郑重其事地接过来后，先向对方致谢，然后至少要用 1 分钟的时间将其从头至尾读一遍，遇有显示对方荣耀的职务、头衔和姓名，不妨轻声读出来，以让对方确认无误，如果念错了，要记着说"对不起"。并且要抬头看着对方的脸，以示尊重和敬佩。若对方名片上的内容有所不明，可当场请教对方。

（3）精心存放

接到他人名片后，切勿将其随意乱丢乱放、乱揉乱折，而应该当着对方的面将其谨慎地置于自己的名片夹、公文包、办公桌或上衣口袋之内，并且应与本人名片分开放置。

（4）有来有往

接受了他人的名片后，一般应当即刻回给对方一张自己的名片。在同时交换名片时，可以右手提交名片，左手接拿对方名片。不要无意识地玩弄对方的名片。不要当场在对方名片上写备忘事情。另外，接受他人名片之后，不递上自己的名片，是非常失礼的。没有名片，名片用完了或者忘了带名片时，应向对方做出合理解释并致以歉意，切莫毫无反应。如果名片用完，也可以在干净的纸上写下个人资料，同时也应给对方以合理的解释并致歉。

4. 索取名片

如果没有必要最好不要强索他人名片。若索取他人名片，则不宜直言相告，而应委婉表达：可向对方提议交换名片、主动递上本人的名片；询问对方："今后如何向您请教？"（向尊长者索要名片时多用此法）询问对方："以后怎么与您联系？"（向平辈或晚辈索要名片时多用此法）

反过来，当他人向自己索取名片时，自己不想给对方时，不宜直截了当，而应以委婉的方式表达，可以说："对不起，我忘带名片了。"或"抱歉，我的名片用完了。"

第二节 拜访礼仪

导入案例
DAORUANLI

某照明器材厂的业务员金先生按原计划，手拿本厂新设计的照明器材样品，兴冲冲地登上六楼，脸上的汗珠未及擦一下，便直接走进了业务部张经理的办公室，正在处理业务的张经理被吓了一跳。"对不起,这是我们企业设计的新产品,请您过目。"金先生说。张经理停下手中的工作,接过金先生递过的照明器,随口赞道:"好漂亮啊!"并请金先生坐下,倒上一杯茶递给他,然后拿起照明器仔细研究起来。金先生看到张经理对新产品如此感兴趣,如释重负,便往沙发上一靠,跷起二郎腿,一边吸烟一边悠闲地环视着张经理的办公室。当张经理问他电源开关为什么装在这个位置时,金先生习惯性地用手搔了搔头皮。虽然金先生作了较详尽的解释,张经理还是有点半信半疑。谈到价格时,张经理强调:"这个价格比我们预算高出较多,能否再降低一些?"金先生回答:"我们经理说了,这是最低价格,一分也不能再降了。"张经理沉默了半天没有开口。金先生却有点沉不住气,不由自主地拉松领带,眼睛盯着张经理,张经理皱了皱眉,"这种照明器的性能先进在什么地方?"金先生又搔了搔头皮,反反复复地说:"造型新、寿命长、节电。"张经理托辞离开了办公室,只剩下金先生一个人。金先生等了一会,感到无聊,便非常随便地抄起办公桌上的电话,同一个朋友闲谈起来。这时,门被推开,进来的却不是张经理,而是办公室秘书。

(资料来源:国英.公共关系与现代礼仪案例〔M〕.机械工业出版社,2004.)

请根据以上信息,完成以下任务:

1. 金先生的生意没有谈成的礼仪缺陷有哪些?
2. 在正式场合中,个人需要注意哪些拜访礼仪?

知识分析 ZHISHIFENXI

拜访又叫拜会,是指前往他人的工作单位或住所去会晤、探望对方,进行接触与沟通。在拜访过程中可以增进人们之间的情感交流,稳定人际关系。拜访同其他社交活动一样,也有一系列的礼仪规范和要求。

一、拜访的类型

(一) 公务性拜访

公务拜访是一种以工作为目的、较为正式的交往方式。通过公务性拜访,工作人员可以达到交流信息、沟通思想、统一意见、解决问题的目的,进而更好地完成相关工作。

(二) 私人性拜访

私人性拜访指亲朋好友间的随意拜访或因某事"有求于人"时所做的拜访。私人性拜访可以增进友情、相互帮助。

(三) 礼节性拜访

礼节性拜访指出于对拜访者的尊重所做的及时而必要的拜访,目的是为了增进感情。

▶▶ 二、拜访的礼仪

（一）拜访预约

有约在先是作客拜访礼仪中重要的规范，既反映了个人的文化修养，也体现了对主人的尊重。

1. 预约内容

拜访预约的内容包括主题、时间、地点、人数等因素。拜访之前可以通过信函、电话预约，并把访问的重要目的告诉对方，使对方有思想准备。预约的语言、语气应当友好、客气，是请求、商量式的，而不能强求命令。如果对方答复说在你选择的时间之内他另有安排，主动表示歉意，并和对方协商下次拜访的时间。即使发现对方其实并无其他安排，上述说法只是拒绝的托词，也应当理解对方，因为这是他的权利。如有可能，应尽量避免到别人的私人居所拜访。

2. 选择时间

登门拜访还应注意选择恰当的时间。在赴约的时间安排上，应尽可能把时间定的宽裕一些，留有余地，以防止可能因为天气、交通等因素所造成的延误。拜访的时间应避开节假日、用餐时间、过早或过晚的时间，最好安排在周末的下午或晚饭之后，主人在这个时间一般都会有接待访客的思想准备。拜访时一定要避开对方可能吃饭的时间，并且如果对方有午休的习惯，也不要在中午时间打扰。在晚上拜访时，时间不能太晚，更不要在别人临睡之前去拜访，以免影响他人休息。另外，还应避开主人偶然性的忙碌时间，比如盖房造屋、婚丧大事、紧急任务等，不能在此时再给对方忙上加忙、乱上添乱。若到对方的工作单位拜访，最好避开星期一，因为新的一周开始，往往是大家最为忙碌的时候。

3. 约定的拜访的人数

在拜访预约时应确定拜访的人数，以便主人有所准备。尤其在公务拜访中，要约定参加的人员和身份。一经约定就不要随意变动，尤其是主要成员，否则会令主人打乱计划和安排，影响拜访的效果。

☀ 应用案例 4-3

金勇是一位刚到利华公司工作的新业务员，某天准备去拜访客户王经理。由于事前没有王经理的电话，所以金勇没有进行预约就直接去了王经理的公司。金勇刚进利华公司还没有公司制服，所以他选择了休闲运动打扮。到达王经理办公室时，刚好王经理正在接电话，就示意让他在沙发上坐下等。金勇便往沙发上一靠，跷起二郎腿，一边吸烟一边悠闲地环视着王经理的办公室。在等待的时间里不时地看表，不时地从沙发上站起来在办公室里走来走去，还随手翻阅了放在茶几上的一些资料。

（资料来源：周裕新主编．现代办公礼仪．上海：同济大学出版社，2006）

请讨论：如何评价金勇的这次拜访？

（二）拜访前的准备

1. 物品准备

拜访前一天就应准备好文件资料、名片及必要的笔、纸张等用品，以免出发前手忙脚乱或丢三落四。还可准备一些并不贵重的小礼品，合适的礼品能体现一片诚意，让对方产生好感，有利于接下来的交谈。

2. 形象准备

整洁的装束反映的是你对访问者的尊重程度。在拜访之前，应该充分重视自己的形象，整理妥当再前往拜访。整洁干净的仪表不仅表达了对主人的敬意，同时也可表明自己对拜访的重视。

（1）一般访问

一般的访问，整洁、朴素、大方即可，不必太过华丽。

（2）商务访问

办公室或商务活动等正式场合要求穿正装。蓬头垢面、衣冠不整是对主人的不敬。

（3）家庭访问

即使是到好朋友、好邻居家访问，也不应穿背心、拖鞋、睡衣等。因为如果只有你的朋友一人在场，你穿得随便点，他不会在意；但假如他的家人都在，或正好有其他亲朋好友光临，就会引起主人和其他来宾的难堪，自然就是对主人的不礼貌。

因此，当你准备出门拜访时，千万要记住根据访问的对象和目的，对自己的衣饰做适当的修饰。

（三）拜访中的举止礼仪

1. 遵时守约

遵时守约不仅仅是讲究个人信誉、提高办事效率的问题，同时也是对交往对象的尊重。约定拜访时间和地点后，务必认真遵守，不可轻易变更。如果有特殊原因不能按时赴约或要取消拜访时，一定要及时通知对方，并讲明原委，请对方理解，可在必要的时候协商改期拜访。无故失约，是绝对失礼的行为。当与对方见面时，要再次表示歉意。拜访对方，应提前 5 分钟或准时到达，以免对方久等。也不要过早到达，这会造成因对方没有做好准备或还忙于其他事情的尴尬。

2. 做客有礼

拜访他人时，进门之前要先敲门或按门铃。敲门的声音不要太大，要讲究敲门的艺术。要用食指敲门，力度适中，间隔有序敲三下，等待回音。如无应声，可再稍加力度，再敲三下。如有应声，再侧身隐立于右门框一侧，待门开时再向前迈半步，与主人相对。按门铃的时间不要太长，以响两三声为宜。等有人应声允许进入或主人出来迎接时方可进入。当主人开门迎客时，务必主动问好，互行见面礼节。若主人一方不止一人，则应按照先尊后卑、由近而远的礼仪惯例，向在场的人一一问候致意。进门之后，要脱下外套，摘下帽子、手套，同随身带的物品一起搁放到主人指定的地方，不要随意乱搁乱放。

在主人的引导下进入指定房间，不可擅自闯入；主人请你入座，应当称谢并照主人指定的座位与其同时入座。如果此时尚有其他客人在场，应当先问主人自己此时造访是否会影响对方。

主人招待的饮料，应慢慢品饮，不可作"牛饮"之状，也不要啜出声响。如果主人没有递烟或主人自己没有抽烟，则不能在其室内抽烟。

作为访客，要注意自尊自爱、以礼待人，并听从主人的安排。与主人及其家人交谈时，要慎重选择话题，切忌信口开河、出言无忌；与异性交谈，要讲究分寸；对主人家里的其他客人，要友好相待，不能在有意无意之间冷落对方，置之不理；若其他客人较多，也要以礼相待，一视同仁，切勿厚此薄彼，也不能反客为主、本末倒置；在别人的住处或工作地点，不能随意脱衣、脱鞋、脱袜，也不能指手画脚，嚣张放肆；未经主人允许，不可四处乱闯、乱放、乱动别人的物品。

应用案例 4-4

阿希到北京找工作，暂时借住在朋友阿立家。阿立特意为他准备了一个房间。阿希每天早上在阿立上班前起床，收拾好自己住的屋子，下楼时顺便把客厅的垃圾带出门。如果晚上回来早，他就主动做饭，如果阿立下班时他还未赶回来，一定会及时打电话或发短信告诉阿立："我晚一会儿再回，你先吃饭，不用等我。"阿希欣赏阿立收藏的工艺品之前，一定会征求阿立的同意；每次看完阿立的书报，一定会归放原位；看到阿立家卫生间的纸用完了，阿希回来时特地买了几大卷。两周后，阿希找到工作和房子，和阿立告别。阿立真心地说："这些天，我已经习惯你在家住了，你一走，还真的会很想你呢！"

（资料来源：逸影编著．百分礼仪从零学［M］．北京：中央民族大学出版社，2012：215）

3. 适可而止

拜访的时间不宜拖得太久，应具有良好的时间观念。当宾主双方谈完该谈之事、叙完应叙之谊后，就应及时起身告辞，避免影响主人既定的工作、生活安排。一般情况下，礼节性拜访，尤其是初次登门拜访时，应把时间控制在一刻钟至半小时之内；即使是熟人之间，拜访时间也不宜超过两个小时。遇到以下情况时，访客就应及时告辞：一是宾主双方话不投机，或是主人反应冷淡，甚至爱答不理的时候；二是虽然主人貌似认真，但却反复看表的时候；三是主人抬起双肘、双手支于座椅扶手的时候。

4. 告辞有方

告辞的时候也要讲究方式方法。告辞之前，不要显出急不可耐的样子，且最好不要在主人或其他人说完一段话之后告辞，这会让人误以为你对别人的话听得不耐烦了，所以恰当的告辞时间是在自己说完一段话之后。同时，告辞时千万不要打哈欠、伸懒腰，显得不耐烦。若在场的客人很多，自己必须早走，应悄悄向主人告辞，并表示歉意，不要大声道别，以免惊动其他客人。如果被其他客人发现，则应向对方礼貌道别，对稍远的客人也可以挥手告辞。

主人出门相送时，应请主人留步并道谢；出门离开一段距离后，应回首再向送行的主人致意"再见"。意邀主人回访，可在同主人握别时提出邀请。

第三节 迎送礼仪

导入案例
DAORUANLI

某集团公司汪总经理准备在 12 月 23 日接待英国的威廉姆斯先生。正在他着手安排具体接待工作时，威廉姆斯先生打来电话，因特殊情况要推迟到 25 日才能抵达，问汪经理是否可以，并再三对改期表示歉意。汪总经理 25 日需要到省城参加会议，但还是答应了对方，25 日安排专人接待，26 日同威廉姆斯会面，并把接待任务交给了毕业于文秘专业的公关部经理焦小姐。

焦小姐立即着手收集有关资料，并制订了详尽的接待计划。25 日下午，焦小姐在机场迎接威廉姆斯先生，并用一口纯熟的英文做了自我介绍。在陪同威廉姆斯先生乘轿车去宾馆的路上，焦小姐介绍了沿途的风光及特色建筑。到了宾馆，威廉姆斯先生被眼前的景色惊呆了：圣诞树被五彩缤纷的灯饰装饰得格外绚丽，餐桌上布满了丰盛的圣诞食品。威廉姆斯先生非常兴奋。进餐中，服务人员手捧鲜花和生日贺卡走进来呈给他，原来这天正是威廉姆斯先生 55 岁生日。焦小姐举起手中酒杯对他说："我代表公司及汪总经理祝您圣诞节快乐、生日快乐！"威廉姆斯兴奋地说道："谢谢你们为我举办了这么隆重的圣诞晚宴及生日宴会，你们珍贵的友谊和良好的祝愿我将终生难忘。"

26 日汪总经理由省城返回，双方有关合作业务洽谈得非常顺利。客人回国时，再三向焦小姐及公司对他的接待表示感谢。

（资料来源：杨眉主编．现代商务礼仪［M］．大连：东北财经大学出版社，2000）

请根据以上信息，完成以下任务：

1. 焦小姐组织的这次接待工作为什么取得了良好的效果？

2. 结合案例，分析在接待工作中应注意哪些方面的迎送礼仪？

知识分析
ZHISHIFENXI

迎来送往，是社会交往接待活动中最重要的环节，是表达主人情谊、体现礼貌素养的重要方面。热情友好地欢迎来客，可以给客人留下良好的第一印象。周到、礼貌地送别宾朋，可以给客人留下美好的回忆，为以后的往来奠定基础。因此，懂得迎送礼仪非常重要。

▶▶ 一、迎接礼仪

（一）迎接的准备

1. 掌握基本情况

在迎接客人前，首先应了解客人的背景资料，如他的身份、性别、年龄、习俗以及来访性质等。必要时还需要了解其婚姻、健康状况，以及政治倾向和宗教信仰。

2. 制订具体计划

为了避免疏漏，接待方应制订详尽的接待计划，以便按部就班地做好接待工作。

3. 确认抵达时间

有时候，客人来访时间或因其健康状况，或因紧急事务缠身，或因天气变化、交通状况等影响，难免会有较大变动。因此，接待者务必要在对方正式启程前与其再次确认一下抵达的具体时间，以便作进一步安排。

4. 装饰待客环境

为了迎接每一位客人包括不速之客，平时应当把办公室、会客室以及家里的客厅收拾干净、布置整齐，以便给客人留下良好的"第一印象"。

如果是在家中会客，应将家中收拾洁净，并且备好烟、茶、果、点，让客人感受到你的热情；着装要整齐得体，女主人还可略施淡妆，这也是对客人的礼貌。如果是在办公场所会客，应将会客室收拾干净、布置整齐。可在会客室放一些盆栽，使会客室显得井井有条、生机盎然。如果没有专门的会客室，也应在办公室中腾出一个比较安静的角落来，让来客一进门就有个坐处，可以从容地讲话。

☀ 应用案例4-5

周恩来总理病重的时候，工作还是很忙，但他常常还要带病接待外宾。后来，他病得双脚也肿了起来，原先的皮鞋、布鞋都不能穿了。平时，只能穿着拖鞋在病房里散步。不久，又有一次重大的外事活动，周总理坚持要参加。他身边的工作人员心疼总理，对他说："总理，您就穿着拖鞋接待外宾吧。那样做，外宾也是能理解的。"总理摆了摆手，慈祥而又严肃地对身边的工作人员说："不行！不行！接待外宾，要讲究礼貌嘛！你要懂得：在社交场合，就是不能放纵自己，不能太随便！我不能为了自己的舒服，而忽略了应有的礼节啊！"后来，工作人员为他特制了一双很大的鞋，在接待外宾时穿。

（资料来源：余玫编著．现代礼仪实训［M］．成都：四川大学出版社，2011：106）

（二）迎接的礼节

1. 热情迎接

客人在约定时间到达，主人应根据情况亲自或派人到大门口、楼下、办公室或住所门外提前迎接。最好夫妇一同前往，女主人在前，男主人在后，不宜在房中静候；如果客人突然临门，也要热情相待。若室内未清理，应致歉并适当收拾，但不宜立即打扫，因为打扫有逐客之意。实在不方便接待客人，可向客人耐心地解释原因并致歉；若是外地来客，主人应驱车或派车到车站、机场、码头去迎接。接客一定要提前到达，使客人一出站，便见到迎接的人，这会使他十分愉快，绝不可迟到。对身份较高的贵宾，应进站迎接，并安排到贵宾室稍事休息。

2. 问候寒暄

见到客人，主人应主动上前握手，热情招呼，问候寒暄。如果客人手提重物，应主动帮忙，对长者或体弱者可上前搀扶。进入室内应把最佳位置让给客人坐。如果客人是初次来访，应向家人或其他客人作介绍。主人要面带微笑，步履轻盈，不能有疲惫心烦之相。

3. 敬茶敬烟敬点

一般情况下，来客若是男士，落座后可立即敬烟。敬烟忌用手直接取烟，应打开烟盒弹出几支递到客人面前请客人自取。敬烟不能忘了敬火。冲泡茶时首先要清洁茶具，每杯茶斟至杯高的 2/3 为宜。敬茶时应先敬尊长者，双手捧上，放在客人右手上方。如果备有茶点，则应将盘子递到客人面前，请客人自用。

4. 陪客交谈

客人坐下，奉敬烟茶点心之后，主人应及时与之交谈。话题内容可根据实际情况而定，一般来说应谈一些客人熟悉的事情。若无法陪客人交谈，可安排身份相当者陪同或提供报纸杂志、电视等供客人消遣。切不可出现主人只管自己忙，把客人晾在一旁的现象。

（三）位次的排列

1. 座次

有来宾访问，一般都要使用接待室或会议室，座次通常依照面门为上，以右为尊的原则。有几种情形要注意：第一，采用"相对式"就座时，面朝门的位置为上。采用"并列式"就座时，以右为上。采用"围坐式"就座时，居中为上。离房门较远的位置为上，以材质最好、最高、最舒适的位置为上。第二，若未及主人引座，来宾已自行就座，则应顺其自然，不作强求。

2. 引导

规范的引导礼仪有以下几个方面：

（1）行进中的位次排列

①行路

常规做法有两个不同的方面：与客人并排行进时，内侧高于外侧，中央高于两侧，一般让客人走在中央或内侧；与客人单行行进时，即一条线行进时，标准的做法是行于后方，以前方为上，如果没有特殊情况的话，应该让客行进。

②楼梯

上下楼梯时，首先要单行行进。上下楼梯时因为楼窄，并排行走会阻塞交通。没有特殊原因，应靠右侧单行行进。引导客人上下楼梯：上楼梯时，客人走前面，陪同者紧跟后面；下楼梯时，陪同者走前面，并将身体转向客人。但如果陪同接待的客人是一位女士又身着短裙，在这一情况下，接待陪同人员要走在女士前面，不要让女士高高在上，因为女士穿着短裙高高在上有可能会出现"走光"的问题。

③电梯

当出入无人值守的升降式电梯时，一般宜请客人后进，引导者先进、后出。进入有人管理的电梯，引导者应后进后出。如果乘坐自动扶梯，则礼仪要求和走楼梯一致。

④进门

无论进出什么样的门，总的原则是：轻拉、轻推、轻关。引导人员一定要口手并用，运用手势要规范，进出门前上前几步，引导的同时要说"您请这边走""请各位小心台阶"等提示语。引导人员要注意下面的情况：如果门是朝里开的，引导者要先入内拉住门，侧身请客人进入；如果门是朝外开的，引导者应打开门，请客人先进；如果陪客人走的是旋转式大门，引导者要先迅速过去，在另一边等候。

（2）乘汽车的位次排列

①双排四座轿车

若引导者与来宾同行，宾主不同车时，一般是引导者的车在前，来宾的车在后；宾主同车时，来宾先上后下，引导者先下后上。

当主人驾车时，其座次由尊而卑依次应为：副驾驶座、后排右座、后排左座。当专职司机驾车时，其座次由尊而卑依次应为：后排右座、后排左座、副驾驶座。

②双排五座轿车

当主人驾车时，其座次由尊而卑依次应为：副驾驶座、后排右座、后排左座、后排中座。当专职司机驾车时，则其座次由尊而卑依次应为：后排右座、后排左座、后排中座、副驾驶座。

③双排六座轿车

当主人驾车时，其座次由尊而卑依次应为：前排右座、前排中座、后排右座、后排左座、后排中座。当专职司机驾车时，则其座次由尊而卑依次应为：后排右座、后排左座、后排中座、前排右座、前排中座。

④三排七座轿车

当主人驾车时，其座次由尊而卑依次应为：副驾驶座、后排右座、后排左座、后排中座、中排右座、中排左座。当专职司机驾车时，则其座次由尊而卑依次应为：后排右座、后排左座、后排中座、中排右座、中排左座、副驾驶座。

⑤三排九座轿车

当主人驾车时，其座次由尊而卑依次应为：前排右座、前排中座、中排右座、中排中座、中排左座、后排右座、后排中座、后排左座。当专职司机驾车时，则其座次由尊而卑依次应为：中排右座、中排中座、中排左座、后排右座、后排中座、后排左座、前排右座、前排中座。

二、送别礼仪

送别，是留给客人良好印象的最后一项重要工作。不管你前面的接待做得多么周到，如果最后的送别让客人备受冷落，整个接待就会功亏一篑。做好送别工作，关键在于一个"情"字。具体而言，送别时应注意以下礼仪：

（一）提出道别

按照常规，道别应当由客人先提出来，假如主人首先与来客道别，难免会给人以厌客、逐客的感觉。客人离去时应是客人在前，否则有驱赶客人之嫌。

（二）送别用语

宾主道别，彼此都会使用一些礼貌用语表达对对方的惜别之情，简单、最常用的莫过于一声亲切的"再见！欢迎您再来！"除此之外，"您走好！""有空多联系！""多多保重！"等也是得体的送别用语。

（三）送别的表现

一般客人告辞离去，主人只需起身将其送至门口，说声"再见"即可。如果对方是常客，通常应将其送至门口、电梯门口或楼梯旁、大楼底下、大院门外。如果是初次来访的贵客，则要陪伴对方走得更远些。如果将客人送至电梯门口，则宜点头致意，目送客人至电梯门关合为止。若将客人送至大门口或汽车旁，则应帮客人携带行李或稍重物品，并帮客人拉开车门，开车门时右手置于车门顶端，按先主宾后随员、先女宾后男宾的顺序或客人的习惯引导客人上车，同时向客人挥手道别，祝福其旅途愉快，目送客人离去。在送别的过程中，接待者切忌流露出不耐烦、急于脱身的神态，以免给客人匆忙打发他走的感觉。

应用案例 4-6

1957年国庆节后，周总理去机场送外国客人离京。当那位客人的专机腾空起飞后，外国使节、武官的队列依然整齐，并对客人座机行注目礼。而我国政府的几位部长和位军队的将军却疾步离开了队列。他们有的想往车里钻，有的想去抽烟。周总理目睹这情况后，当即派人把他们叫回来，一起昂首向在机场上空盘旋的飞机行告别礼。待送走外国的使节和武官，总理特地把中国的送行官员全体留下来，严肃地给大家上了一课外国客人的座机起飞后绕机场上空盘旋，是表示对东道国的感谢，因此东道国的主人必须等飞机从视线里消失后才能离开，否则，就是礼貌不周。我们是政府的工作人员和军队的干部，我们的举动代表着人民和军队的形象，虽然这只是几分钟的事，但如果我们不加以注意，就很可能因小失大，让国家的形象受损。

（资料来源：陈姮.旅游服务礼仪［M］.大连：大连理工大学出版社，2015：140）

三、馈赠礼仪

馈赠，是指人们为了向他人表达自己的情意，将某种物品不求报偿、毫无代价地送给对方。在当今的人际交往中成为常见礼节之一。它是人与人之间相互尊重、相互祝贺或表示友好的一种形式。在恰当的时间和地点馈赠合适的礼物，可以恰到好处地向受赠者表达自己的友好、尊敬和某种特殊的情感，同时也能使对方满意、高兴，从而增进相互之间的感情和友谊。

（一）礼品的选择

1. 礼品的情感性

馈赠礼品要重视其情感意义。礼品作为友好的象征物，其意义并不在礼品本身，而在于通过礼品所传达的友好情意，这是馈赠礼品的基本思想，所谓"千里送鹅毛，礼轻情义重。"情义是无价的，情义是无法用金钱来衡量的。人们在选择礼品时，都是将其看作友情和敬意的物化，通过赠送礼品表达对对方的情谊和尊重。礼品如果能融进和体现了送礼人的情感，就是最好的礼而且可以起到睹物思人的效果。例如，将一双亲手制成的儿童毛衣送给亲友的孩子，将一本久购方得的书籍送给亲密的朋友等，会收到意想不到的效果。所以在选择礼品时，不能只着眼于礼品的价值，更要着眼于礼品所代表的情感和心意。

应用案例 4-6

故事发生在唐朝，当时云南一少数民族的首领为表示对唐王朝的拥戴，派特使缅伯高向太宗献天鹅。路过沔阳河时，好心的缅伯高把天鹅从笼里放出来，想给它洗个澡。不料，天鹅展翅飞向高空。缅伯高忙伸手去捉，只扯得几根鹅毛。缅伯高急得捶胸顿足，号啕大哭。随从们劝他说："已经飞走了，哭也没有用，还是想想补救的方法吧！"缅伯高一想，也只能如此了。到了长安，缅伯高拜见唐太宗，并献上礼物。唐太宗见是一个精致的绸缎小包，便令人打开，一看是几根鹅毛和一首小诗。诗曰："天鹅贡唐期，山高路途遥。沔阳河失宝，倒地哭号啕。上复圣天子，可饶缅伯高。礼轻情意重，千里送鹅毛。"唐太宗莫名其妙，缅伯高随即讲出事情原委。唐太宗连声说："难能可贵！难能可贵！千里送鹅毛，礼轻情意重！"

（资料来源：曾曼琼、刘家芬. 现代礼仪及实训教程［M］. 北京：化学工业出版社，2014：67）

2. 礼品的对象性

赠送礼品讲究因人而异，即所谓"宝剑赠侠士，红粉赠佳人"。在选择礼品时，务必要根据对象的国家、民族、年龄、性别、职业、兴趣的不同而选择不同的礼品。首先，根据双方不同的关系送不同的礼品。要区分是公务交往还是私人应酬，是新朋还是老友，是同性还是异性，是中国人还是外国人，是商务往来还是文化交流等等，不同的关系要选择不同的礼品。二是根据对方的兴趣爱好投其所好的选择礼品。三是目的不同馈赠的礼仪不同。例如，选择的礼品是用于迎接客人还是告别远行，是慰问看望还是祝贺感谢，是节假良辰还是婚丧喜庆等等，目的不同，用途不同，选择的礼品也大不相同。

3. 礼品的独特性

送人礼品，与做其他许多事情一样，是最忌讳"老生常谈"、"千人一面"的。选择礼品，应当精心构思，匠心独运，富于创意，力求使之新、奇、特。赠送具有独创性的礼品给人，往往可以令其耳目一新，既兴奋又感动，因为这等于是"特别的爱献给特别的你"。真是这样的话，赠送者在对方心目中往往也会因此"升值"。

4. 礼品的时尚性

赠送礼品应折射时代风尚。随着人们生活水准的提高和思想观念的转变，人们相互馈赠礼品也发生了质的变化和飞跃。从经济实用的物质型礼品向高雅、新潮的精神型礼品转化。"精神礼品"已成为当今人际交往中的一道亮丽的风景线。"精神礼品"主要包括：智力型，如报纸、杂志、图书、电脑软件等；娱乐型，如唱片、激光影碟、体育比赛门票、晚会展览会入场券等；祝贺型，如鲜花、节日贺卡、各种礼仪电报等；知识型，如介绍当地特色风物的书报、明信片等。

5. 尊重禁忌

送礼不当，不如不送。送礼时要尊重以下禁忌：

第一，要尊重由于风俗习惯、民族差异和宗教信仰等形成的禁忌。选择礼品不要凭自己"想当然"办事，要自觉地、有意识地避开对方的礼品禁忌，注意礼品的种类、色彩、图案、形状、数目和包装等。例如，在我国是不能将钟作为礼物送给老年人的，因为"送钟"和"送终"音同；不能给送英国人百合花和菊花，因为这两种花在英国象征死亡。

第二，要尊重个人的禁忌。每个人由于经历、兴趣和习惯的不同，可能形成个人的一些禁忌。选择礼品时，也要注意受礼对象的个人禁忌。例如，向一位丈夫刚刚去世的女士赠送一对情侣表，一定会勾起其伤心往事。

第三，要遵守国家的有关规定，不能选择违法违规的物品作礼品。例如，不能将涉黄、涉毒的物品作为礼品送人。许多国家对公务员接受礼品有明确的规定，送的礼品价值过重有行贿之嫌。

第四，所送礼品不能是旧的。除了古董字画、绝版书籍等"越老越贵重"的礼物，送其他礼品时应该是新的、从未使用或拆封的，因为没有人会喜欢"二手"礼品。

（二）礼品的赠送

1. 礼品馈赠的时机

（1）表示谢意敬意

当我们接受他人或某个组织的帮助之后应当表示感谢。如某位医生妙手回春治愈你多年的顽症；某个组织为你排忧解难等，此时为表示感谢和敬意，可考虑送锦旗，并将称颂之语书写在锦旗上。

（2）祝贺庆典活动

当友人和其他组织适逢庆典纪念之时，如某公司成立二十周年纪念，为表示祝贺，可送贺匾、书画或题词，既高雅别致又具有欣赏保存价值。

（3）应邀家中做客

我们经常会应邀到别人家中做客或者出席私人家宴。出于礼貌，应带些小礼品，如土特产、小艺术品、纪念品、水果、鲜花等。有小孩的可送糖果、玩具之类。

（4）适逢重大节日

春节、元旦等节庆日都是送礼的热季，组织可向公众、组织内部的员工等，适时地送上一份小小的礼物，对他们给予组织工作的关心和支持表示感谢，并希望继续得到他们的帮助。亲朋好友之间也可通过节日联络感情，此时也可选择适宜的礼品相赠。

（5）探视住院病人

公司的客人、员工生病或亲友患病住院，均应前去探视，并带上礼品。目前探视病人的礼品也不断地从"讲实惠"到"重情调"。以往送营养品、保健品，如今变为用多种水果包装起来的果篮和鲜花等。

（6）公共关系活动

组织开展公共关系活动时需向来宾赠送合适的礼品。公关礼品要与公共关系活动的目标一致，并且送礼的内容要与组织形象相符。例如，上海大众汽车公司赠给客人的汽车模型，上海大中华橡胶厂设计研制的轮胎外型的钢皮卷尺都是不错的公关礼品。

（7）遭受不测事件

世上难有一帆风顺之事。一个家庭或组织遇上不测事件之时，及时地送上一份礼物表示关心，更能体现送礼者的情谊。比如：对方遇上火灾、地震等灾难，马上去函或去电表示慰问，也可送上钱款相助。

2. 礼品馈赠的礼仪

（1）**精心包装**

送给他人礼品，尤其是在正式场合赠送于人的礼品，在相赠之前，一般都应当认真进行包装。礼品包装就像穿了一件外衣，这样才能显得正式、高档，而且还会使受赠者感到自己备受重视。在包装之前，还要除去礼物上的价格标签，同时要贴上写有自己祝词和签名的绸带或彩色卡片，以表示自己的诚意，同时还便于受礼者确认礼品的赠送人。

（2）**表现大方**

现场赠送礼品时，要神态自然，举止大方，表现适当。一般与对方会面之后，将礼品赠送给对方，届时应起身站立，走近受赠者，双手将礼品递给对方。礼品通常应当递到对方手中，不宜放下后由对方自取。若礼品过大，可由他人帮助递交，但赠送者本人最好还是要参与此事，并援之以手。若同时向多人赠送礼品，最好先长辈后晚辈、先女士后男士、先上级后下级，按照次序，依次有条不紊地进行。

（3）**认真说明**

赠送礼品时要辅以适当的、认真的说明。一是因何送礼，若是生日礼物，可说"祝你生日快乐"；二是表明态度，比如"这是我为你精心挑选的"、"相信你一定会喜欢"等；三是说明礼品的寓意，在送礼时，介绍礼品的寓意，多讲几句吉祥话，是必不可少的；四要说明礼品的用途，对较为新颖的礼品可以说明礼品的用途、用法。

应用案例 4-7

2005 年 4 月 29 日，连战访问北京大学，校方送给他一份特殊的礼物：母亲赵兰坤女士在 76 年前毕业于燕京大学的学籍档案和相片，其中包括在宗教系就读的档案、高中推荐信、入学登记表、成绩单等，大多是她亲笔写的字。在这份特殊的礼物面前，一贯严谨的连战先生也难掩内心的激动。他高举起母亲年轻时候的照片，然后放在面前细细端详，眼里泛着晶莹的泪光。这一刻，他满脸都是幸福的微笑。

（资料来源：高强.炎黄文化与中华民族凝聚力论纲［J］.西北大学学报（哲学社会科学版），2018，48（05）：137－147.有改动）

（三）礼品的接受

在社交场合当他人赠送礼品时，作为受赠者也应讲究接受礼品的礼仪，做到有礼、得体，以表示对赠礼者的重视和尊敬。

1. 欣然接受

对正常社交情况下的赠送礼物应落落大方的接受。在一般情况下，对他人诚心诚意赠送的礼品，只要不是违规的物品，最好的方式应该是大大方方、欣然接受为好。当赠送者向受赠者赠送礼品时，应起身站立双手接受礼品，然后伸出右手同对方握手，并向对方表示感谢。接受礼品时态度要从容大方恭敬有礼，不可扭捏失态，或盯住礼品不放和过早伸手去接，或拒不以手去接，推辞再三后才接下。

2. 启封赞赏

当场表示自己对所赠礼物的欣赏。接过礼品后如果条件容许，受赠者可以当面打开欣赏一番。这种做法在国际社会是非常普遍的。它表示看重对方，也很看重对方所赠的礼品。礼品启封时要注意动作文雅、文明有序，不要乱撕、乱扯，随手乱扔包装用品。开封后赠送者还可以对礼品稍作介绍和说明，说明要恰到好处，不应过分炫耀。受赠者可以采取适当动作对礼品表示欣赏之意并加以称道，然后将礼品放置在适当之处，并向赠送者再次道谢。切不可表示不敬之意或对礼品不屑一顾、说三道四、吹毛求疵。

3. 拒礼有方

一般情况下，对对方真心赠送的礼物不能拒收。但有时候，由于种种原因不能接受他人赠送的礼品时，要讲明原因婉言拒收。拒收对方的礼品，要讲究方式方法，依礼而行，要给对方留有退路，不要使对方产生误会和难堪。同时，还要握手表示感谢。

4. 有来有往

在接受赠礼方的礼品之后，受赠方切莫忘记"有来有往"。其办法之一，是应在适当之时回赠给对方适当的礼品。礼品的性质与档次，大体上可与对方的礼品相近或相仿。办法之二，是在接受礼品后，尤其是在接受较为珍贵的礼品后，应真诚地向对方道谢。除了应当场向赠送者正式道谢之外，还可在事后再度表达此意。常规的做法是在一周内致信、发邮件或打电话再次感谢对方，亦可在此后再次与对方相见时，提及自己很喜欢对方所赠送的礼品。

课后阅读

送花礼仪

鲜花，是一种高雅的礼品，赠花是一门浪漫的艺术。以花为礼，可以联系情感、增进友谊，极易表达微妙的感情和心愿，造成一种特殊的意境。

一、了解花的用途

花卉的用途很多，既具有实用价值，又具有审美价值。养花，可以净化空气、美化环境、陶冶性情、增加收入；送花，可以传递情感、增进友谊。花还可以代表地域，作为一个国家或城市的象征。

二、了解花的寓意

各种花卉被赋予一定的寓意，用以传递感情、抒发胸臆。送花首先要了解花的寓意（花语）。花语具有吉祥性、象征性、传统性、诗意性等特性。花语的基本内容就是祝愿福、禄、寿、喜，象征富贵、昌盛、健康、长寿、纯洁、无邪、喜庆、思念，长期延习，具有诗情画意。如考试及第誉为"折桂"，送别或赠别则称为"折柳"，奉献桃子祝老人长寿，赠石榴是愿新婚夫妇多子，至于"松、柏、竹、菊、莲"等，皆依其个性而各有明确固定的含义。

三、送花的时机与场合

鲜花因品种、类型、颜色和数量的不同，被人们赋予了不同的寓意，表达不同的情感。在送花时，应注意把握最佳时机，选择合适的场合。一年之中有许多节庆和令人难忘的纪念日，如春节、中秋节、情人节、母亲节、父亲节、生日、结婚、结婚纪念日、生产、探病等不胜枚举，都是赠花的好时机。

（一）恭贺结婚

送颜色鲜艳而富花语者佳，可增进浪漫气氛，表示甜蜜。一般选送红色或朱红色、粉红色的玫瑰花、郁金香、火鹤花、热带兰配以文竹、天门冬、满天星等；或选用月季、牡丹、紫罗兰、香石竹、小苍兰、马蹄莲、扶郎花等配以满天星、南天竹、花叶常春藤等组成的花束或花篮，既寓意火热吉庆，又显高雅传情，象征新夫妇情意绵绵、白头偕老、幸福美好。

（二）祝贺生子

送色泽淡雅而富清香者（不可浓香）为宜，表示温暖、清新、伟大。

（三）乔迁庆典

适合送稳重高贵的花木，如剑兰、玫瑰、盆栽、盆景，表示隆重之意。应选择鲜艳夺目、花期较长的花篮、花束或盆花，如大丽花、月季、唐菖蒲、红掌、君子兰、山茶、四季桔等，以象征事业飞黄腾达、万事如意。

（四）庆祝生辰

送诞生花最贴切，玫瑰、雏菊、兰花亦可，表示永远祝福。可依老人的爱好选送不同类型的祝寿花，一般人可送长寿花、百合、万年青、龟背竹、报春花、吉祥草等；若举办寿辰庆典的可选送生机勃勃、寓意深情、瑰丽色艳的花，如玫瑰花篮，以示隆重、喜庆。

（五）慰问探视

适合送剑兰、玫瑰、兰花，避免送白、蓝、黄色或香味过浓的花。要依病人脾气禀性而异。性格欢快的，可选用唐菖蒲、玫瑰；性格恬静的，可选用具有幽香的兰花、茉莉、米兰等盆花。

（六）丧事祭奠

适合用白玫瑰、白莲花或素花，象征惋惜怀念之情。

（七）节日问候

情人节（2月14日），通常以赠送一支红玫瑰来表达情人之间的感情。将一支半开的红玫瑰衬上一片形色漂亮的绿叶，然后装在一个透明的单支花的胶袋中，在花柄的下半部用彩带系上一个漂亮的蝴蝶结，形成一个精美秀丽的小型花束，以此作为情人节的最佳礼物。

母亲节（5月的第二个星期日），这是源自西方的母亲节，中国目前也较通行。2007年5月12日，全国政协委员李汉秋表示，已与45个全国政协委员联名呼吁设立中华母亲节，提议将孟母的生日即旧历四月十二日作为中国的母亲节。母亲节用花通常是以大朵粉色的香石竹（康乃馨）作为礼仪用花。它象征慈祥、真挚、母爱，因此有"母亲之花""神圣之花"的美誉。不同颜色康乃馨的寓意：红色康乃馨，用来祝愿母亲健康长寿；黄色康乃馨，代表对母亲的感激之情；粉色康乃馨，祈祝母亲永远美丽年轻；白色康乃馨，除具有以上各色花的意思外，还可寄托对已故母亲的哀悼思念之情。此外，萱草（金针花）作为母亲节的赠花，也很相宜。送花时既可送单支，也可送数支组成的花束，或做成造型优美别致的插花。

父亲节（6月的第三个星期日），通常以送秋石斛为主。秋石斛具有刚毅之美，花语是"父爱、能力、喜悦、欢迎"，代表"父亲之花"。其他如菊花、向日葵、百合、君子兰、文心兰等，其花语均有象征"尊敬父亲""平凡也伟大"的意义，也是不错的选择。如果他是一位年纪很大的老人家，最好送代表健康、长寿的观叶植物或小品盆栽，如松、竹、梅、枫、柏、人参榕、万年青等。

圣诞节（12月25日），通常以一品红作为圣诞花，花色有红、粉、白色，状似星星，好像下凡的天使，含有祝福之意。在这个节日里，可用一品红鲜花或人造花做成各种形式的插花作品，伴以蜡烛，用来装点环境，增加节日的喜庆气氛。

春节（阴历正月初一至十五），春节期间，走亲访友，送花已成为一种时尚。给亲友送花要选带有喜庆与欢乐气氛的剑兰、玫瑰、香石竹、兰花、热带兰、小苍兰、仙客来、水仙、蟹爪兰、红掌、金桔、鹤望兰等，具体送哪种还要根据对方爱好和正在开放的应时花而定。

▶▶ 四、送花的禁忌

（一）忌不解花语

在选择鲜花作为礼物时，至少要在其品种、色彩和数目等三个方面加以注意。

1. 鲜花品种禁忌。如在我国，牡丹表示富贵吉祥，百合寓意百年好合。在西方，玫瑰象征爱情，康乃馨则表示伤感或拒绝，单独送人时必须慎之又慎。菊、莲和杜鹃，在国内口碑甚佳，在涉外交往中却不宜用作礼品。菊花在西方系"葬礼之花"，用于送人便有诅咒之意。莲花在佛教中有特殊的地位，杜鹃则被视为"贫贱之花"，用于送人也难免发生误会。

2. 鲜花色彩禁忌。在我国，红色的鲜花是最受欢迎的喜庆之花，白色的鲜花则常用于丧礼。中国人颇为欣赏的黄色鲜花，是不宜送给西方人的，因为他们认为黄色暗含断交之意。巴西人认定紫色是死亡的征兆，故对紫色鲜花比较忌讳。

3. 鲜花数目禁忌。中国人讲究送花时数目越多越好，双数吉利。对西方人却不宜如此，他们认为只要意思到了，一支鲜花亦可胜过一束。只不过男士送鲜花给关系普通的女士时，数目宜单，否则便是指望与人家"成双成对"了。

（二）忌不顾场合

主要应考虑到赠花的形式应与场合相适应。比如祝贺庆典活动不宜送花束花环等；探望病人，不能送气味浓郁、色彩鲜艳的花，这些花给人强烈的嗅觉、视觉刺激，可能会影响病人的病情和医院的环境，应送较为淡雅的花；看望亲朋好友个人则不宜送篮花、盆花等。

（三）忌不懂习俗

在社交活动中，馈赠鲜花还要注意对方的民俗习惯和宗教禁忌，尤其是在涉外交往中，更应如此。在西方国家，除非表示绝交之意，一般不宜选用同色的鲜花送人；而在探病时，红白相间的花是不能送给病人的，因为这被看做是不吉利；向外国友人送花时，还要注意花的数目，若是给欧美客人送花，最好是奇数，但不能送13枝花，因为"13"这个数字被认为会带来厄运。给法国人送花的时候不能送菊花、杜鹃花及黄色的花；切忌送百合花给英国人，因为百合花在英国意味着死亡。

五、受花礼仪

（一）仪态大方

受花时，应起身站立，上身微倾，注视对方，面带微笑，双手接花。忌侧身面对，面无表情，动作鲁莽，单手接花。

（二）欣赏感谢

接过鲜花后，应仔细品味观赏，口中称道赞美，并表达真诚的谢意。

（三）妥善养护

致谢后，应将鲜花小心放置，科学养护。若是花束，应将其插入花瓶中养护；如是篮花或盆花，应放在向阳通风之处，随时注意洒水以保持花叶的新鲜和气味的清新。忌随手丢在桌上或放在地上，置之不理。

（资料来源：http：//blog. sina. com. cn/s/blog _ 61df4cc60100erry. html）

练习与思考

一、名词解释

介绍

拜访

馈赠

二、简答题

1. 简述介绍的基本规则。

2. 握手的次序是什么？握手时应注意哪些禁忌？

3. 简述名片交换的礼仪内容。

4. 简述送别礼仪的内容。

5. 简述礼品馈赠的时机。

三、思考题

假如你有重要的事情想请教恩师，你将如何登门拜访？

本章参考文献

1. 金正昆. 接待礼仪［M］. 北京：中国人民大学出版社，2009：109－112

2. 郭学贤. 现代礼仪［M］. 北京：北京大学出版社，2013：182－186

3. 张岩松. 现代交际礼仪（第三版）［M］. 北京：中国社会科学出版社，2006：121－125

4. 吴蕴慧. 现代礼仪实训［M］. 镇江：江苏大学出版社，2013：82－89

5. 曾曼琼、刘家芬. 现代礼仪及实训教程［M］. 北京：化学工业出版社，2014：

67－69

6. 周国宝、王环、张慎霞. 现代国际礼仪 [M] . 广州：华南理工大学出版社，2006：85－86

7. 余玫. 现代礼仪实训 [M] . 成都：四川大学出版社，2011：106－107

8. 朱燕. 现代礼仪学概论 [M] . 北京：清华大学出版社，2006：205－208

9. 胡碧芳、姜倩. 旅游服务礼仪 [M] . 北京：中国林业出版社，2008：70－71

10. 逸影. 百分礼仪从零学 [M] . 北京：中央民族大学出版社，2012：17

11. 广宇. 现代礼仪全集 [M] . 北京：地震出版社，2007：92－94

12. 高强. 炎黄文化与中华民族凝聚力论纲 [J] . 西北大学学报（哲学社会科学版），2018，48（05）：137－147.

13. 金正昆. 服务礼仪教程 [M] . 北京：中国人民大学出版社，2018：80－187

14. 陈姮. 旅游服务礼仪 [M] . 大连：大连理工大学出版社，2015：137－165

第五章　餐饮礼仪

知识要点	掌握程度	相关知识
宴会的概念、种类和组织礼仪、赴宴礼仪	理解和掌握	理解和掌握宴请的对象、时间、规格、菜谱的安排等、赴宴礼仪
中餐礼仪	理解和掌握	理解和掌握座次和桌次的安排、餐具的用法、点菜礼仪等
西餐礼仪	理解和掌握	理解和掌握西餐的座次和桌次以及餐具使用方法等

基本概念
JIBENGAINIAN

　　餐饮礼仪：是指人们在赴宴进餐过程中，根据一定的风俗习惯约定俗成的程序和方法，在仪态、餐具使用、菜品食用等方面表现出的自律和敬人的行为，是餐饮活动中需要遵循的行为规范与准则。

　　宴会：是国际国内社会交往中一种通行的较高层次的礼仪形式。一般把政府机关、社会团体举办的有一定规模的酒宴，称为宴会；私人举办的规模较小的成为筵席。

背景知识
BEIJINGZHISHI

　　中国人有句话叫"民以食为天"，由此可见饮食在中国人心目中的地位，因此中国人将吃饭看作头等大事。中国人注重菜肴的色、香、味、形、意俱全，而西方人注重菜肴的营养价值；在饮食过程中，中国人喜欢热闹，除非在正式的宴会上，中国人在餐桌上的礼仪相对较少，而西方人喜欢安静、幽雅的环境，礼仪也比较多一些；随着中西方社会交往活动的频繁，为了和谐友好相处，我们有必要来了解餐饮礼仪。餐饮礼仪是指人们在赴宴进餐过程中，根据一定的风俗习惯约定俗成的程序和方法，在仪态、餐具使用、菜品食用等方面表现出的自律和敬人的行为，是餐饮活动中需要遵循的行为规范与准则。

第一节　宴会礼仪

导入案例
DAORUANLI

粗心触犯了客人禁忌

某饭店中餐宴会厅，饭店总经理宴请西藏一位高僧。中午 11 点，一群人簇拥着西藏高僧步入厅堂，两名服务员上前迎接，引领客人入席，并麻利地做好了餐前服务工作。菜点是预订好的，按照程序依次上菜，一切服务在紧张有序地进行。食之过半，宾客要求上主食，三鲜水饺很快端上了桌面。在大家的建议下，高僧用筷子夹起一个水饺放入口中品尝，很快就吐了出来，面色仍旧温和的问："这是什么馅的?"服务员一听马上意识到问题的严重性，心里说坏了！事先忘了确认是否是素食。三鲜水饺虽是清真，但仍有虾仁等原料，高僧是不能食用的。忙向高僧道歉："实在对不起，这是我们工作的失误，马上给您换一盘素食水饺。"服务员马上通知厨房上了一盘素食三鲜水饺。由于是 VIP 客人，部门经理也赶来道歉。高僧说："没关系，不知者不为怪。"这次失误虽然很严重，由于高僧的宽容大度，才得以顺利解决了。

（资料来源：张永宁. 饭店服务教学案例 ［M］. 北京：中国旅游出版社.1999：137）

根据以上信息，完成以下任务：

1. 在宴请时，宴请者是否考虑了客人的忌讳问题？
2. "素食"和"清真"是一样的吗？

知识分析
ZHISHIFENXI

餐会或酒会是非常具有潜力的交际方式，也是现代商务人士用以款待同业、政界要人及重要客户的一种方法。无论在宴请或参加宴会时，如能恰如其分地运用礼仪，将使您处处受欢迎，受尊敬。

一、宴会的概念及种类

宴会是国际国内社会交往中一种通行的较高层次的礼仪形式。较高层次的礼仪形式。一般把政府机关、社会团体举办的有一定规模的酒宴，称为宴会；私人举办的规模较小的成为筵席。

宴会常用于庆祝节日、纪念日，表示祝贺、迎送贵宾等事项。宴会的场面一般比较庞大、隆重，能使人得到一种礼遇上的满足。不同的宴会有着不同的作用，概括来讲，宴会可以表示祝贺、感谢、欢迎、欢送等友好情感，通过宴会，可以协调关系，联络感情，消除隔阂，增进友谊，加强团结，求得支持，有利于合作等。

宴会的种类繁多。按规格可分为：国宴、正式宴、便宴、家宴等；按餐型可分为：

中餐宴会、西餐宴会、中西合餐宴会；按用途可分为：欢迎宴会、答谢宴会、国庆宴会、告别宴会、招待宴会；按时间可分为：早宴、午宴和晚宴；其他如鸡尾酒会、冷餐会、茶会都可列为宴会。

▶▶ 二、宴会组织礼仪

宴会具有很重要的礼仪作用，有严格的礼仪要求。宴请宾客是一种较高规格的礼遇，所以主办单位或主人一定要认真、周到地做好各种准备工作。

（一）确定宴请对象、范围、规格

宴请的目的一般很明确，如节庆聚会、贵宾来访、工作交流、结婚祝寿等。根据不同目的来决定宴请的对象和范围，即请哪些人，请多少人，并列出客人名单。在确定邀请对象时应考虑到客人之间的关系，以免出现不快和尴尬的局面。宴请规格的确定一般应考虑出席者的最高身份、人数、目的、主宾情况等因素。规格过低，会显得失礼、不尊重；规格过高，则造成浪费。

（二）确定宴请的时间、地点

宴请的时间和地点，应根据宴请的目的和主宾的情况而定，一般来说，宴请的时间安排应对宾主双方都较为合适为宜，最好事先征求一下主宾的意见，尽量为客人方便着想，避免与工作、生活安排发生冲突，通常安排在晚上6—8点。在时间的选择上还不宜安排在对方的重大节日、重要活动之际或有禁忌的日子和时间，例如，欧美人忌讳"13"，日本人忌讳"4"、"9"，宴请时间尽量避开以上数字的时日。宴请的地点也应视交通、宴会规格和主宾的情况而定，如是官方隆重的宴请活动，一般安排在政府议会大厦或客人下榻的宾馆酒店内举行；企事业单位的宴请，有条件的可在本单位的饭店或附近的酒店进行。

（三）邀请

邀请的形式有两种，一是口头的，一是书面的。口头邀请就是当面或者通过电话把活动的目的、名义以及邀请的范围、时间、地点等等告诉对方，然后等待对方答复，对方同意后再作活动安排。书面邀请也有两种方式，一种是比较普遍的发"请帖"；还有一种就是写"便函"，这种方式目前使用较少。书面邀请应注意以下礼仪：

1. 掌握好发送时间。国内邀请按被邀请人的远近，一般以提前3—7天为宜。过早，客人可能会因日期长久而遗忘；太迟，使客人措手不及，难以如期应邀。

2. 发请柬的方法。请帖上面应写明宴请的目的、名义、时间、地点等，然后发送给客人。请帖发出后，应及时落实出席情况，作好记录，以安排并调整席位，即使是不安排席位的活动，也应对出席率有所估计。

请柬行文要注意以下几个要点：

一是写清目的。明确目的就是要说明"为什么宴请"这件事情，一般的写法是，谨定于某年某月某日，在什么地方举行一个什么样的活动，然后敬请对方光临。

二是没有标点符号。一般的中文请柬行文不用标点符号。如图 5-1 所示：

×××先生（女士）：

　为庆祝我公司成立××周年，谨定于二〇一×年×月×日（星期×）下午×时在××酒店举行招待会。

　　敬请

光临

　　　　　　　　　　　　　　　　　　　　×××

　　　　　　　　　　　　　　　　　　　（主人姓名）

　　　　　　　　　　　　　　　　　二〇一×年×月×日

图 5-1　请柬行文样式

如果为国宾举行宴会，请柬上应印有国徽。较复杂的行文也可使用标点符号。

三是行文格式。行文格式如图 5-1 所示。当然，有一些小型的宴会或者是很熟的朋友聚会，就不一定要严格按此格式，可以简单写上，谨定于某年某月某日，举行一个宴会（招待会或家宴），即可。

四是文字措辞。请柬上的文字务必要简洁、清晰、准确，对时间、地点和人名等要反复核对，做到正确无误，万无一失。措辞要典雅、亲切、得体。例如不能把"敬备茶点"写成"有茶点招待"，不能把"寿终正寝"写成"死亡"，不能把"敬请光临"写成"准时出席"，不能把"谨此奉告"写成"特此通知"等等。另外不要把人家还没有结婚的写成了"夫妇"，或者人家丧偶的，也写上"夫妇"，引起对方触字伤怀，这就失礼了。

以上四个方面，任何一个环节都不可失礼，否则必将给个人或组织形象带来严重损失。总之，邀请无论以何种形式发出，均应真心实意，热情真挚。邀请发出后，要及时与被邀者取得联系，以做好客人赴宴的准备工作。

（四）菜谱的安排

宴会菜谱的确定，应根据宴会的规格，所谓"看客下菜"。总的原则应考虑客人的身份以及宴请的目的，做到丰俭得当。整桌菜谱应有冷有热，荤素搭配，有主有次，主次分明，既突出主菜，如鲍鱼、鱼翅等，以显示菜肴的档次，又配一般菜以调剂客人的口味，如特色小炒、传统地方风味菜等，以显示菜肴的丰富。具体菜肴的确定，还应以合适多数客人的口味为前提，尤其要照顾主宾的习惯。例如，不少外宾并不太喜欢我们的山珍海味，特别是海参；伊斯兰教徒的清真席，不用酒，甚至不用任何带酒精的饮料和猪肉；印度教不吃牛肉，满族人不吃狗肉，等等。所有这此忌讳，在选菜时都应该考虑到。

（五）席位安排礼仪

中餐宴会往往采用圆桌布置，通常 8—12 人为一桌。如果有两桌或两桌以上安排宴请时，排列桌次应以"面门为上，以近为大，居中为尊，以右为尊"为原则，其他桌次按照离主桌"近为主、远为次、右为主、左为次"的原则安排。

（六）宴请程序

迎客时，主人一般在门口迎接。官方活动除主人外，还有少数其他主要官员陪同主人排列成行迎宾，通常称为迎宾线，其位置一般在宾客进门存衣以后进入休息厅之前。与宾客握手后，由工作人员引入休息厅或直接进入宴会厅。主宾抵达后由主人陪同主宾进入宴会厅，全体宾客入席，宴会开始。若宴会规模较大，则可请主桌以外的客人先入座，贵宾后入座。若有正式讲话，可以一入席宾主双方即讲话，也可以安排在热菜之后甜食之前由主人讲话，接着由主宾讲话，冷餐会及酒会讲话时间则更灵活，吃完水果，主人和主宾起立，宴会即告结束。

▶▶ 三、赴宴的礼仪

宾客参加宴会，无论是代表组织，还是以个人身份出席，从入宴到告辞都应注重礼节规范。这既是个人素质与修养的表现，又是对主人的尊重。

（一）认真准备

接到邀请，能否出席应尽早答复对方，以便主人做出安排。一旦确定出席，就不要随意改动，万一遇到特殊情况不能出席时，尤其是作为主宾，要尽早向主人解释、道歉，甚至亲自登门表示歉意。应邀出席一项活动之前，要核实宴请的主人，活动举办的时间、地点，是否邀请配偶以及对服饰的要求。

出席宴会之前，一般应梳洗打扮。女士要化妆，男士梳理头发并剃须。衣着要求整洁、大方、美观，这会给宴会增添隆重热烈的气氛。如果参加家庭宴会，可给女主人准备一份礼品，在宴会开始之前送给主人。礼品价值不一定很高，但要有意义。

（二）按时抵达

按时出席宴会是最基本的礼貌，出席宴请活动，抵达的迟早、逗留时间的长短，在一定程度上反映对主人的尊重，应根据活动的性质和当地习俗掌握。迟到、早退、逗留时间，都被视为失礼或有意冷落。身份高者可略晚些到达，一般客人宜略早些到达。出席宴会要根据各地习惯正点或晚一二分钟抵达；我国则是正点或提前一二分钟抵达。出席酒会可以在请柬注明的时间内到达。抵达宴会活动地点，先到衣帽间脱下大衣和帽子，然后前往迎宾处，主动向主人问候。如果是庆祝活动，应表示祝贺。对在场其他客人，均应点头示意互致问候。

（三）礼貌入座

应邀出席宴会活动，应听从主人的安排，在进入宴会厅之前先掌握自己的桌次和座位。入座时注意桌上坐席是否写有自己的名字，不可随意入座。如邻座是长者或女士，应主动协助，帮助他们先坐下。入座后坐姿要端正，不可用手托腮或将双臂肘放在桌上。坐时应把双脚踏在本人座位下，不可随意伸出，影响他人。不可玩弄桌上的酒杯、碗盘、刀叉、筷子等餐具。

（四）注意交谈

坐定后，如已有茶，可轻轻饮用。无论是主人还是宾客或陪客，都应与同桌的人交谈，特别是左邻右座，不可只与几位熟人或一两人交谈。若不相识，可自我介绍。谈话要掌握时机，要视交谈对象而定。不可只顾自己一人夸夸其谈，或谈一些荒诞离奇的事而引人不悦。

（五）文雅进餐

宴会开始时，一般是主人先致祝酒辞。此时应停止谈话，不可吃东西，注意倾听。致辞完毕，主人招呼后，即可开始进餐。

进餐时要注意举止文雅，取菜时不可一次过多。盘中食物吃完后如果不够，可以再取。吃东西要闭嘴嚼，不可发出声响。要将食物送进嘴里，不可伸出舌头去接食物。嘴里有食物时不可谈话。剔牙时，要用手或餐巾遮口，不可边走动边剔牙。

应用案例 5-1

如此吃相

在与自己的同事一道外出参加一次宴会时，财政局干事王晓明因为举止有失检点，从而招致了大家的非议。

王晓明当时在宴会上为了吃得畅快，在开始用餐之后便一而再，再而三地减轻自己身上的"负担"。他先是松开自己的领带，接下来又解开领扣，松开腰带，卷起袖管，到了最后，竟然又悄悄地脱去自己的鞋子。尤其令人感到不快的是，王晓明在吃东西时，总爱有意无意地咂巴其滋味，吃得訇然作响，并且其响声"一波未平，一波又起，""一浪高过一浪。"

王晓明在宴会上的此番作为，不仅令他身边的人瞠目结舌，而且也叫他的同事们无地自容。大家就此纷纷指责王晓明，丢了自己的人，丢了单位的人，也丢了大家的人。

（资料来源：http://www.doc88.com/p－217659828079.html）

应用案例 5-2

用餐的细节不能忽视

一位刘小姐和一位姓张的男士在一家西餐厅就餐，男士小张点了海鲜大餐，刘小姐则点了烤羊排，主菜上桌，两人的话匣子也打开了，小张边听刘小姐聊起童年往事，一边吃着海鲜，心情愉快极了，正在陶醉的当口，他发现有根鱼骨头塞在牙缝中，让他不舒服。小张在心想，用手去掏太不雅了，所以就用舌头舔，舔也舔不下来，还发出喷喷喳喳的声音，好不容易将它舔吐出来，就随手放在餐巾上，之后他在吃虾时又在餐巾上吐了几口虾壳。刘小姐对这些不太计较，可这时男士想打喷嚏，拉起餐巾遮嘴，用力打了一声喷嚏，餐巾上的鱼刺、虾壳随着风势飞出去，其中的一些正好飞落在刘小姐的烤羊排上，这下刘小姐有些不高兴了。接下来，刘小姐话也少了许多，饭也没怎么吃。

（资料来源：http://www.doc88.com/p-217659828079.html）

（六）学会祝酒

举杯祝酒时，主人和主宾先碰，人多时可以同时举杯示意，不一定碰杯。祝酒时不可交叉碰杯。在主人和主宾祝酒、致辞时应停止进餐，停止交谈。主人和主宾讲话完毕与贵宾席人员碰杯后，往往到其他席敬酒，此时应起立举杯。碰杯时要注视对方，以示敬重友好。宴会上相互敬酒表示热烈的气氛，但切忌饮酒过量，一般应控制在本人酒量的1/3以内，不可饮酒过量失言失态。如不能喝酒，可以礼貌的声明，但不可以把杯子倒置。

（七）告辞致谢

宴会结束一般先由主人向主宾示意，请其做好离席准备，然后从座位上站起，这是请全体起立的信号。一般以女主人的行动为准，女主人先邀请女主宾离席退出宴会厅。告辞时应礼貌地向主人道谢。通常是男宾先向男主人告辞，女宾先向女主人告辞，然后交叉，再与其他人告辞。

席间一般不应提前退席。若确实有事需提前退席，应向主人打招呼后轻轻离去。

对主人的宴请表示致谢，除了在宴会结束告辞时表示谢意之外，若正式宴会，还可在2—3天内以印有"致谢"或"P.R"字样的名片或便函寄送或亲自送达表示感谢。有时私人宴请也需致谢。

第二节　中餐礼仪

导入案例
DAORUANLI

不卑不亢的服务小姐

盛夏的北戴河，是人们消夏度假的好地方，黄金海岸的某家宾馆住满了客人。一天，餐厅正在开午餐，餐厅座无虚席，服务员们都在紧张地为客人服务。这是一位男客人对正在服务的小王说："小姐，天太热了，我脱了上衣吃饭行吗？"小王一听，心里很生气：这个人怎么这么没有修养？她镇定片刻，从容答道："我们宾馆虽不像五星级酒店那样严格要求客人就餐必须衣冠整齐，但也有一个原则，就是客人穿着不能有伤大雅，如果您觉得脱上衣就餐很雅观的话，请自便。"王小姐不卑不亢、镇静自如的一席话，让这位无理取闹的客人无言以对，尴尬地笑了笑说："开个玩笑，小姐别介意，别误会！"说完安安生生地用餐了。

（资料来源：张永宁．饭店服务教学案例［M］．北京：中国旅游出版社.1999：133－134）

根据以上信息，完成下面有关任务：

1. 这位男客人在用餐时脱上衣的行为对吗？为什么？

2. 你认为小王的处理妥当吗？

知识分析
ZHISHIFENXI

中华饮食，源远流长。据文献记载，在周代，饮食礼仪已形成一套相当完善的制度，特别是经曾任鲁国祭酒的孔子的称赞推崇而成为历朝历代表现大国之貌、礼仪之邦、文明之所的重要特征。

作为汉族传统的古代宴饮礼仪，自有一套程序：主人折柬相邀，临时迎客于门外。宾客到时，互敬问候，引入客厅小坐，敬以茶点。客齐后导客入席，以左为上，视为首席，相对首座为二座，首座之下为三座，二座之下为四座。客人坐定，由主人敬酒让菜，客人以礼相谢。席间斟酒上菜也有一定的讲究：先敬长者和主宾，最后才是主人。宴饮结束，引导客人入客厅小坐，上茶，直到辞别。如今，这种传统宴饮礼仪在我国大部分地区仍保留完整，如山东、香港及台湾等。

清代受西餐传入的影响，一些西餐礼仪也被引进。如分菜、上汤、敬酒等方式也因合理卫生的食法被引入中餐礼仪中。中西餐饮食文化的交流，使得我国的餐饮礼仪更加科学合理。

现代较为流行的中餐宴请礼仪是在继续传统与参考国外礼仪的基础上发展而来的。

▶▶ 一、中餐座次和桌次的排列

在餐饮礼仪中，餐桌和席位的安排是十分重要的内容。它关系到来宾的身份及主人给予对方的礼遇，所以受到宾主双方的同等重视。因此，主人在安排中餐宴会时，一定要遵循安排桌面、席位的礼仪要求。

（一）桌次的安排

按照国际惯例，桌次高低以离主桌位置远近而定，右高左低。桌数较多时，要摆桌次牌，既方便宾、主，也有利于管理。

中餐宴会上的主桌有两种，一种是大圆桌，圆桌中央设花坛或围桌，宾主围桌而坐。另一种是长方形横摆桌，主宾面向众席而坐。主桌的作为应摆放名签。

桌次有主次之分，主桌的确定应以"面门为上，以远为大，居中为尊，以右为尊"为原则，其他桌次按照离主桌近为主、远为次，右为主、左为次的原则安排。

一般来说，台下最前列的 1 到 2 桌是为贵宾和第一主人准备的，一般的赴宴者最好不要贸然入座。

（二）座次的安排

各桌的主位可与主桌的主位相同，也可以方向相对。宴会的席位是指在同一桌上，座位有主次之分。一般情况下，对着门口的座位为主位，离门口最近的为次位，其他位次以离主位的远近而定主次，右主左次；也可以穿插安排，即主人的对面安排副主人，其余的座位分别以离主人和副主人远近而定主次，右主左次。如图5-2所示：

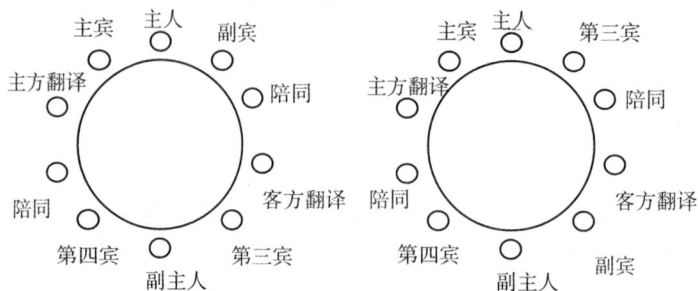

图 5-2 中餐座次安排

应用案例 5-3

客人埋单

小王的好朋友自远方来，小王很隆重地将朋友领到一家很高档的酒店吃饭，又招呼了几个哥们作陪。为了显示尊重，他执意让朋友坐在面对大门的最里面的座位上。朋友盛情难却，也只好坐在了那里。

饭快吃完时，朋友去了趟洗手间，小王也没有多想。吃过饭，小王准备结账时，服务员说他的朋友已经把帐结了。小王有点不高兴，责备他的朋友不该抢着结账，可是朋友说："你让我坐在这个位置上，我怎么能不结账呢？"小王不知道说什么才好。

（资料来源：http://www.doc88.com/p－217659828079.html）

▶▶ 二、中餐餐具的使用礼仪

中餐餐具即用中餐所使用的工具。在一般情况下，它又分主餐具与辅餐具两类。

（一）主餐具

主餐具是指进餐时主要使用的，必不可少的餐具。通常，用中餐时要使用的主餐具有筷、匙、碗、盘等。

1. 筷子

筷子是用中餐时必不可少的餐具。筷子的主要功能是用来夹取食物或菜肴。筷子看起来虽然毫不起眼，但其中的奥妙还是值得我们去探讨的。筷子的外形十分独特，也有一定的使用方法。

（1）正确使用筷子

标准的握筷姿势，过高或过低握筷或者变换指法握筷都是不规范的。

（2）使用筷子的忌讳

筷子是中餐中最主要的进餐工具。使用筷子，通常必须成双使用，握筷子姿势应规范，进餐时需要使用其他餐具时，应先将筷子放下。小孩往往会被告诫不许用筷子敲打碗盆。尤其是家里请客吃饭时更不能用筷子胡乱地敲打碗盆。一般认为，只有乞丐讨食时才会用筷子敲打碗盆。夹菜给客人时，在礼仪和卫生上，都得用公筷夹菜。筷子若掉在地上，是一种没礼貌的事，而且不能用来指人，或者放在口里含着。如果不小心把筷子碰掉在地上，可请服务员换一双。在用餐过程中，已经举起筷子，但不知道该吃哪道菜，这时不可将筷子在各盘菜中来回移动或在空中犹豫。在席间说话的时候，不要把筷子当道具，随意乱舞，或是用筷子敲打碗碟桌面，用筷子指点他人。不要用筷子叉取食物放进嘴里，或用舌头舔食筷子上的附着物，更不要用筷子去推动碗、盘和杯子。有时暂时离席，不能把筷子插在碗里，应把它轻放在筷子架上。餐毕，筷子应整齐地搁在靠碗右边的桌上，并应等众人都放下筷子后，在主人示意散席时方可离座，不可自己用餐完毕，便放下筷子离开。

2. 匙

匙又叫勺子。在用中餐时，它的主要作用是舀取菜肴、食物、尤其是流质羹、汤。有时，以筷子取食时，也可以勺子加以辅助。使用勺子，应注意的礼仪有：

一是暂不用勺子时，应置之于自己的食碟上。不要把它直接放在餐桌上，或是让它在食物之中"立正。"

二是用勺子取用食物后，应立即使用，不要把它再次倒回原处。

三是若取用的食物过烫，不可用勺子将其折来折去，也不要用嘴吹。

四是食用勺子里盛放的食物时，尽量不要把勺子塞入口中，更不能反复吮吸勺子。

3. 碗

在中餐中，碗主要是盛放主食、羹汤之用的。在正式场合用餐时，用碗的礼仪有：

一是不要端起碗来进食，尤其是不要双手端起来进食。

二是食用碗内盛放的食物时，应以筷、匙加以辅助，切勿直接下手取用，或不用任何餐具以嘴吸食。

三是碗内若有食物剩余时，不可将其直接倒入口中，也不能用舌头伸进去乱添。

四是暂且不用的碗内不宜乱扔东西。

五是不能把碗倒扣过来放在餐桌之上。

4. 盘

又叫盘子。稍小一些的盘子，则被称作碟子。盘子在中餐中主要用以盛放食物，其使用方面的讲究与碗略同。盘子在餐桌上一般应保持原位，不被搬动，而且不宜多个摞放在一起。在中餐中，有一种用途较为特殊的被称为食碟的盘子。食碟的主要作用是用来暂放从公用的菜盘里取来享用的菜肴。使用食碟是，需要注意的是：

一是不要一次取放的菜肴过多，看起来既繁乱不堪，又有欲壑难填之嫌。

二是不要将多种菜肴堆放在一起，弄不好它们会彼此"相克"，相互"窜味"，不好看，也不好吃。

（二）辅餐具

指的是进餐时可有可无、时有时无的餐具。它们主要在用餐时发挥辅助作用。最常见的中餐辅餐具有：水杯、湿巾、水、牙签等。

1. 水杯

主要供盛放清水、汽水、果汁、可乐等软饮料时使用。使用水杯需注意：一是不要用其盛酒，二是不要倒扣水杯，三是喝入口中的东西不能再吐回去。

2. 湿巾

比较讲究的场合，在中餐用餐前，会为每位用餐者上一块湿毛巾。湿巾只能用来擦手，绝对不可用以擦脸、擦嘴、擦汗。擦手之后，应将其放回盘中，由服务员取回。有时，在正式宴会结束前，会再上一块湿毛巾。与前者不同的是，它只能用来擦嘴，相同的是也不能用于揩脸、抹汗。

3. 水盂

有时，品尝中餐者需要手持食物进食。此刻，往往会在餐桌上摆上一个水盂，也就是盛放清水的小水盆。它里面的水兵不能喝，而只能用来洗手。在水盂里洗手时，不要乱甩、乱抖。得体的做法，是两手轮流沾湿指尖，然后轻轻浸入水中涮洗。洗毕，应将手置于餐桌之下，用纸巾擦干。

4. 牙签

主要用来剔牙用。用中餐时，尽量不要当中剔牙。非剔不行时，应以另一只手掩住口部。剔出来的东西，切勿当众观赏或再次入口，也不要随手乱弹，随口乱吐。剔牙之后，不要长时间叼着牙签没完。取用食物时，不要以牙签扎取。

▶▶ 三、中餐上菜的顺序

中餐的上菜顺序讲究：先凉后热，先炒后烧，咸鲜清淡的先上，甜味浓厚的后上，最后是饭菜。一个普通的宴席，通常有八到十道菜，宴席里大致顺序是：①茶水：在酒店或是家里招待客人，在开餐之前，因为要等待其他客人，所以先喝口茶或水，但不是必须的。②凉菜：也叫冷拼或是开胃菜。如凉拌海蜇皮，凉拌青瓜，皮蛋、乳鸽等。③主菜：即热炒。根据规模选用滑炒，软炒、干炸、爆、烩、烧、蒸、浇、扒等组合，如一般主菜通常是4、6、8等偶数，最豪华的宴会主菜可以达到16甚至32道。根据某些地区的风俗，七道菜是祭死人的。通常鱼头对着主宾，讨个吉利。④汤：根据客人的口味可以有咸汤和甜汤。⑤点心：一般宴会不供饭，而以糕、饼、各种面食、包子、饺子等。⑥水果：根据不同的季节上时令水果，尽量选取爽口的水果。

▶▶ 四、中餐点菜礼仪

点菜是一门学问，要兼顾个人财力及客人的饮食习惯。点菜数量以10人为例，一般十菜一汤比较合适，荤素比例应该是8：2或7：3，菜肴品种应注意各菜肴之间的特点，不能太单调，也不能太花哨，同时要照顾到饭桌上每个人的口味。

（一）菜单安排

根据中国的饮食习惯，与其说"请吃饭"不如说"请吃菜"。主人需要对菜单再三斟酌，优先考虑的菜肴有以下四类：

第一，有中餐特色的菜肴。宴请外宾时，这条一定要重视。像炸春卷、煮元宵、蒸饺子、狮子头、宫保鸡丁等，因为具有鲜明的中国特色，所以受到很多外国人的推崇。

第二，有本地特色的菜肴。如北京的全聚德烤鸭、西安的羊肉泡馍、河南的烩面等，脏当地宴请外地客人时，这些特色菜比千篇一律的菜肴更受欢迎。

第三，本店的特色菜。很多饭店都有自己的特色菜，上几道该饭店的特色菜，既能保证味道，又能表明主人的用心。

第四，主人的拿手菜。举办家宴时，主人一定要当众露一手，做几个拿手菜。其实，所谓的拿手菜不一定十全十美，只要是主人亲自动手，就足以让宾客感觉宴请者的诚意。

（二）点菜禁忌

安排菜单时，必须考虑客人的饮食禁忌，主要有以下四个方面禁忌需要注意：

第一，宗教饮食禁忌。世界上各种宗教都有各自特殊的饮食禁忌。例如：穆斯林通常不食猪肉和非诵安拉之名宰杀之物，并且不饮酒。国内的佛教在饮食上禁食荤腥之物，它不仅指的是不吃肉食，而且也包括了葱、蒜、韭菜、芥末之类吃起来气味刺鼻的食物。对此要事不求甚解，或是贸然范禁，会带来很大麻烦。

第二，地区饮食禁忌。不同时区人们的饮食偏好不同。例如，北方人喜欢吃面食；南方人爱吃米饭；四川人喜欢吃辣椒；江浙一带的人喜欢吃甜食；英美国家的人通常不吃宠物、稀有动物、动物内脏、动物的头部和脚爪。点菜时如果不考虑别人的喜好，则会引起不快。

第三，职业饮食禁忌。例如，驾驶员在工作期间不得饮酒；上班族不吃有刺激性的食物，如蒜、韭菜之类；脑力劳动者用脑多，活动量小，不宜摄入过多的脂肪食品如肥肉、动物内脏等，会使身体发胖，引发高胆固醇和高血脂病；高温作业者饮食不能太清淡，由于出汗多，在工作时流失大量水分和大量无机盐，若饭食过于清淡，无机盐代谢紊乱，会引起严重脱水甚至中暑。

第四，个人饮食禁忌。由于健康原因，有些客人对于某些食品有所禁忌，比如，心脏病、脑血管病、动脉硬化、高血压、中风后遗症的人，不适合吃狗肉；肝炎患者忌吃羊肉和甲鱼；胃肠炎、胃溃疡等消化系统不佳的人不适合吃甲鱼；高血压高胆固醇患者要少喝鸡汤等。

▶▶ 五、中餐进餐礼仪

宴会开始时，一般是主人先致祝酒辞。此时应停止谈话，不可吃东西，注意倾听。

致辞完毕，主人招呼后，即可开始进餐。

进餐时要注意举止文雅，嘴嚼食物时，不可发出声响；食物过热时，可稍候再吃，切勿用嘴吹；鱼刺、骨头、菜渣等不可直接外吐，要用餐巾掩嘴，用筷子取出，或轻吐在叉匙上，放在碟中。

用餐前应将餐巾打开扑在腿上，用餐完毕叠好放在盘子右侧，不可放在椅子上，亦不可叠得方方正正而被误认为未使用过。餐巾只能擦嘴不能擦面、擦汗等。服务员送来的香巾是擦面的，擦完后放回原盛器内。

若遇本人不能吃或不爱吃的菜品，当服务员或主人夹菜时，不可打手势，不可拒绝，可取少量放入盘中，并说："谢谢，够了"。对不合口味的菜，不要显示出难堪的表情。作为主人宴请时，席上不必说过分谦虚的话。对来华时间较长的外宾，不必说这是中国的名酒名菜。在给宾客让菜时，要用公用餐具主动让菜，切不可用自己的餐具让菜。

进餐时要细嚼慢咽，不能狼吞虎咽，否则个人留下贪婪的印象。不要发出怪异的声音，如喝汤时发出"咕噜咕噜"声，吃菜时嘴里"叭叭"作响，这都是粗俗的表现。餐桌上不要接打电话，不能吸烟，更不要当众修饰仪容，如梳理头发，化妆补妆，如确实需要，可去化妆间或洗手间修饰。不要宽衣解带、脱鞋脱袜等，不要随意拉开座位，四处走动。餐后不要不加控制地打饱嗝或嗳气。如果需要清嗓子、抠鼻子、吐痰等，须去洗手间解决。

在主人还没有示意结束时，客人不能离席。如有事确需先行离开，要向在座的人，尤其是主人告辞和表示歉意，说声"失陪了"或"对不起，我有事先行一步"等。

注意牙签的使用。在正式宴会中，不宜当众使用牙签，更不能用手指剔牙缝中的食物，如果感觉有必要时，可以直接到洗手间去除掉。在餐桌上必须用牙签时，最好以手掩口轻轻剔牙，而边说话边剔牙或边吃边剔牙都是不雅观的。

应用案例 5-4

用餐者的修养

李大鹏是一位外贸公司的业务经理，有一次，李先生因为工作上的需要，而在国内设宴招待一位来自英国的生意伙伴。有意思的是，那一顿饭吃下来，令对方最为欣赏的，倒不是李先生专门为其所准备的丰盛菜肴，而是李先生在陪同对方用餐时的一处细小的举止表现。用哪位英国客人当时的原话来讲就是："李先生，你在用餐时一点儿响声都没有，使我感到你的确具有良好的教养。"

（资料来源：http://www.doc88.com/p-217659828079.html）

应用案例 5-5

"左手接杯"引来的麻烦

焦春梅是一名白领丽人，她机敏漂亮，待人热情，工作出色，因而颇受重用。有一回，焦小姐所在公司派她和几名同事一道，前往东南亚某国洽谈业务。可是，平时向来处事稳重，举止大方的焦小姐，在访问那个国家期间，竟然由于行为不慎而招惹了一场不大不小的麻烦。

事情的大致经过是这样的：焦小姐和她的同事抵达目的地，就受到了东道主的热烈欢迎，在为他们的欢迎宴会上，主人亲自为每一位来自中国的嘉宾递上一杯当地特产的饮料，以示敬意。轮到主人向焦小姐递送饮料之时，一直是"左撇子"的焦小姐不假思索，自然而然地抬起自己的左手去接饮料，见此情景，主人骤然变色，对方没有把那杯饮料递到焦小姐伸过去的左手里，而是非常不高兴将它重重地放在餐桌上，随即理都不理焦小姐就扬长而去了，大家觉得非常的纳闷和不解。

（资料来源：http://www.doc88.com/p-217659828079.html）

第三节　西餐礼仪

导入案例
DAORUANLI

著名学者钱歌川先生曾经举过两个例子：

其一是在希特勒举行的一次宴会上，一位中国使节按照在国内进西餐的习惯，用餐巾去揩拭刀叉，殊不知这种做法极不礼貌，仿佛是责备刀叉不干净。希特勒见状，只得命令侍者将全体客人的餐具一律重新换过。

其二是李鸿章出使德国，应俾斯麦之邀前往赴宴，由于不懂西餐礼仪，他把一碗吃水果后洗手用的水端起来喝了。当时俾斯麦不了解中国虚实，见李鸿章将洗手水喝了，也只得将洗手水一饮而尽。见此情形，其他文武百官只得奉陪。

（资料来源：梁颖，陈杰峰．旅游礼仪［M］．上海交通大学出版社，2011：134）

1. 从上述案例中你有什么启发？
2. 作为客人应该如何避免才不会在餐饮礼仪中出现类似情况发生？

知识分析
ZHISHIFENXI

西餐是对西式饭菜的一种约定俗成的称呼。客观来说，西餐其实是一个十分笼统的概念。因为不论从形式上还是从内容上来看，西方各国的饭菜都存在着很大的差异，难以一概而论。然而在中国人眼里，除了与中餐在口味上相去甚远之外，西餐仍然具有两个基本的共性：一方面，他们都源自西方国家的饮食文化；另一方面，他们都必须使用刀、叉取食。凡具备此两点者，在我国皆可以西餐相称。东方与西方进餐的习惯多有不同，特别是正式的西餐宴会，规矩颇多，如果对此一无所知，难免贻笑大方。

随着中西文化交流的深入发展，西餐目前已经逐渐进入了中国人的生活，并且受到了一定程度的欢迎。在现代社会交往中，西餐目前已经逐渐进入了中国人的生活，并且受到了一定程度的欢迎。在现代社会交往中，不论人们究竟喜不喜欢吃西餐，都有可能与之"相逢"。所以，学习一些有关西餐的基本常识和礼仪是非常有必要的。

▶▶ 一、着装礼仪

参加正式宴会，或吃正餐，应当重视自己的衣着。到西餐厅不仅仅是为了去吃一顿饭，同时也要去感受一下它那优雅华丽的气氛。这种场合，穿牛仔裤、运动鞋、超短裙等就不合时宜，它会破坏那种庄重的气氛，而且，这对同席的人也是一种失礼。欧美的餐厅，会将这些穿着非正式服装的客人拒之门外。因此，应穿适合宴会性质的服饰，女士尽量着晚装，也可以着民族服装，应穿带跟皮鞋，男士着礼服、西服或中山装，应穿皮鞋发型要整齐，正式，要与服装搭配，不可太前卫，佩戴饰物要高雅，华贵，不可太怪异；女士应化妆，不化妆是对别人不礼貌的表现；注意体味，应选用适当的香水，不可太浓烈；携带合适的皮包，女士可携晚装包，不要携带与场合不符的包裹。此外，出席正餐一般不戴帽子，女士也不可围厚长围巾。

▶▶ 二、西餐座位礼仪

（一）西餐座次的安排原则

1. 恭敬主宾

在西餐中，主宾极受尊重。即使用餐的来宾中有人在地位、身份、年纪方面高于主宾，但主宾仍是主人关注的中心。在排定位次时，应请男、女主宾分别紧靠着女主人和男主人就座，以便进一步受到照顾。

2. 女士优先

在西餐礼仪里，女士处处备受尊重。在排定用餐位次时，主位一般应请女主人就座，而男主人则须退居第二主位。

3. 以右为尊

在排定位次时，以右为尊依旧是基本指针。就某一特定位置而言，其右侧之位理应高于其左侧之位。例如，应安排男主宾坐在女主人右侧，应安排女主宾坐在男主人右侧。

4. 面门为上

有时又叫迎门为上。它所指的是，面对餐厅正门的位子，通常在序列上要高于背对餐厅正门的位子。

5. 距离定位

一般来说，西餐桌上位次的尊卑，往往与其距离主位的远近密切相关。在通常情况下，离主位近的位子高于距主位远的位子。

6. 交叉排列

用中餐时，用餐者经常有可能与熟人，尤其是与其恋人、配偶在一起就座，但在用西餐时，这种情景便不复存在了。商界人士所出席的正式的西餐宴会，在排列位次时，要遵守交叉排列的原则。依照这一原则，男女应当交叉排列，生人与熟人也应当交叉排列。因此，一个用餐者的对面和两侧，往往是异性，而且还有可能与其不熟悉。这样做，据说最大的好处是可以广交朋友。不过，这也要求用餐者最好是双数，并且男女人数各半。如图 5-3 所示：

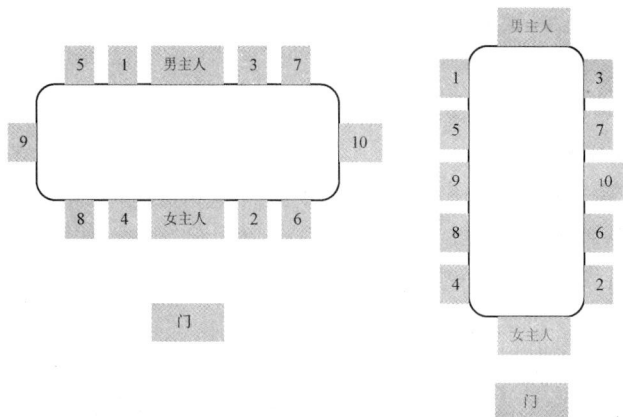

图 5-3　西餐座次安排

（二）席次的安排

在西餐用餐时，人们所用的餐桌有长桌、方桌和圆桌。有时，还会以之拼成其他各种图案。不过，最常见、最正规的西餐桌当属长桌。

（1）长桌

以长桌排位，一般有两个主要办法。一是男女主人在长桌中央对面而坐，餐桌两端可以坐人，也可以不坐人；二是男女主人分别就座于长桌两端。某些时候，如用餐者人数较多时，还可以参照以上办法，以长桌拼成其他图案，以便安排大家一道用餐。

（2）方桌

以方桌排列位次时，就坐于餐桌四面的人数应相等。在一般情况下，一桌共坐 8人，每侧各坐两人的情况比较多见。在进行排列时，应使男、女主人与男、女主宾对面而坐，所有人均各自与自己的恋人或配偶坐成斜对角。

（3）圆桌

在西餐里，使用圆桌排位的情况并不多见。在隆重而正式的宴会里，则尤为罕见。其具体排列，基本上是各项规则的综合运用。

（三）入座和坐姿礼仪

入座通常从左侧入座，一般应请女士先入座，然后男士再入座。如果服务员没有替女士拉椅的话，男士应为女士把椅子拉开，女士进入后，再把椅子推进。

吃西餐还应注意坐姿。坐姿要正，身体要直，脊背不可仅靠椅背，一般坐于座椅的四分之三即可。不可伸腿，不能跷二郎腿，也不要将胳膊肘放到桌子上，因为吃西餐忌讳"左右开弓",进餐过程中要将胳膊肘靠近身体。

三、西餐的上菜程序

西餐菜单上有四或五大分类,其分别是开胃菜、汤、沙拉、海鲜、肉类、点心等。应先决定主菜。主菜如果是鱼,开胃菜就选择肉类,在口味上就比较富有变化。除了食量特别大的外,其实不必从菜单上的单品菜内配出全餐,只要开胃菜和主菜各一道,再加一份甜点就够了。可以不要汤,或者省去开胃菜,这也是很理想的组合(但在意大利菜中,意大利面被看成是汤,所以原则上这两道菜不一起点)。

正式的全套餐点上菜顺序是:

1. 头盘。西餐的第一道菜是头盘,也称为开胃品。开胃品的内容一般有冷头盘和热头盘之分,常见的品种有鱼子酱、鹅肝酱、熏鲑鱼、鸡尾杯、奶油鸡酥盒、焗蜗牛等。因为是要开胃,所以开胃菜一般都有特色风味,味道以咸和酸为主,而且数量少,质量较高。

2. 汤。和中餐不同的是,西餐的第二道菜就是汤。西餐的汤大致可分为清汤、奶油汤、蔬菜汤和冷汤等4类。品种有牛尾清汤、各式奶油汤、海鲜汤、美式蛤蜊汤、意式蔬菜汤、俄式罗宋汤、法式焗葱头汤。冷汤的品种较少,有德式冷汤、俄式冷汤等。

3. 副菜。鱼类菜肴一般作为西餐的第三道菜,也称为副菜。品种包括各种淡、海水鱼类、贝类及软体动物类。通常水产类菜肴与蛋类、面包类、酥盒菜肴品都称为副菜。因为鱼类等菜肴的肉质鲜嫩,比较容易消化,所以放在肉类菜肴的前面,与肉类菜肴主菜有区别。西餐吃鱼菜肴讲究使用专用的调味汁,品种有鞑靼汁、荷兰汁、酒店汁、白奶油汁、大主教汁、美国汁和水手鱼汁等。

4. 主菜。肉、禽类菜肴是西餐的第四道菜,也称为主菜。肉类菜肴的原料取自牛、羊、猪、小牛仔等各个部位的肉,其中最有代表性的是牛肉或牛排。牛排按其部位又可分为沙朗牛排(也称西冷牛排)、菲利牛排、"T"骨型牛排、薄牛排等。其烹调方法常用烤、煎、铁扒等。肉类菜肴配用的调味汁主要有西班牙汁、浓烧汁精、蘑菇汁、白尼斯汁等。禽类菜肴的原料取自鸡、鸭、鹅,通常将兔肉和鹿肉等野味也归入禽类菜肴。禽类菜肴品种最多的是鸡,有山鸡、火鸡、竹鸡,可煮、炸、烤、焖,主要的调味汁有黄肉汁、咖喱汁、奶油汁等。

5. 蔬菜类菜肴。蔬菜类菜肴可以安排在肉类菜肴之后,也可以和肉类菜肴同时上桌,所以可以算为一道菜,或称为一种配菜。蔬菜类菜肴在西餐中称为沙拉。和主菜同时服务的沙拉,称为生蔬菜沙拉,一般用生菜、西红柿、黄瓜、芦笋等制作。沙拉的主要调味汁有醋油汁、法国汁、千岛汁、奶酪沙拉汁等。沙拉除了蔬菜之外,还有一类是用鱼、肉、蛋类制作的,这类沙拉一般不加味汁,在进餐顺序上可以作为头盘。还有一些蔬菜是熟的,如花椰菜、煮菠菜、炸土豆条。熟食的蔬菜通常和主菜的肉食类菜肴一同摆放在餐盘中上桌,称为配菜。

6. 甜品。西餐的甜品是主菜后食用的,可以算做是第六道菜。从真正意义上讲,它包括所有主菜后的食物,如布丁、煎饼、冰淇淋、奶酪、水果等。

7．咖啡、茶。西餐的最后一道是上饮料，咖啡或茶。喝咖啡一般要加糖和淡奶油。茶一般要加香桃片和糖。

四、刀叉等的用法

学习西餐礼仪时，掌握西餐餐具的使用方法是重点内容之一。在所有的西餐餐具中，餐刀、餐叉、餐匙、以及餐巾是最具有代表性的。以下分别对其进行介绍。

（一）刀叉

刀叉是人们对于餐刀、餐叉这两种西餐餐具所采用的统称。二者既可以配合使用，也可以单独使用。不过更多的情况下，刀叉都是配合使用的。

掌握刀叉的使用，需要具体了解刀叉的类别、刀叉的用法、刀叉的暗示等三个方面的知识。

1．刀叉的类别及摆放位置

在正规的西餐宴会上，菜肴是一道一道分别上桌的，而每吃一道菜肴，都需更换一副刀叉。也就是说，每吃一道菜肴时，都要配以专用的、不同类别的刀叉，决不可以从头到尾只使用一副刀叉，也不可以不加区分地胡拿乱用刀叉。

享用西餐正餐时，在每一位就餐者面前的餐桌上，都会摆放上专门供其个人使用的刀叉，如吃黄油所用的餐刀叉、吃鱼所用的餐刀叉、吃肉所用的刀叉和吃甜点所用的刀叉等。这些刀叉除了形状各异之外，还有具体摆放的位置。

吃黄油所用的餐刀是没有与之相匹配的餐叉的，它的正确位置，是横放在就餐者左手的正前方。

吃鱼和吃肉所用的刀叉通常应当是刀右、叉左分别纵向摆放在就餐者面前的餐盘两侧，方便就餐者依次分别从两边由外侧向内侧取用。

吃甜点所用的刀叉应最后使用，一般被横向放在每人所用的餐盘的正上方。

2．刀叉的使用

（1）正确持刀的方法

右手持刀，拇指抵刀柄一侧，食指按于刀柄上，其余三指弯曲握住刀柄。不用餐刀时，应将其横放在盘子的右上方。

（2）正确持叉子的方法

若叉子不与刀并用时，右手持叉取食叉齿向上。当刀叉并用时，右手持刀，左手持叉，叉齿向下叉住肉；肉被割下后，先把刀放下，叉换右手，用叉子叉上肉送到嘴里。

（3）刀叉并用方式

有英式和美式两种。英式的使用方法要求就餐者在使用刀叉时，始终右手持刀，左手持叉，一边切割一边叉而食之，这种方法显得比较文雅；美式的具体做法是右刀左叉，一鼓作气将要吃的食物全部切好，然后再把右手的餐刀斜放在餐盘的前面，将左手的餐叉换到右手，最后右手持叉就餐。

（4）使用刀叉时注意事项

使用刀叉就餐时，不管采用哪种方式均应注意以下几点：①切割食物时，不要弄的铿锵作响；②切割食物时，应当从左侧开始，由左向右逐步而行；③切割食物时，应当双肘下沉，前后移动，切勿左右开弓，把肘部抬得过高；④每块被切割好的食物大小，应当入口刚刚合适，一般应当以餐叉铲而食之，不可以用叉刀扎着吃，也不可以用餐叉叉起之后一口一口地咬而食之；⑤双手同时使用刀叉时，叉齿应当朝下，右手持叉进食时则应使叉齿朝上，临时将刀叉放下时，切勿使刀叉朝外；⑥如果刀叉掉落地上，一般不应继续使用，而应请侍者另换一副。

3. **刀叉的暗示**

通过刀叉的不同放置形式，可以由就餐者向侍者暗示本人是否还想再吃某一道菜肴。

（1）暗示尚未吃完

在进餐期间，就餐者如果将刀右叉左，刀刃朝内。叉齿朝下，二者呈"八"字形状摆在餐盘之上，就是暗示侍者，此菜尚未用完。

（2）暗示可以撤掉

就餐者如果吃完了某一道菜肴，或者因其不合适口味而不想再吃，则可以刀右叉左，刀刃朝内，叉齿向上并排纵放在餐桌上，或是刀上叉下并排横放在餐盘上。这种做法是在暗示侍者，可以将刀叉连同餐盘一道撤下桌去。

（二）餐匙

餐匙又叫做调羹。品尝西餐时，餐匙是一种不可缺少的主要餐具。在西餐中餐匙有两种，一是汤匙，其形状较大，通常被放在就餐者右侧刀的最外端，并且与餐刀并列排放；二是甜品匙，在一般情况下，它被放在吃甜品所使用的刀叉的正上方，并且与之并列。正确使用汤匙的方法：用右手拇指与食指持汤匙柄，手持汤匙，使其侧起，不要使汤滴在汤盘外面。餐桌上的小匙是用来调饮料的，无论喝什么饮料，用毕应将其从杯中取出，放入托盘。

使用餐匙时应注意以下几点：

1. 餐匙除了可以饮汤、用甜品外，决不可以直接舀取红茶、咖啡以及其他任何主食、菜肴。

2. 以餐匙取食时，务必不要过量。一旦入口就要一次用完，不要把一匙的东西反复品尝多次。

3. 使用餐匙的动作要干净利索，不要在汤、甜品或者红茶、咖啡之中搅拌不已。

4. 已经使用的餐匙不可再次放回原处，也不可将其插入菜肴或是放在汤盘、红茶杯、咖啡杯之中。正确的做法是将其暂放于餐盘上。

（三）餐巾

进餐时，餐巾可折起：反面对折，正面朝外；折缝朝身体一边，开口朝外；可以折成长方形或者三角形；平铺在大腿上。一般不要将餐巾挂在胸前（但在空间不大的地方，如飞机上也可以）。在吃西餐过程中，如果客人去接电话或者去洗手间，客人可以将餐巾随意折一下，自然放在椅背上。一般女孩子在喝酒之前，嘴巴上有口红，可以用餐巾擦嘴巴，但不可以用外擦，可以用里面擦；不可以拿餐巾檫餐具、杯子、汤匙、筷子，这是对餐厅的一种不尊重。

餐巾除了具有保洁服装、擦拭口部的作用，还有一大特殊的作用就是起到暗示的作用。

1. 暗示用餐开始。按惯例，享用西餐时，就餐客人均向女主人自觉看齐，当女主人为自己铺上餐巾时，一般等于正式宣布用餐开始。

2. 暗示暂时离开。用餐时若需要中途暂时告退，往往不必大张旗鼓地向他人通报，而只要把本人的餐巾置于自己座椅的椅背上即可。

3. 暗示用餐结束。当女主人把自己的餐巾放在餐桌上时，意在宣告用餐结束，其他客人见此情景均应自觉地告退。

应用案例 5-6

不知如何使用餐巾

王先生是第一次到西餐厅就餐，当他准备用餐时，他打开餐巾，挂在了自己的脖子上，像小孩子吃奶时用的小奶兜一样，津津有味地吃着，偶尔会有餐厅的客人看看他，他也没有意识到是怎么回事。

（资料来源：http://www.doc88.com/p-217659828079.html）

应用案例 5-7

出洋相

老张的儿子留学归国，还带了位洋媳妇回来。为了讨好未来的公公，这位洋媳妇一回国就诚惶诚恐地张罗着请老张一家到当地最好的四星级饭店吃西餐。

用餐开始了，老张为在洋媳妇面前显示出自己也很讲究，就用桌上一块"很精致的布"仔细地擦了自己的刀、叉。吃的时候，学着他们的样子使用刀叉，既费劲又辛苦，但他觉得自己挺得体的，总算没丢脸。用餐快结束了，吃饭时喝惯了汤的老张盛了几勺精致小盆里的"汤"放到自己碗里，然后河虾。洋媳妇先一愣，紧跟着也盛着喝了，而他的儿子早已满脸通红。

（资料来源：http://www.doc88.com/p-217659828079.html）

（四）酒杯、敬酒以及饮酒的礼仪

杯子有普通的白酒杯、香槟杯、白葡萄酒杯、红酒杯、果汁或喝水的杯子等等，拿高脚杯时，要用右手轻拿柄部分，慢慢地移到嘴边，而不要把嘴伸向酒杯，有的人习惯端酒杯时翘起小拇指，这往往会惹西方人讨厌。主人提议干杯时，即使不能喝酒的人也要喝一点，能喝的人可都喝掉。当敬酒时，如果女孩子手比较小，也可以稍微托一下，以右手为敬，左手托扶，酒杯放到与眼睛平视的地方，说："您好，初次见面，请多关照"。喝完之后，给对方一个回礼，然后再双手把杯子放在桌上就可以了。

饮酒时，不要把酒杯斟得太满，也不要对别人劝酒（这些都不同于中餐）。如刚吃完油腻食物，最好先擦一下嘴再去喝酒，免得让嘴上的油渍将杯子弄得油乎乎的。女士的口红如果留在杯沿上，应该用纸巾擦掉，而不能用餐巾或手指头擦掉。干杯时，即使不喝，也应将酒杯在嘴唇边碰一下，以示礼貌。

五、西餐进餐礼仪

1. 准时赴宴。西式宴会一般准时开始，因此，应邀赴宴决不能迟到，也不能到得太早。

2. 男女主人在门口恭迎。见到主人，只要与主人握手即可，不必过多寒暄。因为来宾将接踵而至，如跟主人聊天，不但不礼貌，而且有碍接待其他宾客。

3. 女士优先。入席时，男士应替身边的女士拉开椅子，请她入座后，自己再坐下；进餐时也要随时照顾女士。女士接收服务后，不要忘记向男宾道谢。

4. 宴会自始至终，来宾必须时刻注意女主人的举动，以免失礼。比如说，偶有迟到的客人入座，当她从座位上站起来迎接、招呼时，席上的男宾，也必须陪同站起来。每一道菜上来时，也要经女主人招呼，才能开始进食。

5. 在入席之前。每位客人的面前，摆着一条白色的西式餐巾，这是为了避免进食时弄污衣服的。在西方的家庭中，日常进餐，多将它塞在领口。但参加宴会时，都是放在膝上的。

6. 在家中招待客人时重要的一道菜多半由男主人端上，尤其是需要切分的禽类或烤肉。通常等到每个人面前都有了菜，女主人也拿起自己的叉子时，才一起进食。有时，由于客人太多，等久了怕菜凉了不好吃，女主人可能请客人们先吃，那时，也得等邻近的客人都有了菜再开始吃，这才符合礼仪。

7. 吃肉类时，有两种方法：一是边割边吃，一是先把肉块（如牛排）切好，然后把刀子放在食盘的右侧，单用叉子进食。肉饼、煎蛋、沙拉，都不用刀，只用叉。肉盘中如有肉汁，想吃的话，可用面包蘸着吃。吃面包不能用刀叉，只用手撕着吃。炸薯片、炸肉片、芹菜、芦笋等物，也不用刀叉，跟面包一样，可用手拿着吃，但取食时，仅限于用拇指和食指沾取，食后可用摆在面前的小手巾抹手。吃甜点时可用叉和匙。

8. 谈话时无需将刀叉放下，可以一面说着话，一面拿着叉子。如果客人把叉子放下，女主人可能意味他吃完那道菜了。

9. 女主人如果问客人是不是愿意再添一点菜。客人可借机表示欣赏女主人所做的菜。比如，当主人问客人："让我再给你一点牛排，好吗？"客人可以说："好，谢谢你，这牛排真好吃。"或者说："谢谢你，我不需要了，牛排是很好吃的。"

10. 和中国礼节一样，女主人要一直陪着吃得最慢的客人。在吃完所要吃的东西以后，就应该把刀、叉并排横放在盘子上。汤匙应留在汤碗中。如果碗底有碟子托着的话，就放在碗碟上。茶匙不可留在杯中，而应放在茶碟上。当想再喝一杯茶或咖啡时，茶杯、茶碟及茶匙应全部递给女主人。

11. 客人在进餐过程中离席，或在女主人表示吃饭结束之前离席都是不礼貌的；必须离席的话，则应请女主人原谅。当女主人表示宴会结束时，就从座位上起立，与此同时，所有的客人也应随着起立。按礼节来说，在女主人起立后，男客人应帮助她们把椅子归回原处。

六、吃西餐的禁忌

1. 在餐桌上不可擤鼻涕。西方人在人前打个喷嚏都要说声对不起，当着许多客人的面擤鼻涕是很不礼貌的。
2. 不可把餐巾挂在胸前（除非在飞机上，空间狭小），这是很不好看的。
3. 进食时要挺直身体，不可伏在桌上，做成一个饕餮者的样子。
4. 菜不可放在桌子的中间去，要放在桌子边上，以免吃时要弯着身子向前去吃。
5. 不可用手将碗碟端起来吃，喝汤可将盘子向外倾斜再以汤匙取食。
6. 不可用刀送食物入口，这不仅是怕割破嘴唇，而且是很不礼貌的。
7. 不可把吃剩的大快食物再放回碟子里，应先切碎后再来取食。
8. 饮食时绝不可有声音，嘴里发出"吧嗒"的响声是很粗俗的表现。尤其是喝汤，像牛饮一样喝出声，是要不得的。
9. 口里吃满了菜时，不可说话，如果别人向你说话时，也得等嚼完了再回答。
10. 在餐桌上不可使用牙签，必要时也得用手护住口来剔牙，但最好还是不用。
11. 喝茶或喝咖啡时，不可将匙放在杯中，应先取出后在喝。
12. 无论在什么地方饮食，决不可戴着帽子。
13. 用餐时禁止吸烟。
14. 不要跷二郎腿。
15. 不宜在餐厅化妆。
16. 食物热不要用嘴吹，吃进嘴里的东西不可再吐出。
17. 餐具掉了不要自己拾，应有服务员拾起。

应用案例 5-8

不谨慎的行为引起的尴尬

一天傍晚，巴黎的一家餐馆来了一群中国人，于是老板特地派了一名中国侍者为他们服务，交谈中得知他们是东北某县的一个考察团，今天刚到巴黎。随后侍者向他们介绍了一些法国菜，他们却不问菜的贵贱，一下子点了几十道菜。侍者担心他们吃不完，何况菜价不菲，但他们并不在乎。

点完菜，他们开始四处拍照，竞相和服务小姐合影，甚至跑到门外一辆凯迪拉克汽车前频频留影，还不停的大声说笑，用餐时杯盘刀叉的碰撞声，乃至嘴巴咀嚼食物的声音，始终不绝于耳，一会儿便搞的杯盘狼藉，桌子、地毯上到处是酒渍和污秽。坐在附近的一位先生忍无可忍，向店方提出抗议，要他们马上停止喧闹，否则就要求换座位。侍者把客人的抗议转述给他们，他们立刻安静了。看得出来，他们非常尴尬。

（资料来源：http://www.doc88.com/p－217659828079.html）

课后阅读

自助餐

自助餐是一种不分桌次、席次，由客人自行取用的一种进餐方式。它的具体做法是，不预备正餐，而由就餐者自作主张地在用餐时自行选择食物、饮料，然后或立或坐，自由地与他人在一起或是独自一人用餐。

自助餐礼仪，泛指人们安排或食用自助餐时所需要遵守的基本礼仪规范。具体来讲，自助餐礼仪又分为安排自助餐的礼仪与参与自助餐等两个主要的部分。

▶▶ 一、自助餐的优点

（一）免排座次

正规的自助餐，往往不固定用餐者的座次，甚至不为其提供座椅。这样一来，既可免除座次排列之劳，而且还可以便于用餐者自由地进行交流。

（二）节省费用

因为自助餐多以冷食为主，不是正餐，不上高档的菜肴、酒水，故可大大地节约主办者的开支，并避免了浪费。

（三）各取所需

参加自助餐时，用餐者碰上自己偏爱的菜肴，只管自行取用就是了，完全不必担心他人会为此而嘲笑自己。

（四）招待多人

每逢需要为众多的人士提供饮食时，自助餐不失为一种首选。它不仅可用以款待数量较多的来宾，而且还可以较好地处理众口难调的问题。

▶▶ 二、安排自助餐的礼仪

安排自助餐的礼仪，指的是自助餐的主办者在筹办自助餐时规范性做法，它包括以下四个方面的内容：

（一）备餐的时间

在商务交往之中，依照惯例，自助餐大都被安排在各种正式的商务活动之后，作为其附属的环节之一，而极少独立出来，单独成为一项活动。也就是说，商界的自助餐多见于各种正式活动之后，是招待来宾的项目之一，而不宜以此作为一种正规的商务活动的形式。

因为自助餐多在正式的商务活动之后举行，故而其举行的具体时间受到正式的商务活动的限制。不过，它很少被安排在晚间举行，而且每次用餐的时间不宜长于一个小时。

根据惯例，自助餐的用餐时间不必进行正式的限定。只要主人宣布用餐开始，用餐者可以随到随吃，大可不必非要在主人宣布用餐开始之前到场恭候。在用自助餐时，也不像正式的宴会那样，必须统一退场，不允许"半途而废"用餐者只要自己觉得吃好了，在与主人打过招呼之后，随时都可以离去，通常，自助餐是无人出面正式宣告其结束的。

一般来讲，主办单位假如预备以自助餐对来宾进行招待，最好事先以适当的方式对其进行通报，同时，必须注意一视同仁，即不要安排一部分来宾用自助餐，而安排另外一部分来宾去参加正式的宴请。

（二）就餐地点

1. 选择自助餐的就餐地点，大可不必如同宴会那般较真。重要的是，它既能容纳下全部就餐之人，又能为其提供足够的交际空间。

按照正常的情况，自助餐安排在室内外进行皆可。通常，它大多选择在主办单位所拥有的大型餐厅、露天花园之内进行。有时，亦可外租、外借与此相类似的场地。

2. 在选择、布置自助餐的就餐地点时，有下列四点事项应予注意：

（1）为用餐者提供一定的活动空间；

（2）除了摆放菜肴的区域之外，在自助餐的就餐地点还应划出一块明显的用餐区域。这一区域，不要显得过于狭小。考虑到实际就餐的人数往往具有一定的弹性，所以用餐区域的面积宁肯划得大一些；

（3）提供数量足够使用的餐桌与座椅；

（4）尽管真正的自助餐所提倡的，是就餐者自由走动，立而不坐。但是实际上，有不少就餐者，尤其是其中的年老体弱者，还是期望在其就餐期间，能有一个暂时的歇脚之处。因此，在就餐地点应当预先摆放好一定数量的桌椅。供就餐者自由使用。在室外就餐时，提供适量的遮阳伞，往往也是必要的。

3. 使就餐者感觉到就餐地点环境宜人

在选定就餐地点，不仅要注意面积、费用问题，还须兼顾安全、卫生、温湿度等问题。要是用餐期间就餐者感到异味扑鼻，过冷过热、空气不畅，或者过于拥挤，显然都会影响到对方对此次自助餐的整体评价。

（三）食物的准备

在自助餐上，为就餐者所提供的食物，既有其共性，又有其个性，它的共性在于，为了便于就餐，以提供冷食为主；为了满足就餐者的不同口味，应当尽可能地使食物在品种上丰富而多彩；为了方便就餐者进行选择，同一类型的食物应被集中在一处摆放。它的个性在于，在不同的时间或是款待不同的客人时，食物可在具体品种上有所侧重。有时，它以冷菜为主；有时，它以菜点为主；有时，它还可以酒水为主。除此之外，还可酌情安排一些时令菜肴或特色菜肴。

一般而言，自助餐上所备的食物在品种上应当多多益善。具体来讲，一般的自助餐所供应的菜肴大致应当包括冷菜、汤、热菜、点心、甜品、水果以及酒水等几大类型。

通常，常上的冷菜有沙拉、泥子、冻子、香肠、火腿、牛肉、猪舌、虾松、鱼籽、鸭蛋等等。常上的糖类有红菜汤、牛尾汤、玉黍汤、酸辣汤、三鲜汤等等。常上的热菜有炸鸡、炸鱼、烤肉、烧肉、烧鱼、土豆片等等。常上的点心有面包、菜包、热狗、炒饭、蛋糕、曲奇饼、克力架、三明治、汉堡包、披萨饼等等。常上的甜品有布丁、果排、冰淇淋等等。常上的水果有香蕉、菠萝、西瓜、木瓜、柑橘、樱桃、葡萄、苹果等等。常上的酒水则有牛奶、咖啡、红茶、可乐、果汁、矿泉水、鸡尾酒等等。

在准备食物时，务必要注意保证供应。同时，还须注意食物的卫生以及热菜、热饮的保温问题。

（四）客人的招待

招待好客人，是自助餐主办者的责任和义务。要做到这一点，必须特别注意下列环节：

1. 照顾好主宾

不论在任何情况下，主宾都是主人照顾的重点。在自助餐上，也并不例外，主人在自助餐上对主宾多提供的照顾，主要表现在陪同其就餐，与其进行适当的交谈，为其引见其他客人等等。只是要注意给主宾留下一点供其自由活动的时间，不要始终伴随其左右。

2. 充当引见者

作为一种社交活动的具体形式。自助餐自然要求其参加者主动进行适度的交际。在自助餐进行期间，主人一定要尽可能地为彼此互不相识的客人多创造一些相识的机会，并且积极为其牵线搭桥，充当引见者，即介绍人。应当注意的是，介绍他人相识，必须了解彼此双方是否有此心愿，而切勿一厢情愿。

3. 安排服务者

小型的自助餐，主人往往可以一身而二任，同时充当服务者。但是，在大规模的自助餐上，显然是不能缺少专人服务的。在自助餐上，直接与就餐者进行正面接触的，主要是侍者。根据常规，自助餐上的侍者须有健康而敏捷的男性担任。他的主要职责是：为了不使来宾因频频取食而妨碍了同他人所进行的交谈，而主动向其提供一些辅助性的服务。比如，推着装有各类食物的餐车，或是托着装有多种酒水的托盘，在来宾之间巡回走动，而听凭宾客各取所需。再者，他还可以负责补充供不应求的食物、饮料、餐具等等。

三、参与自助餐礼仪

（一）排队取菜

用餐者吃自助餐时讲究先来后到，排队选用食物，不允许乱挤、乱抢、乱插队，更不允许不排队。

在取菜之前，先要准备好一只餐盘。轮到自己取菜时，应以公用的餐具将食物装入自己的餐盘之内，然后迅速离去。

（二）循序取菜

原则上按照生菜、色拉、主食、甜点、水果的顺序取菜，一次取 2－3 样。因此，在取菜时最好先在全场转上一圈，了解一下情况然后再去取菜。选用牛排、猪排、鱼排等食物时，需遵照西餐的礼仪食用。

（三）"多次少取"原则

适量地取自己爱吃的品种，多取几次无妨。盘子如果堆得太满，既不雅观，又会混淆原味。这样不仅会给人贪心的印象，还会减损食物的美味。

（四）避免外带

自助餐是用餐者在用餐现场自行享用，绝对不许可在用餐完毕后把食物携带回家。

（五）送回餐具

在一般情况下，自助餐大都要求用餐者在用餐完毕之后，自行将餐具整理到一起，然后一并将其送回指定的位置。在庭院、花园里享用自助餐时，尤其应当这么做。不允许将餐具随手乱丢，甚至任意毁损餐具。在餐厅里就座用餐，有时可以在离去时将餐具留在餐桌上，而由服务人员负责收拾。虽然如此，但是也应在离去前对餐具稍加整理为好，不要弄得餐桌上杯盘狼藉，不堪入目。自己取用的食物，以吃完为宜，万一有少许食物剩了下来，也不要乱丢、乱倒、乱藏，而应将其放在适当之处。

（六）照顾他人

在参加自助餐时，除了对自己用餐时的举止表现要严加约束之外，还需要与他人和睦相处。在用餐过程中，对于其他不相识的用餐者应当以礼相待。在排队、取菜、寻位以及行动期间，对于其他用餐者要主动加以谦让，不要目中无人，蛮横无理。

（七）积极交际

一般来说，参加自助餐时，吃东西往往属于次要的事，而与其他人进行适当的交际活动才是自己最重要的任务。因此，要主动寻找机会，积极地进行交际活动。首先，应当找机会与主人攀谈一番；其次；应当与老朋友叙叙旧；最后，还应当争取结识几位新朋友。

（八）吃自助餐时的失礼行为

1. 不要混用专用菜夹；
2. 不要使用已用过的餐具；

3. 不要在众多的食物面前犹豫再三，让身后的人久等；

4. 不要取菜时挑挑拣拣，甚至直接下手或以自己的餐具取菜；

5. 不要在主桌前交谈或吃食，妨碍他人。

（资料来源：http：//www.docin.com/p－535126113.html）

练习与思考

一、名词解释

餐饮礼仪

宴会

二、简答题

1. 宴会有哪些种类？宴会的桌次和座位安排应注意什么问题？

2. 赴宴需注意哪些礼仪？

3. 西餐的刀叉应如何正确使用？

4. 中餐和西餐分别有哪些进餐礼仪？

5. 西餐的餐具有哪些以及如何正确使用？

6. 西餐的忌讳有哪些？

三、论述题

根据所学知识，结合实际，谈谈在人际交往中如何正确使用宴会、中餐、西餐礼仪。

本章参考文献

1. 李欣 . 旅游礼仪教程 ［M］. 上海：上海交通大学出版社，2010：81－92

2. 王水华 . 公关与商务礼仪 ［M］. 东南大学出版社，2008：342－362

3. 孙三宝 . 社交礼仪恰到好处 ［M］. 北京：当代世界出版社，2005：211－215

4. 梁颖，陈杰峰 . 旅游礼仪 ［M］. 上海交通大学出版社，2011：129－137

5. 李成 . 酒店职业礼仪 ［M］. 北京：清华大学出版社，2017：120－121

第六章　通讯礼仪

教学重点

JIAOXUEZHONGDIAN

知识要点	掌握程度	相关知识
电话礼仪	理解并掌握	掌握接打电话的基本礼仪；掌握拨打电话、接听电话的礼仪；了解挂电话及公用电话的礼仪
手机礼仪	理解并掌握	掌握使用手机的一般礼仪；了解会议、安静场所、加油站、医院以及乘飞机时、就餐时的手机礼仪；理解并掌握使用短信时的礼仪
传真礼仪	了解	掌握使用传真的基本礼仪；了解发送传真及接收传真的礼仪
电子邮件礼仪	掌握	掌握邮件主题的礼仪；掌握邮件正文的礼仪；了解群发邮件及回复邮件的礼仪
即时通信礼仪	掌握	掌握即时通信的基本礼仪；了解微信使用时的礼仪；

基本概念

JIBENGAINIAN

通讯礼仪：就是指在人际交往中，人们利用电话、传真、电子邮件等各种通讯手段时，所应遵守的礼仪规范。

接打电话的基本礼仪：使用电话进行沟通，要像对待与他人的面谈一样谨慎、稳妥。不能因为只闻其声，不见其人，就口无遮拦，不守礼数。无论是打电话还是接电话，都应做到语调热情、大方自然、音量适中、表达清楚、简明扼要、文明礼貌。

手机礼仪：无论是在社交场所还是工作场合放肆地使用手机，已经成为礼仪的最大威胁之一。具体来说，手机礼仪就是指人们平常使用手机时应该注意的一些细节，涉及到手机的置放、拨打的时间、通话要顺畅等方面。

电子邮件礼仪：不仅展现个人的专业能力、沟通能力，更能体现为人处世的态度，是我们与他人交流沟通的重要方式，规范电子信函不仅是对他人的尊重，同时也体现自身的职业素养。

即时通信礼仪：是指人们在使用即时通信工具时所需要注意的礼仪规范和细节。

背景知识
BEIJINGZHISHI

现代社会乃是一个信息的社会，对于多数人士而言，信息就是资源，信息就是财富，信息就是生命，所以大家不约而同地对信息重视有加。目前，多种多样的现代化通讯工具层出不穷。它们的出现，为许多人士获取信息、传递信息、利用信息，提供了越来越多的选择。通讯，一般有其特定的含义。它是指人们利用一定的电讯设备，来进行信息的传递。被传递的信息，既可以是文字、符号，也可以是表格、图像。在日常生活里，在人际交往中，人们接触最多的通讯手段，当今主要有电话、传真、电子邮件等。通讯礼仪，通常即指在利用上述各种通讯手段时，所应遵守的礼仪规范。

第一节　电话礼仪

导入案例
DAORUANLI

林姝最近被一家香港公司的驻沪办事处招聘为秘书，能够进入这样一种从各方面来说条件都不错的环境中去锻炼、发展自己，她自然无比高兴。然而让她不曾想到的是，上班的头一天，就挨了顶头上司一顿"克"："小姐，你应该先去学一学怎样打电话。"林姝当时气得不得了，她心里想："你真是小瞧我了。我家十年前就装上了电话，平日我最爱打电话了，几乎天天都打。难道打了十年电话的我还不会打电话吗？"

可是林小姐并不知道，经常打电话的人未必就"会"打电话。准确地说，很有一些人是不知道如何正确地使用电话的。他们不知道，自己在打电话和接电话这同一件事情的两个侧面上所作的一切，都直接关系到自己在通电话时的交际对象随自己印象的好坏。

就拿林小姐来说吧，她之所以"克"是事出有因的：那天林小姐刚刚走进写字间，她的上司吩咐了一些事情让她办，然后就外出了。一刻钟之后，外面打进来一个电话，找的就是这位碰巧不在的上司。林小姐听了之后，便问对方："您是哪一位？您怎么称呼"待对方自报了家门，她又问对方："很抱歉，我的上司外出了。我记下了您的姓名。您还有什么事情需要我转告吗？"

从表面上看，林小姐的应对没有什么破绽，她的语言也没有明显的失礼之处。然而从电话礼仪的角度来看，她的回答绝对不会通话的另一方痛快。关键在于，她告诉对方自己的上司不在，说的虽是真话，可是在她的应对之中，说话的先后顺序却极不适当。她先问人家："您是哪一位"随后才告知："我的上司外出了。"这很有可能让对方产生这样的误解：林小姐的上司对待朋友是"看人下菜碟"，有亲有疏，存心不想亲自接电话，才让林小姐出来作"挡箭牌"的。这样的话，后果可想而知。

(资料来源：金正昆. 社交礼仪 [M] 北京. 北京联合出版社，2019：133—134)

请根据以上信息，完成以下任务：

1. 你认为林小姐怎么处理比较合适?
2. 接听电话的礼仪有哪些?

知识分析
ZHISHIFENXI

电话是目前最方便的一种沟通方式,省时、省力、快速沟通,同时也是一种不见面的沟通。看似只闻其声不见其人,其实你的声音、态度和语气等通过电话线已源源不断地传达给对方,给人留下完整深刻的印象,令人有如见其人的感觉。在人际交往中,电话不仅仅是一种传递信息、获取信息、保持联络的寻常工具,而且也是人们所在单位或个人形象的一个载体。"电话形象",是电话礼仪的主旨之所在。它的含义是:人们在使用电话时的种种表现,主要由其使用电话时的语言、内容、态度、表情、举止以及时间感等几个方面所构成的。良好的电话形象能够真实地体现出个人的素养、接人待物的态度及通话者所在单位的整体水平。因此,人们在社会交往中正确运用电话礼仪就显得尤为重要。

▶▶ 一、接打电话的基本礼仪

使用电话进行沟通,要像对待与他人的面谈一样谨慎、稳妥。不能因为只闻其声,不见其人,就口无遮拦,不守礼数。无论是打电话还是接电话,都应做到语调热情、大方自然、音量适中、表达清楚、简明扼要、文明礼貌。

(一)"铃声不过三"原则

听到电话铃声,应准确迅速地拿起听筒,最好在三声之内接听。电话铃声响一声大约3秒种,若长时间无人接电话,或让对方久等是很不礼貌的,对方在等待时心里会十分急躁,你的单位会给他留下不好的印象。但在电话铃声响起后,如果立即拿走,会让对方觉得唐突。一般在铃响三声时接听最适宜。如果确实很忙,可表示歉意,说:"对不起,请过10分钟再打过来,好吗?"如果因为客观原因不能及时接听,就应该在拿起话筒后先向对方做出适当的解释,如"很抱歉,让你久等了"等。这样来电者都会理解,并能感受到你的诚意。

(二)正确使用语言艺术

接打电话时要正确使用语言艺术,通话时,声音应当清晰而柔和,吐字应当准确,句子应当简短,语速应当适中,语气应当亲切、和谐、自然。注意电话问候语的运用及礼貌用语的使用,要认真倾听、注意保持清晰明朗的声音。

1. 正确运用问候语

电话问候语的正确使用不仅体现出对对方的尊重而且也反映出单位的高效率和严管理。在工作场合,接听电话时,首先应问候,然后自报家门。对外接待应报出单位名称,若接内线电话应报出部门名称。如:"您好,这里是×××公司"或您好,销售部办公室,我是×××"。

应用案例 6-1

接打电话时常使用的礼貌用语：

1. 您好！这里是×××公司×××部（室），请问您找谁？

2. 我就是，请问您是哪一位？……请讲。

3. 请问您有什么事？（有什么能帮您?）

4. 您放心，我会尽力办好这件事。

5. 不用谢，这是我们应该做的。

6. ×××同志不在，我可以替您转告吗？（请您稍后再来电话好吗?）

7. 对不起，这类业务请您向×××部（室）咨询，他们的号码是……。（×××同志不是这个电话号码，他（她）的电话号码是……）

8. 您打错号码了，我是×××公司×××部（室），……没关系。

9. 再见！

10. 您好！请问您是×××单位吗？

11. 我是×××公司×××部（室）×××，请问怎样称呼您？

12. 请帮我找×××同志。

13. 对不起，我打错电话了。

14. 对不起，这个问题……，请留下您的联系电话，我们会尽快给您答复好吗？

（资料来源：http://www.docin.com/p-671269996.html）

2. 清晰明朗的声音

通话中，要使用礼貌用语，学会倾听，注意音准、词清、言简、意明，要音量适中、及时应答，不大声喧哗，不讲脏话，不吞吞吐吐、含糊不清，不讲伤害对方的语言。在打电话时不要为自己的情绪所左右，要么亢奋激动，一上来就"力拔山兮气盖世"，像一位草莽英雄一般地大声吼叫，震耳欲聋；要么情绪低沉，断断续续，小声小气地如同"耳语"或"哀怨"一样，让对方干着急也听不清楚。另外，在打电话时绝对不能吸烟、喝茶、吃零食等，那些懒散的过于随便的姿势对方是能够"听"得出来的。

（三）保持心情愉悦

同样的语言，若使用的不同的语气表达出来，其所呈现的意义、透漏出来的信息和传送给对方的感觉，是迥然不同的。打电话时要保持良好的心情，这样即使对方看不见你，但是从欢快的语调中也会被你感染，给对方留下极佳的印象，由于面部表情会影响声音的变化，所以即使在电话中，也要抱着"对方看着"的心态去应对。这样会使双方心里感到很舒服，也会让双方都有一个好心情。

（四）认真记录

电话跟电视一样过去不留痕迹，虽然有这一缺点，可是在平时的社交活动中就是不能没有它，它越来越成为社交活动中的重要工具。

为了不再电话应对上有所疏忽或闪失，记录内容非常重要。但如果记下来的是错误的，那就没有任何意义了。因此，正确的记录就显得尤为重要了。电话的记录必须随时牢记 5WIH 技巧，所谓 5W1H 是指 When 何时（打来的时间），Who 何人（打来电话的人以及要找的人），Where 何地（在哪里），What 何事（什么事），Why 为什么，How 如何做。在工作中这些资料都是十分重要的。对打电话，接电话具有相同的重要性。电话记录既要简洁又要完备，有赖于 5WIH 技巧。

▶▶ 二、拨打电话的礼仪

拨打电话者就是这次电话交谈的主动行为者，肯定是有目的和原因的，或是告知对方事情或有求于对方，或进行节日问候等。

（一）拨打电话前的准备

在职场中我们可能会碰见这种情况：有的人接通电话之后，忘了数据，一会又找不到笔和纸，结果是不得不放下电话去查找一些数据或者找纸和笔，使得对方接电话的人一直等待；还有的人事先没有整理好思路，不清楚应该先说什么再说什么，在接通电话之后，东一句西一句地抓不住通话的要点，也很难让对方听明白打电话的最终目的。这些都是因为在拨打电话前没有做好准备造成的。如果在拨打电话前做好准备的话，会让自己的思路比较清晰，效率更高。

打电话之前，应静下心来想一下需要向对方说什么、怎么说，最好将所说事情的要点写在纸上，准备好相关资料，以免在打电话时有所遗忘。如果为了补充忘记说的事情而重新打电话，会给对方带来不必要的打扰。把对方的姓名、电话号码、通话要点等内容列一张清单，这样可以避免在谈话时出现缺少条理、现说现想的状况。清单内容一般包括：对方姓名、电话号码；打电话的目的；对于这件事我方的想法；希望对方给予什么帮助。

（二）拨打电话时间的选择

拨打电话应注意时间的选择，打电话的时间应当以对方为中心，白天最好选择在 7 点之后，夜间应当在 10 点之前。除了不要太早太晚打扰对方休息，最好也要避开饭点和午休，比如中午 12 点到 2 点，晚上 6 点，尽量别打电话。特别是深夜，一通电话甚至会给对方带来惶恐感和紧张感。如果事情不是特别紧急，建议发个短信或者隔天再打。

每周一的上午尤其是一大早最好不要打电话，因为经过一个周末，对方会有许多要处理的公务。下班的前几分钟打电话也不合适宜，因为快下班时也许还有些事情要处理，处理完还要下班回家，所以此时耽误对方的时间不合适。

如果有国际业务的单位，需要拨打国际长途电话时，应该注意地区的时差，我们中国白天的时间，恰巧是好几个国家的晚上人们睡眠时间，所以在拨打电话时要注意时差。

（三）通话时间的长短

要把握好通话时间，一般来说通话时间不应超过 3 分钟，这也就是"3 分钟原则"。对通话时间的基本要求是：以短为佳，宁短勿长，不是十分重要、紧急、烦琐的事务一般不宜通话时间过长。

一般来讲，在打电话时要贯彻 3 分钟原则，主要的决定权在发话人手里，因为在通话时先拿起、先放下话筒的通常是发话人。在通话时，切忌没话找话、不谈正题、东拉西扯，更不要在电话里给别人玩"捉迷藏"、说什么"你猜猜我是谁"、"你知道我在哪儿吗"等。为了节省通话时间，不但通话时要长话短说，而且在拨电话时，也要少出或不出差错。

应用案例 6-2

谁打的电话

A：请问王老师在吗？

王老师：我是王老师，请问您是哪位？

A：王老师，您猜呢？

王老师：是李华吗？

A：不是！

王老师：是刘霞吗？

A：不是！老师您都忘了我的声音了。

讨论：打电话者采用的方式是否合适？存在什么问题？

（资料来源：张岩松，祁玉红. 新型现代交际礼仪实用教程［M］北京. 清华大学出版社，2015：137）

（四）通话时要注意礼貌礼仪

1. 语言有礼

电话主要是以语言交流为基本形式的沟通工具。正确有效地使用语言表达是礼仪要求的重要内容，因此在拨打电话时还应注意语言的艺术性。

当打电话时如果对方并不知道你是谁的情况下，应该首先进行自我介绍，同时还要使用敬语。具体来说，是指打电话时，需要先说"您好"，声音要清晰明快。一般情况下只有在确认信号好坏的情况下才能说"喂"，其他情况下应避免用"喂"字开头。当电话接通后，除了先问候对方，别忘记自报单位、职务和姓名。比如："您好，我是×××公司的×××。"

当电话结束时，要向对方道一声"再见"或者"晚安"。挂断电话时应双手轻放，不要给对方一种听觉上的"致命一击"。

3. 态度有礼

在拨打电话的过程中，无论受话人的地位高低，发话人一定要语气平和，不要咄咄逼人，甚至厉声呵斥，粗暴地对待受话人。对待地位比自己高的受话人也要不卑不亢，不能低三下四、唯唯诺诺。如果电话需要总机接转，不要忘了向接转的人问好，并且要对接转人说一声："谢谢"。如果通话时出现电话忽然中断的现象，按照礼仪要求，应由拨打电话的人立即再拨打一遍，当电话接通之后，应立即向受话人解释电话中断是线路故障、信号不好所导致，不要闭口不提，更不要等着受话人一方打过来询问。

4. 举止有礼

通电话时，如果不是可视电话，一般互相看不到对方的举止，但仍然可以感受到对方的一些动作和声响。因此，通话时要注意自己的举止行为，不可掉以轻心。拨号时不要用笔去拨号码，如果对方的电话一直占线，要表现出适当的耐心，不要急躁、甚至拿电话出气。通话中，嗓门不要过高，而且不要把话筒夹在脖子下，不要趴着、仰着，坐在桌子上打电话，更不要讲双腿高架在桌子上。

应用案例 6-3

别人能看到你打电话的表情

日本有个特有名的销售员，这个推销员得伟大之处在哪儿呢？一天晚上，他回到家后，比较累了，决定先睡一觉。但他定了一个闹钟，同时告诉妻子，晚上 10 点一定要把他叫起来，因为他跟一个很重要的客户约好在 10 点半的时候打电话。

到 10 点的时候，他听到闹钟就醒了，然后去洗漱，接着又是刮胡子，又是穿衬衫、打领带的，还穿上了西装和皮鞋。最后拿了个本子，在电话机旁正襟危坐，一到 10 点半准时给对方打电话。

业务倒是谈得很顺利，十几分钟就搞定了。但是他这番举动让他的妻子感到很奇怪：不就一个电话吗？有必要搞得跟神经病似的吗？现在是晚上，不是星期一一大早。他却说，如果我很邋遢、很懒散的话，对方虽然看不到我的样子，但是我的精神面貌不好，会通过我的语气变化传达到对方那里。经过这么一番打扮，我看起来正式多了，人也精神多了。虽然看不见对方，我也要尊重对方，我相信，对方一定能感受得到！

一个人的成功与伟大，从来都不是无缘无故的。他凭借着这样的好心态赢得了众多的客户，很多客户觉得，不管什么时候和这个推销员通电话，都能感觉到他精神百倍，好像全心全意地在做这件事。大家想一想自己在打电话时是否也是这种情形？还有给父母打电话的时候？有时候，你可能只是一时情绪不住或是在偷吃东西，对方就能感觉得出你有些异样。

还有些军人打电话，尽管长官看不到他们，但他们依旧保持挺拔的军姿，一副长官就站在面前的样子。那是因为他们都懂得，自己在电话的这头懒散一点，对方是能感觉到的。

所以给人打电话的时候，永远不要心存侥幸，偷吃东西或一副懒洋洋的样子，甚至把腿翘到桌上，而要心存敬意、面带微笑。你要相信，当你微笑的时候，电话另一头的人是能"看到"并感觉到你对他尊重。

（资料来源：打电话，没那么简单 [J] 政府法制，2011（20）：32）

三、接听电话的礼仪

对于主动拨打电话者来说，一切都相当方便，他们随时向对方提出问题，远距离协调计划等，而对于接电话的一方而言可能是一种干扰，因为不得不放下手头的工作去接听电话。在整个通话过程中，受话人在接电话时虽然处于被动位置，但也不可以忽视接听电话的礼仪。

（一）接听及时

电话铃声响了之后，如果手头没有事情，不要故意拖延时间不接电话，让对方久等，这样不仅失礼，而且还会耽误事情。一般情况下，尽量不要让铃响超过三声，如果因各种原因不能及时去接，应该在拿起话筒后先表示你的歉意并适当解释一下。在接听电话时应该聚精会神，认真听对方讲话，不要与身边的人笑声谈论别的事情，否则是非常不礼貌的，会让对方感到你很不用心，从而也感到自己没有被尊重。在接听中可以不时地"好"、"嗯"等，表明自己在仔细认真地听对方的谈话，而且有所反应。

（二）态度谦恭

1. 接听电话要文明

电话接通之后，接电话的人应该主动向对方问好，一般以"您好"开始。礼貌问候对方之后应主动报出公司或部门名称。如："您好，这里是×××公司。"如果是个人电话，还应说出自己的姓名。有的人拿起话筒张口就问："喂，找谁，干吗？"这是很不礼貌的。如果对方打错了电话，应及时告诉对方，口气要和善，不要显得不耐烦，甚至态度粗鲁、恶语相加，表现出恼怒之意。

应用案例 6-4

对打错电话时态度要和蔼

在工作场合上，当接到打错的电话时，也要跟接听一般的电话相同，要有礼貌。

接听电话的人一拿起话筒，当知道是打错的电话时，立即以很不悦的语气说"你打错了"便咔嚓一声就挂断，然后还很气愤地想"没礼貌的家伙！连句抱歉也没说"，可事实上，这常是连给对方抱歉的机会都没有，就立即挂断电话的缘故。

而打电话的人也一样，有不少人当一知道打错了，连句"对不起，打错了"也没说，就挂掉。因此，只要知道是打错了电话，双方从头到尾都是以冰冷的无礼貌态度来应对。

仔细想想，接到打错的电话不用付电话费，更何况又是善意的错误，所以在态度上多谢宽容又有何妨呢？

相信每个人都有打错电话或接错电话的经验，当自己打错而对方只生硬地说一声："你打错了"就挂断时，虽然是自己的错，但你也一定会相当地不愉快。

（资料来源：舒静庐. 商务礼仪 ［M］. 上海：上海三联书店，2014：74）

2. 注意声音和表情

沟通过程中表现出来的礼貌最能体现一个人的基本素养。用清晰而愉快的语调接电话，能显示出说话人的职业风度和可亲的性格。虽然对方无法看到你的面容，但你的喜悦或烦躁仍会通过语调流露出来。打电话时语调应平稳柔和，如能面带微笑地与对方交谈，可使你的声音听起来更为友好热情。接听电话时，应声音清晰、吐字清楚、语速适中，比平时略高的声调清晰地说话。

应用案例 6-5

电话中的"女高音"

某市歌舞团计划于下月赴日本演出，该团团长李阳就此事向市文化局作请示，于是他拨通了文化局局长办公室的电话。可是电话响了足足有半分多钟时间，不见有人接听。李阳正纳闷着，突然电话那端传来一个不耐烦的女高音："什么事啊？"李阳一愣，以为自己拨错了电话："请问是文化局吗？""废话，你不知道自己往哪儿打的电话吗？""哦，您好，我是市歌舞团的，请问张局长在吗？""你是谁啊？"对方没好气地盘问。李阳心里直犯嘀咕："我叫李阳，是舞蹈团的团长。""李阳？你跟我们局长什么关系？"

"关系？"李阳更是丈二和尚摸不着头脑。"我和张局长没有私人关系，我只想请示一下我们团出国演出的事。""出国演出？张局长不在，你改天再来电话吧。"没等李阳再说什么，对方就"啪"地挂断了电话。

李阳感觉像是被人戏弄了一番，拿着电话半天没回过神来。

（资料来源：http://www.docin.com/p-702741275.html.）

（三）复述来电要点

电话交谈时，双方都要集中精神仔细倾听对方的讲话，为了表示自己在专心倾听并理解了对方的意思，需要用一些简单的字作礼貌的反馈。尤其办公室的业务电话通常需要做记录，记录的内容包括五个方面：来电人的姓名、单位、来电时间、主要内容以及联络方式。另外，如果有重要的内容也需及时做记录。电话接听完毕之前，不要忘记复述一遍来电的要点，防止记录错误而带来误会，这样能够提高工作效率。

（四）结束通话

对方向你说"再见"时，别忘了你也应说"再见"，并等对方先挂断电话，等上级或长辈先挂断，然后自己再轻轻地放下话筒。在接听过程中，接听方不宜先提出中断通话要求，如果确实需要，应向对方说明原因，并告知对方"一有空闲，我马上给您打过去。"

四、挂电话的礼仪

很多人认为挂电话者应为拨打方，实际上，挂电话也有礼仪要求，懂得如何挂电话的礼仪，可以提升自己的个人修养。一般情况下是客人先挂电话、上级先挂电话、女士先挂电话、长辈先挂电话。挂电话时应注意小心轻放，不可将电话作为出气筒，这样显得自己不礼貌，也让身边的人不愉快。

五、公用电话的礼仪

（一）要长话短说

现在打公用电话的人越来越少，打公用电话的主要有三种人：一种是没有手机的，还有一种是忘了带手机，或者手机恰好没电的。在现代社会，公用电话实际上已经成了移动电话的补充，更多的是应急用。所以打公用电话的基本都是有急事的，打电话者就不能用公用电话聊天，或者无关紧要的事说上好几分钟，切忌没完没了，要速战速决。

（二）要注意语气、态度

既然是公用电话，那就一定是在公共场所。在公共场所打电话就要考虑到其他人的感受。旁若无人地高声说话，对其他人是一种噪声和干扰，以正常说话的语气、音量与对方交谈即可。当然如果总捂着嘴、声音低沉、一副怕人偷听的样子也会让周围的人感到不快。

（三）要爱护公共设施

打公用电话时要轻拿轻放，不能一通乱摔、乱捅。如果遇到无人值守公用电话出现故障，可以想办法通知相关部门解决，而不要自己随意修理，以免损坏。如果发现有人恶意破坏公用电话，可以立即举报，绝不能坐视不管。

（四）要注意谈话内容

如果内容涉及政府部门的公务，或者商业往来中的商务秘密，也尽量不要在公用电话中说，以防泄密。恋人尽量不要用公用电话来聊天，那些过于私密的话可以在见面时说，或者换种方式交流，比如发电子邮件等，否则在公共场所说就有些不雅，某种程度也是违背公德的。

（五）要正确使用公用电话

有些人闲得无聊，拿公用电话一次次拨打 110、120、119 等紧急报警、呼救电话。这是一种严重丧失公德的行为，这种行为不仅干扰了相关部门的工作，而且会给真正需要拨打上述电话的人造成困扰。另外一种恶意行为是一些人利用高科技手段使电话计费系统失灵，从而免费拨打长途电话的事件。这些行为已不仅仅是丧失了公德，严重的还涉嫌犯罪，国家相关部门可以通过多种手段来防止恶意拨打或盗打公用电话行为。

第二节 手机礼仪

导入案例
DAORUANLI

索尼亚是一个热爱自由的女孩，进入职场后，她对这一爱好非但没有消减，反而因为公司常常举办不同的活动而变得越来越沉迷。

在一公司内部的聚会上，索尼亚拍摄了几张其他员工的照片，并传到自己的脸书（Facebook）上。没有想到。第二天便有同事找来，强烈谴责他没有经过自己的同意便将照片传到网上。那位同事是一位生活严谨的男性，而索尼亚拍摄的照片因为错位效果，让人误会他在与一位女同事调情，这让他非常恼火。

虽然事后索尼亚再三道歉，但对方依然怒气难消。

（资料来源：刘丽娜. 哈佛社交礼仪课［M］. 北京：中国法制出版社，2018：202）

请根据以上信息，完成以下任务：

1. 为什么索尼亚的同事反应如此剧烈？
2. 谈谈你对手机礼仪的了解。

知识分析 ZHISHIFENXI

手机等移动通信工具是现代文明的产物，已越来越普遍地应用于人们的日常生活。无论是在社交场所还是工作场合放肆地使用手机，已经成为礼仪的最大威胁之一，手机礼仪越来越受到关注。在公共场合中如不恰当使用手机，容易产生不良影响。因此，了解并正确使用手机礼仪在人际交往中就显得非常重要，具体来说，手机礼仪就是指人们平常使用手机时应该注意的一些细节。

▶▶ 一、使用手机的一般礼仪

现在手机已成为每个人必不可少的随身工具，而且随着技术的发展，手机已不再只是打电话的通信工具，而是具有众多实用功能的工具。然而，我们在享受手机便利的同时，遵守手机的基本礼仪给他人、给自己均带来方便。

（一）手机置放到位

在正式场合下，手机暂时不用的时候，应将其放置在适当的位置，既便于工作上使用，又合乎礼仪。

手机并不是炫耀的资本，在携带手机外出时，应当将其有意识地放置于适宜之处，却不可在大庭广众之前，有意将自己的手机展示于人。不要在没使用的时候放在手里或是挂在上衣口袋外。放手机的常规位置有：①随身携带的公文包里，这种位置最正规；②上衣的内袋里；③如果在参加会议时，为了既不误事又不妨碍别人，可以将手机暂交给秘书或会务人员代管；④在与人坐在一起交谈时，也可以放在不起眼的地方，如手边、背后、手袋里，但不要放在桌子上，特别是不要对着对面正在聊天的客户。

应用案例 6-6

手机放置有讲究

前不久，小李和同事小王一起去给客户汇报产品方案，汇报的地点选在对方的会议室，当天参加会议的人很多，还有不少领导，会议室里非常拥挤。小王可能是觉得有些热，就把外衣放在了一边，没想到这却出了问题。正在汇报到一半儿的时候，突然手机响了，小王意识到这是自己的手机。但屋里人太多，他的外衣却放在门口，手机一直响个不停，中间也隔着好多人，这时如果要过去拿的话大家都得起身才能让他过去，会场秩序一时间搞的很乱，也让对方的领导感到有些不满，弄得大家都很尴尬。

作为一名职场人员，小王显然没有考虑过公共场合手机应该放在哪里合适，很多人习惯于把手机随意摆放，这在自己家里肯定没有问题。但在公共场合手机的摆放是很有讲究的，很多人并没有意识到。手机在不使用的时候，可以放在口袋里，也可以放在书包里，但要保证随时可以拿出来，免得像小王那样。在与别人面对面时，最好不要把手机放在手里，也不要对着别人放置，这都会让对方感觉不舒服。

（资料来源：http://www.welcome.org.cn）

（二）选择合适的拨打时间

手机作为沟通的重要工具，自然是人与人之间沟通的重要手段之一。但在给对方打手机前，首先应该想到对方是否方便接听你的电话，如果对方正处在一个不方便和你说话的环境，那么沟通效果肯定会大打折扣，因此"打电话前考虑对方"这是每一人必须要学会的一课。最简单的一点，就是在接通电话后，先问问对方是否方便讲话，但这还远远不够的。还要学会电话接通后，要仔细倾听并判断对方所处的环境，如果环境很嘈杂，可能说明他正在外面而不在办公室，这个时候你要考虑对方是否能够耐心听你讲话。而如果他小声讲话，则说明他可能正在会场里，你应该主动挂断电话，择机再打过去。其实，在没有事先约定和与对方不熟悉的前提下，我们很难知道对方什么时候方便接听电话。所以，在有其他联络方式时，还是尽量不打对方手机为好。

（三）尽量不要妨碍他人

除了要注意手机摆放的位置之外，也要懂得接听手机的礼仪。手机最大的优势就是随时随地可以通话，这在带给大家便利的同时自然也会带来一些负面效果。如果接听手机的时候声音很大，旁若无人，这在一定程度上势必影响周围人的工作和生活。倘若在办公室，周围的同事有的正在思考业务，有的正在和其他客户通话联系工作，如果这样大声接电话，没多长时间就会招来同事们的不满。在公共场合接听手机时也是如此，一定要注意不要影响他人。

手机如今已是再平常不过的事物，但人际交往中，一部手机却可以折射出你的个人修养与能力。因此一定要掌握手机礼仪，让手机成为自己工作上的帮手，而不是减分的利器。

应用案例 6-7

公共场所使用手机别忘"手机礼仪"

在刘女士上周末去看电影，开场后人们都安静地看着电影，突然有一个观众的电话响起，他没有挂掉，而是接起电话大声说笑，大约一分钟后，他挂掉了电话。过了没几分钟，电话又响了，他又接起电话大声聊天，引起了其他观众的议论。这时，后排一位观众呵斥道："你能不能安静点！你影响到其他人看电影了！"谁知接电话的这个男士不但没觉得不好意思，还转过身去骂了指责他的人，最后两人大打出手，影响了其他观众的观影效果。

手机已成为我们生活中的一部分，而且随着手机的功能越来越先进、智能手机越来越普及，不管是打电话、上网、打游戏还是看电视我们都会用到手机。但在手机带给人们便捷的同时，在公共场合中，人们是不是也要重视"手机礼仪"？

（资料来源：http://www.yybnet.net/qingyang/news/201811/8383557.html）

（四）保证通话顺畅

使用手机主要的目的是为了保证自己与外界的联络畅通无阻，对于此点不仅必须重视，还需为此而采取一切行之有效的措施。告诉交往对方自己的手机号码时，务必力求准确无误。如果是口头相告，应重复一两次，以便对方进行验证。若自己的手机换了号码，应及时通报给重要的交往对象，免得双方的联系一时中断。

（五）尊重对方隐私

通讯自由是受到法律保护的，在通讯自由之中，秘密性是其中最重要的内容之一。因此，使用手机，应对此予以重视。通常情况下，别人的号码，尤其是手机号码，不宜随便告之于人。因此，不应当随便打探他人的手机号码，更不应该不负责任地将别人的手机号码转告他人，或是对外界广而告之。一般不宜随意将本人的手机借与他人使用，或者前往不正规的维修点对其进行检修。

▶▶二、会议或安静场所的手机礼仪

（一）会议时的手机礼仪

开会是现代上班族每天不可少的活动。一般开会时，会场上会有"关闭手机"的提示，开会前，主持人有时也会提醒与会人员要"将手机放置静音状态"。如果在开会过程中，突然铃声大作，是一件令人不快的事。在许多单位，开会的时候关闭手机铃声可以说是一项纪律，而且有时开会领导都在，如果刚好自己手机突然响起，会觉得很不好意思，这也是对所有与会者的不尊重。

这些会场内的不文明行为几乎是一开会就有的，虽然都是些小事，但却从一个侧面反映了一个人、一个单位的作风修养，这些不良现象将影响单位的整体形象。因此，在会议中最好的方式还是把它关掉，或者调到静音状态。这样既显示出对别人的尊重，又不会打断发话者的思路。

（二）安静场所的手机礼仪

在会场、影院、剧场、音乐厅、图书馆、展览馆等需要保持安静的场所，主动关机或置于振动、静音状态；如果接到来电，应到不妨碍他人的地方接听。这是对演员、观众的最起码尊重，也是进入这些场合的最起码礼仪。

到医院去探访病人，要提前将手机调到振动状态，以免影响病人休息。如果在探访过程中有人来电，尽量不要接听，等探访完毕后再打过去。如果实在是急事，接听电话声音尽量要轻，同时力求简短。

▶▶ 三、加油站、医院的手机礼仪

在使用手机时，对于安全的注意事项不可马虎大意，在任何时候，都切不可在使用时有碍自己或他人的安全。在有标志或者有图示禁用手机的地方，均需遵守规定。

在加油站或是医院停留期间，不准开启手机，手机有很强的电磁辐射，在医院里用手机，强烈的电磁辐射会干扰医疗设备的使用，比如心电图，在测心脏或脑部时，如果旁边有人在接打手机，那么仪器上就会错误地反映出一道心电波，打印出来的心电图也是错误的，从而影响对患者病情的判断，以致做出错误治疗。

由于汽油的挥发性很强，汽油蒸汽和空气混合会形成可燃气体，手机拨打或接收的时候有可能在手机内部出现静电火花，即使是微弱的火花遇到可燃气体，也可能引发爆炸。因此，在加油站内禁止使用手机，否则就有可能酿成火灾。

▶▶ 四、乘飞机时、就餐时的手机礼仪

（一）乘飞机时的手机礼仪

飞机在飞行过程中，需要利用机载无线电导航设备启用仪表着陆系统进行降落，也就是利用跑道上的盲降台向飞机发射电磁波信号与地面导航台保持实时联系，控制飞行航线。手机不仅在拨打或接受过程中会发射电磁波信号，在待机状态下也在不停地和地面基站联系。在它的搜索过程中，虽然每次发射信号的时间很短，但具有很强的联系性，所以手机发出的电磁波会对飞机的导航系统造成干扰，是威胁飞行安全的"杀手"。因此，在乘坐飞机时，必须自觉地关闭手机。

（二）就餐时的手机礼仪

在餐桌上，关掉手机或是把手机调到振动状态还是必要的，不要正用餐到高兴的时候，被一阵烦人的铃声打断。参加宴会或与人一起进餐时，不能对着餐桌打电话，要离开餐桌。如果是茶话会，或者不方便离开餐桌，则要侧转身子，用手遮挡一下，防止吐沫溅到饭菜上。

▶▶ 五、短信礼仪

（一）使用手机短信的基本礼仪

1. 发短信一定要署名

短信署名既是对对方的尊重，也是达到目的的必要手段。相信许多人都有这样的

经历，过节时收到了许多条祝福短信，其中有的却不署名，号码也不熟悉，好多内容还相同，根本不知道这些人都是谁和谁，这样的短信是无用的，是资源的浪费。如果是正事，不署名更会耽误事。

2. 有些重要电话可以先用短信预约

有时要给身份高或重要的人打电话，知道对方很忙，可以先发短信"有事找您，是否方便给您打电话？"如果对方没有回短信，一定不是很方便，可以在较久的时间以后再拨打电话。

3. 上班时间不要长时间发短信

上班时间每个人都在忙着工作，即使不忙，也不能没完没了地发短信。否则就会打扰对方工作，甚至可能让对方违纪。如果对方正在主持会议或者正在商谈重要事项，闲聊天式的短信更会让对方心中不悦。

应用案例 6-8

闲来无事常常信骚扰

一位女士在台下开会，会议冗长又没太多实质性内容。闲来无事，她给朋友发起了短信："干嘛呢？在忙什么呢？"朋友怕不回短信不礼貌，回答说："正上班呢！""有什么好忙的？给你发个笑话放松放松！"这位女士开了三个小时会，发了两个半小时短信，她的朋友呢，桌上的手机不断地响起，不看又怕耽误事，看了又是一通闲聊，不回好像还不合适。这位朋友一下午就因为这"信骚扰"什么也没干成。像这位女士喜欢狂发短信的人现在并不少。

（资料来源：http://wenku.baidu.com/view/55ec15daa58da0116c1749c6.html）

4. 发短信的时间要掌握好

发短信时要避开午休时间，因为大部分人都有午休的习惯，也不要太晚发。有些人觉得晚上太晚不方便给对方打电话了，发个短信告知就行。短信虽然更加简便，但如果太晚，也一样会影响对方休息，一般情况下，最好不要在晚上10点以后发信息。

应用案例 6-9

短信广告搅了美梦

一天早上7点多，刘先生的手机突然响起，来短信了。刘先生上夜班，同事朋友上午一般都不给他打电话。这会儿睡得正香的刘先生不愿意起来看短信。但他的手机有未接提示，如果不阅读，每隔几分钟就会发出提示音，没办法，刘先生只得爬出热被窝。一看，刘先生真要气歪了，原来是一家洋超市发来的促销广告，而刘先生很少去这家超市购物，也不知道超市是怎么得到的电话。就因为这一个短信，刘先生的觉泡汤了。

（资料来源：http://wenku.baidu.com/view/55ec15daa58da0116c1749c6.html）

5. 短信内容最好自己写

短信内容最好自己写，如要转发，一定要注意修改短信内容中的署名。

6. 尽可能使用标点符号

有些人发短信怕麻烦，把所有的标点符号都省掉了，一长段文字没有断句，要认真读才能理解。这给阅读者带来很大麻烦，也容易造成理解上的错误。

7. 避免错别字出现

短信中出现错别字，会引起歧义。所以发送短信前一定要自己读一遍，以免造成误会，尤其是重要的信息。

8. 与别人谈话时不要收发短信

与别人谈话时收发短信会显得你对谈话无兴趣，对对方不重视，使对方不知道谈话是否要继续下去。

（二）短信的内容分类

1. 工作交流的短信

同事间一些简单的工作交流，或感情沟通可用短信进行，但除非是上司主动要求或事先征得其同意，否则，下级最好不要以短信的方式和上级交流工作上的事情。

2. 拜年短信

对长辈不宜采取短信拜年的方式，而应该亲自登门或电话问候。最亲密的朋友间用短信拜年应该自己编辑内容，而不要利用他人的短信进行转发。

3. 提醒短信

对于一些重要事情，用短信方式婉转地提醒对方，比用电话多次确认要礼貌很多。

4. 转发短信

转发短信要注意礼貌，一定要特别注意短信内容，不要发送调侃、无聊、有失大雅的短信。

5. 垃圾短信

手机短信多，牟利的人也随之钻空子，因此垃圾短信也就产生了，经常有手机短信通知中奖的，最好别上当，天上不会掉馅饼。行销的、推销的、做广告的经常不期而至，防不胜防，只有及时删除。另外一些订制的短信，稍不注意也是垃圾短信，既收钱，又浪费精力，有时甚至还会破坏你的情绪，一定要注意。

手机的普及为我们带来了方便，提高了生活水准。文明使用手机，不仅代表着个人的行为，更能通过这些行为，折射出一个人的道德水平和文明素质，也能看出一个单位的文明程度。如果每个人在使用手机时都能注意手机礼仪，那么，手机不仅会成为我们工作和生活上的"助手"，更能成为传播社会文明的"使者"。

应用案例 6-10

使用手机时的其他注意事项

1. 公共场合特别是电梯、影院等地方，不可以旁若无人地使用手机。若非要在公共场合使用手机，应该尽量把自己的声音压低，而绝不能大声说话，以赢取旁人的眼球。

2. 选择适合的手机铃声。为了不让他人笑话，成年人请用正常铃声，这样万一在不适当的时候响起来，也不会让你尴尬。成熟的你要选择成熟的手机铃声，虽然当今社会推崇个性，但过于个性的电话铃声只会损害你的形象。

3. 请不要在电话里大声喊叫。没有必要提高音量让旁人听到你的对话。交谈中请尽可能的控制你的情绪不要让别人感到尴尬，也不要骚扰别人。手机有着非常敏感的麦克风，即使是再柔软的声音都可以被对方接收到，所以没有必要大声喊叫。如果你不能清楚的接收来电，请首先检查手机音量是否设定正确。

4. 保持私密性。当你在电话里跟人讨论私人问题或敏感商业问题，请考虑酌情权，并保持至少3米的距离。如体检、爱情、保密事项，个人论点或商业交易应在私底下里进行讨论。务必了解清楚你身在何处，你与谁在一起，其他人正在做些什么，再决定拨打或接听任何一个电话。

5. 不要在别人能注视到你或者正和你聊天的时候查看短信。一边和别人说话，一边查看手机短信，是对对方的不尊重。

总之，"细节决定成败"。如果不懂适当的手机礼仪，小则给别人造成负面印象，不利于人际交往。大则会失去一桩生意，甚至一个重要的人生机遇。愿大家都从生活中一点一滴的小事做起，做一个谦恭有礼的人。

（资料来源：http://wenku.baidu.com/view/6f89036e25c52cc58bd6bef9.html）

第三节　传真礼仪

导入案例
DAORUANLI

中国国际航空股份有限公司简称"国航"，总部设在北京，辖有西南、浙江、重庆、内蒙古、天津、贵州、西藏分公司和上海基地、华南基地，以及工程技术分公司、公务机分公司等诸多机构。截至2005年12月底，国航拥有各型飞机176架，通航22个国家和地区，每周定期航班4,160班，在国内外设有102个营业部、10,000个独立销售代理人，发展了2105家直销客户、115家销售网点，构成强大的销售网络，同时国航还是2008北京奥运会的唯一正式航空客运合作伙伴。国航的机构庞大，工作繁杂。就其服务客户的传真系统而言，其每天承载的接收任务量就是大的惊人的。在这种情况下，传统的传真机传真方式已经不再能满足国航的发展要求，如何构建一套全新高效的传真系统开始受到国航方面的高度重视。

（资料来源：http://wenku.baidu.com/）

请根据以上信息，完成以下任务：

1. 谈谈传真在现代商务活动中的作用。
2. 谈谈接发传真时应注意的细节。

知识分析
ZHISHIFENXI

传真通信是使用传真机，借助公用通信网或其他通信线路传送图片、文字等信息，并在接收方获得发送原件系统的副本的一种通信方式。传真通信是现代图像通信的重要组成部分，它是目前采用公用电话网传送并记录图文真迹的一种方法。

目前，在社会交往中，尤其在商务交往中常常须要将某些重要的文件、材料、图表即刻传递给身在异地的来往对象手中。传统的邮寄书信的联络方式，已难于满意这一方面的请求。在此背景之下，传真便应运而生。

▶▶ 一、使用传真的基本礼仪

传真是目前社会交往中，尤其在商务交往中必不可少的沟通工具，在给人们带来方便的同时，也带来了使用礼仪方面的新问题。因此，应当了解有关传真的礼节，正确使用传真礼仪。

（一）依据操作规范使用

安装、使用传真设备前，须经电信部分许可，并办理相关的所有手续，不准擅自装置、使用传真设备。安装、使用的传真装备，必须配有电信部门正式颁发的批文和进网允许证。如欲安装、使用自国外直接所带入的传真设备，必须首先前往国家所指定的部门进行登记和检测，然后方可到电信部门办理使用手续。使用自备的传真设备期间，按照规定，每个月都必须到电信部门交纳使用费。

使用传真设备，必须按要求规范操作，力求最大限度地提高清晰度。应用传真通信的主要优势在于它操作简便，传递速度非常快，而且能够将包含一切庞杂图案在内的真迹传送出去。但也有不足之处，主要是发送的自动性能较差，需要专人在旁边进行操作。有些时候，它的清晰度很难确保等。因此，在使用传真机时，如果不按照规范操作，很难保证传输文件的接受效果。

（二）注意安全使用

应当将自己或本单位所用的传真机号码准确无误地告之交往对方。同时也应认真地记好交往对方的传真号码。一般情况下，为确保无误，向对方发送传真前，最好先向对方通报一下，这样做既提示了对方，又不至于发错传真。

单位所使用的传真设备，应当部署专人负责。无人在场而又有必要时，应使之处于主动接受状态。为了不影响工作，单位的传真机尽量不要同办公电话采取统一条线路。另外，每一份传真都可能会经过许多人的手才能送达当事人，所以，用传真机发送一些私人或敏感的东西是不合适的。

（三）及时回复

人们在使用传真设备时，最为重要的是它的时效性。如果传真机设定在自动接收状态，发送方应尽快通过其他方式与收件人取得联系，确认其是否收到传真。收到传真的一方也应给予及时回复，避免因任何的疏漏造成传真丢失。在重要的活动中，任何信息的丢失都可能造成时间的延误甚至影响到合作业务的成败，这样的细节不可轻视。

▶▶ 二、发送传真礼仪

传真机是远程通讯方面的重要工具，因其方便快捷，在商务活动中使用越来越多，可部分取代邮递服务。起草传真时应做到简明扼要，文明有礼。

（一）传真的完整性

在发送传真时，应检查是否注明了本公司的名称、发送人姓名、发送时间以及自己的联络电话。同样地，应为对方写明收传真人的姓名、所在公司、部门等信息。所有的注释均应写在传真内容的上方。

（二）传真的清晰度

发送传真时应尽量使用清晰的原件，避免发送后出现内容看不清楚的情况。

（三）传真的内容

传真一般不适用于页数较多的文件，成本较高，且占用传真机时间过长也会影响其他工作人员的使用。

书写传真件时，在语气和行文风格上，应做到清楚，简洁，且有礼貌。传真信件时必须用写信的礼仪，如称呼、签字、敬语等均不可缺少，尤其是信尾签字不可忽略，这不仅是礼貌问题，而且只有签字才代表这封信函是发信者同意的。

（四）传真的使用时间

如果没有得到对方的允许，不要将发送时间设定在下班后，这是非常不礼貌的行为。

▶▶ 三、接收传真礼仪

在收到他人的传真后，应当在第一时间内采用适当的方式告知对方。需要办理或者转交，转送他人发送的传真时切不可拖延时间，耽误对方的要事。

传真的资料不大容易保存，因此，重要的传真文件要复印备份。

应用案例 6-11

传真机的使用技巧

1. 启用传真机以前，应当仔细阅读这些安全教育，以便今后更好的使用传真机。

2. 自己不能拆卸传真机部件：如果接触设备内部暴露的电接点将引起电击。请将传真机交给您所在地经授权的传真机维修商维修。

3. 传真机只能在水平的、坚固的、稳定的台面上运行。

4. 在传真机的背面，底面均有通风孔。为避免传真机过热（将引起运转反常），请不要堵塞和盖住这些孔洞。不应将传真机置于床上、沙发上、地毯上或其他类似的柔软台面上。不应靠近暖风或热风机，传真机也不应放在壁橱内、书柜上及其他类似通风不良的地方。

5. 传真机所用电源只能是设备上标注所指定的电源类型。

6. 应确认插在墙面电源插座上的所有设备所用的总电流不超过插座断路器的电流整定值。

7. 不允许电源软线挨靠任何物品。不要将传真机放置在电源软线会被踩到的地方。确认电源软线无绞缠、打结。

8. 不要使传真机靠近水或其他液体，如果设备上或设备内测到了水，应立即拔去电插头，并给您所在地经授权的传真机维修商打电话。

9. 不要使小件物品（例如，大头针、曲别针或钉书针）掉入传真机内，如果有东西掉入应立即拔去设备插头，并给您所在地授权的传真机维修商打电话。

（资料来源：http://baike.baidu.com）

第四节 电子邮件礼仪

导入案例
DAORUANLI

和上司沟通不顺，谁会提升你？身为公司行政主管的辛迪对此深有体会。

公司在召开经理级会议以前，老板让他提前拟好会议日程与安排，再下发到每一位与会者手中。辛迪很快便做完整件事情，并将写有会议提纲的电子邮件发送到老板的私人邮箱中。

开会前一天，老板非常不满地问，为什么他还没有看到辛迪的计划书。辛迪有些惊讶："我前三天前便传到您的邮箱里了。"老板说，那几天他正在和一位重要的客户谈合同，所以没有看到电子邮件。于是，他提醒辛迪要格外注意，像这种重要的事情应该再打个电话追问一下。后来，在传给老板的一份报告中，辛迪又出现了两处错误。就这样，老板又进一步认定辛迪是一个粗心的人。

辛苦了一年多，好不容易老板有进行职位调动的想法，可辛迪出错连连，看来近期提升肯定轮不到他了。

（资料来源：刘丽娜．哈佛社交礼仪课［M］．北京：中国法制出版社，2018：197—198）

请根据以上信息，完成以下任务：

1. 请分析一下辛迪职位未能提升的原因。

2. 根据案例中的信息，谈谈使用电子邮件时的注意事项。

知识分析
ZHISHIFENXI

电子邮件，又称电子函件或电子信函，它是利用电子计算机所组成的互联网络，不仅节省时间，又不受篇幅的限制，清晰度极高，而且还可以大大地降低通讯费用。随着网络和电子邮件在各个领域中的应用越来越广泛，电子邮件礼仪已经成为交际礼仪的重要组成部分。

电子邮件不仅展现个人的专业能力、沟通能力，更能体现为人处世的态度，是我们与他人交流沟通的重要方式，规范电子信函不仅是对他人的尊重，同时也体现自身的职业素养。因此，必须熟悉掌握收发电子邮件的各种技巧与礼仪。

▶▶ 一、邮件主题的礼仪

（一）简明扼要

主题是接收者了解邮件的第一信息，因此要提纲挈领，要引人注目、意思明确，使用意思明确的主题词。这样可以让收件人迅速了解邮件内容并判断其重要性，节省对方处理邮件的时间。

（二）空白主题最失礼

一定不要空白标题，这是最失礼的。标题要简明扼要，不宜冗长；还要能真反映文章的内容和重要性，切忌使用含义不清的标题，如"刘先生收"；另外，一封信尽可能只针对一个主题，不在一封信内谈及多件事情，以便于日后整理。

（三）回信主题要更改

回复对方邮件时，可以根据回复内容需要更改标题，也可以在对方主题后面加上新主题。如果不更改主题直接回信，是失礼的；也不要"RE:"或者"答复"一大串等。

（四）收件人的名称显示

因为收件人的名称会显示在对方的页面上，所以一定要养成在对方的姓名后面加上"先生"或"女士"的习惯，然后再把他们加入通讯录中。

应用案例 6-12

电子邮箱的内容及常见的电子邮件格式

一、电子邮箱的内容主要有：

1. 收件箱。主要用来进行接收邮件并对其进行归档管理。

2. 发件箱。主要是用来对外发送邮件及历史发送邮件记录。

3. 通讯录。是联系人的电子邮件地址、联系方式等，便于快捷的发送邮件。

4. 日历。一些电子邮箱软件提供万年历、备忘录等日常软件，在一定程度上可以大大提高沟通的效率及工作的计划性。

二、常见的电子邮件格式包括：

写信人 E-mail 地址、收件人 E-mail 地址、抄送人 E-mail 地址、密送人 E-mail 地址等信息；标题；称呼、开头、正文、结尾句；礼貌结束语；写信人全名、写信人职务及所属部门、地址、电话号码、传真等信息；附件等。

收件人是您所发送邮件的接收者，您可以直接填写他的邮件地址，或者点击写信页右侧的通讯录中的联系人来添加。收件人可以并列多个，通常以分号隔开。

抄送人则只是需要知道这回事，抄送人没有义务对邮件予以响应，当然如果抄送人有建议，当然可以回 E-mail。

密送人是秘送，即收信人是不知道你发给了密送人的，这个可用在非常规场合，不建议使用。

另外，收件人、抄送人中的各收件人的排列应遵循一定的规则，比如按部门排列、按职位等级从高到低或从低到高都可以。适当的规则有助于提升个人的形象。

（资料来源：http：//wenku.baidu.com/）

▶▶ 二、邮件正文的礼仪

俗话说得好，"礼多人不怪"，礼貌一些，总是好处的，即便邮件中有些地方表达欠妥，对方也能平静的看待。

（一）邮件的称呼与问候

1. 不能省略收件人的称呼

有人认为电子邮件的格式较书信更随意，因此容易忽略收件人的称呼，这是错误的。邮件的开头要称呼收件人，这既显得礼貌，同时也明确提醒收件人，此邮件是写给他的，他应该给出必要的回应。

2. 按职务尊称对方

如果对方有职务，应按职务尊称对方，如"王经理"等；如果不清楚职务，则应按通常的"王先生"、"李小姐"等称呼，但一定要先把性别弄清楚。

3．称呼英文名有讲究

一般来说，称呼对方的英文名显得更为亲切，但对不熟悉的人不宜直接称呼英文名，对级别高于自己的人也不宜称呼英文名。

（二）正文不能空白

一般情况下，不要将正文一栏空着，而只发送附件，这样不仅不礼貌，还容易被收件人当作垃圾邮件处理掉。因此，正文的撰写就显得尤为重要。

1．简明扼要

E-mail 正文应简明扼要的说清楚事情，如果具体内容确实很多，正文应只作摘要介绍，然后单独写个文件作为附件进行详细描述。

2．行文通顺

正文行文应通顺，多用简单词汇和短句，准确清晰的表达，不要出现让人晦涩难懂的语句。最好不要让人家拉滚动条才能看完你的邮件。尽可能避免拼写错误和错别字，注意使用拼写检查，这是对别人的尊重，也是自己态度的体现。如果是英文 E-mail，最好把拼写检查功能打开；如果是中文 E-mail，也要注意同音别字。在邮件发送之前，务必自己仔细阅读一遍，检查行文是否通顺，拼写是否有错误。

（三）内容太多用附件

电子邮件的正文应简明扼要地把事情说清楚。如果具体内容太多，可以先做摘要介绍，然后单独写电子文档作为附件进行详细叙述。

附件是邮件的一个重要组成部分，要注意以下几点：

1．如果邮件带有附件，应在正文里面提示收件人查看附件，如"具体内容在附件中，请查收"；

2．附件文件应按有意义的名字命名，简单易懂；

3．正文中应对附件内容做简要说明，特别是带有多个附件时；

4．附件数目不宜超过 4 个，数目较多时应打包压缩成一个文件；

5．如果附件是特殊格式文件，应在正文中说明打开方式，以免影响使用；

6．如果附件过大，应分割成几个小文件分别发送。

（四）注意语言措辞

措辞是撰写邮件时最困难的部分。如果用平常说话的语气，很容易被视为无礼。书面语言要比口头语言正式一些。

1．注意语气

注意 E-mail 的论述语气，根据收件人与自己的熟络程度、等级关系；邮件是对内还是对外性质的不同，选择恰当的语气进行论述，以免引起对方不适。

要合理提示重要信息，慎用用大写字母、粗体斜体、颜色字体、加大字号等手段对一些信息进行提示。合理的提示是必要的，但过多的提示则会让人抓不住重点，影响阅读。

2. 条理性强

E-mail 正文应清晰明确，以显条理性、逻辑性强。如果事情复杂，最好1、2、3、4的列几个段落进行清晰明确的说明。保持你的每个段落简短不冗长，没人有时间仔细看你没分段的长篇大论。

一次邮件交待完整信息，最好在一次邮件中把相关信息全部说清楚，说准确。不要过两分钟之后再发一封什么"补充"或者"更正"之类的邮件，这会让人很反感。

3. 注意礼貌

在正文的撰写过程中，应尊重对方。请、谢谢之类的语句要经常出现，轻易不要使用感叹号等表示强烈的语气和字眼。电子邮件可轻易地转给他人，因此对别人意见的评论必须谨慎而客观。

（五）其它应注意的细节

1. 选择便于阅读的字号和字体

中文一般用宋体或新宋体，字号用小四号或五号字即可。这是最适合在线阅读的字号和字体。不要用稀奇古怪的字体或斜体，最好不用背景信纸，特别是对公务邮件。

2. 日期和时间

在邮件中提到的时间一定要具体。说的"下周三"、"下个月"最好再加括号注明具体日期。具体日期也要明确，是上午还是下午？几点钟？都要在邮件中写准确、写清楚。

3. 结尾署名

每封邮件在结尾都应签名，这样对方可以清楚的知道发件人信息。虽然你的朋友可能从发件人中认出你，但不要为你的朋友增加这样的工作。

电子邮件消息末尾加上签名档是必要的。签名档可包括姓名、职务、公司、电话、传真、地址等信息，但信息不宜行数过多，一般不超过4行。你只需将一些必要信息放在上面，对方如果需要更详细的信息，自然会与你联系。

应用案例 6-13

商务电子邮件的撰写礼仪

在商务往来中，使用电子邮件进行联络时，应当遵守一定的礼仪规范，主要包括以下四个方面。

第一，在商务交往中，电子邮件也是一种商务文本，应当认真撰写。向他人发送的电子邮件，一定要精心构思，认真撰写。在撰写电子邮件时，尤其要注意下面三点。

1. 邮件的主题要明确。一个电子邮件，大都只有一个主题，并且往往需要在前注明。若是将其归纳得当，收件人见到它便对整个电子邮件一目了然了。

2. 邮件的语言要流畅。电子邮件要便于阅读，就要以语言流畅为要。尽量别写生僻字、异体字。引用数据、资料时，则最好标明出处，以便收件人核对。

3. 邮件的内容要简洁。网上的时间极为宝贵，所以电子邮件的内容应当简明扼要，愈短愈好。

第二，电子邮件应当避免滥用，不发无意义的邮件。

在现代信息社会中，任何人的时间都是无比珍贵的。对商界人士来讲，这一点就显得更加重要了。所以有人才会说："在商务交往中要尊重一个人，首先就要懂得替他节省时间。"

有鉴于此，若无必要，轻易不要向他人乱发电子邮件。尤其是不要以之与他人谈天说地，或是只为了检验一下自己的电子邮件能否成功地发出。

不过一般而言，收到他人的重要电子邮件后，即刻回复对方一下，往往还是必不可少的。

第三，电子邮件应当注意编码问题。

编码的问题是由于中文文字自身的特点加上一些其他的原因，我国的内地、台湾省、港澳地区，以及世界上其他国家里的华人，目前使用着互不相同的中文编码系统。因此，当一位商界人士使用中国内地的编码系统向生活在除中国内地之外的其他一切国家和地区里的中国人发出电子邮件时，由于双方所采用的中文编码系统有所不同，对方便很有可能只会收到一封由乱字符所组成的天书。

因此，商界人士在使用中文向除了中国内地之外的其他国家和地区的华人发出电子邮件时，必须同时用英文注明自己所使用的中文编码系统，以保证对方可以收到自己的邮件。

第四，电子邮件应当慎选花哨功能。

现在市场上所提供的先进的电子邮件软件，可有多种字体备用，甚至还有各种信纸可供使用者选择。这固然可以强化电子邮件的个人特色，但是此类功能商界人士是必须慎用的。

这主要是因为，一方面，对电子邮件修饰过多，难免会使其容量增大，收发时间增长，既浪费时间又浪费金钱，而且往往会给人以华而不实之感。另外一方面，电子邮件的收件人所拥有的软件不一定能够支持上述功能。这样一来，他所收到的那个电子邮件就很有可能会大大地背离了发件人的初衷，因而使之前功尽弃。

（资料来源：http://www.welcome.org.cn/tongxinliyi/2009-2-12/b_email.html）

三、群发邮件的礼仪

想要给多人发信息时，"群发"是个相当方便的方法。但是，也许有人会把你的信当成垃圾邮件处理，所以应明确划分群组。

群发邮件时，可以采用"并列收件人"、"抄送"、"密送"三种形式。

如果不介意收件人知道你同时把邮件发给其他人，可以使用"并列收件人"和"抄送"功能。这样做，邮件的所有收件人都能够看到其他收件人的地址。

"密送"的收件人地址不会被其他收件人看到，如果你同时给多人发邮件，此时，使用"密送"更为妥当，而不应当使用"并列收件人"和"抄送"，否则，原本互补认识的人可能通过你的邮件，得到彼此的邮件地址，你就在无意中泄露了他人的个人信息。

四、回复邮件的礼仪

回复客人邮件是我们与客人沟通交流的重要方式，及时准确是要实现的目标。

（一）及时回复

收到他人的重要电子邮件后，即刻回复对方一下，往往还是必不可少的，这是对他人的尊重，理想的回复时间是 2 小时内，特别是对一些紧急、重要的邮件。如果事情复杂，你无法及时确切回复，那应该及时的回复说"收到了，我们正在处理，一旦有结果就会及时回复。"不要让对方苦苦等待，记住要及时做出响应，哪怕只是确认一下收到了对方的邮件。如果你正在出差或休假，应该设定自动回复功能，提示发件人，以免影响工作。

（二）准确回复

回答客人咨询，把相关问题抄到回件中，然后解释说明，不要用太简单的语言，那样太生硬了，应该进行必要的阐述，让对方一次性理解，避免再反复交流，浪费资源。如果针对同一问题双方回复、讨论超过 3 次，则说明沟通不畅，考虑电话等其他方式沟通。

（三）字数适中

对方给你发来一大段邮件，你只回复"是的"、"对"、"谢谢"、"已知道"等字眼，这是非常不礼貌的。回复的字数不能太少，应该完整全面地表达你的想法，显示出你的尊重；但同时也不能长篇大论。

（四）主动控制邮件的来往

群发邮件时，为避免无谓的回复，浪费资源，可在文中指定部分收件人给出回复，或在文末添上以下语句"仅供参考，无需回复"。

另外，在转发邮件时，首先确保收件人需要此消息；如果有需要还应对转发邮件的内容进行修

改和整理，要小心谨慎，不要把内部消息转发给外部人员或者未经授权的接收人。

应用案例 6-14

七个技巧保护你的电子邮件安全

当前互联网安全成为了热门话题，其实大家都知道互联网安全很重要，可是该如何做呢？用户需要安全的网络空间，主要是保护自己的网上身份和避免受到黑客以及

病毒的袭击，而最应该注意或者说警惕的地方就是电子邮件。因此，用户应如何保护电子邮件的安全呢？

1. 使用多个电子邮件账号

如果你和大多数人一样，那么你的电子邮件账户可能就是个人网上活动的纽带。想一想，你的社交网站通知、通讯等信息都会发送到你的电子邮件信箱，这意味你把所有的鸡蛋都放在了一个篮子里，如果篮子掉了，那么你就会失去所有的鸡蛋。换句话说，如果你把所有的活动都集成到一个单独的电子邮件账号上，那么一旦这个电子邮件被黑客窃取，那么你所有的个人信息都会被泄露，这也就是为什么要使用多个电子邮件账号的原因。

2. 设立两个或两个以上的密码

延续多个账号的理念，密码也同样如此。不过有些人或许会说密码设立多了可能会记不住，不过至少你得保证你的"主"邮件账户的密码是独特的。如果说你所有的电子邮件都使用同一个密码那，绝对是犯了一个低级的错误。假如说有黑客攻入你的电子邮件账户，那你的个人信息绝对会被泄露。

3. 谨防网络钓鱼诈骗

所谓"网络钓鱼"指的就是当你的账户遇到问题时，会有人让你通过发送用户名和密码以验证你身份的真伪来解决该问题。看起来像真的一样，但其实不然，这是窃取用户信息的一种手段。有时候向你索要信息的地方可能会让你链接到一个假网站，因此用户要高度警惕"网络钓鱼"诈骗。

4. 不要点击电子邮件中的链接

网络钓鱼现象也给了我们一个启示，那就是不要轻易点击电子邮件中的链接。当电子邮件中出现链接时，用户要小心，当然一些特定的电子邮件除外，就是当你在某个论坛或网站注册后，会有一个激活电子邮件的步骤。如果你收到了一个垃圾电子邮件试图卖给你一个特定的产品或服务，当你点击链接时，有时候可能是安全的，但也有可能会是危险的，带来了大量的病毒。

5. 不要打开不请自来的附件

当涉及到电子邮件时，附件是一个比较棘手的问题。如果说你的好友或父母给你发送了一个电子邮件，当你打开附件时或许还是比较可靠的。但是对于那些不请自来的电子邮件，千万不要对其表面现象所迷惑，因为这些邮件的文件名可能都是伪造的，只要你下载下来，里面就有可能存在病毒。

6. 警惕扫描病毒的恶意软件

有的时候当你打开一封电子邮件时，可能会出现扫描病毒的软件，有些用户可能认为这应该是一件好事，其实不然，因为有的时候这些扫描病毒的恶意软件有时候会把安全的文件也添加上病毒。

7. 避免使用公共 Wi-Fi 无线网络

连接使用公共 Wi-Fi 无线网络连接是非常不安全的。有时候公共 Wi-Fi 无线网络连接的背后操作手可能就是一些黑客，他们通过"网络嗅探器"来分析用户的数据信息，从而盗用用户的用户名和密码。

（资料来源：http://network.chinabyte.com/204/12428704.shtml）

第五节　即时通信礼仪

导入案例 DAORUANLI

作者林熙说过一件事。他上周日被一个朋友拉黑了。因为朋友发微信约他晚上一起喝咖啡，他当时正忙着公司会议的事情。看到信息后就在心里默念"好的"，然后就把手机丢在一边继续做PPT去了。傍晚他忙完，想着和朋友约了在老外滩喝咖啡，决定在朋友圈怒刷一波存在感。发了个状态：晚上老外滩偶遇的有吗。发完没多久，朋友发来信息说：你这样有意思吗，我特意约你喝咖啡，你不回我信息也就算了，还在朋友圈里和别人约，呵呵。

他感到非常疑惑，不是已经回复了吗？结果聊天记录往上一拉，发现忙的时候用意念回复了，实际上根本就没有回过他信息。

我们在处理事情，焦头烂额的时候，经常会无暇去回复消息。虽然不能够做到秒回，但是也要记得随时查看一下未回复的消息，告诉别人：不好意思，因为太忙，没能及时回复。

（资料来源：http://baijiahao.baidu.com/）

请根据以上信息，完成以下任务：

1. 你认为林先生怎么处理比较合适？
2. 使用微信应该遵守的礼仪有哪些？

知识分析 ZHISHIFENXI

即时通信（IM）是指能够即时发送和接收互联网消息等的业务。自1998年面世以来，特别是近几年的迅速发展，即时通信的功能日益丰富，逐渐集成了电子邮件、博客、音乐、电视、游戏和搜索等多种功能。即时通信不再是一个单纯的聊天工具，它已经发展成集交流、资讯、娱乐、搜索、电子商务、办公协作和企业客户服务等为一体的综合化信息平台。

即时通信礼仪是指人们在使用即时通信工具时所需要注意的礼仪规范和细节。在现代社会中，无论是日常生活还是职场工作，即时通信业务运用越来越广泛，成为人们必不可少的工具。

当我们使用微信、QQ等即时通信工具与他人进行联络时，需要注意下面一些事项。

⯈⯈ 一、关于聊天时的礼仪

（一）加好友，打招呼

在首次交流，索要对方微信或 QQ 号码时，无论是线上线下，都应该首先问下是否以后方便微信联系。微信在一定程度上具有隐私性，是私人的联系方式，不是所有人都喜欢把自己的微信给任何人。在申请加对方好友时应该自报家门，用最简单的方式介绍自己。对于商务往来，不要只说"你好"或"在不在"就没有下文，要顺带说明来意。

（二）问候要真诚

1. 日常问候。避免只发表情，没有文字信息；可以从关怀对方的角度出发，比如增添衣物，下雨带伞等；发一段励志小文，传递正能量的同时，以示对对方的关注和支持。

2. 节假日问候。避免群发祝福，再美的转发也不如自己写的的祝福来得更真切；一定要加上对方的称呼，注意敬称的使用；末尾属下自己的姓名和昵称，以便让别人记住你。

（三）信息回复要及时

1. 收到信息后应第一时间回复。如果没能及时回复，也要在方便的时候向对方解释原因，并表示歉意。如果对于微信群中有人进行咨询，两个人对话较多，不要当着大众的面持续交流，可以加进通讯录私聊，避免扰众。

2. 如果有特殊情况比如在开会或者开车，一定要说明情况，并适当约好回复的时间。

3. 考虑对方的立场，不要催促对方回复，尊重对方的意愿。

（四）信息发送要简洁

1. 文本消息。正确无误，称呼得当；简短明了，切忌长篇大论；尽量不要发太长、需要几屏才能看完的文字，不要一天 24 小时时不时"狂轰滥炸"一番，发一些没有营养的"垃圾信息"，不停刷屏，这样别人要想看其他人说什么，就需要费力越过你发的文字才行。文明用语，勿带歧视。不使用粗轻挑的语句，不要发没有根据和有伤风化的内容。不造谣、不传谣、不信谣，不煽动他人情绪，坚决远离不良信息。

2. 语音。若非熟人，语音前首先征得对方的同意。特别是汇报工作或者有其他重要且复杂的事项需要和他人沟通时。如果对方在开会或者在上课，很可能不方便听语音，而文字总是一目了然，也节省阅读时间。假使对方现在有空，如果连着收到 5、6 条时长 1 分钟的微信，换做是你，是不是也会有崩溃的感觉？

3. 图片和文件。内容健康，清晰可见，数量适宜，大小适宜。此外，发送文件要征求对方意见。发送视频时需征求对方的同意并说明所发视频的主题；画面要清晰，大小要合适。发送名片需事先要征求对方的同意并说明用意。

（五）注意发送的时间

2.3.微信不能保证时时在线，重要的事情还是电话联系。一般联系时间应为早上7点以后和晚上10点之前。不要在半夜或大早晨发，别人休息时间里不要发，提示消息会打扰别人休息，同时别人在这个时候也不一定会及时回复你。如果对方不回，不要连续发。

（六）关于表情

聊天时适当加个表情符号，会让人产生亲近感，更直观地表达自己的情绪，也能通过符号释放出你的善意和愿意与对方沟通互动的心意，活跃聊天气氛。在聊天时选择合适的表情，不同的表情体现出不同的气质，以及你想要通过表情传递的情绪。在发表情时既要结合自己的心情，又要考虑到别人的感受。坚决杜绝转发一些低俗、猥琐的表情。

（七）关于验证

不要怀疑别人是否把你拉黑，更不要发所谓的群发验证消息。这样的举动一方面会体现出你对别人的不信任，会让别人觉得自己不被信任；另一方面，如果别人给你发验证消息，你可以视情况尽可能将其拉黑，不被信任的朋友留着也没必要。

应用案例 6-15

运用QQ聊天时应遵循的礼仪原则

（一）尊重为本尊重是礼仪的核心宗旨，尊重他人是自身良好品质和素养的体现，也是建立良好人际关系的基础。陀思妥耶夫斯基曾说："对人不尊敬的人，首先就是对自己不尊重。"孟子也说过："敬人者，人恒敬之，爱人者，人恒爱之。"只有相互尊重，人与人之间的关系才会融洽和谐。QQ聊天时对他人的尊重表现在：初次与陌生人交谈时，不能一句问候没有就先发过来语音或视频的请求；当别人正在忙碌而无暇回复之时，不能频繁地发窗口抖动；面对不同的交往对象，应当尊重其宗教信仰，尊重所在民族的风俗习惯；不要轻易挑起争端，造成语言上的冲突；交谈结束，不宜一声不发地就下线，此时道上一句"再见"再下线是比较合适的做法。

（二）宽容为怀宽容是获得友谊、扩大交往的基本要求，它是为人处世的较高境界，也是有较高修养的表现。这意味着要有容忍的雅量和多替他人考虑的品德，要求在面对别人的过失时，能够不斤斤计较，不计得失地与对方继续进行友好的交往。"海纳百川，有容乃大"，能设身处地替别人着想，原谅别人的过失，是现代人的一种礼仪修养。在运用QQ聊天时，如果有人称呼不得当，说话语气不友好，发过来的话错字连篇，或者发错了信息时，此时，就应当以此原则来进行调节。

（三）自律自约自律就是自我约束，自我控制，自我对照，自我反省，自我检讨。

通过礼仪的教育与训练，人们会在心中树立起一种高尚的道德信念和行为修养准则，并以此严格约束自己，在社交活动中自觉地按礼仪规范去做，使自己成为一个高尚的人，一个受欢迎的人。与人聊天时，应以不妨碍别人的自由为准，不损害他人的利益。发出去一条信息之前要仔细检查语法及用词，不故意使用挑衅用语和脏话。

（四）回避隐私在与他人交流沟通时，要学会尊重他人的隐私，这是对别人的一种尊重。网络的最大特点是它的匿名参与性，所以QQ聊天时尤其注意这一点，它包括了：不主动询问别人的名字，单位，住址、电话；面对女士，不问年龄，婚否，体重，服饰价格等；对男士不问钱财，收入，履历；不随便谈论他人的宗教信仰和政治信仰等。

（资料来源：程燕：塑造良好的网络礼仪形象——

以QQ聊天即时通信工具为例进行分析［J］．安徽文学，2011（12））

▶▶ 二、关于群聊、转发的礼仪

微信群、QQ群、QQ空间和微信朋友圈是一个公开的言论场所，网友可以通过你发表的消息得知你的近况。为了尊重他人的时间和心情，在使用微信或QQ时应注意如下几点：

（一）在转发前事先点赞或在评论中告知转发分享的原因。转发时要把版权交代清楚。链接分享要注明转自哪里，原创作品要注明最初原创作者。

（二）注意转发的内容

杜绝传递负面情绪，不发布低俗的黄色信息或涉及国家机密、别人隐私等信息。不发布或转发"如果不转发就……"就带有诅咒性字眼的微信。不要轻易转发捐助、捐款、收养等链接。如要转发请在转发之前核实，以免虚假信息给朋友造成伤害，这也是对自己信誉的维护。

（三）不要随意拉别人进群，拉他人进群前一定要征求被拉对象的意见。建群前请与微信好友沟通好，避免把互不认识的人拉进一个群里，除非是为对方解决问题起见。要想到你的朋友们被你莫名其妙地拉进群后，他们有可能立刻会接到很多要求加为朋友的验证请求，而有些人并不愿意和很多陌生人建立联系。若非必要，不要在微信群里单独与某人聊天，以免干扰别人。不要再群里随便发语音，发语音前先征求群友的意见。

（四）朋友圈更多是情感交流，不是营销平台。可以在朋友圈里统一发送些祝福信息。对于平时联系较多的师长、亲友，还是单独发送祝福为好，更能表示出你的诚意。此外，建议不要在朋友圈发太多和工作内容相关的事情，虽然会被同在朋友圈的老板视为勤力，但是朋友圈内的其他人并不都是老板或上司。可以广告，比例适中，最好软广，不要太硬。

☼ 应用案例 6-16

朋友圈的手链

小红是重庆的一个上班族，不久前，在她的朋友的强烈要求下，她在朋友圈选购了两条手链，"加上运费，一共花了 60 多元"。不过，让小红"心塞"的是，"淘宝上同款产品竟然两块钱一条都能买到，真是好大一个坑"。碍于同窗的情面，小红只能选择不了了之。

类似朋友圈内的"熟人经济"，实际上是在透支个人信用的行为。建立在社交基础上的熟人，一旦走向交易，朋友感情势必会弱化，长期广告刷屏容易引发好友反感，让长期累积起来的社会资本或尊严被轻易消费。

（资料来源：若水 . 20 几岁不能不懂的社交礼仪常识［M］. 北京：中国电影出版社，2017：27）

▶▶ 三、关于微信、QQ 红包的礼仪

（一）不要轻易向别人索要红包。微信里面经常出现这类消息，百年不联系的朋友，突然发消息给你："给我发 10 元红包嘛，我有急用，待会还你""试试我们友情值多少钱..."等等之类的，请记住，你是我朋友，不是乞丐，不要到处问别个要红包，虽然钱不多，但令人反感。

（二）群包私包分开发。如果红包是指定要发给某个人的，请私下发红包给别人，不要动不动就往群里面发，群红包是群里面所有人都可以抢的，小编一般遇到这种情况，我是坚决不会还回去的，就当是给发红包人的一个小小教训，这个"不要脸"的锅，我背了！

（三）红包祝福语必须写清楚。如果是给别人发的份子红包（礼钱），一定要在红包上面写上祝福的话，这个是礼貌，包括还别人钱，上面也要写上感谢的话。总之，发红包时，一定要写清楚红包的用途，不然别个不知道你为什么会发这个红包。

（四）不要强行要求别人发红包。这种情况在群里面经常见，有的人连续几把都会抢到手气最佳，这时别的群成员就会连番轰炸手气最佳的发红包，请记住，别人发不发是别人的意愿，不要强行要求别人发红包出来。

（五）不要只抢不发。抢群红包是一件很开心的事，但群里面总有那么些人只抢不发，一毛不拔，其实这点小心思，群成员都看在眼里，哪些人破费了，哪些人赚了，大家都心知肚明，久而久之也就看出一个人的品行，从而就不再愿意与其交往了。

课后阅读

电话会议礼仪

随着企业的不断发展和分工越来越明细，电话会议已经成为商务人士最有效的沟通手段。但是很多朋友却不了解参加电话会议的一些礼节常识，这势必会造成会议的不和谐，也会影响他人对你的印象，因此学习掌握电话会议是商务人士的必修课程之一。

（一）电话会议准备礼仪

1. 安静的区域

在开电话会议的时候，参加会议的人员一定要找一个安静的地方，如果你是在家

里附近有小孩玩耍或有嘈杂的狗，这时候会很分心给其他的参与者，所以在这里建议，一定要找一个不被打扰的地方，如果是在家里或者是办公室，最好是提前给家里人或者同事下属提前讲清楚，你要开电话会议，这段时间不要打扰你，我想在电话会议上的其他参与者将对你不胜感激。

2．话机检查

参加电话会议的人员在会议开始之前要对自己的电话进行检查，确保没有任何问题，以免影响到会议的进行，如果使用固定电话进行电话会议，请检查自己的线路是否磨损；使用手机进行通话请检查是否信号问题或者附近有其他电磁波之类的干扰，如微波炉等；在使用手机耳机的时候，要使用品质和良好的手机耳机，确保音质的良好。

3．制定会议基本规则

会议组织者需要在会议开始之前，申明必须遵守的基本规则，包括：会议的主题、会议参加的人员、会议的时间、会议阻止人员分工、会议的纪律等，以保证会议的有效进行。

（二）电话会议时的礼仪

1．准时参加会议

在参加会议时必须要准时到场，特别是在有地区时间差的时候，参会人员更要有时间观念。守时是一种专业性的标志，因为它是使参加者很难在电话会议上闲聊，同时又为后来者等待。电话会议不应该暂停，因为参与者将被迫听你持有的音乐，否则将无法确定何时和是否会继续通话。

2．做介绍的礼仪

作介绍包括会议主持人做介绍和参与会议的人员做自我介绍，在所有的参与者都将抵达，主持人应引入每个人，并提供一个简短的背景或在电话会议上说人的责任的说明。这个介绍是必要的，因为可能有客人或在电话会议上新人。

个人做自我介绍也是非常有必要的，虽然大家不能见面，然而互相介绍是建立良好关系的过程，尤其是当您的客户或客人参加电话会议时。

3．会议发言礼仪

所有参加会议的人员要把电话会议看作是面对面的沟通，参会者在发言时一定要放松心情，按事先准备的内容，有条理地发表个人观点或建议，参会者在表达观点时一定要简单、清楚，避免重复询问带来的不便，发言结束后一定要向参会者表示感谢。

（三）电话会议礼仪避免

1．避免噪音

在电话会议的时候要避免不断清除喉咙，拿着笔敲击桌子，或者玩弄你的手机，更有甚者玩弄手机发出声音，这都是不应该出现的。

2．避免打断别人的发言

随意打断别人的发言无论是在电话会议或者是在平时与别人沟通交流的时候都是不礼貌的。即使别人和你的观点不一样，也要等到别人把话讲完你再陈述自己的观点，这是风度素养的表现。

（资料来源：http：//business．liyipeixun．org）

练习与思考

一、名词解释

通讯礼仪

接听电话的礼仪

手机礼仪

电子邮件礼仪

即时通信礼仪

二、简答题

1．简述拨打电话的礼仪。

2．使用手机的一般礼仪有哪些？

3．应注意和了解的传真礼仪有哪些？

4．简述邮件正文的礼仪。

三、论述题

根据所学知识，结合实际，谈谈在人际交往中如何正确使用电话礼仪。

本章参考文献

1．金正昆．社交礼仪［M］北京．北京联合出版社，2019：133－134

2．刘丽娜．哈佛社交礼仪课［M］．北京：中国法制出版社，2018：190－202

3．舒静庐．商务礼仪［M］．上海：上海三联书店，2014：71－81

4．端木自在．社交与礼仪［M］．南昌：江西美术出版社，2018：160－171

5．张晓梅．晓梅说商务礼仪［M］．北京：中国青年出版社，2014：72－86

6．徐辉．现代商务礼仪［M］．北京：清华大学出版社，2014：205－220

7．王忠伟等．商务礼仪［M］．大连：东北财经大学出版社，2014：230－240

8．张岩松，祁玉红．新型现代交际礼仪实用教程［M］北京．清华大学出版社，2015：125－137

9．金正昆．交际礼仪（第二版）［M］．北京．中国人民出版社，2015：56－68

10．若水．20几岁不能不懂的社交礼仪常识［M］．北京：中国电影出版社，2017：21－29

第七章　公务礼仪

知识要点	掌握程度	相关知识
工作礼仪	了解、掌握	了解上岗礼仪；掌握上下级关系礼仪及同事间的礼仪
调研与信访礼仪	理解、掌握	掌握调研的方法与信访工作的方法；认识信访的职能
会务与公文礼仪	了解、掌握	了解会务礼仪；掌握公文礼仪

基本概念
JIBENGAINIAN

工作礼仪：是指日常工作中必须遵守的基本礼仪规范，具体涉及到上岗礼仪、上下级关系礼仪及同事礼仪等方面，注重服饰美、强调语言美、提倡交际美、推崇行为美是工作礼仪应遵守的的基本内容。

调研：是调查研究的简称。

信访：是对人民群众来信来访的简称，它是指人民群众通过写信、打电话或直接来访的方式，向国家行政机关或其他机关、团体和社会组织反映个人或集体意愿的一种社会活动。

办会：指的是从事会务工作，即负责从会议的筹备直至其结束、善后的一系列具体事项。会务礼仪，主要是指有关办会的礼仪规范。

会议：又称集会、开会，它通常是指将人们召集在一起，对某些问题进行研究、讨论、说明的一种社会活动的常规形式。不论是召集、组织会议，还是参加会议、为会议服务，接待人员都必须遵守一些基本守则，此类与会议相关的守则就是所谓的会议礼仪。

公文礼仪：在撰制和办理公文时应当遵守的规范和惯例。

背景知识
BEIJINGZHISHI

毕业生离开学校，走进工作单位的大门，应尽快调整好心态，熟悉业务工作，使自己尽早进入角色，在工作中不断提高业务水平，同时要积极培养自己的团队精神和协调能力，尽快融入工作单位。

俗话说："一个篱笆三个桩，一个好汉三个帮。"立业既要靠自己的努力奋斗，也需要他人的帮助与合作。因此，工作人员要在工作单位认真学习和努力实践公务活动的行为规范与准则——公务礼仪，与上级处理好关系，与同事和睦相处。只有这样，才能够在工作单位站稳脚跟，在事业上一步步走向成功。

第一节　工作礼仪

导入案例
DAORUANLI

职业化形象的重要性

小黄下团后心情非常不好，游客对她的穿戴打扮提了意见。

那天接团前小黄精心打扮了一番，做了个波浪式的发型，戴了一条金项链和一对带钻石的耳环，还有那条镶嵌宝石的手链，服装和手提包也都是名牌。

到了机场，小黄就觉得团队的游客对她"视而不见"。出口处就只有她一个导游，可是客人还是一个劲的东张西望，直到小黄打着旗子走过去问他们是那个团的，他们才看了她一眼。

小黄开始导游，可是无论是自我介绍，还是导游大赛得奖的沿途景观介绍，客人一点掌声就没有，一个个都把眼睛往车窗外看。

吃饭的时候，领队对小黄说："小姑娘，你打扮的太漂亮了，把客人都比下去了。明天最好把首饰换一换……"。小黄心里不服气，心想：长的漂亮是爹妈给的，首饰、衣服是自己挣的，穿什么戴什么还要你们来管吗？

（资料来源：邓军华主编．导游业务［M］．北京：中国旅游出版社，2013：51—52）

请根据以上信息，完成以下任务：

1. 从上述案例中，你得到什么启发？
2. 如何塑造良好的职业化形象？

知识分析
ZHISHIFENXI

工作礼仪是指日常工作中必须遵守的基本礼仪规范，具体涉及到上岗礼仪、上下级关系礼仪及同事礼仪等方面，注重服饰美、强调语言美、提倡交际美、推崇行为美是工作礼仪应遵守的的基本内容。

》》一、上岗礼仪

每个人上班，既是为了生活，也是为社会做贡献。大家都希望在一个舒适、宽松的环境里工作，而这种环境需要大家共同努力营造和维护。因此，每个人都不应该忽视上岗礼仪。

（一）上班服饰

员工的服饰关系到单位的形象与个人的尊严。目前，我国不少企业、餐饮业等行业、部门都有本单位选定的工作服（职业服）。在统一着装的单位，员工上班时统一穿工作服，既整齐，又安全。倘若单位无统一着装要求，男士着装要整洁、大方，给人以干净、利落的感觉；女士衣着宜美观、合身，尽量不穿薄、露、透的衣服，也不要打扮得花枝招展，以免给人以轻浮的感觉。

男士上班前应修好边幅，显得精神抖擞；女士上班前可酌情化淡妆，但不要浓妆艳抹，也不宜佩戴过多或叮当作响的首饰。过分打扮会显得俗气。

应用案例 7-1

在凯瑟琳看来，女性职业人若是在日常的工作中穿着过于"女性化"，将会令自己的职业前景大受负面影响，所以，在她的衣柜中，极少见到有关蕾丝、暴露以及打着铆钉的服装。

事实上，在凯瑟琳大部分的工作生活中，她都恪守着职业女性循规蹈矩的穿衣规则：裁剪有型的套装、衬衫加套裙、低调的鞋子、简单大气的皮包。即使是在公司允许进行休闲打扮的周五"随意穿日"里，她也极少穿得出格——这种严谨的穿衣风格与她的职业特征息息相关：凯瑟琳是一家对外贸易公司的法律顾问。

身为公司人事部经理的沃尔曾经针对公司的文化氛围对部门人员进行过明确的着装要求：在任何情况下，男士都应该穿着正式的套装出现在公司，而女性则不应穿着过于暴露，同样应该体现出职业性。

（资料来源：刘丽娜. 哈佛社交礼仪课［M］. 北京：中国法制出版社，2018：36）

（二）工作场合行为规范

工作人员应严格遵循工作岗位的行为规范，遵守其规定的作息时间，按时上下班，不迟到不早退。上岗后，要积极做好各项准备工作，立足本职，不要串岗。上班时间不做私事，也不要长时间用单位电话闲聊。

▶▶ 二、上下级关系礼仪

在工作单位，上级与下级分工不同，既是领导与被领导的关系，同时也是合作关系。上下级要做到精诚合作，取得良好的工作业绩，讲究上下级关系礼仪、妥善处理好上下级之间关系至关重要。

（一）上级礼仪

1. 任人唯贤

作为领导者，不仅应擅长科学决策，而且要努力做到知人善用。上级要了解部下的经历、素质、脾气、性格、作风以及具有的长处与弱点，用其所长，避其所短，量才使用，调动其积极性，以充分发挥其聪明才智。

作为领导者，要尽量避免感情用事，做到任人唯贤，而不要任人唯亲。对下属，不要亲者近，远者疏，而应当从工作需要出发，一视同仁，唯才是举，提拔、重用有才干的下属，放手让他们大胆工作。领导者应礼贤下士，不委屈勤恳工作的职员，不怠慢具有开拓精神的员工，不排挤德才兼备的功臣。此外，领导者不仅要会用人，还要为下属着想，关心他们的疾苦，为他们排忧解难，从而帮助他们不断进步。

2. 言而有信

作为领导者，讲话要谨慎，要言而有信，做到言必行，行必果。不要信口开河，更不要随便封官许愿。工作中切忌用官话训人，用大话吓人，用假话哄人。对下属承诺的事，应当认真地去兑现，若遇到特殊情况一时解决不了时，则应坦诚地说明原因。一位不放"空炮、哑炮"的领导者，才会有威信，才有可能赢得部下的信赖；反之，就会失去在下属心目中的威信。

3. 宽宏大量

俗话说："将军额头上能跑马，宰相肚里能撑船。"作为领导者，应当严于律己，宽以待人，对下属不要横挑鼻子竖挑眼，而应当多看到部下的优点，对做出成绩的下属要予以表扬和奖励，而不能嫉妒或贬低。领导者也应尊重和爱护部下，不要专横傲慢，对下属颐指气使、呼来唤去。对心直口快、敢于提意见的下属，应持欢迎的态度。虚怀若谷者比盛气凌人者更容易与群众打成一片，从而带领下属创造新业绩。

（二）下级礼仪

1. 尊敬上级

在工作中，下级服从上级，这是最基本的原则。下级尊敬上级，不仅表现在口头上，而且体现在行动中。上级布置工作时，下级要认真聆听，对上级的正确指示要坚决执行，对上级布置的任务要努力完成。在执行过程中，应适时向领导请示，完成任务后，要及时向领导汇报。切忌把上级的指示当作耳旁风，或视为儿戏。在工作中有令不行，或敷衍领导，办事拖拖拉拉的行为，不仅对工作不利，也会降低自己在领导心目中的地位。

2. 讲究方式

领导者有时也许会对一些问题考虑不周，工作中难免会有不当之处。作为下属，此时不要借机显示自己高明，"喧宾夺主"，当众指出上级的错误。而应当讲究方式方法，个别找领导交换意见，坦陈自己经过深思熟虑后的看法，供领导参考。这样做，对改进工作更有利。

3. 注意小节

下级有事找领导人时，应先轻轻敲门，经允许后方可进入。若非紧急公务，正逢领导开会，应有礼貌地等候或另择时间。向领导汇报工作，应实事求是、简明扼要，切忌啰唆。未经领导许可，不要随便翻阅领导办公桌上的文件。

上级领导来部门检查工作时，下级员工如果坐在椅子上，应起身迎送。此外，作为下级，不要在背后对领导说三道四。

三、同事礼仪

同事关系是指同一组织中平级工作人员之间因工作而产生的关系，通常具有稳定性。长期共处一室的同事应当讲究同事关系礼仪，彼此尊重，互相帮助，一视同仁，以便建立与保持和谐的同事关系。

（一）彼此尊重

俗话说："同船共渡，八百年修行。"大家从四面八方走进同一个单位，自然也算有缘分。长年累月在一个单位共事，彼此比较熟悉，从对方的喜怒哀乐到爱憎的情感和性格，几乎无所不知。在这种情况下，同事间更应该彼此尊重、以诚相待，但不可揭别人的隐私，更不要东家长、西家短地搬弄是非。要向取得成绩的同事表示热烈祝贺，对遇到不幸的同事深表同情，切不可幸灾乐祸。

（二）互相帮助

在一个单位共事的同事，在工作中既有分工又有合作。不论是分内事还是分外事，同事之间都要互相支持、互相帮助，同心协力把工作搞好。遇到困难时，彼此鼎力相助；当有需要时，彼此互相支持、携手并肩，共同走向成功。

（三）一视同仁

俗话说："十个手指都不一样长。"虽然同事们的工作水平参差不齐，但每个人在人格上都是平等的。因此，同事间切忌意气用事，不要与少数人过分亲密而形成一个小圈子，而疏远其他同事，造成不必要的隔阂。同事间应一视同仁，提倡"淡如水"的"君子之交"，以便长期保持和谐的同事关系。

应用案例 7-2

小卢硕士毕业后，到一家成立时间早、有实力的公司实习。公司的同事都很尊重她，经理也很重用她。一开始，小卢表现得很谦虚，可摸清公司和同事的底细后，小卢发现公司里的很多员工甚至经理的学历都没自己高。之后，其他同事问她问题时，她总是一副傲慢的表情。而且，她还经常向同事嘲笑经理知识上的缺陷。结果，不到一个月，小卢就被辞退了。

（资料来源：若冰编著，20几岁不能不懂的社交礼仪常识［M］北京，中国电影出版社，2017：65－66）

第二节　调研与信访礼仪

怎样写调研方案

这天一大早，改主任把小五叫到办公室："小五，按照××书记的指示，近期准备搞一个新型城市化建设的调研，你负责起草一个调研方案吧！"小五忙应道："好的！主任，最近手头事情有点多，这个调研方案急不急？"改主任道："也不是太急，有空的时候搞一下吧！"

回到办公室，小五立即着手起草调研方案。小五心想，一个调研方案而已，还不简单，不就是把调研主题、时间、地点、人员等要素都写进去就好了嘛，上次遴选面试就是考的这个题目。果然，小五三下五除二，轻轻松松就起草了一个调研方案。小五本来打算先送吴有料和良材材两位处长审阅一下，结果两人都有事去了，他就直接把调研方案送改主任了。改主任瞄了一眼方案，气就不打一处来，生气地说："小五，你这是自己想简单了，还是敷衍应付我啊！"小五竟不知道如何回答了，小声地道："改主任，我真没这方面的经验，还请您给我指点指点。"

改主任喝了一口茶，接着说："做好调研一个非常重要的前提，就是要制定一个好的调研方案。这个调研方案，说简单也简单，说不简单也不简单，你可别小看了，依我的经验，至少要完成这三步：

一是要拟定初步方案。明确调研目的、主题等内容，并学习相关的上级文件精神和有关材料、具体案例等，以吃透精神、掌握形势，有针对性地开展工作。二是要确定调查形式。根据调查内容，可采取发放问卷、实地察看、座谈交流等形式进行，在这个过程中，为确保调查问卷的科学性，还要设计好问卷，内容要准确，结构要合理，尤其要注意避免使用那些诱导性的语句，避免设置一些敏感问题。三是要确定有关事项。确定具有代表性的调查区域和范围、调查程序和步骤，做好调查经费预算，向领导汇报请示。四是要选训调查员。将调研任务进行分解，明确分工，责任到人，并对调查员进行专门培训，向调查员讲解调研目的、调研表或问卷内容、调研纪律，进行模拟访问调研等。五是敲定调研方案。向领导作以汇报，根据领导的意见，对方案进行修改定稿。

这看似是事中调研实施阶段的事情，其实是在制定调研方案时就应考虑好的事情。一是主动争取协调配合。不是所有的调研大家都能欣然接受并积极配合，因而要在调研基地和单位宣传该项调查研究的意义，求得有关领导机关和被调查对象的支持，以确保调查研究顺利进行。二是深入实际调查研究。调研中要深入实际、求真务实，不能掺杂主观因素；要主动贴近群众，力争取得最详细、最可靠、最科学的调查数据和第一手材料；调研过程中，还要注意防止虚假数据影响领导的判断力，对一些比较重要的专题调研，可以邀请相关部门及专家学者参与。三是及时解决具体问题。在调研过程中，可能会遇到之前没有考虑到的新问题、新情况，要及时协调解决出现或发生的问题，并根据需要适时修改调研方案，遇到特殊问题还要及时向领导报告请示。

调研结束后的成果转化尤其重要。一是进行资料整理。对座谈会的记录、问卷的答案，进行辨别真伪、取其精华、归纳分类、编整加注。比如，看资料是否齐整，辨别其可靠程度；做好摘要，把其精华之处提取出来；归纳分类，按调查提纲、或依专题等将资料分类、汇总；编整加注，对各类材料统一编排修整，做出初步总结。资料整理是一个"去粗取精，去伪存真"的过程，其基本要求是真实、具体、简明、扼要。二是撰写调研报告。召集调研组成员，进行集体讨论，归纳情况，广泛征求和集中意见，撰写调查报告，做到言之有据，最后提出具有可操作的建设性意见，为党委、政府宏观决策提供参考。三是注重工作保密。有些调研数据对外界媒体要保密，以免引起误解或者造成负面影响。"

改主任停了停，语重心长地接着说："我把调研方案交由你起草，是对你的一种信任，同时也在观察你处理应付事情的能力，从你今天的表现看，确实还存在需要提高的地方，希望你引以为戒，不可再犯同样的错误啊！"

小五对改主任心悦诚服，连连应好："我一定按照您说的努力去做，今后绝不再犯类似的错误！"

（资料来源：http://www.360doc.com/content.有改动。）

请根据以上信息，完成以下任务：

1. 从上述案例中，你得到什么启发？
2. 如何写出来一篇好的调研方案？

知识分析
ZHISHIFENXI

在公务活动中离不开调研与信访，如何在工作中学习和掌握调研与信访的礼仪规范，坚持调查研究，做好信访工作，是调研人员的基本职责，也是做好本职工作必不可少的重要保证。所谓调研，是调查研究的简称。信访，是对人民群众来信来访的简称，它是指人民群众通过写信、打电话或直接来访的方式，向国家行政机关或其他机关、团体和社会组织反映个人或集体意愿的一种社会活动。

▶▶ 一、调研礼仪

从公务礼仪的角度来讲，在调查研究时，应遵守如下三点。

（一）经常性任务

深入实际、基层调查研究，是调研人员获取正确信息，以资决策或把握民情的一种基本手段。因此调研是一项经常性的职能任务，调研人员理应办好实事，解决工作中存在的实际问题。

确切地说，调查与研究本身就是由互相联系、密不可分的两个相对独立的过程所组成的。调查，指的是通过有目的的实际感受和考察，从而初步取得客观信息的过程；研究，则是指对已初步获得的客观信息进行科学的归纳和分析，以便寻求内在联系或切实结论的过程，是由感性认识升华为理性结论的过程。

从总体上来看，调查与研究往往是互相影响、互相制约、互相作用的，因此人们一般把这两个过程相提并论。调查研究，就是指人们有准备、有目的、有计划地采用科学的手段和方法，考察、获得、分析、综合、整理客观信息的一种社会活动过程。

通常所进行的调查研究可以分为两种类型：其一，主动调研。它是指未受委派，而自觉、自愿地从自己更好地履行职能需要出发，主动去获取、整理有效信息的调研。这种调研，更多的是为了用于对职能信息的积累，因此也称为信息型调研。其二，被动调研。它是指因受到委派，并且受到委托意图的制约，而被动地去获取、整理相关信息的调研。这种调研，往往都有事先限定的具体范围或方向，所以又叫定向型调研。对于公务人员来说，既要提倡多搞主动调研，同时，也要努力搞好被动调研。使自己在完成既定工作任务的同时，培养发散性思维，能创造性地开展工作，更好地为人民服务。

（二）有效的方法

调研要取得成效，采用正确的调研方法十分关键。确定调研的具体方法，应当兼顾调研的任务、目的、要求、时限、对象、领域和范围等几种主要的因素。

通常，可以随机采用的调研方法大体上分为直接调研与间接调研两种类型。

1. 直接调研

直接调研指的是调研者亲自出面、亲临现场进行考察，或是正面同调查对象发生直接接触的调研。具体来说，这种类型的调研又分以下三种方法。

（1）现场观察法

现场观察法是指调研者通过接近信息主体，直接对其耳闻目睹、观察了解，从而取得所需信息的调研方法。其优点是可以使调研者对调研对象亲历亲为，及时发现情况，掌握宝贵的第一手材料，其所得信息的可信程度较高。

采用这种方法调研也有一定的不足之处：容易走马观花、蜻蜓点水，只见树木、不见森林，浮于表面、难见本质；容易使人只了解此时此地的情况，而难知彼时彼地的情况，且难见问题的全貌；容易使人先入为主，受到主观印象的影响。

采用此法调研时，务必要克服成见，不搞片面性。要由此及彼、由表及里，去粗取精、去伪存真，反复比较、鉴别，反复追踪，多点多面地进行观察，以便透过现象找出本质，看清事物的全貌。

（2）个别访谈法

个别访谈法指的是调研者面对单个的调查对象时，通过与对方进行直接交谈或者问答，来取得自己所需信息的调查方法。

个别访谈法的优点是针对性强，可以相互启发，集中而又及时地追踪、深化、扩展、校正调研者感兴趣的信息，而且适用于各种层次、各种素质的调查对象。

个别访谈法的不足之处主要有三点：一是受调研对象时间的制约，必须在之前与其进行预约；二是受调研对象综合素质的影响，其文化程度、表达能力等至关重要；

三是受调研者与调研对象双方情绪与态度的影响，能否使调研对象知无不言、言无不尽，在调研前是很难确定的。

在运用这一方法调研时，要尊重调研对象的个人意愿，不要强人所难。此外，还要讲求调研技巧，不偏听偏信，要引导不引诱，要求真不作假。

（3）集体座谈法

集体座谈法指的是调研者召集多名调研对象举行座谈会，通过自己主持会议、掌握议题、引导发言来取得信息的调研方法。

采用此法调研，可以节约时间、集思广益、深化主题，并可对多人的看法进行比较、印证，以取得较有代表性的意见。此法多用于定向型调研。

运用集体座谈法调研的局限在于：各位调研对象在公众面前发言时可能会有所顾虑，因而人云亦云。另外人多嘴杂，众说纷纭，往往让调研者莫衷一是，一时难以做到去粗取精、去伪存真，由此及彼、由表及里。

采取此法调研时，应尽量选择具有代表性，并且敢于直言不讳的人作为出席者，并使其知情。调研者则应谦逊恭谨、少说多听、善于提问，并且切记兼听则明、偏信则暗。

2. 间接调研

间接调研是指调研者不亲自接近信息主体，而是利用已有的材料进行深入细致的调研，或是通过调查问卷、统计调查等渠道间接从事的调研。间接调研的具体方法也有三种。

（1）书面问卷法

书面问卷法指的是调研者事先设计好内容一致的书面调查问卷，通过请求调研对象填写回答，借以取得信息的调研方法。

设计书面问卷时可采用两种具体形式：一是封闭式问卷，即以选择题或判断题的形式，在卷面上将各种可能的答案悉数列出，然后请调研对象从中加以选择；二是开放式答卷，即以填空题、问答题的形式，在卷面上提供相对粗线条的问题，而任凭调研对象自由作答，尽情发挥。在调研时，这两种形式可结合使用，也可以只采用其中一种形式。

书面问卷法的优点是：可在异地同时一次性地取得众多信息，节省费用，内容限定，可控性强。因此它适用于大面积、大容量、针对性强的调研，并适合进行定量、定性分析。

它的缺点是：形式呆板、不够灵活，而且获取信息的可信程度往往会受到调研对象的道德、文化、知识水平与态度、情绪变化的左右。

在设计书面问卷时，首先应向调研对象致谢。内容要扣题，结构要科学，提问要简洁通俗，要考虑到调研对象的接受能力，不要涉及其敏感问题，也不要对其加以暗示或诱导。此外，使用此法不要过多、过杂、过乱，不要因此而给调研对象和社会造成负担。

（2）资料查阅法

资料查阅法就是调研者通过检索查阅现有的各种载体所储存的信息，以取得自己所需要的有效信息的调研方法。

采用这种方法进行调研的好处是：省时、省力、系统、全面。它既可以单独使用，也可以在以其他方法进行调研时用来作为案头准备。

它的明显不足之处是：调研所得均为二手材料，难免会受到材料整理者的主观取舍以及当时各种条件的限制，因而具有片面性。宜通过鉴别决定采信程度，以免干扰调研的准确结果。

在使用资料查阅法调研时，应当心中有数，目标明确，既旁征博引，又精益求精、去伪存真。不要大海捞针，不加考证，不辨真伪，查到便用。更不能掐头去尾，断章取义，或者胡编滥造。

（3）统计综合法

统计综合法是指调研者运用科学的统计手段搜集数据、整理信息，进而通过综合归纳来推知或是直接获取定量、定性信息的调研方法。

根据所需信息的来源和精确程度，统计综合法又可分为以下三种具体形式：第一，典型统计。即有意识地选择一个或几个具有代表性的调研对象进行深入调研，以取得具有普遍意义的信息。第二，抽样统计。即在总体调研对象中随机均等地抽取适量的样本进行调研，以推知总体的定量或定性信息。第三，普查统计。即对所有的调研对象进行无一遗漏的普遍统计调研，以取得全面的、系统的信息。此三种形式，可以交叉使用。

使用统计综合法调研，有助于在更大范围内保质、保量地掌握较为准确的信息。但在设计具体方案时则要量力而行，不要无的放矢，随意兴师动众、劳民伤财。

在调研实践中，对于上述两大类型的六种调研法可根据具体情况加以采用。在许多情况下，可以同时并用两种或两种以上的调研法，相互印证、修正以求得真实、科学的结论。

（三）正确的原则

在实际工作之中，调研人员要做好调查研究工作，应遵守以下六项基本原则。

1. 实事求是

实事求是是辩证唯物主义的思想路线，无疑应当成为从事调研活动的最根本的指导原则。在实践中，调研人员要实事求是，坚持群众路线，在思想上不搞主观主义，在工作中不抱偏见、不带条条框框。同时，必须坚持不唯上、不唯书，要唯实。要坚持真理，坦诚己见，不要对上级机关只报喜不报忧，更不能对其曲意逢迎。

2. 近源亲受

就具体的调研方法而论，它们各有千秋，难分伯仲。不过对调研人员来说，近源亲受，即对直接接触调查对象、亲口尝尝梨子滋味的方式，是应予以大力提倡的。

按照调研者与调研对象的距离，由远而近地来区分，调研可以分为间接式、直接式和参与式三种方法。通过间接式调研，只能取得经过加工或转手了的二手、三手材料；而通过参与式调研，则可以亲自参与其中，从而更为真切地了解实情。因此，提倡调研近源亲受，就是要求在力所能及的情况下，尽可能地采取接触调研对象的直接式、参与式调研方法，且尽可能地亲自获取第一手材料。

在调研时，切不可找方便、图省事、走过场。不要以未经验证的现成材料去搪塞应付、敷衍了事。更不能听信道听途说、小道消息和妄语谗言，甚至主动将其以讹传讹。

3. 切题有效

许多调研往往始于选题。调研人员在进行调研时，不论其课题是自行选定的，还是上级指定的，都要以此为纲，下功夫去钻研、把握，并且在整个调研过程中，自始至终地紧扣着它来研究、取舍自己所获取的一切信息。倘若对调研的课题缺少研究，或是在调研的过程中背离课题，就会无所适从、迷失方向，最后只见浮光掠影，而难以获取正确的或有用的信息。调研要切题，就是要求其他的一切都要围绕调研的课题中心进行，要集中精力，排除干扰，务求必胜。

4. 讲求效率

调研人员在进行调研时，应当在保证质量的同时，讲求提高效率。调研的目的是获取有用的信息，而任何信息都具有很强的时效性。假如在获取或运用信息时错过了适当的时机，轻则劳而无功，重则会使工作受到影响。从这个意义上来说，调研如果不讲求时效，也可算是调研者的一种失职。

讲求调研的效率，重在平日的信息积累，练好调研的各种基本功，并且在工作中注意与其他同事相互支持、友好合作，以避免重复劳动。

5. 调研结合

在调研之中，调查与研究是缺一不可的。调查，是对有关信息的了解与掌握；研究，则是对调查所得信息的处理与加工，是为了达到调研目的而深入认识的过程。

一般来讲，调查与研究在一个完整的过程中是相互渗透、相互交替、不断循环运动的。在调查之中，需要研究；在研究之中，则又需要不断地补充调查。直到获得了预期结果时，二者的交替运动才会结束。因此，国家公务员应在调研中自觉地将二者结合起来，以深化认识，提高成效。

6. 形成制度

在实际工作中，进行调查研究应形成风气、形成制度，以必要的措施、制度来确保调研工作能够持之以恒、长久不衰。

总而言之，调研人员应自觉而主动地进行调查研究，更为重要的是要在日常工作中将这一工作方法坚持下来，形成制度，并且持之以恒，从而更好地完成自己的本职工作。

▶▶ 二、信访礼仪

信访工作是国家行政机关的日常性工作之一，准确而言，信访工作主要指的是对人民群众来信来访的受理。在信访工作中，只有遵守下述基本的信访礼仪，才能真正把自己的工作做好。

（一）认识信访的重要职能

1. 信息功能

信访部门是国家行政机关的一个综合性信息接收站。信访工作者，则是国家行政机关的专责世风、民情的调研员。人民群众来信来访所提出或反映的各种问题是一种有助于做好行政工作的重要信息。

人民群众来信来访所提供的信息具有动向性、倾向性和端倪性之别，但是它们都是对世风、民情的某种反映。唯有对其进行正确的接受和处理，方能使国家行政机关和国家公务人员耳聪目明，了解社会动态，体察民情，更好地同人民群众保持联系，更好地为人民群众服务。

2. 反馈功能

所谓反馈，是指在实践中对某种认识进行检验之后产生反响，并把它们回传给认识者的过程。国家行政机关的每一项方针、政策的出台前后，必然要经过反复的实践、认识、再实践、再认识的过程，才能使之趋于完善，更加合理易行。

在人民群众来信来访中，必然会在一定程度上对国家行政机关的各项决策有所反映，这就是其反馈功能。信访工作者对此一定要予以重视，并及时提供给有关部门参考，以便使各项决策更加符合客观实际。

3. 民主功能

我国宪法规定：中华人民共和国公民对于任何国家机关和国家工作人员，有提出批评和建议的权利；对于任何国家机关和国家工作人员的违法失职行为，有向有关国家机关提出申诉、控告或者检举的权利；对于公民的申诉、控告或者检举，有关国家机关必须查清事实，负责处理；任何人不得压制和打击报复。

由此可见，人民群众来信来访，是在依法行使自己的民主权利，依法参与国家管理。国家机关必须受理，并要做到事事有交代，件件有着落，决不敷衍、应付、推诿或积压不办。

4. 监督功能

国家公务人员是人民的公仆，人民有权利对国家的公务员进行监督，揭露国家行政机关和国家公务人员中存在的不关心群众疾苦、草菅人命、贪污腐败、渎职失察、以权谋私、违法乱纪、严重经济犯罪等问题。因此，人民群众的来信来访，自然也就成为对国家行政机关和国家公务人员实行大众监督的渠道之一。对人民群众关心国家大事、爱护国家行政机关形象的这种主动监督的积极性，我们应当加以保护和支持。

（二）遵守信访的原则与制度

党和政府历来对信访工作都非常重视。国家行政机关的信访工作已经形成了一整套行之有效的原则与制度，国家公务员对有关信访工作的原则与制度必须加以遵守。

1. 原则

信访工作的基本原则是以事实为依据，以党和国家的政策、法律为准绳，了解民意，体察民情，及时做到上情下达、下情上知。

以事实为依据，就是要求信访工作者要切实弄清事实真相，做到实事求是。弄清事实的真相，是为其正确定性的基本前提，也是依照法律、政策处理问题的基础。

以党和国家的政策、法律为准绳，就是要求信访工作者自觉成为政策和法律的体现者，在信访工作中要坚持原则，不偏不倚，维护党纪国法，敢斗歪风邪气，而不感情用事、不偏袒、不护短、不欺软怕硬。

信访工作者必须时刻意识到做好本职工作的极端重要性：对于人民群众而言，它是其发扬民主的一种渠道，自己工作得好坏，直接关系到对方民主权利的发挥；对于上级国家行政机关而言，它又是监测社会动向、观察民意社情的一个窗口，自己尽职与否，直接影响到国家行政机关的各项决策能否得到有效的贯彻和执行。

2．职责

根据党和国家的有关规定，国家行政机关信访工作的基本职责主要有以下三项。

（1）受理任务

按规定，各级政府的信访部门受理本地区、本系统的信访和上级领导机关所交办的有关任务。按照惯例，各地区、各系统都有各自的权限范围，信访部门的职责就是受理本地区、本系统的人民群众来信来访。因此，信访工作者对于本地区、本系统的来信来访应当来者不拒，不推诿，不随便转移矛盾。对越级上访人员，信访工作者有责任加以劝阻和疏导，但必须依法办事。

对上级领导机关转来、交办的信访问题，信访工作者本着下级服从上级的精神，必须予以受理，而且还要尽快地将处理结果汇报给上级领导机关。

（2）下情上知

各级政府的信访部门均应定期研究、综合信访工作的问题和情况，及时向上级领导或有关部门反映，并且提出相应的建议。为了确保信访工作的正常进行，使下情上知、信息畅通，信访部门必须根据具体情况，以一周、一月或一季度为限，定期集中分析、研究、综合人民群众来信来访之中所反映的情况和提出的问题，及时、准确地向上级领导或有关部门进行反映。

对于时效性较强的问题和情况，则应随时发现，及时反映，以防影响工作，造成祸患。

在向上级领导或有关部门反映信访工作的问题和情况的同时，可以根据自己的经验和看法，对问题和情况的处理、解决提出自己的建议。

（3）协助上级

各级政府的信访部门还须协助上级领导机关检查、改进、完善本地区、本系统的信访工作。信访工作者的一项重要职责就是要积极贯彻、落实、执行上级机关对信访的指示，并且协助上级领导机关检查、改进、完善本地区、本系统的信访工作。

从广义上讲，全体国家公务人员都可以被视为信访工作者，因为在实际工作中，每一名在职的国家公务人员都有可能接触到人民群众的来信来访。因此，每一名国家公务人员都应当把做好信访工作、支持信访工作当成自己的本职工作来做。不论是否为专职的信访工作者，国家公务员都有义务支持、配合、协助各级信访部门及其工作人员的具体工作。切勿事不关己，置之不理。

3．制度

从事信访工作的国家公务员责任重大，既要做到及时、准确、全面而有见地地保证信息的畅通无阻，又要严格甄别、过滤，不得对上级领导或有关部门谎报信息，进行误导。为此，必须严格遵守信访工作的几项基本制度。

（1）登记制度

对一切人民来访来信，都必须进行详细的登记，登记的内容至少应包括来信来访者的姓名、性别、政治面貌、工作单位、具体职务、家庭住址、联系方式、主要要求以及所反映问题的基本内容。在登记时，要礼貌、耐心、认真、负责。文字要简洁，但又不可使重点有所遗漏。必要时，要与对方进行核对，或请其提供必要的书面材料或其他物证。一切信访文书都要统一归档，并且妥善保管。

（2）接待制度

接待制度指的是国家行政机关的主要领导者亲自接待来信来访的制度。它的具体含义是：各级国家行政机关不仅要有专门的领导者亲自负责信访工作，而且其他每一名领导同志都应有制度确保其在一定的阶段内批办来信、接待来访的时日和次数，以便使之亲自掌握第一手资料，不脱离群众。

（3）转办制度

对人民群众来信来访反映的情况和提出的问题，应尽快加以处理和解决。在本单位、本部门以及本人职权范围之内的情况和问题，要勇于负责，不得推诿、拖延。应由其他单位、其他部门负责办理的，应实行首办责任制，按规定和相关手续，迅速转交其他相关部门人员办理，不得擅自为其代劳，不准无故搁置不转、不办。

（4）催查制度

对转交其他单位、其他部门办理的来信来访，应有回报，必要的话，还需指定回报期限。承办人民群众来信来访的单位或部门，应对此自觉加以遵守。对某些重要信访案件，信访部门应按有关规定在一定时间内对承办的单位或部门进行催促，这就是催办。而具体承办的单位或部门则必须加以重视，尽快组织专人负责查处，并限期结案，这就是查办。催办与查办，是催查制度的两个不同却又互相关联的主要侧面。

（5）报告制度

为了肯定成绩，吸取教训，发现不足，对信访工作应定期进行统计和总结。对信访部门而言，一般每个月都要进行一次分析统计，每个季度都要进行一次综合研究，每半年或一年要进行一次全面总结。凡有关信访工作的分析统计、综合研究、全面总结以及突发性事件，都要向上级领导机关进行认真而详尽的报告。

（6）保密制度

信访获得的信息方方面面，有些涉及社会的安宁与稳定，有些涉及国家的秘密事项，更主要的是大量的信息还要经过去伪存真、调查核实的过程，因此在没有经过授权部门或人员公开之前做好保密工作是非常重要的，这也是国家公务员的基本职业操守。

（7）奖惩制度

信访工作要做得好，就必须做到奖优罚劣。对于为了国家和人民的利益提出了创造性的建议，敢于向国家行政机关及其工作人员提出正确的意见、批评，勇于同坏人坏事、不正之风进行斗争，不怕吃苦、敢于负责，努力为人民群众办实事或解决实际问题，敢为人民鼓与呼，确属有功的来访者和信访者，要给予表彰和奖励；对于反映问题言过其实、弄虚作假或是蓄意诬告、陷害他人的来信及来访者，对于压制群众、顶拖不办、徇私舞弊、收受贿赂、泄露机密、打击报复的信访工作者，则必须予以批评、教育、惩处，甚至依法追究其刑事责任。

（三）掌握信访工作的有效方法

国家公务员要做好信访工作，除了要遵守有关的法律法规、调动自己的积极性以外，还必须对具体的工作方法加以研究、探讨，从中找出某种带有规律性的东西，并不断加以完善。站在信访礼仪的角度上，国家公务员要做好信访工作，对以下几个有效的工作方法均要进行学习、研究、改进和提高。

1. 来信的处理

对于人民群众的来信，必须及时阅读、及时处理，并尽快答复。

接到人民群众的来信之后应及时处理。处理人民群众的来信，通常称为办信。国家公务员在办信时，必须依照以下规定的程序井井有条地逐步进行。

（1）拆封

在一般情况下，应做到当日接信，当日即拆。在拆信时，须加盖日戳，或注明日期，并进行编号，以便日后进行查阅。

（2）阅信

阅信时应集中精力，详细认真，不厌其烦。在阅信时，切记排除一切主、客观干扰，抓住重点，理清头绪，了解信的基本内容。

（3）登记

办信时，要依照登记制度对所办来信进行登记。对来信登记的内容，可参照有关规定，并根据来信的具体情况而定。

（4）报转

报指的是报请领导阅批，要力争报得准、不滥报、不漏报。转则是指将来信转给有关单位或部门处理。对于揭发信、控告信，未经批准，一律不得转交被控告的对象，而应将其转交给被控告对象的上级机关的主要负责人。

（5）答复

应根据有关规定，在一定时间内给予来访者以明确的答复。若长期悬而不决，不予答复，是不对的。若来信业已报转，也须告知来信者来信的下落。

（6）存查

对所有经办的人民群众来信，在结案后都要整理归档，以备查考。要注意为来信者保密，不得任意公开来信内容或来信者姓名。对前来查信者要履行必要的手续，严加掌握，以防止泄密事件的发生。

应当强调的是，国家公务员在办信时，一定要全心全意、认真负责。不可久无回音，让来信者望眼欲穿，也不能将信一转了之，不负责任。

2. 来访的接待

总体来说，对人民群众来访的接待，体现着国家行政机关的工作作风。因此，国家公务员在对来访者的接待工作中，一定要礼貌周全、平易近人、亲切热情。一般来说，以下几个问题必须注意。

（1）设置专门的接待地点

通常各级国家行政机关在力所能及的条件下，都要设置专门的信访接待室，并且将其名称与作息时间制成醒目的标志悬挂于门口。在机关大门的入口处附近，也应悬挂同一内容的指示牌，以方便来访者。

信访接待室一般均应在本单位、本部门之内。既要使来访者便于寻找，又应让它处于相对较为安静、过往之人不多的环境下，以减少来访者反映问题时的顾虑。

在信访接待室里，要张贴来访者注意事项，在客观上形成一种严肃、认真的氛围。与此同时，务必要使室内环境整洁、卫生，房间与摆设不宜过于残破，以免来访者产生不被重视之感。

若来访者流量较大，则应在接待室内"分而治之"，免得不相干的来访者相互干扰、难以启齿，或言不由衷。

如果未设立专门的信访接待室，则在自己的办公室里接待来访者亦可。但无论如何，都要争取使来访者在被接待的过程中无人打搅，而接待者此刻亦不得一身二任，在接待中兼做其他事。

不要利用机关的传达室充当信访接待室，其环境熙熙攘攘、吵吵闹闹，容易造成不良影响；且对来访者来说，既有被冷落之感，又有所反映问题难以保密之忧。

（2）安排专门的接待人员

信访部门对任何来访者都要安排专人负责接待。当来访者到来之后，信访工作者应首先请其填写"来访登记表"。在弄清对方所反映情况的性质与主要内容后，再具体指定专人负责接待。

为来访者安排专人负责接待的方针主要有四个：其一，属于具体部门的业务问题，应由有关业务部门的接待人员负责处理；其二，属于集中在特定时期内的专门业务问题，应由各专门的业务部门指派专人定期负责处理；其三，属于综合性的问题，应由信访部门工作人员负责处理；其四，对于集体来访者，则一般应由负责同志出面处理，或由有关业务部门指派专人负责处理。

通常，不应由来访者指名道姓地自行指定接待者，更不能对来访者的要求统统予以满足。在对方提出这类要求时，应对其加以解释或说服。

不直接负责信访工作的国家公务员，在遇到来访者打探情况时，应热情帮助，如为其指点信访接待室的方位，为之带路等。但绝不能乱出主意，不允许对其煽风点火、推波助澜，使其骚扰或围攻某一部门或某一个人。

（3）规定专门的接待程序

国家公务员对来访者的接待，一般采取单独交谈的方式。与来访者的交谈，既要认真、负责，又要不失礼貌。

来访者到来后，接待人员应面带微笑，起身相迎，与之握手为礼，并热情问候。随后，应请对方首先就座。在称呼对方时，应称之为"同志"，或采用尊称，而不得指名道姓。直呼他人全名的做法一般都是不礼貌的。

在交谈时，接待人员不论是问、答、听、记，都要耐心而谦恭，不能居高临下，随意对来访者加以训斥，或是表现得极不耐烦。不论来访者态度如何，是啰里啰唆、喋喋不休、小题大做，还是蛮横要挟、无理取闹、纠缠不清，接待者都要态度冷静，晓之以理、待之以礼，不卑不亢、不急不恼。对于来访者所提的问题不能不信，也不可偏信；不能不回答，也不可乱作答；不可以含糊其辞，也不可以随便代表领导表态。对确实难以回答的问题，要向来访者说明拟处理的方法和程序，让对方放心、满意。对于来访者反映的情况，应做好笔录，必要时，可予以重复、核对，但不宜当时就下结论。

在对待来访者的态度上，既不能毫无热情，又不能无原则地同情，切不可忘记自己的身份，对其简单粗暴，或是漠不关心、麻木不仁；否则，只会让对方心灰意冷，感觉无望。

3. 电话的接听

近年来，由于党和政府的重视，国家行政机关信访工作的具体形式日趋多样化。其中，供人民群众参政议政、反映问题、投诉举报的"热线"监督电话的出现，就为信访工作提供了新的形式。在一般情况下，各级国家行政机关都应设立专门的"热线"监督投诉电话，并指定专人负责值班接听。监督电话的电话号码与值班时间，应通过大众传媒向社会公布，让人民群众对此有充分的了解。与此同时，应建立健全监督电话岗位责任制。要确保在规定的时间内有人在岗值班，监督电话的号码能够打通，以保证这一渠道有名有实、畅通无阻，不要使之形同虚设。接听监督投诉电话时，一定要使用文明、礼貌的语言，保持热情、友善的态度。在开始通话之初，即应对打来电话者口头上表示问候和欢迎。对人民群众在电话中所反映的问题，一方面要予以重视，另一方面还须予以保密。在结束通话时，不要忘记向对方道谢，在语言、口气、态度上，均不得失礼。

在接听监督投诉电话时，务必认真负责。可直接答复的问题，应当场解决，不必拖延时间；一时无法解决的问题，应做好记录，交办、转办，并告诉对方今后联系的方式，或大致可以做出答复的时间。要使对方真切地感受到他是受欢迎、受保护、被重视的。

非监督电话值班人员接到人民群众打来的反映情况或问题的电话，同样应热情欢迎、认真接听，并视情况转交值班人员或带班领导。如不属于自己权限范围之内的问题，可介绍对方去找具体负责部门，或代为转告，但不得借故不理不管，挫伤人民群众的积极性。

第三节　会务与公文礼仪

导入案例
DAORUANLI

小伙子为啥玩不转

某学院计算机专业大三学生小邵，在暑假期间到一家公司打工。性格内向的小邵总是独来独往，很少主动和同事说话、打交道。一个多月过去了，他仍然难以适应公司的工作。

小邵每天的工作是打扫办公室和分发文件。他感到在学校学习的专业知识无用武之地。公司采用的软件他不熟悉，同事间讨论业务他也插不上嘴，有时候，连一些简单的公务也处理不好。

有一天，上司让他影印 40 份分套文件，在半小时后部门召开的会议上要用。然而，他不知道这台高级复印机有文件扫描和自动分套功能，手忙脚乱地一张张复印，没等他复印完，开会时间就到了。尽管上司没有责备他，但小邵心里特别难过。

这则实例令人遗憾。其实，只要这位同学主动和同事沟通，虚心向能者学习，就能够掌握基本的工作技能，顺利打开工作局面，其结果也会截然不同。

（资料来源：李荣建等. 现代礼仪教程［M］. 北京：首都经济贸易大学出版社，2008：183）

请根据以上信息，完成以下任务：

1. 应当怎样接待来宾？
2. 如何办理会务事宜？

知识分析 ZHISHIFENXI

公务人员在日常工作中所必不可少的一件事情，就是要组织会议、领导会议或者参加会议，因此会议自然而然地就成为公务活动的有机组成部分。在许多情况下，公务人员往往需要亲自办会。所谓办会指的是从事会务工作，即负责从会议的筹备直至其结束、善后的一系列具体事项。会务礼仪，主要是指有关办会的礼仪规范。

▶▶ 一、会务礼仪

公务人员在负责办会时必须注意两点：一是办会要认真。奉命办会，就要全力投入，审慎对待，精心安排，务必开好会议，并为此而处处一丝不苟。二是办会要务实。召开会议，重在解决实际问题。在这一前提下，要争取少开会、开短会，严格控制会议的数量与规模，彻底改善会风。

会议又称集会、开会，它通常是指将人们召集在一起，对某些问题进行研究、讨论、说明的一种社会活动的常规形式。在处理日常性行政事务时，各级党政部门往往会召开各种会议，因而接待人员也要经常地面对各式各样的会议。

不论是召集、组织会议，还是参加会议、为会议服务，接待人员都必须遵守一些基本守则。此类与会议相关的守则就是所谓的会议礼仪。

举行正式会议时，通常应事先安排好与会者的座次，尤其是其中具有重要身份者的具体座次。越是重要的会议，其座次排定往往越受到社会各界的关注。对有关会场排座的礼仪规范，接待人员不但需要熟知一二，而且必须认真恪守。

（一）小型会议礼仪

小型会议，一般指参加者较少、规模不大的会议。它的主要特征是：全体与会者均应排座，不设立专用的主席台。小型会议的排座目前主要有如下三种具体形式。

1. 自由择座

自由择座的基本做法是：不排定固定的具体座次，而完全由全体与会者自由地选择座位就座。

2. 面门设座

面门设座一般以面对会议室正门之位为会议主席之座。其他的与会者可在其两侧自左而右地依次就座。

3. 依景设座

所谓依景设座，是指会议主席的具体位置不必面对会议室正门，而是应当背依会议室之内的主要景致，如字画、讲台等之所在。其他与会者的排座，则略同于前者。

（二）大型会议礼仪

大型会议，一般是指与会者众多、规模较大的会议。它的最大特点是：会场上应设主席台与群众席。前者的座次必须认真排列，后者的座次则是可排可不排。

1. 主席台排座

大型会场的主席台，一般应面对会场的主出入口。在主席台上就座之人，通常应当与在群众席上的就座之人呈面对面之势。在其每一名成员面前的桌上，均应放置双向的桌签。

主席台排座，具体又可分为主席团排座、主持人座席、发言者席位三个方面。（1）主席团排座。主席团，在此是指在主席台上正式就座的全体人员。目前国内排定主席团位次的基本规则有三种：一是前排高于后排，二是中央高于两侧，三是左侧高于右侧。（2）主持人座席。会议主持人，又称大会主席，其具体位置有三种方式可供选择：一是居于前排正中央；二是居于前排的两侧；三是按其具体身份排座，但又不宜令其就座于后排。（3）发言者席位。发言者席位，又叫作发言席。在正式会议上，发言者发言时不宜于就座原处发言。发言席的常规位置有两种：一是主席团的正前方，二是主席台的右前方。

2. 群众席排座

在大型会议上，主席台之下的一切座席均称为群众席。群众席的具体排座方式有以下两种。（1）自由式择座。即不进行统一安排，而由大家自由择位而坐。（2）按单位就座。它是指与会者在群众席上按单位、部门或者地区、行业就座。它的具体依据，既可以是与会单位、部门的汉字笔画的多少、汉语拼音字母的前后顺序，也可以是其平时约定俗成的序列。按单位就座时，若分为前排后排，一般以前排为高，后排为低；若分为不同楼层，则楼层越高，排序便越低。在同一楼层排座时，又有两种普遍通行的方式：一是以面对主席台为基准，自前往后进行横排；二是以面对主席台为基准，自左而右进行竖排。

▶▶ 二、端正会风

(一) 改进会风

会风者，会议风气之谓也。从根本上讲，政府及其部门的会风实际上体现着其政风。在当前形势下，端正会风有利于端正政风。端正会风一般应从改进会风做起。

1. 反对形式主义

一次会议的成功与否，重在看其实效。因此，应在总体上改进会议形式，提高会议质量，绝不能搞形式主义，不能将会议的规模大、次数多等同于自己的政绩。

2. 禁止滥办会议

对于会议过多、过杂、过长、过滥，凡事皆开会的不正之风要坚决抵制。对于开会讲究排场、铺张浪费者，尤其是借开会之机大吃大喝、滥发礼品、公费旅游者，则应依照党纪、政纪从严查处。

(二) 提高效率

提高会议效率，即召开会议时，应努力节省时间、人力、物力和财力，并力争取得较为圆满的成果。由此可知，它是各级政府及其部门当前改进会风的基本目标。

一般认为，提高会议效率行之有效的良方有以下四种。

1. 集中主题

一次会议最好选定一个单一而明确的主题，万一有必要同时安排多项重要内容，亦应力求有主有次、主题鲜明。这样做，不仅易使会议开得扎实而紧凑，而且也便于与会者传达、贯彻、落实会议精神。

2. 压缩内容

应删除一切可有可无的会议内容，一般性的内容可代之以书面材料。不提倡各级领导出席与自己本职工作毫无关联的会议。

3. 限定时间

对于会议的起止时间、休息时间、发言时间、讨论时间，应有明确的规定，并严格执行。这一措施，将有助于纠正会议冗长、拖沓的不良风气。

4. 改进形式

开会的具体形式允许灵活多样，重在看其是否有收效、是否能解决问题。提倡利用电视、电话、广播、互联网等现代化电子媒体举行会议。

(三) 严守会纪

出席会议时，应严守会议纪律，以"从我做起"来切实端正会风。

1. 遵守时间

参加会议时，一定要严格、自觉地遵守有关会议时间的具体规定。其一，准时到会。任何会议的出席者均应按时到会，并适当有所提前。不得无故迟到、缺席。其二，正点开会。规定的开会时间一到，即应准点开会。延迟开会时间，是对全体与会者的不恭和不敬。其三，限时发言。不仅要限定发言人数，还应规定其所用时间的长短，以促使其发言时少说精讲。其四，到点散会。规定的会议结束时间一到，如没有特殊原因，应立即宣布散会。

2. 维持秩序

在会议举行期间，应维护会场的正常秩序，确保其顺利进行。其一，各就各位。出席正式会议时，应在指定之处就座。未获许可时，不要自由择座，争座抢座。不得东游西逛，中途退场。其二，保持安静。会场的安静是会议顺利进行的基本条件。除正常的鼓掌、发言外，严禁制造任何噪音。其三，遵守规定。对有关禁止录音、录像、拍照、吸烟以及使用移动电话等的具体规定，应认真予以遵守。

▶▶ 三、公文礼仪

公文礼仪即在撰制和办理公文时应当遵守的规范和惯例。我国公文礼仪的基础，即国务院办公厅重新颁布的《国家行政机关公文处理办法》。以下从公文的撰制、内容要求、格式要求、语言要求、公文的行文、公文的办理这六个方面对公文礼仪进行具体阐述。

（一）公文的撰制

公文是国家行政机关的喉舌，也是联系政府与群众和各级行政机关的重要纽带。因此基层公务员撰制公文时必须严格遵守有关规定和要求，任何疏漏都有可能耽误公务的执行。

（二）内容要求

任何类型的公文，不论其发文机关和发文目的是什么，都应当在内容上遵循如下两条基本的指导原则。

1. 严守法规

公文的观点和内容必须符合国家的法律法规，以及党和政府的方针政策。如果发现公文所需贯彻的领导意图与党和国家的有关政策法规相抵触，应及时向领导提出，并予以纠正。如果要提出新的政策规定，则应对其加以具体说明，切勿使之前后矛盾。

2. 真实准确

公文所反映的情况必须真实、准确。不仅基本的事实材料要真实，而且具体的细节、背景、数据也要准确无误。这就要求基层公务员深入实际、密切联系群众、实事求是，要克服官僚主义、形式主义和文牍主义，不可弄虚作假、敷衍了事。

（三）格式要求

公文是一种规范性极强的应用文体，因此基层公务员在撰制公文时务必遵守具体的格式要求。

1. 选择恰当文种

国务院规定的 12 类 13 种公文形式,每一种都有近似但又有所区别的格式要求。因此,选择恰当的文种是遵守公文格式的基础。正如南朝刘勰在《文心雕龙·章表》中所说:"章以谢恩,奏以按劾,表以陈情,议以执异。"各种公文体现的是不同的发文机关的权限范围和行文机关之间的不同关系,反映了不同的发文目的。因此基层公务员在撰制公文时务必要根据本机关的职权地位和发文目的选择恰当文种,并采取相应的格式。

2. 遵守具体格式

公文讲究格式,是公文管理标准化和现代化的必然要求,也是公文合法性的保障。概括地说,公文格式可分为文头、正文、文尾和标记四部分。

(1) 文头

文头包括文件名称与发文字号。文件名称,由发文机关名称加"文件"两字组成,如"中共中央文件"。文件名称往往用套红大字印刷,被称为"红头文件"。发文字号,由发文机关代字、年号、文件顺序号三者组成。若是几个机关联合发文,一般只注明主发机关的发文字号。年号应由"〔〕"括注,而不能使用"()"。

(2) 正文

正文包括以下七部分内容。一是公文标题。公文标题由发文机关名称、事由和文种三部分组成,应简要、准确地概括公文的主要内容,体现发文主旨。如"公安部关于在全国公安机关开展向济南交警支队学习活动的决定"。如果公文版头已注有发文机关,或已在文尾注明了发文机关,则公文标题可省略发文机关;如果难以用少量文字概括所发公文的内容,或公文内容较为简单,则可省略发文事由。公文标题除法规、规章名称须加书名号外,一般不加其他标点符号,而以空格代之;标题字数太多而分行书写时,注意不得将固定词语拆开分写。二是主送机关。即负责受理或答复该公文的机关。上行文只有一个主送机关,即文件责任的直接承担者;下行文可有多个主送机关,书写于左首顶格处,按级别高低顺序排列。三是正文。正文是公文的主体,是表述公文具体内容的部分.写在主送机关名称之后。四是附件。即附属于正文的材料,用于对公文的补充或参考。附件名称要在正文之后注明,附件本身既可单独成件,也可与文件主体装订在一起投送。五是发文机关。即公文的法定作者名称,应采用机关全称或规范化简称,写于正文或附件名称之后一定距离的右下方。如需以机关领导人名义行文,则应在领导人姓名前冠以职务。联合行文时,应将主发机关排列在前。六是发文日期。即用以表明公文的生效时间,写于发文机关下方,使用年月日全称。七是印章。即发文机关对公文的效力负责的凭证,盖于发文机关名称和发文日期的字面上。

(3) 文尾

文尾包括如下三个部分。一是主题词。用以标示公文的核心内容,便于公文的计算机检索与管理。主题词不同于公文标题,其确定应从公文内容范畴、主题内容、特征和文种这四个方面入手,而不能简单地从公文标题中提取。国务院办公厅秘书局于1994 年 4 月修订出版的《国务院公文主题词表》和中共中央办公厅秘书局于 1998 年 8月修订发布的《公文主题词表》是目前标引主题词的重要依据。主题词一般不超过七个，每个主题词之间要空一格，写于发文日期之后，用黑体字印刷。二是抄送抄报机关。即除主送机关外还应了解公文内容的有关机关。上行文为抄报，平行文或下行文为抄送。三是制发机构和制发时间。即公文的印制单位和时间，书写于同一行，单位居左，顶格；时间居右，顶格。

（4）标记

标记包括四部分内容。一是秘密等级。按公文的机密性质，公文可分为内部文件、公开文件和保密文件三级，其中保密文件又可分为秘密文件、机密文件和绝密文件三等。秘密等级标在左上角，以醒目的黑体字印刷。二是紧急程度。公文有紧急公文和非紧急公文两类，紧急公文又可分为急公文和特急公文两类。紧急程度应以黑体字标在密级上方。三是阅读范围。即以工作需要和保密范围为依据所确定的公文的行文范围和阅读对象，写于发文日期之后、主题词之前。四是印刷份数。指该公文的实际印制数量，用括号标注在文件左下方。另外，公文纸一般采用 16 开型（260 毫米×185 毫米）于公文左侧装订。按惯例，开头应为 35 毫米，地脚应为 25 毫米，订口应为 22 毫米，翻口应为 25 毫米，版心内正文应为 25 行，20 列。特殊公文如"布告""通告"等用纸大小可视实际需要而定。

（四）语言要求

公文的语言虽然只是一个形式的问题，但能影响公文的内容，并对公文整体起到举足轻重的作用，哪怕只是一个小小的文字或标点错误，都有可能会影响对公文的理解和执行。因此基层公务员务必注意公文撰制过程中的语言问题。一般而言，要做到准确、朴实、简要。

1. 准确

公文的语言要求准确，是指公文的用字、用词要恰当，语句段落要通顺，数字标点要规范。例如，根据新颁布的《国家行政机关公文处理办法》，公文中的数字写法就应当严格遵守我国 1987 年 2 月 1 日颁布的《关于出版物上数字用法的试行规定》。只有用语准确，才能如实地反映客观事物，如实地传达发文意图，使公文得以更好地被理解和执行。

2. 朴实

公文具有政治性和严肃性的特点，因此公文的语言应力求质朴无华，少用描写和抒情的手法。即要直话直说，不可拐弯抹角或以含蓄的笔法委婉地表达意思。

3. 简要

公文语言的简要，是快速而高效传递信息的需要。冗长的公文不仅会让人望而生厌，而且不利于主旨的突出和重点的把握。简明扼要是公文写作的一项基本要求。要使公文语言简要，就须开门见山，尽快道出主题，紧扣主题，摒弃套话，并学会熟练地使用一套常用的事务性词汇，对事物进行简要表达。

（五）公文的行文

行文即公文的运转，行文关系则是指公文运转过程中发文机关与收文机关之间的关系，也即各级机关之间公文的授受关系。

1. 行文分类

按照公文在各级机关之间的运行方向，可将行文分为三类：上行文、平行文和下行文。相应地，行文关系也可分为上行文关系、平行文关系和下行文关系三种。

（1）上行文

上行文即下级机关向上级机关呈递的公文，一般可分为逐级行文、多级行文和越级行文三种。由于下级机关要对自己的直接上级机关负责，因此逐级行文最为普遍。只有在特殊情况下才可采用多级行文和越级行文的方式。上行文包括报告、请示和议案三种类型。

（2）平行文

平行文即互相没有隶属关系和业务指导关系，同级或不属同一系统的机关部门之间的行文。平行文多采用公函文件。

（3）下行文

下行文即上级机关对所属下级机关制发的文件，一般可分为逐级下行文、多级下行文、直接到达基层组织和群众的下行文三种。下行文的文种较多，有命令、决定、指示、公告、通告、通知、通报、批复、会议纪要九种。

2. 行文规则

各级机关之间互相行文时，务必遵守如下规则。（1）行文机关应明确发文权限，在自己的职权范围内制发公文。对超出自己权限的待处理事项，应行文商请职权部门发文或双方联名行文，不可越俎代庖。越权而行的公文没有任何权威和约束力。（2）下级机关应向自己的直接上级机关负责，不可随意越级向上行文。如有特殊情况必须越级请示，则应抄报所越机关。上级机关如有必要越级向下行文时，亦应同时抄送受文机关的直接上级机关。（3）受双重领导的机关上报公文，应根据内容写明主报机关和抄报机关，由主报机关答复所请示的问题。上级机关向受双重领导的下级机关行文时，应同时抄送另一上级机关。（4）贯彻党政分开原则，实行党政分别行文。凡属政府的工作，都应以政府名义行文；凡属党委的工作，则应以党委的名义行文。（5）若待办事项涉及多个机关的职权范围，或多个机关遇有相同问题需请示和报告时，各机关可联合行文。联合行文的各方应是同一级别。各部门若对某一问题未形成一致意见，均不得擅自向下行文。（6）经批准在报刊上发表的行政公文，应被视为正式公文而依照执行。如不另外行文，发文机关应在报刊上发表该文时加以注明。（7）本着精简高效的原则，应严格控制发文的数量、投送范围。尽量减少行文的中间环节，不重复行文。

（六）公文的办理

依照国家有关规定："公文办理一般包括登记、分办、批办、承办、催办、拟稿、审核、签发、缮印、用印、传递、归档、销毁等程序。"一般而言，公文办理是指各级行政机关和公务人员在收到公文后对它所进行的办理答复。

1. 基本要求

基层公务员办理公文时必须遵循准确、及时、安全三项基本要求。（1）准确。所谓办理公文要准确，是指办理公文的每个环节都要井然有序，办理公文的顺序要合理，衔接要紧凑，办理的形式和方法要力求规范、标准。（2）及时。为提高办事效率，基层公务员办理公文时务必及时，要避免因公文误期而影响工作。一是要强化时间观念。公文能办就办，说办就办，养成在限定时间内办好公文的良好习惯，不可拖拖拉拉、办办停停。对于紧急公文，更需及时处理。二是要缩短运转周期。公务人员要尽量缩短公文的传递、留办时间，促进公文高效运转，避免在公文传递过程中浪费不必要的时间。三是要简化办理公文的程序。应尽量减少公文办理所需的手续和环节，防止因环节复杂、程序繁多而导致的效率低下。（3）安全。基层公务员在办理公文时要恪尽职守，确保经办公文的安全。这里的安全有两层含义：一是指要确保公文物质上的安全，防止公文受损或遗失。这就要求不可乱堆、乱放、乱叠公文，以免受到过多的磨损；要做到防潮、防火、防蛀，以延长公文的"寿命"。二是指要确保公文政治上的安全，严守国家机密。要积极做好保密工作，开展保密教育，做到有备无患，防止国家利益受损。为了确保公文的安全，各级领导务必端正态度，充分认识公文安全的重要性；要经常性地开展对公务员的业务培训，提高基层公务员的素质和能力。

2. 收文程序

收到公文后，基层公务员一定要按程序对其进行处理。（1）登记。各级行政机关在收到公文后，务必对所收公文进行登记。各种公文一般可按"上级文件""下级文件""需承办文件""一般性文件"四个类型分类登记，登记内容包括收文序号、收文日期、来文单位、来文标题、密级、领导批示与承办情况、归卷号及备注等。收文登记时字迹要清晰、工整，平件、密件要明确区分，急缓程度要严格分清。登记的基本要求是准确、翔实。（2）拟办、批办。拟办即基层公务员在收到来文后提出初步的办理方案或建议，供领导参考。拟办意见应简明扼要，并可随同附上与来文有关的材料，交领导参看。批办即机关领导对需要办理的公文进行批示，提出执行、办理的原则与方法，并签署姓名与日期。批办要及时、迅速，批示的意见要明确、具体。（3）承办。承办即基层公务员根据领导批示意见而对公文的具体办理。承办时应当统筹规划、妥善安排，要分清来文的主次缓急，有步骤、有计划地办理，优先办理重要的公文。一般而言，特急件应随收随办，当时或当天办结；急件也应随收随办；限时处理的公文应当以规定时间为限，不得拖延；其他一般公文也应尽快办理。（4）催办。催办即对公文办理的督促与检查，主要是指在收到公文后，对本机关各承办部门的公文处理工作进行监督与检查。各级行政机关应建立健全机关公文催办系统和催办的登记、分层逐级汇报制度，以落实催办工作。

课后阅读

公务礼仪应把握"三个关键"

中国自古以来就是礼仪之邦、文明圣地，早在西周时期，我们的祖先就编撰了《周礼》、《礼记》等一些记录、制定、规范、疏导礼仪方面的书籍。可见，礼仪是形象、是窗口、是素质，是人格魅力、团队精神的展现，更是人与人之间、团体之间、人与团体之间加强交流、增进感情、促进了解和相互合作的一种社会规范，具有很强的感染力、渗透力和凝聚力。公务礼仪应把握好"三个关键"，即"精确标准尺度、区别条件因素、讲究方式方法"，才能赢得群众满意、增进信任，赢得社会满意、促进和谐。

1. 精确标准尺度

尺度即是规矩，"没有规矩不成方圆"。公务礼仪是公务交往的一把标尺，科学把握公务交往中的礼仪尺度和标准，才能使公务活动、人际交往圆满成功。首先，个人行为标准要规范。行为标准从狭义的概念来讲，主要包括语言、仪表、仪态等多个方面。在公务交往活动中，语言是增进沟通，促进交流的一把"金钥匙"，而仪表、仪态是一个人、一个集体的形象展示。因此，必须注意"三者"之间的关系，做到既能巧妙地单独使用，又能灵活地结合运用。在进行沟通交流的时候，要用文明、礼貌、朴实、健康、向上的语言，打开对方的心扉，用热情周到、耐心细致、谦逊礼让的态度以及标准得体的仪容仪表，参与公务活动，才能使活动在和谐自然的氛围中开展。其次，适用范围要适中。公务礼仪要把握适用、适中原则。适用适中，就要坚持什么样的事项、活动、交往使用什么样的礼仪。与公务活动不相适应的礼仪，从小处讲可能会遗留下笑柄，从大处讲损害形象，产生不良影响。再次，要具备相当的规模。规模即形状、外观情况。在公务活动中，礼仪必须坚持与之规模相匹配的原则，即通常所说的规范达标。公务活动要严格控制规模，尽量压缩事项、减少程序、节约费用，不得超标，不得铺张浪费，要大力提倡勤俭节约的优良作风，使公务活动的规模标准规范，既要办好事项，又要树好形象。

2. 区别条件因素

公务礼仪构成的因素，主要包括时间、环节、环境、场合、风俗、特性等。一是时间和环节。开展公务活动要在不同的时间、不同的环节中使用不同的礼仪，同时，开展公务活动，要提倡遵守时间观念，办理事项还应做到注重简化程序、提高效率，为群众提供热情周到的服务。二是环境和场合。营造一个宽松的交往环境是融洽关系，促进交融的基础条件。在公务交谈的过程中，谈话双方要以互相尊重和相互理解作为基本前提，用规范的礼仪努力营造出一种幽默、坦诚、率真的谈话环境，给人轻松愉悦的感觉，利于公务活动开展。三是风俗习惯和特性。公务礼仪要入乡随俗，充分尊重群众意愿，尊重群众的风俗习惯、宗教信仰、文化传统，要注重贴近群众生活，拉近同群众之间的距离。比如，开展干部下基层为群众解难、解困活动，面对的是基层干部和老百姓，仪态、仪表要坚持入乡随俗，贴近群众、贴近生活、贴近基层，消除同群众之间的陌生感，便于掌握真实情况，使公务活动取得成效。相反，语言、仪容、仪态、仪表严重脱离群众，必为群众厌恶，造成不良影响。

3. 讲究方式方法

在公务活动中，方式方法恰当的礼仪是取得成功的关键。一是根据人群、团体类别而定。针对不同的人群、团体，要做到具体事情具体分析，个别事项区别对待。公务礼仪要坚持因人而宜、因事而宜的原则，根据不同的事项、不同的人物、不同的团体和不同的特点、现状，来恰当运用。二是要讲究分寸，恰到好处。公务礼仪的方式方法除坚持灵活多样性外，还要把握分寸，火候恰当，才能达到事半功倍的效果。包括语言用词得当、语气适中、语速恰当；着装整齐规范、自然得体；形神落落大方、彬彬有礼等等，只有这样的公务礼仪，才能使公务活动能够在一种和谐、融洽、平等的氛围中开展和进行。三是要始终坚持从实际出发，坚持重礼貌、重礼节、重友谊、重实效的原则，采取合适的公务礼仪，才能保证公务活动圆满。

（资料来源：http：//www.cnida.com/news）

练习与思考

一、名词解释

工作礼仪

调研

信访

会议

二、简答题

1. 简述调研的方法。

2. 简述信访礼仪的主要内容。

3. 简述会务礼仪的主要内容。

三、论述题

根据所学知识，结合实际，谈谈在工作中应注意的礼仪。

本章参考文献

1. 刘丽娜. 哈佛社交礼仪课［M］. 北京：中国法制出版社，2018：36

2. 徐兆寿. 旅游服务礼仪教程［M］. 北京：北京大学出版社，2013：145－180

3. 邓军华. 导游业务［M］. 北京：中国旅游出版社，2013：51－52

4. 李荣建，宋和平. 现代礼仪教程［M］. 北京：首都经济贸易大学出版社，2008：160－192

5. 姜红、候新冬. 商务礼仪［M］. 上海：复旦大学出版社，2009：120－180

6. 金正昆. 商务礼仪教程（第三版）［M］. 北京：中国人民大学出版社，2009：168－199

7. 张茹. 信访礼仪的原则与规范［J］. 秘书之友. 2017（7）：48

8. 刘丽娜. 哈佛社交礼仪课［M］. 北京：中国法制出版社，2018：36

第八章 职场活动礼仪

知识要点	掌握程度	相关知识
面试前的准备	了解、掌握	了解面试前的准备工作；掌握如何撰写面试材料
面试礼仪	理解、掌握	掌握面试的礼仪；了解面试现场应注意的细节
办公室礼仪	理解、掌握	掌握办公室的各项礼仪

基本概念
JIBENGAINIAN

求职礼仪是求职者在求职过程中与招聘单位接待者接触时应具有的礼貌行为和仪表形态规范。

办公室礼仪是指在处理公司业务的场所内应具有的礼貌行为和规范。

背景知识
BEIJINGZHISHI

现代社会对每个人提出了种种挑战的同时，也提供了各种各样难得的机遇，如何在竞争激烈的人才市场中一举应聘成功，在具备良好的专业素养的前提下，掌握必要的惯例与技巧也不容忽视，尤其是求职面试中的礼仪礼节往往起着举足轻重的作用。求职者通过应聘资料、语言、仪态举止、仪表和着装打扮等几个方面体现其内在素质。求职过程中求职者要讲究对人的尊重和礼貌修养，给招聘者留下一个良好的印象，增加招聘单位录用自己的机会。

第一节 面试前的准备

导入案例
DAORUANLI

他能够胜任这份工作

一家公司招聘一名办公人员，有50多人前来应聘。公司经理在众多的应聘者中选中了一名普通的年轻人。其助手说："怎么选了他呀，它没有任何工作经验啊？"公司经理回答："他一定能适应这个工作，首先，他在进门之前妥善地收放好了自己的雨具，进门后随手关上了门，说明他做事很仔细。在等候的时候，他不像其他应聘者那样在外面喋喋不休地谈论，当一名老年人向他咨询时，他礼貌耐心地为老人解答。进了办公室其他应聘者都没有注意到我故意倒放在门边的拖布，只有他俯身捡起并把它放到了墙角。他衣着整洁，回答问题思路清晰、简明干脆。这些足以证明他能够胜任这份工作。"

（资料来源：陈光谊主编. 现代使用社交礼仪［M］. 北京：清华大学出版社，2009：88－89）

请根据以上信息，完成以下任务：

1. 从上述案例中，你得到什么启发？
2. 如何做好求职面试的各项准备工作？

知识分析
ZHISHIFENXI

求职礼仪是求职者在求职过程中与招聘单位接待者接触时应具有的礼貌行为和仪表形态规范。求职者通过应聘资料、语言、仪态举止、仪表和着装打扮等几个方面体现其内在素质。求职过程中求职者要讲究对人的尊重和礼貌修养，给招聘者留下一个良好的印象，增加招聘单位录用自己的机会。正如"案例导入"中的那位普通的年轻人，其良好的礼仪表现帮助他取得了求职的成功。

一、搜集就业信息

就业信息是指通过各种媒介传递的有关就业方面的消息和情况，如就业政策、供需双方的情况及用人信息等，它是求职者择业所必须搜集和掌握的材料。

就业信息的种类有两种：宏观信息和微观信息。宏观信息是指国家的政治经济情况，国家或地区社会经济的方针政策规定，国家对毕业生的就业政策与劳动人事制度改革的信息，社会各部门、企业需求情况及未来产业、职业发展趋势所要求的信息。掌握这些信息，就可宏观地把握就业方向。同学们在校期间，要关心国家政策的重大改革，对确立宏观的择业方向有着重大的意义。微观信息是指某些具体的就业信息，如用人单位的需求情况、发展前景、需求专业、条件、工资待遇等。这些信息是在大学即将毕业时所必须搜集的具体材料。

搜集就业信息的途径主要有以下几种：一是通过学校就业指导办公室和各就业工作服务站搜集，学校收集的信息都会及时传至各系（处），或发布在学校网页的就业信息栏中。二是通过各级政府主管部门和就业指导机构搜集。这些主管部门主要是教育部和省教育厅、人力资源与社会保障厅及各市的教育局、人力资源与社会保障局。这些部门和就业机构的主要职责，就是制定辖区的毕业生就业政策，提供高校毕业生和用人单位的信息，为毕业生就业提供咨询与服务。来自这方面的信息也是真实可信的。三是通过学校老师和亲朋好友搜集。老师在多年的社会实践、教学实习、科研协作中，与一些专业对口的单位联系密切，通过他们了解就业信息，推荐求职，对择业成功有很大帮助。家长、亲朋、好友，在多年的社会交往中，也会给你带来大量的就业信息，希望所有的毕业生要有意识地收集。四是通过各类"双向选择"招聘活动搜集。各人才服务机构、省市就业服务部门、学校每年都会举办各种人才招聘会，为毕业生收集就业信息提供了更广泛的途径。五是通过有关新闻媒体和网络搜集。新闻媒体特别是网络可为毕业生提供更丰富的就业信息。应届毕业生也可通过网站发布个人简历和求职要求。

求职者搜集到求职信息后，还要善于分析求职信息，这样才能增大求职成功的机会。否则，事到临头，只凭自己的想象和猜测或是被动地服从他人之命，依据社会上的流行看法盲目选择，只会使求职陷入困境。就一则具体的招聘信息来讲，求职者在阅读时一定要从岗位的职责、岗位的硬件要求、招聘单位的具体情况（规模、待遇、前景、地址、联系方式等）、岗位的供需情况、单位的企业文化与人际关系、岗位的细分情况等角度加以分析。只有善于分析阅读招聘信息，才有可能取得应聘的成功。

▶▶ 二、明确求职途径

1. 招聘会。一般应到由政府人力资源与社会保障部门所属的人才交流机构开办的人才市场或招聘会求职，这类部门运作规范、服务周到、信誉高、手续齐全，出现问题可得到合理保护。

2. 网上求职。网络突破时空的限制，通过网络求职经济、方便、快捷，避免了大群人集中近距离接触，所承载的信息量大，不仅可以了解职位信息，还可在网上人才信息库储存个人基本资料，以供用人单位查询。

3. 实习。目前很多知名企业通过招募实习生的方式来培养和招聘自己的员工。

4. 报刊招聘广告。这是人们获得就业信息的最主要的传统手段，其信息较之网络有更强的真实性，但也有不实虚假招聘信息。如果招聘职位好可能有很多应聘者。

5. 人才服务机构、职业介绍所等。通过人才中介来获取职位今后将成为主流。随着法律的完善、监管到位，通过人力资源中介来获得职位，是个不错的选择。人才服务机构的优势在于信息来源多、专业化等。

6. 电话求职。了解招聘信息后，可以电话咨询感兴趣的信息，电话求职时要讲究礼仪。

7. 直接上门找公司负责人或人力资源部经理。这是毛遂自荐的方式。如果看好某企业，可主动上门求职，展示自身的工作实力，让用人单位了解并能够录用自己。

8. 各院校的就业指导办公室。大学生们可以到所在院校的就业指导办公室，可以得到许多用人单位的需求信息．也可以得到有关就业政策和择业技巧的指导。

9. 社会关系通过亲朋好友（包括老师、同学等）获取招聘信息或者推荐，也是一种符合中国国情的求职方式。

▶▶ 三、撰写面试材料

在双向选择过程中，大部分用人单位安排面试的依据是有关反映毕业生情况的书面材料，通过这些书面材料来判断和评价毕业生的学习成绩、工作潜力。毕业生要成功地向用人单位推销自己，拟定具有说服力和吸引力的求职面试材料是成功的第一步。

面试材料包括毕业生就业推荐表、简历、自荐信、成绩单及各式证书（获奖证书，英语、计算机等各类技能等级证书）、已发表的文章和论文、取得的成果等。

1. 毕业生就业推荐表。毕业生就业推荐表是反映毕业生综合情况并附有学校书面意见的推荐表。毕业生就业推荐表一般包括：毕业生基本资料、照片、学历、社会工作、获奖情况、科研情况、个人兴趣特长等，一般还应附有教务部门出具的成绩单。其中，该表的综合评定及推荐意见部分是由最了解毕业生全面情况的辅导员填写，并且是以组织负责的形式向用人单位推荐，具有较大的权威性和可靠性，所以大部分用人单位历来把该表作为接收毕业生的主要依据。毕业生就业推荐表正式只有一份，必须用正式表签订就业协议。

2. 简历。简历主要是针对应聘的工作，将相关经验、业绩、能力、性格等简要地列举出来，以达到推荐自己的目的。由于毕业生就业推荐表栏目和篇幅限制，多数毕业生更希望有一份个性突出、设计精美、能给用人单位留下深刻印象的简历。

（1）简历的设计原则。真实、简明、无错是简历设计的三个原则。真实原则就是指简历从内容上讲必须真实，比如选了什么课，就写什么课；如果没有选，就不要写。兼职工作更是如此，做了什么，就写什么，不要做了一，却写了三或四。因为在面试时，你的简历就是面试官的靶子，他会就简历上的任何问题提出疑问。如果你学了或做了，你就能答上来，否则你和考官都会很尴尬，你在其眼里的信誉也就没有了，这是很不利的。讲真话，不要言过其实，相信自己的判断力是十分重要的。

如果你没有参加任何兼职工作，你可以不写，因为主考官知道你是刚刚要毕业的学生，而学生的本职工作就是学习。或许你就是重点地学了本专业，没有顾上其他；或许你在学习本专业的同时选择了第二专业或辅修专业；或许你虽然没有在校外兼职，但在校内、系里或班里做了大量社会工作。总之，你会有自己的选择，也会珍惜自己的选择，并为自己的选择骄傲。这样你就没有必要为没有兼职工作而苦恼或凭空捏造。请记住，主考官都是从学生过来的，他们会尊重你的选择。

简历，最好简单明了。如果简历内容过多，又缺乏层次感，会给人以琐碎的感觉。必要信息如姓名、性别、出生年月、联系电话和地址等一定要写上。相比之下，身高、体重、血型、父母甚至兄弟姐妹做什么工作并不是非常重要的，这些内容纯属辅助信息，可要可不要，至少不应占据重要位置。可以将自己认为重要的信息全部浓缩到第一页上，然后把认为次要的信息，诸如每学期成绩单、获奖证书复印件等信息都当作附件。这样的简历主考官只看一页就清楚了，主次分明，非常有效，主考官如果感兴趣，可以继续看附件里的文件。

无错原则是指简历应该没有错误，尽可能在寄出简历之前，一个字一个字地检查一遍，标点符号也不能落下。否则会被认为是一个粗心的人，在激烈的竞争中就可能被淘汰。

（2）简历的内容。简历并没有固定格式，对于社会经历较少的大学毕业生，一般包括个人基本资料、学历、社会工作及课外活动、兴趣爱好等，其内容大体包括以下几方面。第一，个人基本材料。主要指姓名、性别、出生年月、家庭住址、政治面貌、身高、视力等，一般写在简历最前面。第二，学历。用人单位主要通过学历情况了解应聘者的智力及专业能力水平，故一般学历应写在前面。习惯上书写学历的顺序是按时间的先后，但实际上用人单位更重视现在的学历，最好从现在开始往回写，写到中学即可。学习成绩优秀，获得奖学金或其他荣誉称号是学习生活中的闪光点，可一一列出，以加重分量。第三，生产实习、科研成果和毕业论文及发表的文章。这些材料能够反映你的工作经验，展示你的专业能力和学术水平，将是简历中一个有力的参考内容。第四，社会工作。近几年来，越来越多的用人单位渴望招聘到具有一定应变能力、能够从事各种不同性质工作的大学毕业生。学生干部和具备一定实际工作能力、管理能力的毕业生颇受青睐。社会工作对于仍在求学的毕业生来说，主要包括社会实践活动和课外活动，是应聘时相当重要的。第五，勤工助学经历。即使勤工助学的经历与应聘职业无直接关系，但是勤工助学能够显示你的意志，并给人留下能吃苦、勤奋、负责、积极的好印象。第六，特长、兴趣爱好与性格。是指你拥有的技能，特别是指中文写作、外语及计算机能力。兴趣爱好与性格特点能够展示你的品德、修养、社交能力及团队精神，它与工作性质关系密切，所以用词要贴切。第七，联系方式。联系地址、电话、邮政编码千万不要忘记写，以免用人单位因联系不到你而失去择业机会。

应用案例 8-1

刘同学在简历的著作栏里写下了曾发表过一篇关于汇率稳定的文章，以期在面试银行时会有作用。结果在面试中国银行时，当主考官问起她对汇率稳定的观点时，她结结巴巴，说不出个所以然。事实是身为会计专业的她对金融问题根本没有什么研究，只是托金融的同学在所发表的文章后带了自己的名字。因此，她也和中国银行失之交臂。

诚信是用人单位在招聘新人时重视的品质之一，诚信也是社会交往赖以维系和发展的基础。在面试中既要保持诚实的态度，又不可过于说大实话。刘同学以他人的文章充数，面试中漏出破绽，失去诚信，所以面试失败。

（资料来源：http://www.bokee.net/company/weblog_viewEntry/23421316.html）

3. 自荐信。自荐信，即求职信，其基本内容应该包括如下方面。

（1）写明用人信息的来源及自己所希望从事的工作岗位，否则，用人单位将无法回答。

（2）愿望动机：这是自荐信的核心内容，说明自己要求竞争所期望的职业的理由和今后的目标。

（3）所学专业与特长：将大学所学的重要专业课程写入，但不要面面俱到，以免使主要的专业课程"淹没"在文字之中。对自己熟悉的、有兴趣的，特别是与期望单位所需人才职业关系紧密的，可多写一些。

（4）兴趣和特长：要写得具体真实。

（5）最后应提醒用人单位留意你附带的简历，请求给予同意等。

信函求职在毕业生求职过程中，是最常用的、最主要的方式。求职信由开头、正文、结尾和落款组成。在开头，要有正确的称呼和格式，在第一行顶格书写，如："尊敬的人事处负责同志""尊敬的张教授"等，加一句问候语"您好"以示尊敬和礼貌。正文部分主要是个人基本情况即个人所具备的条件。求职信的核心部分要从专业知识、社会实践能力、专业技能、性格特长等方面使用人单位确信，他们所需要的正是你所能胜任的。结尾部分可提醒用人单位回复消息，并且给予用人单位更为肯定的确认："您给我一个机会，我会带给你无数个惊喜！"结束语后面，写表示敬意的话，如"此致""敬礼"。落款部分署名并附日期。如果有附件，可在信的左下角注明。

求职信的信封、信纸最好选用署有本学校的信封、信纸，忌讳选用带有外单位名字的信封、信纸。字迹清晰工整。如果写一手漂亮的书法，最好手写，因为更多的人相信"字如其人"。如果字写得不好看，就不如用电脑打出来，篇幅要适中，不宜过长，1000字左右较为合适。求职信是个人与单位的第一次接触，所以，文笔要流畅，可以有鲜明的个人风格，不可过高地评价自己，也不可过于谦虚，要给用人单位留下较为深刻的印象。最后，要留下自己的联系方法。

在毕业就业推荐表、简历和自荐信后，还应附有成绩单及各式证书、已发表的文章复印件、论文说明、成果证明等。如果本专业比较特殊的话，还应附一份本专业介绍。

▶▶ 四、熟悉面试方法

求职面试的基本方法主要有电话自荐、考试录用、网上应聘等，在各种方法之中也有很多应试技巧，掌握一些方法和技巧，会有助于求职面试取得成功。

1. 电话自荐通过电话推荐自己，是常用的一种求职方式，如何充分地利用电话接通后的短暂时间，用最简洁明了的语言清楚地表达自己，能否给对方留下一个深刻清晰的印象，是同学们十分关心的问题。

打电话之前，一定要做好充分的准备工作。谈话内容上要了解用人单位的有关情况，尽量做到心中有数，其次要对自己有一个客观、公正的认识。最后要根据用人单位的需求情况，结合自己的特长，列出一份简单的提纲，讲究条理并重点突出地介绍自己，力争给受话人留下深刻印象。另外还要调整好自己的心态，做好充分的心理准备，努力控制好说话的语音、语调、语速，在短暂的时间里，展现自己积极向上、有理有节的个人良好品质。

电话接通后应有礼貌地询问："请问这是××单位人事处吗？"在得到对方单位的肯定答复后，应做简短的自我介绍，并说明来电意图。求职者一定要言简意赅，并着力表现自身特长与所求职位相互吻合。

2. 考试录用。笔试是常用的考核方法，笔试限于对专业技术要求很强、对录用人员素质要求很高的单位，如一些涉外部门或技术要求高的专业公司等。

参加笔试前，应了解笔试的大体内容。一般而言，用人单位的笔试包括以下几个方面的内容：一是对于知识面的考核，包括基础知识和专业知识；二是智力测试，主要测试受聘者的记忆力、分析观察力、综合归纳能力、思维反应能力；三是技能检测，主要是对其处理实际问题的速度与质量的测试，检验其对知识和智力运用的程序和能力。参加笔试要按要求准时到场，不能迟到。卷面要整洁，字迹工整，给阅卷老师留下良好的印象。考试过程中，绝对不能作弊或搞小动作，对于这一点，用人单位是尤其看重的。

3. 网上应聘。网上求职首先要准备一份既简明又能吸引用人单位的求职信和简历。求职信的内容包括：求职目标——明确你所向往的职位；个人特点的小结——吸引人来阅读你的简历；表决心——简单有力地显示信心。

在准备求职信时还要注意控制篇幅，要让人事经理无需使用屏幕的流动条就能读完；直接在内编辑，排版要工整；要做到既体现个人特点又不过分抬高自己。对于网上求职来讲，简历的准备相对比较简单，在"中华英才网"等人才网站上都提供标准的简历样本。需要注意的是，学历和工作经历要按时间顺序倒着填，也就是把最近的工作经历和学历写在最前面，以便招聘方了解你目前的状况。在填写工作经历时，很多求职者只是简单列出工作单位和职位，没有详细描述工作的具体内容，而招聘方恰恰就是根据你做过什么来评估你的实际工作能力的。除非应聘美工职位，否则不要使用花哨的装饰或字体。

在网上填简历，要严格按照招聘方的要求填写，要求网上填写的就不要寄打印的简历；要求用中文填写的就不要用英文填写；有固定区域填写的就不要另加附件。发送简历是网上求职关键的一步，如果是自己在网上通过 E-mail 发简历，应该以"应聘某某职位"作为邮件标题，把求职信作为邮件的正文，再把简历直接拷贝到邮件正文中，这样既方便对方阅读，又杜绝了附件带电脑病毒的可能性。如果通过人才网站求职，可以直接把填好的简历发送给招聘单位，网站的在线招聘管理系统还能把个人简历以数据库的方式存储起来，根据求职者的要求，供招聘单位检索和筛选。

第二节　面试礼仪

导入案例
DAORUANLI

聘者与应聘者谈话实录

这是中国某著名高等学府学生的一个应聘过程的案例。此同学应聘企业管理岗位，聘者不小心把应聘者的简历放在了市场营销类里了，下面是聘者与应聘者的一段对话。

应聘者：杨先生，我应聘企业管理岗位，但怎么被安排到市场营销部门这里面试？

聘者：啊，真对不起，是我的疏忽，把你的简历放错了。那么，我想问你，你应聘企业管理的哪个岗位？

应聘者：办公室管理或者行政管理，你看怎么样？

聘者：请问你了解办公室工作或行政工作吗？

应聘者：行政工作就是进行企业管理工作，请问咱们公司的办公室的工作都有哪些方面的内容？

聘者：办公室工作细密琐碎，主要是为各部门和员工服务的一个部门，很辛苦，当然还不一定显成绩，你觉得你愿意从事这样的工作吗？

应聘者：那么，你们公司的市场营销的工作怎么样？我可以试一试吗？

聘者：你觉得你从事市场营销工作有什么优势吗？

应聘者：我善于交往，善于处理各种人际关系。我的演讲才能也不错，你也许能从我的交谈中感觉出来。再者，我的学习能力十分强，这是知识经济时代中人才竞争的本质。

聘者：那么，你告诉我什么叫市场营销？

应聘者：市场营销比销售大一些，市场营销还要管到研究、开发、生产、销售等方面。

聘者：还有吗？

应聘者：市场比销售高级一些。

聘者：你能告诉我市场营销的"4P战略"是什么？并告诉我4P的英文。

应聘者：产品 Products、渠道 Place、价格 Price、推销……

聘者：你能告诉我们市场营销与推销的出发点有何不同吗？

应聘者：推销是往外出卖产品，而市场营销是有组织有计划地销售自己的产品。

聘者：No，很抱歉，我不能给你机会，因为你出错的地方太多了。

应聘者：您能不能再问一些问题，跟我再谈一谈？

聘者：No！

（资料来源：https://wenku.baidu.com/view/31febf83cdbff121dd36a32d7375a417866fc1ae.html）

请根据以上信息，完成以下任务：

1. 应聘的时候应注意哪些问题？

2. 上例中应聘者的失误在哪些方面？

知识分析
ZHISHIFENXI

求职面试，第一印象至关重要。在充分进行求职准备后，就进入了面试环节，面试是求职成功的临门一脚。很多大学生却存在诸多求职的困惑，有人总结了求职中大学生们普遍存在的六个问题——"不会笑、不会说、不会看、不会穿、不会站、不会坐。"这些问题都涉及了面试的礼仪。因为不懂面试礼仪而与理想的工作岗位失之交臂的实例屡见不鲜。因此，掌握面试时的礼仪非常重要。

▶▶ 一、礼貌地接面试通知电话

从面试的过程来看，面试是从何时开始的？从来到面试地点开始吗？还是从敲门进入面试房间开始？实际上，企业对应聘者的面试早已开始，面试从求职者接到面试通知的那一刻就已经开始了。

应用案例 8-2

以下是某企业人力资源经理与求职者的对话，供参考：

"喂！"

"喂，您好，请问是××先生吗？"

"你是谁啊？""我是××公司的，请问您参加了我们公司的招聘吗？"

"哪个公司？"（肯定是撒大网了）

"我们把您的面试时间安排在了明天的×××，地点在×××。"

"我记一下，你们是什么公司？"

这样就会把对求职者的看法写在他（她）的简历上，供明天面试的时候参考，影响可想而知！

（资料来源：张岩松著. 知书达礼 现代交际礼仪畅讲［M］. 北京：清华大学出版社，2016：273，略有改动.）

由此可见，一定要正确礼貌的接企业打来的面试通知电话。接完电话，你马上要做的就是赶快回忆有关该企业的资料或者初试的情况。如果有可能的话，再次赶到人才市场重新详细地抄写一份该公司的资料，认真了解一下，重点要对这家企业的所有制形式、规模、地理位置、发展前景等了解清楚。之后，再安静下来自己模拟面试，想一想大概会问到自己什么问题，应该怎样回答，了解招聘单位最需要什么，你可以给单位带来什么，把二者比较一下，看一看差距。

▶▶ 二、提前到达面试地点

面试时首先遇到的就是究竟应何时到达面谈地点较为恰当。是准时抵达还是提前到达？若是早到又应以几分钟为宜？在等待的时间中应该注意什么？由于目前的交通状况不甚良好，令人无法预计准确的车程时间，所以最好提早出门，比原定时间早 15 分钟到达面谈地点，所谓"赶早不赶晚"。早到可先熟悉这家公司附近环境并整理仪容。但如果早到千万别在接待区走来走去，因为这样会打扰公司上班的职员，有损他人对自己的第一印象，对后面的面试一点好处也没有。所以此时可向别人询问盥洗室，在那里可再一次检查自己的服装仪容。接下来轮到自己上场面试时，就能更从容地面对了。

对面试地点比较远、地理位置也比较复杂的，不妨先跑一趟，熟悉交通线路、地形，这样你就知道面试的具体地点，同时也了解路上所需的时间。另外，面试人员是可以迟到的，求职者对面试人员迟到不要介意，否则对你的第一印象就大打折扣，甚至导致满盘皆输。

▶▶ 三、注意等待过程的礼貌

走进面试单位之前，口香糖和香烟都要收起来；手机也不要开或者调至静音，避免面试时造成尴尬局面同时也分散精力，影响成绩；到了办公区域，最好直接走到面试地点，而不要四处张望，甚至被保安盯上；一进面试单位，若有前台，则可开门见山说明来意，经引领可到指定区域落座等待，若无前台，可找工作人员求助，但要注意用语文明，对他们问好及表示感谢；另外，不要询问单位情况或向其他人员索要材料，不要对单位加以品评；不要驻足观看其他工作人员的工作，或者对工作人员讨论的事情或接听的电话发表意见和评论，以免给人肤浅和嘴快的印象。

四、面试现场应注意的细节

细节决定成败。在面试时，当喊到你的名字，应该先敲门，再进入。敲门时不可敲得太用劲，当听到里面说："请进"后，再进入房间。开门关门要有礼仪，进入房间以后用手轻轻将门合上。坐要有坐姿，椅子的话，坐三分之二左右，上身要挺直，保持轻松的姿势，两臂不要交叉在胸前，更不能把手放在邻座椅背上，或者做一些小动作。

(一) 入座的礼仪

进入考官办公室时，必须先敲门再进入，之后应等主考官示意坐下才可就座。如果有指定座位，则坐上指定的位子；但如觉得座位不舒适或光线正好直射，可以对主考官说："有较强光线直接照射我的眼睛，令我感觉不舒服，如果主考官不介意，我是否可换个位置？"若无指定位置，可以选择主考官对面的位子坐定，这样也方便与主考官面对面交谈。

(二) 自我介绍的分寸

当主考官要求你做自我介绍时，因为一般情况都已事先附在简历上，所以不要像背书似地发表长篇大论，那样会令主考官觉得冗长无趣。记住将重点挑出稍加说明即可，如姓名、毕业学校名称、主修科目、专长等。如主考官想更深入了解家庭背景及成员，你再简单地加以介绍即可。"时间就是金钱"，通常主考官都是公司的高级主管，时间安排相当紧凑，因此说明愈简洁有力愈好，若是说得过于繁杂会显不出重点所在，效果反倒不好。

(三) 交谈的礼节

交谈是求职面试的核心。面试是与面试官交谈和回答问题的过程，在这个过程中要根据自我介绍和交谈内容控制音量的大小、语速的快慢、语调的委婉或坚定，声音的和缓或急促，在抑扬顿挫之中表现出你的坚定和自信。如果装腔作势，会给人一种华而不实、在演戏的感觉。

交谈时要口齿清晰、发音正确，尽量使用普通话。讲话要言简意赅，通俗易懂。不要为了显示自己而只顾使用华丽、奇特的辞藻，这样会很难顾及语言的逻辑和通顺，反而使人感到你用词不当、逻辑思维能力差。此外，急于显示自己的妙语惊人，往往会忽略了自己的语言过于锋利、锋芒太露而显得有些张狂。

交谈过程中要注意掌握和控制语速、语调。一般情况下，语速掌握在每分钟120个字左右为宜，要注意语句间的停顿，不要滔滔不绝而让人应接不暇。语调是表达人的真情实感的重要元素，要通过语调表现出你的坚定、自信和放松。

交谈中还要注意谈话礼貌，不要打断对方的讲话，要集中注意力认真"倾听"对方的讲话。听清和正确理解对方的一字一句，不但要听出其"话中话"，而且要听出其"弦外之音"，这样才能做出敏捷的反应。

回答问题是面试交谈的重要方面，得体地回答面试官提出的问题是面试取得成功的关键，面试者要对面试官可能提到的问题有充分的准备。

（四）拥有职业化举止

一家医疗机构为了选拔护士长进行了一次面试。一位应试者在笔试中是佼佼者，但在面试过程中，她不但拍桌子，脚不断地敲打地板，身体还时不时地扭动。她认为自己很有希望，但结果却落选了。她为什么会落选呢？原因就是她缺乏职业化的举止。

许多面试者往往只注重衣着和话语，而忽略了胜过有声语言的形体语言。职业化的举止，就是一种无声却胜过有声的形体语言。形体语言是指人的动作和举止，包括姿态、体态、手势和表情。

在面试中，面试者应该特别注意自己的站姿、坐姿、走姿、握手和表情等。

站姿给人的印象非常重要。人们往往认为其简单而忽略它的重要性。站立应当身体挺直、舒展、收腹，眼睛平视前方，手臂自然下垂。这样的站姿给人一种端正、庄重、稳定、朝气蓬勃的感觉。如果站立时歪头、扭腰、斜伸着腿，会给人留下轻浮、没有教养的印象。

面试时的坐不要贪图舒服。许多人养成了瘫坐的习惯，在面试时一下子就表现出来了。正确的坐姿从入座开始，入座的动作要轻而缓，不要随意拖拉椅子，身体不要前后左右晃动，背部要与椅背平行，沉着地安静地坐下。落座后，上身要保持直立状态，既不前倾，也不后仰。双手自然下垂，肩部放松，五指并拢。男女的坐姿还有一定的区别：男士可以微分双脚，这样给人以自信、豁达的感觉，双手可以随意放置；女士一般要并拢双膝，或者小腿交叉端坐，这样，给人端庄、矜持的感觉，双手一般要放在膝盖上。

以下这些做法是应该避免的：拖拉椅子，发出很大的声音；一屁股坐在椅子上；坐在椅子上，耷拉着肩膀，含胸驼背，给人萎靡不振的感觉；半躺半坐，男的跷着二郎腿，女的双膝分开、叉开腿等，给人放肆和缺乏教养的感觉；坐在椅子上，脚或者腿自觉不自觉地颤动或晃动。

面试时重要的是自信。这种自信可以通过你的走姿表现出来。现在，越来越多的公司强烈地意识到走姿的重要性。自信的走姿应该是：身体重心稍微前倾，挺胸收腹，上身保持正直，双手自然前后摆动，脚步要轻而稳，两眼平视前方。步伐要稳健，步履自然，有节奏感。需要注意的是，如果同行的有公司的职员或接待小姐，你不要走在他们前面，应该走在他们的斜后方，距离一米左右。

每个人都会有一些属于自己的习惯动作，比如说挠头、揉眼睛、玩弄手指、双手交叉在胸前等，若是在平时，你尽可以去做，但在面试时，都要避免，它们会分散人的注意力，给面试官留下不好的印象。

在一般面试者看来，主考官向你表示面谈结束，求职面试的全过程就结束了。其实不然，这只是面谈的结束，求职还没有结束。此时此刻，作为求职者的你，万万不可大意，认为大功告成或没有希望了。面谈结束后的礼仪同样对你很重要，也许可以扭转你的不利局面，在困境中重新获得生机。你一定要使求职过程结束得完美。

应用案例 8-3

面试经典问题解答

1. 请你自我介绍一下

思路：①这是面试的必考题目；②介绍内容要与个人简历相一致；③表述方式上尽量口语化；④要切中要害，不谈无关、无用的内容；⑤条理要清晰，层次要分明；⑥事先最好以文字的形式写好背熟。

2. 谈谈你的家庭情况

思路：①这对于了解应聘者的性格、观念、心态等有一定的作用，这是招聘单位问该问题的主要原因；②简单地罗列家庭人口；③宜强调温馨和睦的家庭氛围；④宜强调父母对自己教育的重视；⑤宜强调各位家庭成员的良好状况；⑥宜强调家庭成员对自己工作的支持；⑦宜强调自己对家庭的责任感。

3. 你有什么业余爱好？

思路：①业余爱好能在一定程度上反映应聘者的性格、观念、心态，这是招聘单位问该问题的主要原因；②最好不要说自己没有业余爱好；③不要说自己有那些庸俗的、令人感觉不好的爱好；④最好不要说自己仅限于读书、听音乐、上网，否则可能令面试官怀疑应聘者性格孤僻；⑤最好能有一些户外的业余爱好来"点缀"你的形象。

4. 你最崇拜谁？

思路：①最崇拜的人能在一定程度上反映应聘者的性格、观念、心态，这是面试官问该问题的主要原因；②不宜说自己谁都不崇拜；③不宜说崇拜自己；④不宜说崇拜一个虚幻的或是不知名的人；⑤不宜说一个明显具有负面形象的人；⑥所崇拜的人最好与自己所应聘的工作能"搭"上关系；⑦最好能说出自己所崇拜的人的哪些品质、哪些思想感染着自己，鼓舞着自己。

5. 你的座右铭是什么？

思路：①座右铭能在一定程度上反映应聘者的性格、观念、心态，这是面试官问这个问题的主要原因；②不宜说那些会引起不好联想的座右铭；③不宜说那些太抽象的座右铭；④不宜说太长的座右铭；⑤座右铭最好能反映出自己某种优秀品质；⑥参考答案——"只为成功找方法，不为失败找借口"。

6. 谈谈你的缺点

思路：①不宜说自己没缺点；②不宜把那些明显的优点说成缺点；③不宜说出严重影响所招聘工作的缺点；④不宜说出令人不放心、不舒服的缺点；⑤可以说出一些对于所应聘工作"无关紧要"的缺点，甚至是一些表面上看是缺点，从工作的角度看却是优点的缺点。

7. 谈一谈你的一次失败经历

思路：①不宜说自己没有失败的经历；②不宜把那些明显的成功说成是失败；③不宜说出严重影响所应聘工作的失败经历；④所谈经历的结果应是失败的；⑤宜说明失败之前自己曾信心百倍、尽心尽力；⑥说明仅仅是由于外在客观原因导致失败；⑦失败后自己很快振作起来，以更加饱满的热情面对以后的工作。

8. 你为什么选择我们公司？

思路：①面试官试图从中了解你求职的动机、愿望以及对此项工作的态度；②建议从行业、企业和岗位这三个角度来回答；③参考答案——"我十分看好贵公司所在的行业，我认为贵公司十分重视人才，而且这份工作很适合我，我相信自己一定能做好。"

9. 对这份工作，你有哪些可预见的困难？

思路：①不宜直接说出具体困难，否则可能令对方怀疑应聘者不行；②可以尝试迂回战术，说出应聘者对困难所持有的态度——工作中出现一些困难是正常的，也是难免的，但是只要有坚韧不拔的毅力、良好的合作精神以及事前周密而充分的准备，任何困难都是可以克服的。

10. 如果我录用你，你将怎样开展工作？

思路：①如果应聘者对于应聘的职位缺乏足够的了解，最好不要直接说出自己开展工作的具体办法；②可以尝试采用迂回战术来回答，如"首先听取领导的指示和要求，然后就有关情况进行了解和熟悉，接下来制订一份近期的工作计划并报领导批准，最后根据计划开展工作。"

11. 与上级意见不一致，你将怎么办？

思路：①一般可以这样回答"我会给上级以必要的解释和提醒，在这种情况下，我会服从上级的意见"；②如果面试你的是总经理，而你所应聘的职位另有一位经理，且这位经理当时不在场，可以这样回答："对于非原则性问题，我会服从上级的意见，对于涉及公司利益的重大问题，我希望可以向更高级领导反映。"

12. 我们为什么要录用你？

思路：①应聘者最好站在招聘单位的角度来回答；②招聘单位一定会录用基本符合条件、对这份工作感兴趣、有足够的信心的应聘者；③如"我符合贵公司的招聘条件，凭我目前掌握的技能、高度的责任感和良好的适应能力及学习能力，完全能胜任这份工作。我十分希望能为贵公司服务，如果贵公司给我这个机会，我一定能成为贵公司的栋梁！"

13. 你能为我们做什么？

思路：①基本原则上"投其所好"；②回答这个问题前应聘者最好能"先发制人"，了解招聘单位期待这个职位所能发挥的作用；③应聘者可以根据自己的了解，结合自己在专业领域的优势来回答这个问题。

14．你是应届毕业生，缺乏经验，如何能胜任这项工作？

思路：①如果招聘单位对应届毕业生的招聘提出这个问题，说明招聘单位并不真正在乎"经验"，关键看应聘者怎样回答；②对这个问题的回答最好要体现出应聘者的诚恳、机智、果敢及敬业；③如"作为应届毕业生，在工作经验方面的确会有所欠缺，因此在读书期间我一直利用各种机会在这个行业做兼职。我也发现，实际工作远比书本知识丰富、复杂。但我有较强的责任心、适应能力和学习能力，而且比较勤奋，所以在兼职中均能圆满完成这项工作，从中获取的经验也令我受益匪浅。请贵公司放心，学校所学及兼职的工作经验使我一定能胜任这份职位。"

15．你希望与什么样的上级共事？

思路：①通过应聘者对上级的"希望"可以判断出应聘者对自我要求的意识，这既是一个陷阱，又是一个机会；②最好回避对上级的具体的希望，多谈对自己的要求；③如"作为刚步入社会新人，我应该多要求自己尽快熟悉环境、适应环境，而不应该对环境提什么要求，只要能发挥我的专长就可以了。"

16．您在前一家公司的离职原因是什么？

思路：①最重要的是，应聘者使招聘单位相信，应聘者在过往的单位的"离职原因"在此家招聘单位里不存在；②避免把"离职原因"说得太详细、太具体；③不能掺杂主观的负面感受，如"太辛苦""人际关系复杂""管理太混乱""公司不重视人才""公司排斥我们某某员工"等；④但也不能躲闪、回避，如"想换换环境""个人原因"等；⑤不能涉及自己负面的人格特征，如不诚实、懒惰、缺乏责任感、不随和等；⑥尽量使解释的理由为应聘者个人形象添彩；⑦如"我离职是因为这家公司倒闭。我在公司工作了三年多，有较深的感情。从去年开始，由于市场形势突变，公司的局面急转直下。到眼下这一步我觉得很遗憾，但还要面对现实。重新寻找能发挥我能力的舞台。"

同一个面试问题并非只有一个答案，而同一个答案并不是在任何面试场合都有效，关键在于应聘者掌握了规律后，对面试的具体情况进行把握，有意识地揣摩面试官提出问题的心理背景，然后投其所好。

（资料来源：张文主编，礼仪修养与实训教程．广州：华南理工大学出版社，2009：177－180）

▶▶五、面试后的礼仪

如果面试非常顺利，彼此都感到满意，你一定会非常想知道结果如何。到底什么时候询问进一步的消息比较合适呢？

应用案例 8-4

面试之后记得说谢谢

一家公司的公关部招聘一位职员，许多人参加了他公司的面试和笔试都十分烦琐，一轮轮淘汰下来，最后只剩下五个人。这五个人都很优秀，都有较好的外表条件和学识，都毕业于名牌大学。公司通知五个人先回家，等待公司最后的决定。

几天后，其中一位应聘者的电子邮箱里收到一封信，信是公司人事部发来的，内容是："经过公司研究决定，你未被录用。但是我们欣赏你的学识、气质，因为名额有限，实是割爱之举。公司以后若有招聘，必会优先通知你。你所提交的资料录入电脑存档后，将邮寄返还给你。另外，为感谢你对本公司的信任，将寄去本公司产品的优惠券一份。祝你开心。"

这个女孩在收到电子邮件的那一刻，十分伤心，但又为外资公司的诚意所感动。两天后，她收到了寄给她的材料和一份优惠券。她十分感动，顺手花了三分钟时间，给那家公司发了一封简短的感谢信。

两个星期后，女孩收到那家公司的电话，说经过经理层会议讨论，她已被正式录用为该公司职员。她这才明白，这是公司最后的一道考题。公司给其他四个人也发了同样的电子邮件，也送了优惠券，但是因信感谢的只有她一个。她能胜出，只不过因为多花了三分钟时间去感谢。

（资料来源：付桂萍主编．做派：在商务活动中合乎去情境地展示自己［M］．长沙：湖南人民出版社．2013：99）

首先，在面试结束后，应写信给主考官致谢。这不仅体现出你对主考官的尊敬，而且还可以帮助主考官在决定雇用何人时想到你。在写信致谢后几天，就可以打电话询问了。如果对方还没有决定，可以再询问是否还有面试以及自己是否有希望。

如果你被几家公司同时录取，并决定接受其中一个职位，有必要向被你拒绝的公司写信表示感谢，也许将来会有一天换到那家公司工作。这封致谢信会给对方留下良好的印象。

表示拒绝的感谢信应该直接寄给最后决定录用你的人，在信中只要表达你的谢意和已经接受其他公司的工作就可以了，不必做任何解释，也不要提及那家公司的名字。

第三节　办公室礼仪

导入案例
DAORUANLI

王慧是一名会计，是公司的老员工了，为公司工作了十多年了，一直兢兢业业。但是，王慧不仅仅是会计从业者，也是一个15岁孩子的妈妈。为孩子王慧操碎了心一颗。为了让学校里的老师多照顾照顾自己的孩子，王会经常替老师帮忙，用公司的复印纸帮老师复印编制的习题试卷。老师编制的习题试卷有十几张，要替一个班四五十个学生复印试卷，每次一印就要印好几百张。这样做的次数多了，让老板感觉很不舒服。这是自己公司的复印机，是为公司的工作服务的，凭什么王慧用公司的复印机去印自己私人的东西呢？

（资料来源：若冰编著，20几岁不能不懂的社交礼仪常识［M］北京，中国电影出版社，2017：50－51）

根据上述材料分析：

1. 王慧的做法是否恰当？
2. 在办公室工作，应注意哪些礼仪？

知识分析
ZHISHIFENXI

办公室是一个处理公司（单位）业务的场所，办公室的礼仪不仅是对同事的尊重和对公司文化的认同，更重要的是每个人为人处事，礼貌待人的最直接表现。在办公室遵守礼仪，是职场人士的基本要求，根本不需要被人刻意强调。良好的礼仪不仅能树立个人和组织的良好形象，也会关系到一个人的个人前程和事业发展。

办公室礼仪涵盖的范围其实不小，但凡电话、接待、会议、网络、公务、公关、沟通等都有各式各样的礼仪，在这里主要介绍下办公室内的一般礼仪规范、环境礼仪和交谈礼仪这三个方面。

▶▶ 一、办公室内的一般礼仪规范

（一）不要随便打电话

有些公司规定办公室时间不要随便接听私人电话，一般在外国公司里用公司电话长时间地经常性地打私人电话是不允许的。私人电话顾名思义只能私人听。但在办公室里打，则难免会被人听到。即使公司允许用公用电话谈私事，也应该尽量收敛一些，不要在电话里与自己的家人、孩子、恋人等说个没完，这样让人感觉不舒服，有损于你的敬业形象。有的办公室里人很多，要是听到有人在打人电话，最好是佯装没有听见。

（二）要守时

上班时间要按时报到，遵守午餐、上班、下班时间，不迟到早退，否则会给公司留下一个懒散、没有时间观念的印象。另外，要严格遵守上班时间，一般不能在上班时间随便出去办私事。国外一个著名企业老板，针对商务白领归纳出13条戒律，其中一条就是没有守时的习惯，经常迟到早退。

（三）不诿过

如果有些小的事情办错了，当上司询问起来时，如果这事与自己有关，即使别的同事都有一些责任，你也可以直接替大家解释或道歉，如果是自己做错了事，更要勇于承担责任，绝不可以诿过于别人。

（四）主动帮助别人

当看到同事有需要帮忙的事情，一定要热心地帮助解决。在任何一个工作单位里，热心助人的人是有好人缘的。

（五）不要随便打扰别人

当你已经将手头的活儿干完时，一定不要打扰别人，不要与没有干完活的人交谈，这样做是不礼貌的。

（六）爱惜办公室公共用品

办公室的公用物品是大家在办公室的时候用的，不要随便把它拿回家去，也不要浪费公用物品。

（七）中午午睡关好门

许多人有中午午睡的习惯，略休息一下，午睡要关好门。如果你有急事必须进出门时，记住每次进出门后必须带上门。不要怕有关门声而将门半开或虚掩着，这样不礼貌，因为关好门能给午睡者安全感，其心里更踏实。关门声的吵扰相对可以忍受。

▶▶ 二、办公室环境礼仪

当人们走进办公区的情绪是积极的、稳定的，就会很快进入工作角色，不仅工作效率高，而且质量好；反之，情绪低落，则工作效率低，质量差。如果在办公区内，体现出整洁，明亮、舒适的工作环境，使员工产生积极的情绪就会充满活力，工作卓有成效。

随着现代化进程的加快，人们的办公"硬件"水平逐渐提高，办公环境也在不断改善，人们的工作效率也应该相应地提高。

（一）办公室桌面环境

办公室的桌椅及其他办公设施，都需要保持干净、整洁、井井有条。正如鲁迅先生所说，"几案精严见性情"，心理状态的好坏，必然在几案或其他方面体现出来。

从办公桌的状态可以看到当事人的状态，会整理自己桌面的人，做起事来肯定也是干净爽快。他们为了更有效的完成工作，桌面上只摆放目前正在进行的工作文件：在休息前应做好下一项工作的准备：因为用餐或去洗手间暂时离开座位时，应将文件覆盖起来；下班后的桌面上只能摆放计算机，而文件或是资料应该收放在抽屉或文件柜中。

（二）办公室心理环境

"硬件"环境的改善仅仅是一个方面，而更为重要的——办公室工作人员的综合素质和心理素质也会对办公效率有一定的影响。

在日常工作中，人际关系是否融洽非常重要。互相之间以微笑，体现友好、热情与温暖，就会和谐相处。工作人员在言谈举止，衣着打扮、表情动作的流露中，都可以体现是否拥有健康的心理素质。在办公室内需要不断提高心理卫生水平。应从以下几个方面努力：学会选择适当的心理调节方式，使工作人员不被"精神污染"。领导应主动关心员工，了解员工的情绪周期变化规律，根据工作情况，采取放"情绪假"的办法。工作之余多组织一些文娱体育活动，既丰富文化生活，又运用方式宣泄了不良情绪。有条件的可以建立员工心理档案，并定期组织"心理检查"，这样可以"防微杜渐"，避免严重心理问题的产生。经常组织一些"健心活动"。使工作人员能够经常保持积极向上、稳定的情绪，掌握协调与控制情绪的技巧与方式。

应用案例 8-5

小王是东北人，性情直率，活泼开朗。他来公司实习已经将近两个月了，最近他从人事部门得到一个消息，公司决定留下他在公司继续工作。欣喜之余，他也总结了自己实习期间的一些心得。每天他都是最早到达办公室的，在其他同事到达办公室之前他已经做好了清洁，等待着大家的到来；每天，无论早晨上班、下午下班，还是其他工作时间，只要见到同事，无论是否认识，他都会微笑着点头示意，或者用"您好"、"早晨好"、"再见"之类的问候语打个招呼；对于自己知道职衔的人，准确地称呼其职衔，凡是不知道的，他一律称呼为"老师"；在办公室闲聊时，不打听别人的隐私，不参与别人的争吵。不到两个月的时间，就连楼道里扫地的阿姨都认识了这个热情礼貌的大学生。

(资料来源：若水，20 几岁不能不懂的社交礼仪常识 [M]．北京：中国电影出版社，2017：54)

三、办公室交谈礼仪

说话要分场合，要讲究分寸，最为重要的是说话要得体。在办公室场合，哪些能说，那些不适合说，心里一定要清楚。

（一）不要人云亦云，要有自己的主见

职场中老板都比较欣赏有头脑、有主见的员工，如果你经常在一些需要发表意见的场合保持沉默，或是一味地附和他人而没有自己的见解，那么，你在办公室里很容易被他人所忽视。不管在办公室处于什么职位，交谈时都应发出自己的声音，应该敢于说出自己的想法。

（二）真诚友善，平和自然

在办公室与人交谈时，态度要谦和友善，说话要平和自然，给人亲切感。与他人交谈时，注意观察别人的反应。不要置他人的反应于不顾，自顾自的滔滔大论，这样的谈话，就会成为大家的负担，而不是一种快乐。

（三）注意谈话的内容，三思而行

1. 一般不要谈薪金等问题。在美国、日本等国家一般最忌讳谈论薪金问题，不论是你问别人的薪水，还是别人问你，都会让人难以回答。因为在很多公司里，每一个人的工作不一样，得到的报酬也不一样的。如果你说出你的薪水比别人高时，容易引

起一些麻烦事。

2. 不要谈私人生活和反映你个人不愉快的消极话题。不要谈论你的私人问题，也不要在办公室讨论你遇到的不好的事情和现在的不好心情，因为这会影响别人的情绪，或者引起别人对你不好的看法，不要将自己的私人生活全部暴露在同事的面前，保留一点神秘感对你是有好处的，让人认为你是一个有魅力的人，一个能处理好自己生活的人，因为一个连自己的生活都处理不好的人是没有可能将公司的重任担当起来的。如果不注意，不但会影响你的形象，也会影响你的前途。

3. 不要评论别人。在办公室里最忌讳的是谈论别人的是是非非，中国有句古话：当面少说好话，背后莫议人非。当有人在评论别人时，你不要插嘴，也不要充当谣言的传播者。

应用案例 8-6

白领职场 13 条办公室戒律

1. **没有创意的鹦鹉**

只会做机械性的工作，不停地模仿他人，不会求自我创新，自我突破，认为多做多错，少做少错。

2. **无法与人合作的荒野之狼**

丝毫没有团队精神，不愿与别人配合，分享自己的劳动，也无视他人的意见，自顾自地工作，离群索居。

3. **缺乏适应力的恐龙**

对环境无法适应，对市场变动经常无所适从或不知所措，只知请教领导，也不能接受职位调动或轮调等工作改变。

4. **浪费金钱的流水**

成本意识很差，常无限制地任意申报交际费、交通费等，不注重生产效率。

5. **不愿沟通的贝类**

有了问题不愿意直接沟通或羞于讲出来，总是闭着嘴巴，任由事情坏下去，没有诚意。

6. **不注重资讯汇集的白纸**

对外界讯息反反应不敏锐，不肯思考、判断、分析，也不愿搜集，记忆有关讯息，懒得理会"知己知彼，百战百胜"这句名言。

7. **没有礼貌的海盗**

不守时，常常迟到早退，服装不整，讲话带刺，不尊重他人，做事或散漫或刚愎自用，根本不在乎他人。

8. **缺少人缘的孤猿**

嫉妒他人，只对别人的成就飞短流长而不愿意向他人学习，以致在需要帮助时没人肯伸手援助。

9. 没有知识的小孩

事事仍然需要别人的照顾，生活能力极差，对工作也需一点一滴交待得十分清楚，否则干不好。对社会问题及趋势也从不关心，不肯充实专业知识，很少阅读专业书籍及参加各种活动。

10. 不重视健康的幽灵

不注重体闲活动，只知道一天到晚地工作，常常闷闷不乐，工作情绪低落，自觉压力太大，并将这种压力影响别人。

11. 过于慎重、消极的岩石

不会主动工作，因此很难掌握机会，对事情没做前先发出悲观论调，列出一大堆不可能，同时对周围事物也不关心。

12. 摇摆不定的墙头草

从没有自己的观点，永远只是附和别人的意见。更重要的是一遇到公司纷争，哪边势力在就倒向哪一边，并煽风点火，一旦这方失势，又马上倒向另一方。

13. 自我设限的家畜

不肯追求成长、突破自己，不肯主动挑起力所能及的担子，抱着"努力也没用，薪水够用就好"的心态，人家给什么接受什么。

(资料来源：http://xl.39.net/zcxl/081/11/226079.html)

课后阅读

面试得来的经验

用人单位在招聘人员时，除了对学历、年龄、性别有专门规定外，还对应聘者的工作经验做了相应的要求。我在刚刚毕业时对此很不屑，工作经验不就是工作中获得的实践知识吗？课本上枯燥、繁琐、复杂的理论知识都难不倒我，那些所谓的实践知识又会有多难掌握呢？但一次普通的面试却改变了我的看法。

这年5月，我前往一家有名的咨询公司应聘，从招聘信息上我们得知，该公司的主要业务是为本市和外埠企业联系代理商和经销商，并提供办公场所搜寻、公司注册、办公事务代理和会务组织等服务。这家合资公司面向社会招收业务人员时，对应聘者的实际工作经验没做专门规定。我在大学学的是企业管理，条件与公司的各项要求相符，就顺利通过了初试，对接下来的面试我也很有信心。

按照面试单上的地址，我提前来到了公司所在的富华大厦。大厦门口，两名精干的保安站在那里，立在他们前面的不锈钢牌上写着醒目大字：来客请登记。我问其中的一位保安："1616房间怎么走？"保安抓起了电话，过了一会告诉我："对不起，1616房间没人。"不可能吧，我赶忙解释："今天是A咨询公司面试的日子，我这儿有他们的面试通知。"

那位保安看后又拨了几次电话，然后告诉我："对不起，1616没人，我不能让你上去，这是大厦内部的规定。""我真的是来面试的，公司面试单上写的就是今天。"

"那我再帮你试试看。"时间一秒一秒地过去，我心里虽然着急，却也只有耐心等待，同时祈祷那该死的电话能够接通。

9点10分，已经超过约定时间10分钟了，保安又一次礼貌地告诉我电话没通。不可能，难道是我记错了？我再次翻开面试单，用磁卡电话拨通了那个印得不起眼的电话号码……电话那头终于传来了久违的声音，对方请我速上16楼1616房，因为内线电话有误，他们还应我的要求告知了保安。

等我忐忑不安地推开经理室，已远远超过了面试的时间。"年轻人，你迟到了15分钟。"

"但我真的很想加入你的公司，我相信我能够胜任相应的工作。"

"很好，我公司就需要有韧劲的业务人员，为达到目的，百折不回。刚才保安接不通电话，实际上就是我们面试的一部分，以考验你的应变能力，你完成得不错。不过面试还没有结束，我公司准备购置一批电脑，请你到大厦旁边的电脑市场了解一下最新的电脑行情。"

一刻钟后，我将从电脑市场要来的几份价目表交给了经理。"这是零售价，如果批发15台，价格是多少呢？"又过了一刻钟，等我把从销售商那里问到的电脑批发价格告诉经理后，他又问我："电脑的UPS电源怎么卖？另外，打印机、电脑桌有没有优惠？"

"那我再去电脑城了解一下。"看到我疲于应付的样子，经理叫住了我，并让秘书递给我一杯茶。"你在面试的第一阶段做得不错，有闯劲，能够突破常规，遇事多想一步。但从后面完成市场调查的任务来看，还显稚嫩。"

"我们做业务必须有良好的观察和思考能力，想法要多，要深，能够快人一步。业务人员不仅要善于动手，还要善于动脑，如果不能做到这点，就不可能为客户提供有效的信息与咨询服务，为采购商提供质优、价廉、物美的产品，反而会造成人力、物力、财力的浪费。"求职以失败告终，但我将那次宝贵的经验记在日记本上："工作中要注意锻炼自己领悟力和洞察力，独立思考、多谋善断，凡事比别人多想几步，才能真正取得成功。"

在以后的工作中，我及时调整了自己的思维方式，努力提高自己的应变能力和处理问题的水平。我告诫自己：不要一味地苦干蛮干，只埋头拉车而不抬头看路，否则就是原地踏步，明天重复昨天和今天的错误。最近一次同学聚会上，我把同样的话告诉了大家。这时的我，已是一个国际知名品牌的地区代理商了。

· （资料来源：张岩松、祁玉红主编. 新型现代交际礼仪实用教程［M］. 北京：清华大学出版社.2015：209）

练习与思考

一、名词解释

求职礼仪

办公室礼仪

二、简答题

1. 简述面试前需要做的准备工作。

2. 简述简历撰写应把握的原则。

3. 简述求职面试的基本方法。

4. 简述面试时应注意的礼仪。

5. 简述面试后应注意的礼仪。

6. 简述办公室礼应注意的礼仪。

三、论述题

根据所学知识，结合实际，撰写一份求职简历。

本章参考文献

1. 刘丽娜．哈佛社交礼仪课［M］．北京：中国法制出版社，2018：77－89

2. 陈光谊主编．现代使用社交礼仪［M］．北京：清华大学出版社，2009：88－89

3. 张岩松著．知书达礼　现代交际礼仪畅讲［M］．北京：清华大学出版社，2016：273，

4. 付桂萍主编．做派：在商务活动中合乎去情境地展示自己［M］．长沙：湖南人民出版社．2013：99

5. 金正昆．社交礼仪教程（第五版）［M］．北京：中国人民大学出版社，2017：155－163

6. 张岩松、祁玉红主编．新型现代交际礼仪实用教程［M］．北京：清华大学出版社．2015：191－212

7. 若水，20几岁不能不懂的社交礼仪常识［M］．北京：中国电影出版社，2017：50－75

第九章　涉外礼仪

教学重点
JIAOXUEZHONGDIAN

知识要点	掌握程度	相关知识
涉外礼仪的基本规范	理解并掌握	掌握涉外礼仪中的基本规范和要求
迎送的基本要求	了解	了解迎送的注意事项
会见和会谈的基本程序	了解	了解会见及会谈时的基本程序
礼宾次序与国旗悬挂	理解并运用	了解涉外交往中次序的安排；了解国旗悬挂的规定和排序
赠送礼品的原则和细节	理解并掌握	理解涉外交往中礼品赠送与接受的注意事项

基本概念
JIBENGAINIAN

涉外礼仪：亦称外事礼仪或国际礼仪，与外事纪律一样，也是外事人员在涉外活动中应该遵守的一种行为规范。

会谈是指双方或多方就某些重大的政治、经济、文化、军事等问题及其他共同关心的问题进行磋商，交换意见。

礼宾次序是指在国际交往中对出席活动的国家、团体、各国人士的位次按某些规则和惯例进行排列的先后顺序。

背景知识
BEIJINGZHISHI

随着中国综合国力的增强，我国在国际上的地位不断提高。中国已与多个国家建立了正式的外交关系，前来中国访问的外国客人越来越多。涉外礼仪起源于习惯和惯例，植根于许多国家丰厚的礼仪传统。现代国际礼仪主要包括国际交往中的日常交际礼节、典礼仪式、外交礼遇、外交特权与豁免等内容。其中许多内容已构成国际多边条约的内容，例如1961年的《维也纳外交关系公约》，明确规定了外交代表和外交代表机关在接受国所享有的外交特权和豁免权，对外交代表的等级以及礼宾次序也有明确的规定。目前，这个公约就是各国确定对外礼遇的重要根据。同时，礼仪是互惠的和平等的，各国外交部都设有专门的礼宾司或礼宾局，掌握对外交往的礼节。随着世界各国交往的日益扩大和各国相互依存的加深，外事礼仪无论在官方还是民间涉外活动中都更加重要。各国在遵循国际礼仪规则的同时，也往往结合本国的实际情况，努力使之具有民族特色。

生活离不开交往，交往须讲礼仪。平常的生活是这样，进行国际交往更应如此。在涉外活动中，不懂或者不讲礼仪，就会闹出笑话，甚至有损国家、民族的利益和尊严。

第一节　涉外礼仪的基本规范

导入案例
DAORUANLI

90 年代初期，一个外国代表团到江南一座风景秀美的小城参观访问，为了表达我方的敬意与友好，我方准备了丰盛的晚宴。晚宴上宾主谈笑风生，当客人称赞中国的美味佳肴时，我方陪同人员却说："我们只简单地备了几个菜，不成敬意"。当翻译译完这句话后，客人们面面相觑，不明其意，大惑不解。第二天，安排代表团游历当地的风景区，宾客们的兴致颇浓，他们拒绝乘坐我方特意预备的专车，坚持徒步而行。尤其是一位担任副团长的女士，尽管白发苍苍，依然健步如飞，背不驼，气不喘，让年轻人也好生佩服。当时在场陪同的我方一位副市长，见到这番情景，便由衷地对那位女士说："夫人，您的身体真好，真是老当益壮啊！您老人家今年高寿多少？"在这位副市长讲话之初，那位女士还是笑容可掬地聆听着，可是在译员翻译完毕后，对方竟勃然变色，拂袖而去。

（资料来源：https://www.nbhkdz.com/read/d45ad08385f111f13cc77cce.html）

请根据以上信息，完成以下任务：

1. 宾客们为什么"不明其意，大惑不解"？正确的礼仪应怎样介绍菜肴？

2. 那位女士为什么"勃然变色，拂袖而去"？与女士交往应注意哪些礼仪？

3. 通过讨论，我们还应掌握哪些基本的涉外礼仪？

知识分析
ZHISHIFENXI

子曰："不知礼，无以立"。不在其位，不谋其政。在同外国人交往，必须要了解和掌握涉外交往的基本原则，它既是对国际交往管理的基本概括，又对参与涉外交接的中国人具有普遍的指导意义。了解这些基础礼仪是涉外交往礼仪修养的集中体现。

▶▶ 一、忠于祖国

对于外事工作人员而言，忠于自己的伟大祖国，在任何时候、任何地点、任何情况下，都是第一位、最基本的要求。忠于祖国要求在外事活动中，外事人员必须无怨无悔地对自己的祖国忠诚以待，不讲任何条件，毫无保留地为之尽心尽力。在外事活动的具体实践中，通常体现在维护祖国、热爱人民和拥护政府等基本方面。

（一）维护祖国

维护祖国的利益，主要表现在始终坚持爱国主义、坚决捍卫祖国尊严和努力维护祖国利益。

（二）热爱人民

从某种意义上讲，维护祖国也好，忠于祖国也好，归根结底都要以热爱人民为其落脚点。具体地说，外事人员应特别注意坚持以人为本和坚持服务于人。

（三）拥护政府

外事人员必须拥护本国的合法政府，做到时刻依靠政府、坚决执行国家政策和保守国家秘密。

▶▶ 二、入乡随俗

在国际交往中，每一名外事人员都经常会面临一个非常实际的问题：同样一件事情，在不同国家、不同地区、不同民族，往往存在着各不相同的处理方式。"入国而问禁，入乡而问俗，入门而问讳"，是涉外活动的参与者人人须知的一项常识。作为一项对涉外活动的参与者的基本要求，"入乡随俗"的基本含义是：出于对外方人士的尊重，在与对方直接打交道时应尊重其独特的风俗习惯。当我方人员正式前往其他国家、地区进行工作、学习、访问、参观、旅行或进行其他公务活动时，则更要注意了解和尊重当地所特有的风俗习惯。在涉外活动中，如果做不到"入乡随俗"，或者对其缺乏应有的重视，实际上就是对外方人士的不尊重。

例如，在朝鲜、韩国及中国的大部分地区，狗肉是进补与烹饪的上品。可是在西方各国，狗却被视为人类的朋友，绝对不能被人食用。"666"这一数目，在我国大陆及港、澳、台地区，经常被人们用来讨口彩，百用不厌。然而在基督教国家中，它却被视为魔鬼撒旦的象征，在日常生活之中难以见到其踪影。对阿拉伯人而言，绿色因为与其信奉的伊斯兰教相关，所以称为人见人爱的吉祥色，甚至连伊斯兰各国的国旗都普遍以绿色为基本色。但如果到了日本，绿色却会大走背字，因为日本文化视其为凶兆或不吉。类似这些事情，不胜枚举。

在涉外活动中，要求外事工作人员做到"入乡随俗"，主要是提醒其关注以下三个方面：

（一）认真做好"入国问禁"。在国际交往的具体实践中，由于时间、信息等因素的影响，我方人员可能一时之间不能对交往对象所特有的风俗习惯全盘掌握，这就要求参与者必须善于抓住主要矛盾，不冒犯外方人士在风俗习惯方面的特殊禁忌。

（二）要努力做到处处留意、认认真真、规规矩矩。

（三）要客观地掌握适用范围。讲究"入乡随俗"，并非一概而论。根据国际惯例，我方人员在异国他乡时，应讲究"客随主便"。而在自己国家充当东道主时，则应讲究"主随客便"。此外，国际交往中，尊重都是相互的。在有不要入乡随俗时，应以无损于我方的国格、人格为前提。

三、遵时守约

在我国古代，就有"君子一言，驷马难追"之说。时至今日，"言必行，行必果"依旧被中国人视为做人所应具备的美德之一。在涉外交往中，"遵时守约"早已被视为现代人为人处世的基本准则之一。遵时守约即每个人都必须义无反顾地遵守自己对他人所做出的各项正式承诺。在与他人打交道时，说话务必要算数，许诺一定要实现，约会时必须要如约而至。

在涉外活动中，要做到"遵时守约"原则的基本要求主要有信守承诺和遵守时间两方面。

（一）信守承诺

在涉外活动中，外事工作人员在处理有关承诺的具体问题时，应当注意重视承诺和慎于承诺。从某种意义上讲，信誉就是形象，信誉就是生命，信誉就是社会关系，信誉就是工作效率。只有信守承诺，言而有信的人在能真正立足于社会，赢得人们的尊重。另外，涉及到承诺一些事情时，一定要三思而行，慎之又慎，不随便许诺，不滥用承诺。

（二）遵守时间

遵守时间是信守承诺的具体体现，一个不懂得遵守时间的人，在人际交往中是难以遵守其个人承诺的。目前，遵守时间在国际社会里已成为衡量、评价一个人文明程度的重要标准之一。具体而言，外事工作人员应注意有约在先、如约而行和适可而止三个方面。

四、热情有度

在国际社会中，中国人一向以待人热情而著称。热情有度就是要求在与外方人士接触时，既要注意为人热情，以示友善之意，更要充分把握为人热情的具体尺寸，否则可能就会事与愿违。具体来讲，外事人员在对外交往中要掌握好以下四个基本限度：

（一）关心有度

涉外活动中，工作人员对外方人士的关心没有必要做到无微不至，而是应当有意识地加以限制。尽量做到不影响对方的个人自由，不令对方感觉不便，不使对方勉为其难。

（二）批评有度

在对外交往中，工作人员对对方何处可以批评，何处不可以批评，都一定要心中有数。如果对外人士的批评不加任何限制，甚至加以滥用，对双边关系是极其有害的。具体来说，批评要讲究内容、讲究方式和讲究场合。

（三）距离有度

在中国，人情味是特别浓厚的，彼此之间对于空间距离并不十分在意。然而，外国人对于人际交往中的彼此距离非常重视。关系不同的人，有着各不相同的"交际圈"。所谓距离有度就是外事人员在正式场合与外方人士共处时，应视此时此刻彼此具体关系的不同，而与对方保持与双方关系相适应的适度的空间距离。

（四）交往有度

所谓"交往有度"，具体是指涉外活动的参与者在与外方人员接触时，不论双方之间的关系如何，均应与对方保持一定的距离。具体而言，就是要做到不妨碍对方的工作，不妨碍对方的生活和不梵高对方的休息。

▶▶ 五、不宜过谦

中国人一向讲究含蓄、委婉、自我保护，强调的是"喜怒不形于色"，主张的是自谦，自抑甚至自贬，反对的则是自我肯定、自我表现。从小学开始，老师教导的都是"谦虚使人进步，骄傲使人落后"，"满招损，谦受益"一致受到提倡。然而，中西文化有所差异。在大多数外国人看来，为人谦虚固然重要，但绝对不宜矫枉过正，将其发展为自我否定，自我贬低。坚持不宜过谦的原则，要重点做到善于肯定自我，并且注意在展示实力、突出业绩、表达敬意等多面多下功夫。

（一）肯定自我

对自己的评价务必要客观、公正、实事求是，绝对不能对自己无条件地一概否定。在实事求是的前提下，要善于发现自己的长处，并且还要善于在外方人士面前将其恰到好处地表现出来。

（二）展示实力

所谓展示实力，实际上就是要求外事人员在外方人士面前要善于肯定自己客观上具备的自身素质、自我条件以及实际能力。在展示个人实力时，外事人员既要坚持正面宣传，同时也需注意"言之有物"。

（三）突出成绩

在与外方人士进行接触时，无论双方是否共事，参与者均应对自己取得的有关业绩进行必要的肯定。个人业绩可以从学习成绩、工作成绩和生活成绩三个方面来介绍，做到一是一，二是二，有什么说什么。

（四）表达敬意

外事人员在对外交往中，没有必要隐瞒对外方人士的敬意，没有必要否认为外方人士做过的工作，没有必要贬低对外方人士的礼遇。

▶▶ 六、尊重隐私

在中国人与人之间的相处应该很亲近，彼此之间没有秘密。但是，在世界上许多国家里，尊重个人隐私已经逐渐发展成为一项国际交往的惯例。因此，涉外工作人员有必要对其予以高度的重视。

在外事活动中贯彻尊重对方隐私的原则主要是要求外事人员养成莫问隐私、保护隐私的习惯。

（一）莫问隐私

国际交往中，和外方人士交谈时要恪守"八不问"原则，避免无意间侵犯个人隐私，使人不快。所谓"八不问"即不问履历出身、不问收入支出、不问家庭财产、不问年龄婚否、不问健康问题、不问家庭住址、不问政见信仰和不问私人情感。

（二）保护隐私

所谓保护隐私是指外事人员在对外交往中应尽力不传播、不泄露隐私问题。换言之，就是要主动采取必要的措施去维护个人和其他人士的隐私。

应用案例 9-1

刚参加工作不久的孙燕小姐被派到欧洲某国洽谈业务。一抵达目的地，她就受到东道主接待小姐的热情欢迎。由于从机场到孙小姐所住的酒店有一段距离，于是双方就坐在车上聊起来。在交谈之中，孙小姐有点没话找话地询问对方："你今年多大岁数呢？"不料人家所答非所问地予以搪塞："你猜猜看。"孙小姐觉得没趣，转而又问："你一定结婚了吧？"这一回，那位接待小姐的反应更令孙小姐出乎意料，对方居然转过头去，不再说话了。一直到酒店，她们两个人再也没有说上一句话。

（资料来源：https://www.nbhkdz.com/read/d45ad08385f111f13cc77cce.html）

▶▶ 七、女士优先

作为涉外工作中的基本规范之一，"女士优先"的主旨是指每一位成年男子都有义务主动而自觉地以自己的实际行动去尊重妇女，照顾妇女，体谅妇女，保护女性，并且想法设法，尽心尽力地伪妇女排忧解难。

（一）适用范围

外事人员在确定"女士优先"原则的适用范围时，要注意掌握其地区差别、场合差别和个人差异。首先，"女士优先"要则主要通行于西方发达国家、中东欧地区、拉丁美洲地区以及非洲的部分地区。其次，根据惯例，只有在社交场合中讲究"女士优先"的原则，公务场合普遍强调的是"男女平等"。最后，从总体上讲，"女士优先"要则的适用对象应当包括所有成年女性在内。然而，在具体的实践中有些人对此特别反感，尤其是女权主义者。

（二）操作方式

"女士优先"是非常讲究操作方式的。离开了种种具体的操作方式，"女士优先"就成为一句空话。在社交场合贯彻"女士优先"的原则时，需要兼顾尊重妇女、照顾妇女、体谅妇女和保护妇女四个方面。

第二节　迎送礼仪

导入案例
DAORUANLI

1957年国庆节后，周总理去机场送一位外国元首离京。当那位元首的专机腾空起飞后，外国使节、武官的队列依然整齐，并对元首座机行注目礼。而我国政府的几位部长和一位军队的将军却疾步离开了队列。他们有的想往车里钻，有的想去吸烟。周总理目睹这一情况后，当即派人把他们叫回来，一起昂首向在机场上空盘旋的飞机行告别礼。待送走外国的使节和武官，总理特地把中国的送行官员全体留下来，严肃地给大家上了一课：外国元首的座机起飞后绕机场上空盘旋，是表示对东道国的感谢，因此东道国的主人必须等飞机从视线里消失后才能离开，否则，就是礼貌不周。我们是政府的工作人员和军队的干部，我们的举动代表着人民和军队的形象，虽然这只是几分钟的事，但如果我们不加以注意，就很可能因小失大，让国家的形象受损。

（资料来源：https://www.nbhkdz.com/read/d45ad08385f111f13cc77cce.html）

请根据以上信息，完成以下任务：

简述在正式场合下应了解的迎送礼仪。

知识分析
ZHISHIFENXI

迎来送往是外事活动中的两个重要环节。应认真做好接待准备工作，举行周到的迎送仪式，使来宾高兴而来、满意而归。

▶▶ 一、接待准备

外国贵宾来访，有关部门和人员应事先做好接待准备工作。访问有正式访问（又称国事访问）、非正式访问、工作访问、私人访问、顺道访问、秘密访问、过境访问等。来访者若为国宾（国家元首、政府首脑），则是正式访问，接待准备工作应当更加周密、细致。

（一）成立接待班子

为了接待好贵宾和重要的代表团，一般东道主都要组成一个接待班子。我国目前采用设陪同团的做法，陪同团团长一般由国务院有关部门的部长、副部长担任，并成立由外事、警卫、后勤、医疗、交通、通信等部门人员组成的接待班子。

（二）收集来访者的信息

为了安排好接待工作，首先，要了解来访者对本次访问的具体要求，包括会谈内容、参观访问的愿望、往返路线及交通工具、抵离时间等。此外，还须了解来访者的生活习惯、饮食爱好与禁忌等。有的国家还索取来访者的血型和健康资料。

其次，向对方索取来访者的简历和近期照片，请对方提供国歌乐谱、国旗旗样及制作说明。此外，还要收集来访者国的代表乐曲，供宴会上演奏席间乐或晚会演出使用。

最后，请对方尽早提供按礼宾顺序排列，注明每个人职务、性别的全体来访者名单，以便妥善、周到地为他们安排住处、交通工具等。

（三）拟订接待方案

接待方案包括接待规格及各项主要活动的安排。日程确定后，酌情译成客方使用的文字并打印好，届时与客方进行沟通。

应用案例 9-2

接待过程的失误

泰国某机构为泰国一项庞大的建筑工程向美国公司招标。经过筛选，最后剩下4家候选公司。泰国人派遣代表团到美国亲自去各家公司商谈。代表团到达芝加哥时，那家工程公司由于忙乱中出了差错，又没仔细复核飞机到达时间，未去机场迎接泰国客人。但是泰国代表尽管初来乍到不熟悉芝加哥，还是自己找到了芝加哥商业中心的一家旅馆。他们打电话给那位急促不安的美国经理，在听了他们的道歉后，泰国人同意在第二天11时在经理办公室会面。第二天美国经理按时到达办公室等候，直到下午三四点钟才接到客人的电话说："我们一直在旅馆等候，始终没有人前来接我们。我们对这样的接待实在不习惯。我们已订了下午的飞机赴下一个目的地。再见吧！"

（资料来源：http://www.worlduc.com/blog2012.aspx？bid=3681231）

▶▶ 二、迎送仪式

迎送仪式是国际交往中迎来送往的礼宾仪式，根据国际惯例已经形成一整套规范程序。现择要简介如下。

（一）正式迎送礼仪

外国领导人抵达或离开邀请国首都时，通常会举行正式的迎送仪式。举行迎送仪式的场所应铺红地毯，悬挂两国国旗。

1. 迎接

当来访国元首或政府首脑到达时，主方元首或政府首脑迎上前去与之握手，双方互致问候。

2. 献花

当两国领导人握手之后，由儿童或女青年向主宾献花。有的国家由女主人向女宾献花。

3. 奏两国国歌

当主人陪同贵宾在检阅台或其他指定位置站定后，乐队开始奏两国国歌，并开始鸣放礼炮。国家元首来访，鸣放礼炮21响；政府首脑来访，鸣放礼炮19响。歌起炮响，歌落炮停。

4. 检阅三军仪仗队

来访国宾在主人陪同下检阅陆、海、空三军仪仗队。

5. 互相介绍

主宾见面时应互相介绍。通常先由主方礼宾人员、翻译或职位最高者将迎接人员介绍给来宾，职位从高到低。然后，客方向主方介绍客方人员。

随后，陪同团团长等陪来访国宾乘车前往宾馆下榻。

国宾离京回国，主方领导人到宾馆话别，由陪同团团长等前往机场（车站）送行。

（二）一般迎送

对于普通代表团和人员的访问，一般不举行迎送仪式。但是，对应邀前来的访问者，无论是官方人士、专业代表团，还是民间团体、知名人士，在他们抵离时，均应安排相应身份的人员前往机场（或车站、码头）迎送。对于长期在本国工作的外国人士、外交使节、外国专家等，当他们到任或离任时，有关方面亦应安排相应人员迎送。

第三节　会见与会谈

导入案例
DAORUANLI

王先生是国内一家大型外贸公司的总经理，为一批机械设备的出口事宜，携秘书韩小姐一行赴伊朗参加最后的商务洽谈。王先生一行在抵达伊朗的当天下午就到交易方的公司进行拜访，然后正巧遇上他们祷告时间。主人示意他们稍作等候再进行会谈，以办事效率高而闻名的王先生对这样的安排表示出不满。

东道主为表示对王先生一行的欢迎，特意举行了欢迎晚会。秘书韩小姐希望以自己简洁、脱俗的服饰向众人展示中国妇女的精明、能干、美丽、大方。

她上穿白色无袖紧身上衣，下穿蓝色短裙，在众人略显异样的眼光中步入会场。为表示敬意，主人向每一位中国来宾递上饮料，当习惯使用左手的韩小姐很自然地伸出左手接饮料时，主人立即改变了神色，并很不礼貌地将饮料放在了餐桌上。令王先生一行不解的是，在接下来的会谈中，一向很有合作诚意的东道主没有再和他们进行任何实质性的会谈。

（资料来源：https://www.xingzuo360.cn/zhongguominsu/shangwuliyi/194982.html）

请根据以上信息，完成以下任务：

1. 请分析王先生的行为是否恰当？
2. 在涉外交往中，会谈的注意事项有哪些？

知识分析 ZHISHIFENXI

会见与会谈是外事活动中的重要事务之一。无论是正式访问、谈判，还是礼节性拜访，通常要安排会见与会谈，以便双方加强了解与交流，增进友谊与合作。

▶▶ 一、会见与会谈的安排

（一）会见与会谈的特点

会见，在国际上一般称接见或拜会。凡身份高的人士会见身份低者，一般称为接见；而身份低者会见身份高者，一般称为拜会。我国一般不作上述区别，统称会见。

会见的性质有礼节性的、政治性的、事务性的，或兼而有之。其中，礼节性会见时间较短，话题较为广泛；政治性会见一般涉及双边关系、国际局势等重大问题；事务性会见一般涉及外交、经贸、科技文化交流等。

会谈是指双方或多方就某些重大的政治、经济、文化、军事等问题及其他共同关心的问题进行磋商，交换意见。一般来说，会谈的专业性较强。

东道国和来访者（包括外国常驻外交使节）都可酌情提出会见的要求。从礼节和两国关系上考虑，东道国应根据来访者的身份及来访目的，在来访者抵达的当日或次日，安排相应的领导人和部门负责人会见。来访者及外交使节也可根据国家关系，以及本人身份和业务性质，主动提出拜会东道国领导人和部门负责人。

来访者若是正式访问或专业性访问，主宾双方则应安排相应的会谈。

（二）会场布置与座位安排

会见与会谈通常在会客室或办公室进行。会场可以设在主方的会客厅里，客方下榻宾馆的会客室也可用作临时会场。布置会场时应酌情安装扩音器，准备饮料等，并精心安排座位。

1. 会见的座位安排

会见宜在比较宽敞的场所进行。会见的座位安排有多种形式，有宾主各坐一方的，也有宾主穿插坐在一起的。但通常安排主宾、主人坐在面对正门的位置，主宾座位在主人右侧，其他客人按礼宾顺序在主宾一侧就座，主方陪见人在主人一侧就座，翻译、记录员通常坐在主人和主宾的后面。

2. 会谈的座位安排

会谈分为双边会谈与多边会谈。双边会谈通常用长方形或椭圆形桌子，多边会谈采用圆桌或摆成方形。会谈时，会谈桌上放置与会国国旗，摆放座位卡，以便与会者对号入座。

双边会谈时，宾主相对而坐，以会场正门为准，客人面对正门，主人背对正门。主谈人居中，翻译可坐在主谈人右侧，但有的国家让翻译坐在后面，一般应尊重主人的安排。其他人按礼宾顺序左右排列。主宾多边会谈时，座位可摆成圆形、方形等。

▶▶ 二、会见与会谈的程序

会见与会谈的程序安排大体一致。

（1）提出会见要求的一方应将要求会见人的姓名、职务以及会见什么人、会见的目的告知对方。接见一方应尽早给予回复。如因故不能接见，应婉言解释。

（2）接见方应及时将会见的时间、地点、主方出席人员、具体安排及有关注意事项通知对方。会见方则应主动向对方了解上述情况，并通知有关出席人员。

（3）双方均应准确掌握会见的时间、地点。主方应先于客方到达会场。客人到达时，主人应在门口迎候。

（4）宾主计划合影，要事先排好合影图，人数众多时应准备架子。合影时，主人和主宾居中，以主人右侧为上，按礼宾次序，主客双方间隔排列。第一排人员既要考虑身份，又要考虑能否都摄入镜头。通常安排主方人员站在两端。合影时间宜安排在宾主寒暄、握手后。

（5）领导人之间的会见、会谈，除陪见人和必要的翻译、记录员外，其他工作人员安排就绪后均应退出。如允许记者采访，也只是在正式谈话开始前采访几分钟，然后一起离开。在谈话过程中，旁人不要随意进出。

（6）会见或会谈结束时，主人应送客人至车前或门口握别，目送客人离去后再退回室内。

一般官员、民间人士的会见，安排大体同上，也要事先申明来意，约妥时间、地点，再准时赴约。而礼节性的会见，不宜逗留过久，半小时左右即可告辞。

第四节　国际礼宾次序与国旗的悬挂

导入案例
DAORUANLI

　　1959 年新中国 10 周岁了。10 年来，它同苏联、其他社会主义国家以及一些亚非和欧洲国家的关系有了发展，外交部礼宾司已接待过一些大型国宾团，但是，总的来说，对外交往的范围还比较狭窄，礼宾工作经验还很缺乏。到国庆 10 周年时，同中国建交的国家仅有 33 个。10 年来，苏联在新中国的对外活动中，占有绝对的优先地位。在国庆 10 周年的对外活动中，无疑也是要突出苏联。

　　前来参加新中国国庆 10 周年活动的外国代表团有：社会主义国家的党政代表团 11 个，其中党政第一把手率团的有：苏联赫鲁晓夫、越南胡志明、朝鲜金日成、捷克斯洛伐克诺沃提尼、蒙古泽登巴尔；亚非国家的政府代表团 8 个，非执政的兄弟党代表团 49 个。

　　面对国庆 10 周年如此重要的外交活动，周恩来夜以继日忙碌着，甚至连招待会前三桌座位也是周恩来亲自排列的。不久前，当我在外交部档案馆看到总理用红蓝铅笔勾画和书写的座位图原件时，心情依然激动。

　　周恩来心里总是装着群众、总是装着别人，在对外接触中，总是为群众、为别人考虑得很周到、很细致。

　　　　　　　　　　（资料来源：https://wenku.baidu.com/view/d892abd0b14e852458fb5741.html）

　　请根据以上信息，完成以下任务：

　　请分析涉外交往中礼宾的次序应如何把握？

知识分析
ZHISHIFENXI

　　涉外活动中的礼宾次序与国旗的悬挂，往往关系到国家的地位和民族的尊严。因此，务必认真处理。

一、礼宾次序

　　礼宾次序是指在国际交往中对出席活动的国家、团体、各国人士的位次按某些规则和惯例进行排列的先后顺序。一般来说，礼宾次序体现东道主对各国宾客所给予的礼遇；在一些国际性的集会上则表现各国主权平等的地位。若礼宾次序安排不当或不符合国际惯例，则会引起不必要的争执与交涉，甚至影响国家关系。因此，组织涉外活动时，对礼宾次序应给予足够的重视。

　　对于礼宾次序的排列，国际上已有一些惯例，各国也有各国的具体做法。有些排列顺序和做法已由国际法或国内法所肯定，如外交代表位次的排列，在《维也纳外交关系公约》中就有专门的规定。

常见的礼宾次序排列方法有以下几种：

（一）按身份与职务的高低排列

一般的官方活动，经常是按身份与职务的高低安排礼宾次序，如按国家元首、副元首、政府总理（首相）、副总理（副首相）、部长、副部长等顺序排列。

（二）按字母顺序排列

在国际会议、体育比赛中，有时按参加国国名的字母顺序排列，一般按英文字母顺序排列，少数情况按其他语种的字母顺序排列。联合国大会的席次也按英文字母顺序排列。但为了避免一些国家总是占据前排席位，因此每年抽签一次，决定本年度大会席位以哪一个字母打头排起，以便各国都有机会排在前列。

（三）按通知代表团抵达的日期先后排列

在一些国家举行的多边活动中，常按通知代表团组成的日期先后排列礼宾次序。东道国对同等身份的外国代表团，按派遣国通知代表团组成的日期先后排列，或按代表团抵达活动地点的时间先后排列，或按派遣国决定应邀派遣代表团参加该活动的答复时间先后排列。

在排列国际礼宾次序时，可酌情选用上述方法，并在邀请书中明确说明。当情况复杂时，则不妨交叉使用数种排列方法，并考虑其他因素。如排列与会代表团礼宾次序时，首先按代表团团长的身份高低排列，在同级代表团中则按派遣国通知代表团组成的日期先后排列，对同级和同时收到通知的代表团则按国名英文字母顺序排列。

在安排礼宾次序时，还应适当考虑其他因素，诸如国家之间的关系、与会方对于活动的贡献大小等。有时还应酌情考虑与会人员的业务性质、相互关系、宗教信仰、语言交流习惯等因素。

▶▶ 二、国旗的悬挂

国旗是国家的一种标志，是国家的象征。它是由一个国家法律规定的，具有一定正式规格与式样的旗帜，用以在正式场所进行悬挂。目前，世界上的大多数国家都拥有自己正式颁布的国旗。

在正式活动中，人们往往通过升挂本国国旗来表达自己的民族自尊心、自豪感以及对祖国的无比热爱。在对外交往中，恰如其分地升挂本国国旗或外国国旗，不仅有助于维护本国的尊严与荣誉，而且还有助于对外国表示应有的尊重与友好。

为了维护国旗的崇高地位，各国对升挂本国或外国的国旗大都自有一套通行做法，并且逐渐形成了一些有关国旗使用的惯例，这就是所谓国旗礼仪。例如，我国1990年6月28日第七届全国人民代表大会常务委员会第十四次会议通过了《中华人民共和国国旗法》，规定了国旗使用时的规范和要求。接待人员在面对或者使用国旗时，必须对国旗礼仪严格地加以遵守，并重点掌握国旗的悬挂以及国旗的排序等问题。

（一）外事活动中国旗悬挂的几种场合

只有在下述情况下，外国国旗才有可能在中华人民共和国境内升挂使用。

第一，外国驻我国的使领馆和其他外交代表机构，及其主要负责人的寓邸与乘用的交通工具。

第二，外国的国家元首，政府首脑、副首脑，议长、副议长，外交部长，国防部长，军队总司令或总参谋长，率领政府代表团的正部长，国家元首或政府首脑派遣的特使，以其公职身份正式来华访问之际所举行的重要活动。

第三，国际条约和重要协定的签字仪式。

四，国际会议、国际性文化、体育活动、国际性展览会、博览会等举行的场所。

第五，民间团体所举行的双边和多边交往中的重大庆祝活动。

第六，外国政府经援项目的签订仪式，大型三资企业的重要仪式、重大庆祝活动。

第七，外商投资企业、外国其他的常驻中国机构。

此外，在一般情况下，只有与我国正式建立外交关系的国家的国旗，方能在我国境内的室外或公共场所按规定升挂。若有特殊原因需要升挂未建交国国旗，须事先经过省、直辖市、自治区人民政府外事办公室批准。在任何时候，均不得升挂台湾当局的所谓"中华民国"的旗帜。

应用案例 9-3

尊　严

20世纪90年代中期，国内的一名中学生应邀前往一个拉美国家，参加民间外交活动。有一天，当他前去出席在那个国家举行的一次国际性会议时，发现在会场周围悬挂的各与会国国旗中缺少中华人民共和国国旗，便当即向会议的组织者指出了这一问题，并且严正地表示："不悬挂我国国旗，就是缺乏对我国的尊重。加入不马上改正，我将拒绝出席这次会议，并且立即回国。"

经过他的据理力争，中国国旗终于飘扬在会场的上空。在会议的组织者再三地表示了歉意后，那位中国的中学生才终于步入会场，出席会议。在他入场时，有不少与会者主动起立，向他热烈地鼓掌表示欢迎。当地的报纸事后为此发表评论说："连一名中学生都具有那么强烈的民族自尊心，中国人的确是值得尊重的。

（资料来源：https://www.NBHKDZ.com/read/d45ad08385f111f13cc77cce.html）

（二）外事活动中国旗排序

接待人员在实际工作中接触或使用国旗时，往往会面对具体的排序问题。在某些特殊情况下，我国境内有可能升挂外国国旗。因此，客观上便出现了中外国旗的排序间题。处理这一问题时，接待人员一定要遵守有关的国际惯例与外交部的明文规定。

中国国旗与外国国旗并列时的排序，主要分为有双边排列与多边排列两种情况。

第一，双边排列。我国规定：在中国境内举行双边活动需要悬挂中外国旗时，凡中方所主办的活动，外国国旗应置于上首；凡外方所主办的活动，则中方国旗应置于上首。以下例以中方主办活动为例，说明 3 种常用的排列方式。

常用方式之一，并列升挂。中外两国国旗不论是在墙上悬挂，还是在地面上升挂，皆应以国旗自身面向为准，以右侧为上位（见图 9-1、图 9-2）。

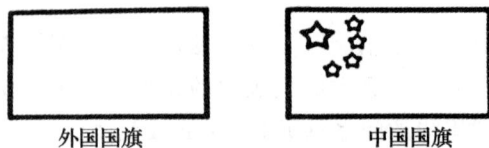

图 9-1　在墙壁上并列悬挂中外两国国旗

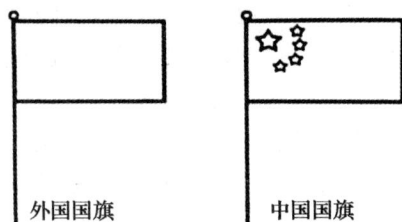

图 9-2　在地面上并列升挂中外两国国旗

常用方式之二，交叉悬挂。在正式场合，中外两国国旗既可以交叉摆放于桌面上又可以悬空交叉升挂。此时，仍应以国旗自身面向为准，以右侧为上位（见图 9-3、图 9-4）。

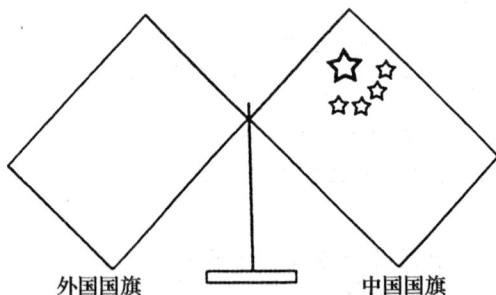

图 9-3　在桌面之上交叉摆放中外两国国旗　　　图 9-4　悬空交叉悬挂中外两国国旗

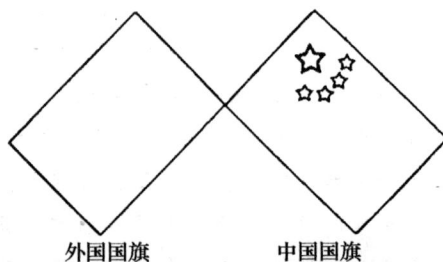

常用方式之三，竖式悬挂。有时，中外两国国旗还可以进行竖式悬挂。此刻，也应以国旗自身面向为准，以右侧为上位。竖挂中外两国国旗又有两种具体方式：或二者皆以正面朝外，或以客方国旗反面朝外而以主方国旗正面朝外（见图 9-5）。应

图 9-5　以竖式悬挂中外两国国旗

当注意的是，某些国家的国旗因图案、文字等原因，既不能竖挂，也不能反挂。有的国家则规定，其国旗若竖挂须另外制旗。

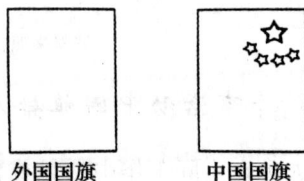

应用案例 9-4

国旗乌龙事件

2018 年 7 月 14 日，是法国国庆日"巴士底日"。巴黎香榭丽舍大街举行了盛大的国庆阅兵仪式。每年法国国庆节当天，阅兵式都是庆典活动的重头戏。今年恰逢第一次世界大战结束百年，因此阅兵式规模也较大，然而意外却不断发生。

阅兵队伍穿过被称为"法国最美路线"的巴黎中心：由凯旋门出发，途径香榭丽舍大道，抵达协和广场，接受法国总统检阅。当天，共有 4000 余名军人、220 辆军车以及 94 架军机参加阅兵，并接受了法国总统马克龙的检阅。

法国总统马克龙（右）现场观礼。这将是马克龙就任法国总统以来法国第二次举行国庆阅兵仪式。正在法国访问的新加坡总理李显龙（左）也将出席仪式。日本陆上自卫队与一同受邀的新加坡军队参与阅兵式。为纪念日法友好 160 周年，日本陆上自卫队也受邀参与本年度的阅兵式。

著名的法兰西航空巡逻队第一个出现，很多人发现巡逻队喷出的法国国旗颜色有点问题，多了一道红色。法国官方后来承认了是一个错误。有法国媒体称，这是一场"坏的表演"，也有媒体称是今年的颜色很特别，是致敬那些牺牲的飞行士兵。

按照法国媒体报道，边上的那家飞机，是替补飞机，飞行员或者不了解行情，或者自己太过紧张，于是就把颜色搞错了，给自己加了场戏。

（资料来源：http://www.360kuai.com/pc/94c03f5dcab0bb83f? cota＝3＆sign＝360＿7bc3b157）

第二，多边排列。当中国国旗在中国境内与其他两个或两个以上国家的国旗并列升挂时，按规定应使我国国旗处于以下荣誉位置：一列并排时，以旗面面向观众为准，中国国旗应处于最右方；单行排列时，中国国旗应处于最前面；弧形或从中间往两旁排列时，中国国旗应处于中心；圆形排列时，中国国旗应处于主席台（或主人口）对面的中心位置。

第五节　赠送礼品礼仪

导入案例
DAORUANLI

圆满的"送礼"

为庆祝中日邦交正常化二十周年，1992 年 4 月，江泽民总书记访问日本。这次活动意义重大，为准备赠礼方案，时任外交部礼宾司司长吴德广和鲁培新等相关人员绞尽脑汁。考虑到不少老一代日本政治家对中国文化造诣颇高，于是他们向部领导建议，一是请我国一些著名国画家画些国画；二是请篆刻家为每位首相刻一枚印章。两件礼品既贵重，又高雅。这个建议得到了江泽民的肯定。

4月8日早8时，江泽民总书记在日本迎宾馆和风别馆，邀请福田赳夫、铃木善幸等六位日本前首相共进早餐。他们都是中日关系发展历程的重要见证人。早餐会上，江泽民向各位前首相赠送了画和印章，并和他们逐一打开名作欣赏，印章上刻着的是首相们的中文名字。这些特意准备的精心之作，让前首相们兴奋不已，赞叹其艺术价值甚高。鲁培新还记得，田中角荣因患中风，行走不便，说话也很困难。江泽民亲自前往他的住所看望，并赠送了画和印章，让田中非常激动，热泪盈眶。鲁培新和吴德广都肯定这次送礼的效果非常好，为江总书记的访日起到了锦上添花的作用。

（资料来源：http://money.163.com/14/1013/16/A8EUR45V00254TI5.html）

请根据以上信息，完成以下任务：

1. 讨论上述案例中此次外交送礼事情为什么会成功？
2. 讨论在涉外活动中赠送和接收礼品应注意哪些事项？

知识分析
ZHISHIFENXI

在外事活动中，礼品问题一向较为敏感。民间交往中，对待礼品的赠送与收受随意性较。然而，外事活动中的礼品赠送与收受均具有独具的特殊性。

外事场合中礼品的特殊性，主要表现在下述五个方面：其一，我方通常不主动向外方人士赠送礼品；其二，当外方人士主动向我方人员赠送礼品后，我方可酌情予以回赠；其三，我方出席外方的重大节庆活动或正式出访时，可考虑向外方赠送具有纪念意义的礼品；其四，我方人员在任何情况之下，均不得向外方索要礼品；其五，我方人员在正式的外事活动中所获赠的外方礼品，不论是送给集体还是送给个人的，通常一律上交给自己所在的工作单位或部门。

虽然"礼尚往来"在外事活动中是司空见惯的，但外事人员如果对上述特殊规定一无所知或不甚了解，就极有可能招致一些不必要的麻烦：或者失敬于外方人士，被对方曲解了我方的本意；或者令自己好心办了坏事，甚至因此而犯了错误。

在外事活动中，礼品的问题实际上包括了礼品的赠送与礼品的接受两个不同的方面。当我方人员向外方人士赠送礼品时，我方通常处于较为主动的位置；而当我方人员接受外方人士的礼品时，我方则一般处于较为被动的位置。不管从哪一方面来讲，外事人员都有一定的礼仪规范应予遵守。二者虽然角度不同，但都不允许外事人员对其有所忽略。

▶▶ 一、赠送礼品

礼品的赠送，是由一系列的具体环节所构成的。在外事活动中需要赠送礼品时，我方人员通常应对下述三个要点予以重视。

（一）进行礼品定位

礼品定位，在此是指确定适用于外事活动的礼品的特殊之处。惟有定位准确，礼品在外事活动中才会起到应有的作用，不然的话，就有可能前功尽弃，劳而无功。

为用于外事活动的礼品进行定位时，应当认真遵守下列五项规则。

第一、突出礼品的纪念性。向外方赠送的礼品，不论获赠对象是集体还是个人，均应注重其纪念性。换句话来说，就是不应过分突出其身价，不宜以价格昂贵见长，而是应当强调其纪念意义。与外方的旧友新朋们打交道时，没有必要次次送礼，回回大礼。即便有必要向对方赠送礼品，也需要讲究"礼轻情义重"。有时，送给外放人士一本画册、一套明信片、一张照片、一枚纪念章，亦受对方欢迎。

第二、明确礼品的对象性。同样一种礼品，送给不同的对象，效果往往相差甚远。礼品的对象性，主要要求外事人员在选择礼品时，必须注意因人而异，因事而异。所谓因人而异，是指选择礼品应当不同对象不同对待，切忌千篇一律。例如，日本人对中国的抽纱手帕十分欣赏，但用它送给意大利人却会被认为十分晦气。所谓因事而异，则是指对礼品的选择应根据具体场合的不同而有所变化。比方说，用于国务活动的礼品与用于私人拜访的礼品便绝对不宜相同。

第三、体现礼品的民族性。在任何时候，独具特色的礼品往往最受欢迎，将此规则运用于外事活动中所使用的礼品上，便是应努力使之体现民族姓。因为在外方人士眼里，最具有中华民族传统特色的东西，往往才是最好的、最受欢迎的东西。

第四、牢记礼品的时效性。向外方人士赠送的礼品，一般不宜太过前卫或另类，但是对其时效性却不能不注意。礼品的时效性，此处指的是有些礼品只有在一定的时间段之内才会"大放异彩"，产生其应有的效果。若是忽略其时效性，其效果往往便会锐减。

第五、重视礼品的便携性。在一般情况下，为外方人士尤其是远道来访的外方人士选择礼品时，除须考虑以上几点之外，还须兼顾其便携性问题。即送给外方人士的礼品不仅要符合上述诸点，而且还必须使之易于为对方所携带。至少，也不应赠送易于损坏、或是为对方平添不必要麻烦的礼品。

应用案例 9-5

精心筹备，避免"礼多人也怪"

中国人有句老话叫"礼多人不怪"，但这句话也并非百试不爽。在新中国成立初期，因为还缺乏外交经验，送礼也送出过问题。

1953年，我国驻匈牙利大使馆曾送给匈部长会议主席拉科西一些礼品，其中有一株象牙白菜。拉科西夫妇视之为非常珍贵的礼品，异常爱惜，向贵客展示时都小心轻放在地毯上，生怕摔坏了。但后来不少代表团到匈牙利，都带来类似的礼品，因此"匈牙利的同志也就感觉很平常了"。其他如景泰蓝、丝织风景画、刺绣、绸料等，"有些匈方的负责同志已得到类似的礼品不下四五份、六七份，甚至更多。"

鉴于这些问题，驻匈牙利使馆建议：出国代表团的礼品最好有计划地统一于一定的专门机构进行准备，根据代表团的性质、任务、成员身份和准备送礼的对象而有所选择和区别；礼品应尽可能简化，选择有纪念性质和富有宣传效果的为好，如锦旗、丝织或刺绣领袖像、年画、照片、画册和书籍等；成员身份不高的一般代表团不必带贵重礼品，只须带些小的手工艺品和明信片作为临时性的赠礼即可。

（资料来源：http://money.163.com/14/1013/16/A8EUR45V00254TI5.html）

（二）避免冒犯禁忌

由于"十里不同风，百里不同俗"，同一种礼品在不同国家、不同地区、不同民族里，往往会被赋予一些不同的寓意。有鉴于此，在外事交往中为外方人士挑选礼品时，无论如何都不应冒犯对方的有关禁忌，否则其实际效果便会南辕北辙。避免冒犯禁忌是一个绝对不可被外事人员忽视的大问题。根据一般经验，共有如下九类物品在外事活动中不宜充当礼品。外事人员通常将其统称为"对外交往九不送"。

一是一定数额的现金、有价证券。在许多国家里，政府部门或公司、企业往往都有明文规定。禁止其工作人员在对外交往中接受现金、有价证券，或是实际价值超过一定金额的物品。此项规定，不仅是一项常规的职业禁忌，而且亦被视为反腐倡廉的应有之举。

二是天然珠宝、纯金属饰物及其他制成品。忌向外方人士赠送此类物品的缘由，与前者基本相同。

三是药品、补品、保健品。中国人的习惯，是有病时吃药，无病时进补、保健。但在国外，个人的健康状况却属于"绝对隐私"。按照中国人的老习惯，将与个人状况直接挂钩的药品、补品、保健品送给外方人士，往往都不会为对方所欢迎。

四是广告类、宣传类产品。不少外国人，特别是发达国家的人，极度崇尚个人尊严，因而其自我保护意识极强。外事人员若将中国人大都来之不拒的带有明显广告性、宣传性的物品或带有明显本单位标志的物品送与对方，往往会被对方理解为我方有意利用对方，或是借机进行政治性、商业性宣传。

五是冒犯受赠对象的物品。送给外方人士的任何物品，都应以不得冒犯受赠对象，包括不冒犯其本人，不冒犯其所在国家、所在地区、所在民族，不冒犯其所代表的单位为前提条件。若礼品本身，包括其品种、形状色彩、图案、数目、外包装或者其寓意，冒犯了受赠者的个人禁忌、民族禁忌、职业禁忌或宗教禁忌、都会使馈赠行为功亏一篑。

六是易于引起异性误会的物品。在人际交往中，"男女有别"是必须谨记的。在任何情况下，外事人员在面对外方异性人士时，都必须有所顾忌。向关系普通的异性赠送礼品时，务必要三思而后行，切勿弄巧成拙，误向对方赠送示爱之物或含有色情、下流之意的物品。

七是以珍稀动物或宠物为原材料制作的物品。出于维护生态环境、保护珍稀动物的考虑，在国际社会中，珍稀动物及其制成品，如以大熊猫、东北虎、藏羚羊的毛皮制成的物品或象牙制品，显然不宜充当礼品。与此同时，以猫、狗等宠物为原材料的制成品，也不宜选为礼品。

八是有悖现行社会规范的礼品。挑选拟送外方人士的礼品时，勿忘遵守法律、道德等现行的社会规范。此处所说的现行社会规范，不仅是指我国现行的社会规范，而且还应当将交往对象所在国家现行的社会规范包括在内。疏忽了这一点，则可能误人误己，甚至会害人害己。

九是涉及国家机密、行业秘密的物品。在外事活动中，我方人员必须具有高度的国家安全意识与保密意识。对于外方人士，既要讲究待人以诚，又要注意"防人之心不可无"。在任何情况下，都不可自作主张，未经批准擅自将内部文件、统计数据，情况汇总、技术图纸、生产专利等有关国家或行业的核心秘密，随意送给外方人士。否则不仅有损于国家利益或行业利益，而且还可能会为此而受到法律的制裁。

（三）遵循通行规则

向外方人士赠送礼品时，我方人员必须遵循国际社会所通行的礼品赠送规则———"六W规则"。

所谓"六W规则"指的是外事人员向外方人士赠送礼品时，有六大要点必须在总体上予以统筹考虑。在英文里，这六大要点均以我"W"字母作为词首或词尾，故此外事礼仪名之曰"六W规则"。

第一个W是"Who"。它要求外事人员决定向外方人士赠送礼品时，首先必须明确受赠对象是"谁"，及要求了解清楚受赠者的具体情况。对于来自不同国家、不同地区、不同民族、不同阶层、不同性别、不同年龄、不同职业、不同的受教育程度以及不同的文化背景的外方人士，为其所选择的礼品自然应当有所区别。

第二个W是"What"。它要求外事人员必须重视送给外方人士的礼品具体应当是"什么"。这一问题与上一问题具有明显的因果关系，却又不能完全为其所取代。这是因为选择适用于外事活动的礼品，不但要因人而异，而且要兼顾赠送者的能力、交往双方的关系，赠送礼品的场合等等。

第三个W是"Why"。它要求外事人员在为外方人士选择礼品时，需明确"为什么"。必须强调的是，我方人员向外方人士赠送礼品的目的既不是为了贿赂、收买、拉拢对方，也不是为了逢迎、讨好对方。我方的基本意图从来都是而且只能是为了向对方表达自己的尊重、友好与善意。

第四个W是"When"。它要求我方人员作为赠送者时，必须审慎对待什么时间赠送礼品为宜的问题。一般而言，在外事活动中，宾主双方处理这一问题的具体做法是有所不同的。充当客人时，外事人员通常应当在宾主双方相见之初或首次正式拜会主人时，即向主人奉上礼品。充当主人时，外事人员则往往应在饯行宴会上或前往客人下榻住处为其送行时，向客人赠送礼品。

第五个W是"Where"。它要求外事人员必须认真确定"什么地点"适宜向外方人士赠送礼品。按照国际惯例，处理之一问题应讲究"公私有别"：因公交往赠送的礼品，应在办公地点或大庭广众之前赠送，以示郑重其事或光明正大。因私交往赠送的礼品，则应在私人居所或并无他人在场之际赠送，以示双方关系密切，私交甚深。

第六个W是"How"。它要求外事人员应充分考虑礼品赠送的具体方式，即"如何"赠送礼品的问题。就我方人员而言，应着重注意三点。一是要关注赠送者的身份。若有可能，在官方活动中向外方人士赠送礼品时，最好由当时到场的我方身份最高者亲自出马，以提高赠送活动的档次。二是要重视礼品的包装。在国际交往中，礼品的包装一向被视为是礼品的有机组成部分。对礼品认真加以包装，不但可以提升其档次，而且还意味着赠送者郑重其事的态度以及对受赠者的尊重。对礼品不加任何包装，或者不认真加以包装，则往往会使之自行贬值或令受赠者感到不受重视。三是要进行礼品的介绍。对礼品的产地、特征、用途以及寓意应向受赠者进行必要的说明。

▶▶ 二、接受礼品

在外事活动中，外方人士经常有可能向外事人员赠送礼品。在这种情况下，外事人员的临场表现与反应是十分重要的。在正常情况下，外事人员在收受外方人士的礼品时需要注意四个问题。

（一）应当欣然接受

当外方人士向我方人员赠送礼品时，我方人员通常应当当场予以接受。此时此刻，外事人员最得体的表现，是应当高高兴兴、落落大方地将外方人士所馈赠的礼品当即接受下来。切不可躲躲闪闪，扭捏作态地推来推去，或者言行不一地跟对方过分客套。

具体而言，当场接受外方人士的礼品时，我方人员应当面含微笑，起身站立，先以双手接过礼品，随后与对方握手，并正式就此而向对方表达自己由衷的谢意。在接受外方人士的礼品时，我方人员若面无表情，畏缩不前，使用左手去接礼品，或者不向对方口头道谢，都是十分失礼的。

（二）应当启封赞赏

在国外，特别是在许多西方国家里，人门在接受礼品时，大都习惯于当场立刻拆启礼品的外包装，将其取出仔细欣赏一番，然后再对其略表赞赏之意。这种中国人以往所难以接受的做法，早已在国际社会里逐渐演化为受赠者接受礼品时必须遵循的一项重要礼节。

在外事活动中接受外方人士所赠送的礼品时，外事人员若不当即将其启封，或者对其不置一词，都会被理解为对其完全不屑一顾，因而会使赠送者的自尊心受到极其严重的伤害。

应用案例 9-6

马克斯，来自美国阿拉斯加州，是我大学时的英语外教，为人很豪爽，大家都比较喜欢他。一年圣诞节，他把我们都聚集到教室里，每个人桌上都放了一份小礼物，很精致。大家看着礼物，十分兴奋，都按捺不住要打开，但中国人有个习惯，不会在赠送者面前拆开，这时马克斯用他蹩脚的汉语说："难道你们不喜欢我送的礼物吗，为什么不打开？"似乎有点生气了，这时同学们才纷纷打开礼物，我跟他解释了同学们为什么不打开礼物的原因，并不是不喜欢。

（资料来源：若冰编著，20 几岁不能不懂的社交礼仪常识 [M] 北京，中国电影出版社，2017：139－140）

（三）应当拒绝有方

对于外方人士所赠送的礼品，我方人员并非应当一律来者不拒。一般而言，外方人士赠与我方人员的违法、违禁、违规的物品，有辱我方国格、人格的物品，有伤风化、有悖社会公德的物品，有碍我方正常执行公务的物品，或有害于双方关系的物品，我方人员均应坚辞不受。需要指出的是，拒受外方的礼品时，我方人员应阐明其具体原因，有礼有节，不卑不亢。若发现对方确无恶意，则还须在拒受礼品的同时，向对方致以感谢。

（四）应当有来有往

接受外方人士的礼品之后，切莫忘记"有来有往"。其办法之一，是应在适当之时回赠给对方适当的礼品。礼品的性质与档次，大体上可与对方的礼品相近或相仿。办法之二，是在接受礼品后，尤其是在接受较为珍贵的礼品后，应真诚地向对方道谢。除了应当场向赠送者正式道谢之外，还可在事后再度表达此意。常规的做法是在一周内致信、发邮件或打电话再次感谢对方，亦可在此后再次与对方相见时，提及自己很喜欢对方所赠送的礼品。

应用案例 9-7

《国务院关于在对外公务活动中赠送和接受礼品的规定》
（1993 年 12 月 5 日中华人民共和国国务院令第 133 号发布）

第一条　为了加强对国家行政机关工作人员在对外公务活动中赠送和接受礼品的管理，严肃外事纪律，保持清廉，制定本规定。

第二条　本规定所称的礼品，是指礼物、礼金、有价证券。

第三条　根据国际惯例和对外工作需要，必要时可以对外赠送礼物。礼物的金额标准另行规定。

第四条　对外赠送礼物必须贯彻节约、从简的原则。礼物应当以具有民族特色的纪念品、传统手工艺品和实用物品为主。

第五条　对来访的外宾，不主动赠送礼物。外宾向我方赠送礼物的，可以适当回赠礼物。

第六条　对外赠送礼物或者回赠礼物，必须经国务院所属部门或者省、自治区、直辖市人民政府批准，或者由其授权的机关批准。审批时，应当从严掌握。

第七条　在对外公务活动中接受的礼物，应当妥善处理。价值按我国市价折合人民币 200 元以上的，自接受之日起（在国外接受礼物的，自回国之日起）一个月内填写礼品申报单并将应上缴的礼物上缴礼品管理部门或者受礼人所在单位；不满 200 元的，归受礼人本人或者受礼人所在单位。在对外公务活动中，对方赠送礼金、有价证券时，应当予以谢绝；确实难以谢绝的，所收礼金、有价证券必须一律上缴国库。

第八条　在对外公务活动中，不得私相授受礼品，不得以明示或者暗示的方式索取礼品。

第九条　国务院机关事务管理局负责保管、处理国务院各部门上缴的礼品。县级以上地方各级人民政府指定专门单位负责保管、处理该级人民政府各部门上缴的礼品。

第十条　礼品管理部门及有关部门对于收缴的礼品，应当登记造册，妥善保管，及时处理。礼品保管部门应当每年向受礼单位通报礼品处理情况。受礼单位应当将礼品处理情况告知受礼人。

第十一条　国家行政监察机关按照有关规定负责对对外赠送和接受礼品的情况进行监督、检查。

第十二条　国家行政机关工作人员违反本规定的，对负直接责任的机关有关领导人和直接责任人，给予行政处分；构成犯罪的，由司法机关依法追究刑事责任。对国家行政机关工作人员的行政处分，按照干部管理权限和规定程序办理。

第十三条　国家行政机关工作人员在公务活动中向华侨和香港、澳门、台湾地区的居民赠送礼品和接受其礼品，依照本规定执行。

第十四条　本规定由国务院办公厅负责解释。

第十五条　本规定自发布之日起施行。

（资料来源：http://dangxiao.fudan.edu.cn/22/e7/c8738a74471/page.htm）

课后阅读

约请、邀与文艺晚会

诸如会见、宴请等外事活动，主方要事先通知对方，而客方应及时给予答复。

一、约请

约请是外事工作中的重要环节，丝毫不能马虎。

（一）约请的种类

约请可分为口头约请和书面约请两种。

1. 口头约请

口头约请即当面或打电话将活动目的、时间、地点告诉对方。

2. 书面约请

书面约请分为发请柬（亦称"请帖"）与发便函两种。有些国家，邀请最高领导人作为主宾参加活动，须单独发邀请函，其他宾客发请柬。发请柬，既表示对客人的尊敬，也表明邀请者的诚意和郑重态度。

请柬一般提前1~2周发出，以便被邀请人及早安排。已经口头约妥的活动，补送请柬时，在请柬右上方或下方注上"To remind（备忘）"字样；需安排座位的活动，请柬上一般用法文缩写注上"R.S.V.P（请答复）"字样；如果只需要不出席者答复，则可注上"Regretsonly（因故不能出席者请答复）"。

请柬内容包括活动的目的、名义、时间、地点。中文请柬行文不用标点符号，所提到的人名、单位名、节日名称都应用全称。中文请柬行文中不提被邀请人姓名（其姓名写在请柬信封上），主人姓名（如以单位名义邀请，则用单位名称）放在落款处。请柬可以印刷也可以手写，字迹应美观、清晰。

中文请柬格式如下。

为庆祝中华人民共和国成立××周年谨订于××××年×月×日（星期×）下午×时在××××举行招待会。

敬请

光临

×××

（主人姓名）

（请进×门）

请柬信封上被邀请人的姓名、职务书写要准确。若所举办活动对服装有要求，应注明是正式服装还是便服。如已排好座次，应在请柬信封下角注明。

便函多用于非正式活动，起通知作用。

（二）约请应做的工作

（1）确定活动目的、邀请范围，注意被邀请人同主宾是否有矛盾。

（2）确定时间、地点。选择时间要考虑客方的习俗。

（3）举办宴会，应注意客人的饮食禁忌。

（4）布置会场，安排座次。

（5）及时发出请柬或便函。

二、应邀

应邀是接到邀请后做出的反应，应讲究有关礼仪。

（一）及时答复

被邀请人接到邀请后，不论是否接受对方的约请都应及时作答。可给予书面答复，也可以作口头答复。若因故不能赴约，应婉言说明。

（二）应邀注意事项

（1）核定邀请范围，是否携带夫人、子女。留意服装等的要求。

（2）若应邀参加节日、生日庆贺活动，应准备鲜花等礼品；若应邀参加自费聚会，应带钱前往。

（3）准时赴约，到达现场后，应主动与站在门口迎接的东道主或工作人员打招呼。

（4）入座前看准自己的座次，不是主宾不要坐在主宾座位。

（5）活动结束时向主人告别，并酌情与周围的人话别。

三、文艺晚会

文艺演出，既是宣传本国文化艺术的好机会，又能带给外宾喜闻乐见的艺术享受。

（一）文艺晚会的组织

涉外文艺晚会，是一种集娱乐与艺术享受为一体的外事活动，务必精心组织，给客人留下好印象。

1. 选定节目

选定涉外文艺晚会的节目，一方面要符合主方的意图，另一方面也要考虑来宾的兴趣，因此，应主要选择具有本国民族风格的节目。此外，可酌情安排一些来宾所属国家的节目。为避免引起不愉快，应尽量不安排政治色彩、宗教色彩浓厚的节目。

2. 座位安排

观看文艺节目，一般以第7～8排中间座位为最佳（外国大剧院以包厢为最好）。看电影，则以第15排前后中间座位最理想。安排座位时，应按照礼宾次序，同时考虑上述特点。专场演出，通常把贵宾席留给主人和主宾，其他客人可安排座位，也可自由入座。若是对号入座，则可将座位号与请柬一并发出。

3. 准备说明书

涉外文艺晚会应准备说明书，用主、客双方使用的文字印成。最好能提前把说明书提供给客人，最迟在演出开始前把说明书送到客人手中。

（二）出席文艺晚会礼仪

应邀出席文艺晚会，应讲究有关礼仪。

1. 及时答复

被邀请人接到晚会请柬后，对于能否出席应尽早答复主人，以免剧场、影院空缺，影响气氛。若不能出席，应将收到的票券按主人的意见处理。

2. 入座礼仪

决定出席的被邀请人应准时或提前数分钟到达演出地点。若请柬附有座位号码，应对号入座；若无座次，则可自由入座，但不要随便坐到贵宾席。

3. 观看礼仪

观看演出时不要大声咳嗽或打哈欠。如有即席翻译，说话声音要轻，不要影响其他观众。演出结束时，节目若无政治问题，都应鼓掌，不要表现出不满或失望。

练习与思考

一、名词解释

涉外礼仪

会谈

二、简答题

1. 与外国人交往应坚持哪些礼仪基本通则？

2. 礼宾次序的具体要求是什么？

3. 与外国人交往应做到哪"八不问"？

4. 悬挂国旗有哪些礼仪要求？

三、论述题

假如你要赠送一件有意义的礼品给外教老师，这个礼品要如何选择？

本章参考文献

1. 张岩松，祁玉红. 新型现代交际礼仪使用教程［M］. 北京：清华大学出版社，2015：353－375

2. 金正昆. 交际礼仪（第二版）［M］. 北京：中国人民大学出版社，2015：317－335

3. 金正昆. 外事礼仪（第4版）［M］. 北京：首都经济贸易大学出版社，2013：3－35

4. 若水，20几岁不能不懂的社交礼仪常识［M］. 北京：中国电影出版社，2017：133－142